ケンカ十段と呼ばれた男 芦原英幸

The WAY OF SABAKI: The Secret of Teachings of Hideyuki Ashihara

松宮康生 著
Matsumiya Kousei

日貿出版社

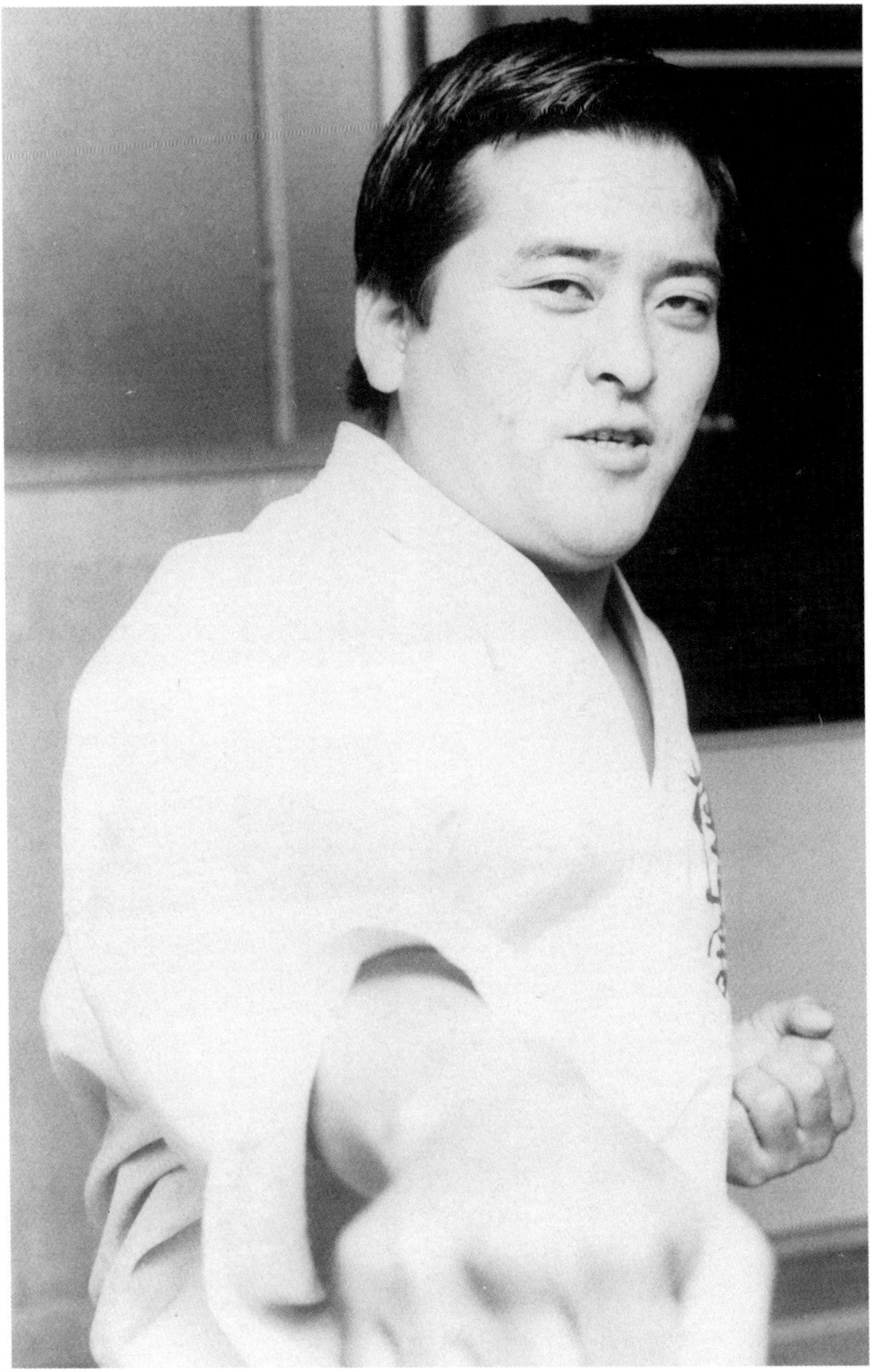

芦原英幸氏。マス大山カラテスクールにて（1972 年）。

北海道審査会にて（1986 年）。

総本部にてサバキ指導（1984 年）。

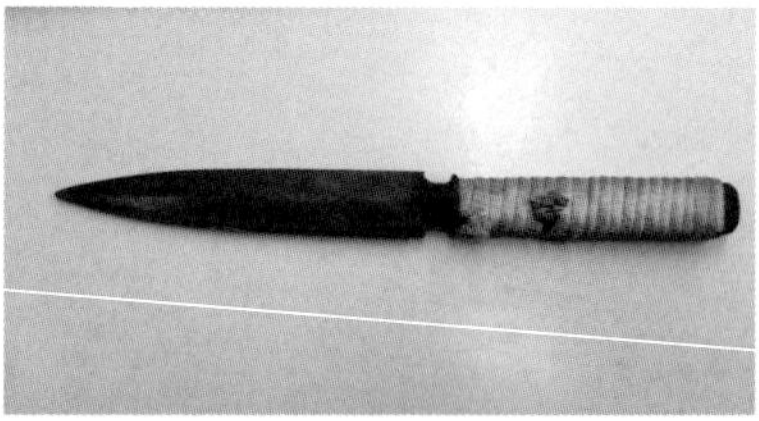

長谷川一幸氏に贈られた芦原氏自作の手裏剣。
※日本武道具（株）所蔵

八幡浜の公会堂にて試し割り（1967 年）。

滋賀支部にて指導（1982 年）。

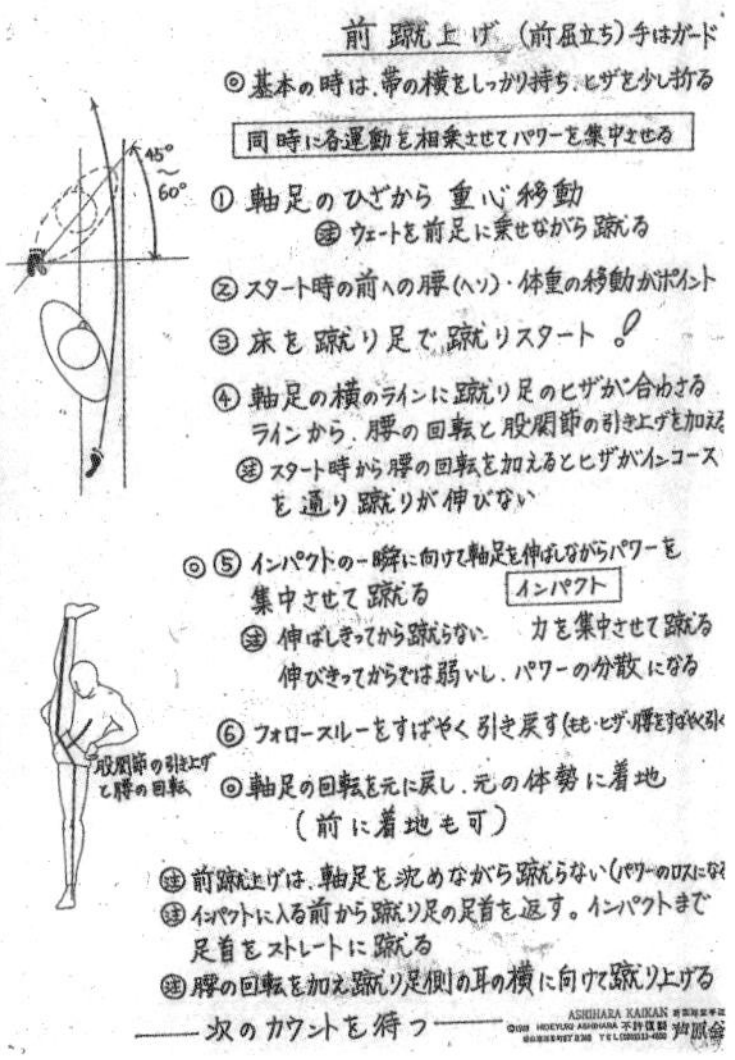

前蹴上げ（前屈立ち）手はガード

◎基本の時は、帯の横をしっかり持ち、ヒザを少し折る

同時に各運動を相乗させてパワーを集中させる

① 軸足のひざから重心移動

㊟ウェートを前足に乗せながら蹴る

② スタート時の前への腰（ヘソ）・体重の移動がポイント

③ 床を蹴り足で蹴りスタート！

④ 軸足の横のラインに蹴り足のヒザが合わさるラインから、腰の回転と股関節の引き上げを加える

㊟スタート時から腰の回転を加えるとヒザがインコースを通り蹴りが伸びない

◎⑤ インパクトの一瞬に向けて軸足を伸ばしながらパワーを集中させて蹴る　インパクト

㊟伸ばしきってから蹴らない　力を集中させて蹴る
伸びきってからでは弱いし、パワーの分散になる

⑥ フォロースルーをすばやく引き戻す（もも・ヒザ・腰をすばやく引く

◎軸足の回転を元に戻し、元の体勢に着地
（前に着地も可）

㊟前蹴上げは、軸足を沈めながら蹴らない（パワーのロスにな
㊟インパクトに入る前から蹴り足の足首を返す。インパクトまで足首をストレートに蹴る
㊟腰の回転を加え蹴り足側の耳の横に向けて蹴り上げる

――次のカウントを待つ――

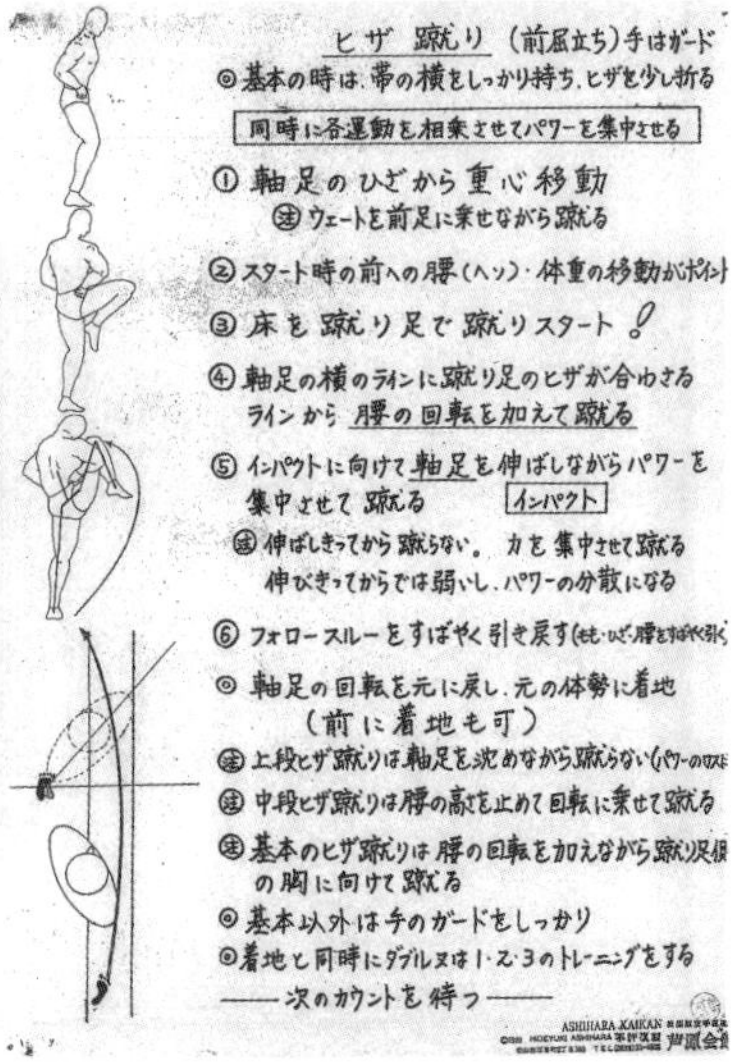

ヒザ蹴り（前屈立ち）手はガード

◎基本の時は、帯の横をしっかり持ち、ヒザを少し折る

同時に各運動を相乗させてパワーを集中させる

① 軸足のひざから重心移動

㊟ウェートを前足に乗せながら蹴る

② スタート時の前への腰（ヘソ）・体重の移動がポイント

③ 床を蹴り足で蹴りスタート！

④ 軸足の横のラインに蹴り足のヒザが合わさるラインから腰の回転を加えて蹴る

⑤ インパクトに向けて軸足を伸ばしながらパワーを集中させて蹴る　インパクト

㊟伸ばしきってから蹴らない。力を集中させて蹴る
伸びきってからでは弱いし、パワーの分散になる

⑥ フォロースルーをすばやく引き戻す（もも・ひざ・腰をすばやく引く

◎軸足の回転を元に戻し、元の体勢に着地
（前に着地も可）

㊟上段ヒザ蹴りは軸足を沈めながら蹴らない（パワーのロスに
㊟中段ヒザ蹴りは腰の高さを止めて回転に乗せて蹴る
㊟基本のヒザ蹴りは腰の回転を加えながら蹴り足側の胸に向けて蹴る

◎基本以外は手のガードをしっかり

◎着地と同時にダブルヌは1・2・3のトレーニングをする

――次のカウントを待つ――

各支部に送られた指導要綱（右同じ）。

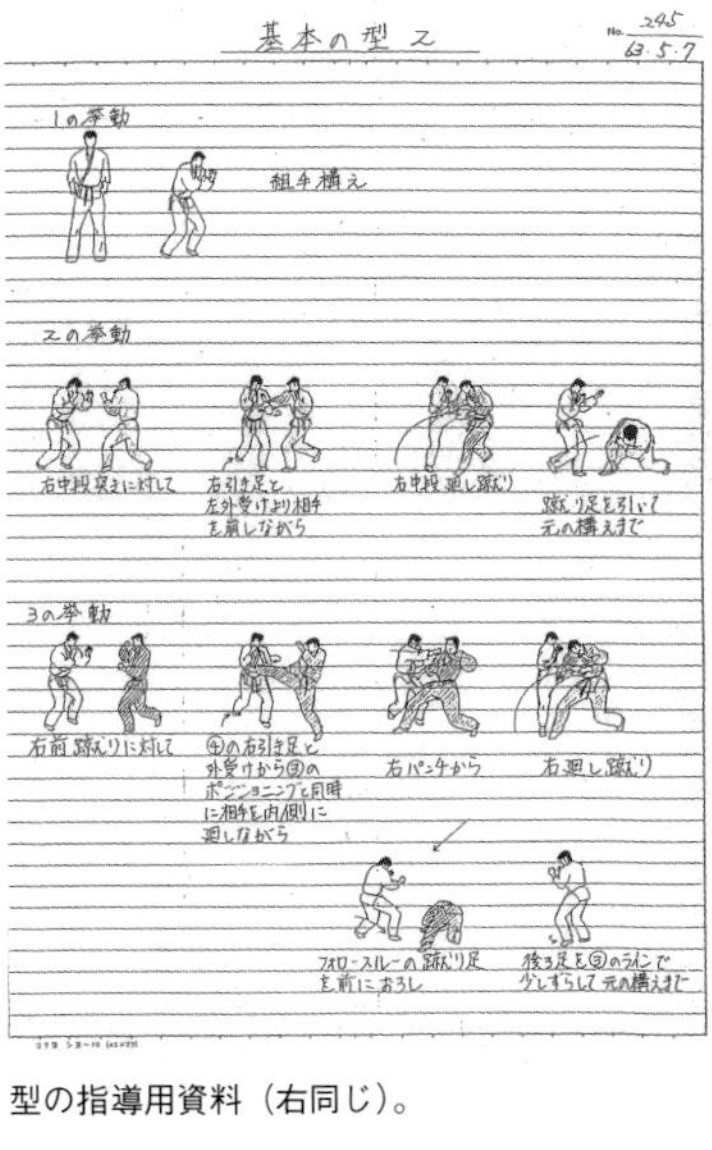

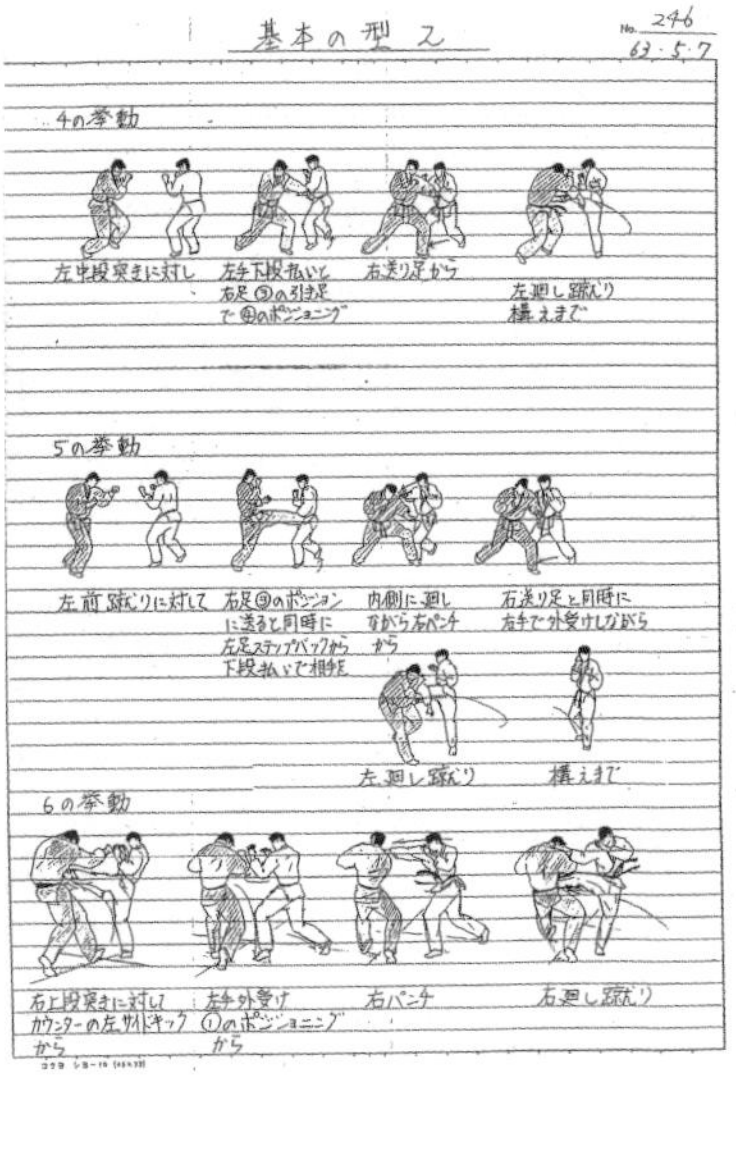

型の指導用資料（右同じ）。

『100万人の空手』（東都書房）より。

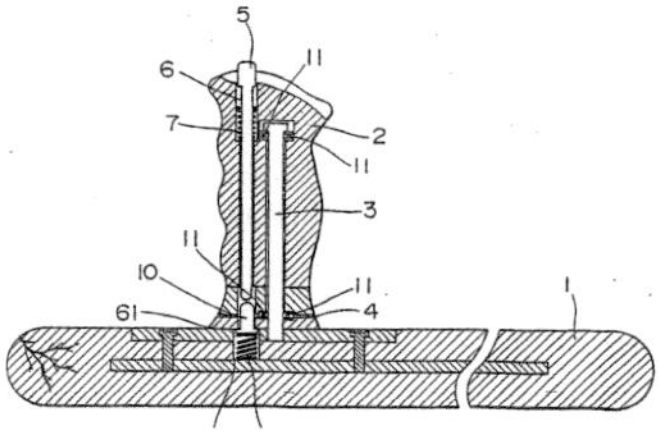

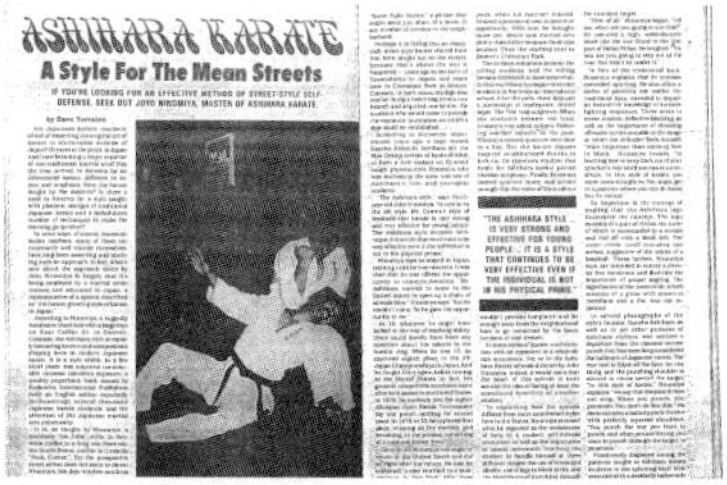

雑誌「OFFICIAL KARATE」（1985年8月）アメリカの武術雑誌で初の芦原空手特集が組まれた。

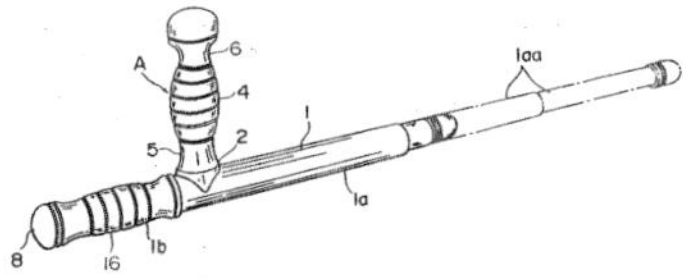

Aバトン図面（USPTO　※米国特許商標庁）。

八幡浜道場（1970年）。

「現代カラテマガジン」（1980年7月号）。

芦原会館ポスター（1980年版）。

本部道場完成祝賀会で演武をする芦原氏（1979年）。

本書を我が師、芦原英幸先生に捧げる。

序

男ありき
ケンカ十段と呼ばれた男
芦原英幸の強さは
半端ではなかった
どんな修羅場でも
口笛を吹きながら
飄々と歩いてきた
剛胆な男の生き様は
多くの若者に勇気を与えた
その強さと生き様は
今でも伝説である

生涯、武道家としての生き様を貫いた人物、それが「ケンカ十段」と呼ばれた芦原英幸である。芦原英幸という人物は、武術の天才であり、カリスマであった。その活躍は、少年漫画雑誌に登場し、映画やテレビでも紹介された。その勇姿は、多くのファンを魅了し、勇気を与え、芦原に憧れて武道、格闘技の道に足を踏み入れた者も少なくないだろう。

私は、長年に渡って芦原先生に空手の教えを受けた者である。芦原先生からは、空手のみならず、人生における様々なことを学ばせて頂いた。それは、芦原先生の教えであり、先生ご自身の生き方そのものであったように思う。

また空手家・芦原英幸として、自らの空手技術を〝サバキ〟としてまとめられた。芦原先生の〝サバキ〟とは、相手の攻めを受けながら崩し、自分の攻めにつなぐ攻防一体の技術であり、現在では海外でも〝SABAKI〟(Control Technique)と呼ばれ学ばれている。

芦原先生は数多くの修羅場を潜り抜け、その強さに触れた者たちは、「芦原の強さはどこか違う」と語った。そんな男の生き様を私は、間近で見ることができた。

もちろん芦原先生と言えども人間であり、失敗もあれば欠点も多くあった。しかし、それらすべてを差し引いたとしても魅力溢れる人物であったことに違いはない。どんな場所でも芦原先生が姿を現すと一瞬で場の空気が変わり、〝カリスマとは、こういう人物のことを言うのだ〟と私は、肌身で感じた。

本書では、私がこの目で見、実際に指導を受けてきた芦原先生について語っている。学生時代から芦原先生の道場に通い、社会人になってからも、様々なことを先生から学ばせて頂いた。そして今改めて、芦原先生の生きた時代と芦原先生の〝サバキ〟の技術体系が生まれる背景に何があったのか、その生きた時代を時系列に沿って見ていくことで、芦原先生が歩んだ捌道《さばきみち》が一体どういうものであったか見えてくるのではないかと考えたのだ。

世間には、既に芦原先生について書かれた本は、何冊も存在する。それでも、今回この本を書くことになったのは、私の人生の多くの部分が、芦原先生とともにあり、学ばせて頂いた貴重な教えとその人物像を少しでも後から来る人々の為に書き残しておけば、空手を学ぶ者はもちろん、自らの人生を切り開こうとする者に何らかの参考になると思ったからだ。

今回この本を書くにあたり生前芦原先生自身から聞いた話はもちろん、芦原先生の恩師、友人、知人、親戚、弟子、先輩など、できる限り多くの方に話を伺った。芦原先生の弟子の中には、現在警察官、自衛官、身辺警護のＳＰなどを務める人も数多くおり、そういった方々にも長時間に渡りインタビューを行った。取材は、日本国内のみならず海外支部にまで及び、その足跡なども追っている。

ある年代から上の方にとって、芦原先生のイメージといえば、作家・梶原一騎氏の筆による『空手バカ一代』を思い浮かべる方も多いだろう。しかし実際の芦原先生は、それ以上のスケールと迫力があったというのが、偽らざる私の感想なのだ。

私は、かつて『最強格闘技図鑑』『最強格闘技図鑑真伝』（共に、ぶんか社）という本を書き、その中で芦原先生のことを書いている。特に『最強格闘技図鑑』の原稿は、一部を芦原先生には見て頂いた経緯があり、その際に、

「将来にもっと詳しく芦原のことを書くのなら、この人たちに聞けばいいけん」

と言って名前を教えられた人物が四人いた。その四人とは、空本秀行氏、藤平昭雄氏（リングネームは「大沢昇」）、長谷川一幸氏、影丸穣也氏という方々だった。

幸い芦原先生からの紹介もあり、これらの方々には全員お会いして話を聞くことができた。

今思い起こしても、芦原先生の指導は楽しくて、いつも時間の経つのが信じられな

いほど早く感じた。もちろん稽古はきついのだが、芦原先生のちょっとした冗談や抜群の技術解説を受けているうちに、いつも時間はあっという間に過ぎてしまうのが常だった。私の青春は、空手そのものであったし、それは芦原英幸という偉大な先生とともに過ごした時間だった。ノートで何十冊にも及ぶメモや写真、記録映像を繰り返し見ながら、今も稽古を日々重ねている。そして発見は、毎日のようにある。

昔ある高名な居合の先生に、偶然芦原先生のビデオをお見せする機会があった。その方は芦原先生のちょっとした動きを見て、「この先生、凄い先生だね」と仰ったことがある。曰く、「身体の使い方が、他の空手の人とはまったく違う」ということで、私は、その言葉を聞き我が事のように嬉しく思ったのをはっきりと覚えている。

私が芦原先生から学んでいた頃は、先生と我々一般道場生との間には、果てしないほど大きな河が横たわっているような気がしたものだった。それが、最近では日々の鍛錬を重ねるなかで少しずつ、芦原先生の術理の深さが理解できるようになってきた。ここで言う術理とは、「相手の右のパンチが来たら左手で受けて……」という形のことではない。表面的には現れない体軸の使い方や重心の意識の仕方など、より深い意識や身体能力の使い方にまで及ぶ技術のことだ。例えば達人と呼ばれる人と初段程度の人間が、同じ技を演じたものを、写真や動画で見比べた時、一見同じ様な動きでも、その技を受けてみれば、天と地ほど異なるのと同じだ。ただ外見（形）だけを真似ているか、その動きの深い部分までを理解して動いているかの差はその位大きなものなのだ。

私は芦原会館に入門当初から、〝一歩でも芦原先生に近づきたい〃という思いで学んできた。その意味で、私にとってこの本を執筆する作業は、芦原先生の思考や哲学を辿る旅でもあった。

もちろんこの本で芦原先生のすべてを書ききれるわけがないのは当然であり、その意味でこれは、私が芦原先生とともに過ごし、その足跡を追った〝私的な記録〃と言えるだろう。願わくば、本書が天才・芦原英幸の秘密を知る一つの足がかりとなれば幸いである。

目次

序　2
プロローグ　16

第一章　天才誕生の秘密　27

江田島　30
生い立ち　37
鹿川《かのかわ》　40
中学時代　45
ゴッドハンド　53
大山倍達　56
大山道場　63
東京　69

旅立ち前夜 70
幸伸興業 73
ケンカ十段 79
試練 88
ムエタイ 101
澤井健一 129
懲戒解雇 135
極真会館総本部職員 147
ジェームズ・ボンド 150
無期禁足処分 154
バタ屋 161
禊《みそ》ぎ 168
流浪《さすらい》 174

第二章　放浪、四国へ　185

八幡浜　186
カレンバッハ　198
【ヤン・カレンバッハ インタビュー】　200
【藤平昭雄（大沢昇）インタビュー】　204
【長谷川一幸インタビュー】　206
サバキ　210
サバキとは何か　215
「回し崩し」についての考察　219
ジプシー空手　225
先輩越え　228
八幡浜道場建設　232

ヨルダン国室 236
八幡浜道場完成、結婚 239
二宮城光 245
ジャン・ジャービス 250
中元憲義 258
長谷川一幸 262
道場破り 271
【篠原勝之インタビュー】 290
『空手バカ一代』 293
若虎寮 299
真樹日佐夫 304
松山 311
警察学校 314
【棟田利幸インタビュー】 316

松山時代のケンカ 318
拡大 326
難波道場 327
【内野隆司インタビュー】 332
地上最強のカラテ 336
支部長合宿 340
中山猛夫 344
二宮城光優勝 349

第三章 芦原会館四国編 355

松山本部道場 356
芦原暗殺未遂事件の真偽 362
猪木VSウィリー 370

【田原春統インタビュー】 374
永久除名 380
時計台 390
芦原会館誕生 391
【廣原誠インタビュー】 392
海外視察 400
崩壊の危機 405
松本英樹 407
〝サバキ〟命名 414
影丸穣也インタビュー 415
鎖国へ 419
東京本部 423
Aバトン 431
雄飛 437

ポストスクリプト 449
北海道からの挑戦 452
【山崎淳史インタビュー】 454
静かなる闘い 469
影丸穣也 474
安城寺 482
エピローグ 488
【芦原英幸年表・参考文献・資料一覧】 502

本文中の人名、著者名等の敬称はすべて省略させていただきました。

プロローグ

２０１３年　冬

サンフランシスコの「パーク・フィフティファイブ」に宿泊していた私のもとに一本の電話が入った。

「先輩、サンフランシスコはいかがですか」

そのやけに明るい声から電話の主が誰であるかすぐにわかった。それは、芦原道場時代からの後輩・奥瀬康介だった。

「先輩、芦原会館が表舞台に出るらしいですよ」

「何だって、その情報は確かなのか？」

「押忍、会場も決まっていますし、東京の西山さんのとこも動いているみたいですよ」

私はその話を聞きあることを確信した。

芦原会館が、公の場にその姿を見せるとすれば、それは実に34年ぶりのことだった。

１９８３年８月28日、大阪の大阪府立体育館で「第１回オープントーナメント西日本空手道選手権大会」が開催された。

この大会には、既に極真会館から別れていた芦原会館から多くの選手が出場していたが、露骨に極真に有利な判定が多く、詳しくは改めて本文中で触れるが、これがきっかけで芦原は道場生が、極真および他流派の大会へ出場することを正式に禁じる。その一方で芦原は、〝サバキ〟という技術が使える試合方法を試行錯誤する。当時アメリカのデンバーで北米統括責任者であった二宮城光に「カラテ・チャレンジ」という試合を実験的に行わせていたのもそのためだった。しかし、結果的には芦原会館はこの大会を最後に長い鎖国時代へと入っていく。

ただし、個人的に他流派の大会に芦原会館の会員であることを伏せて出場することまでは、とやかく言わなかった。時折、そうした会員が優勝したことを知ると、「あそこの大会で優勝した男は、流派を隠してるけど芦原会館の会員です」と自慢げに話した。逆に一回戦で負けたりすると「試合に出る実力もないもんが、調子にのるけん芦原は、なかなか試合をできないんだよ」と急に不機嫌になったりした。ちなみに芦原の口調は生まれの広島弁と松山弁、標準語が混じったもので、普段は広島弁が多く、改まった際には標準語を使っていた。本書でも二つの言葉が混じっているのはそうした事情であることをご了承頂きたい。

芦原が試合から距離を置いた理由は様々だろうが、芦原は自らが心血を注いで体系化した技術〝サバキ〟と、その実戦性を維持、向上させることを第一に考えていた。だからこそ試合という場に臨むからには、他の空手とは差別化ができ同時にその実力を天下に示さなければならないと考えていたのだろう。また自流派での大会についても、後述するＡバトンのことや、芦原会館の組織固めがまだ完了していない時期に、試合そのものを大きな目標にすることで、〝サバキ〟の技術体系が崩れてしまうことを恐れたのかもしれない。

結局芦原は、公式にはこの鎖国を解くことなくこの世を去る。

年月は流れ今日では、芦原会館は試合をやらない団体ということから合気道や少林寺拳法と同列で論じられることが多くなっていく（もっとも現在では、合気道や少林寺拳法でも試合などを行う団体はあるようであるが）。

時に「芦原会館の空手は、型はきれいだが、実戦では使えない。〝サバキ〟とは所詮〝型〟にすぎない」、そんな噂を聞くこともある。

そんな中にあって、唯一独自に道場生を試合に出し、好成績をあげている道場があった。それが、芦原会館東京本部（別名、西山道場）だ。西山亨は、二代目館長、芦原英典の許可をもらい、芦原会館名義ではなく、東京の〝西山道場〟の名前で弟子を様々な大会に出場させ上位入賞させている。

このことについては当初、他の支部から批判されることもあった。しかし、西山は〝サバキとは、ガチンコで打ち負けないだけの力があって、その次に来るもの〟と考えていた。最初から〝サバキ〟の形だけを真似てみても、それでは本当の〝サバキ〟は使えないというわけだ。芦原にしても大山道場での激しい組手やケンカなどを数多く繰り返したその先に〝サバキ〟が生まれたのだと考えれば、実戦とは言わずともガチンコの試合に出場することの意味は大きいと考えていたのだ。西山自身、現役時代には数多くのケンカを繰り返した武闘派であった。

その西山が動いているのなら、芦原会館が長年の鎖国を解き、動く可能性は大きかった。

早速、私は当時親しくしていた東京のマスコミ関係者に国際電話を入れた。彼は、その空手界における顔の広さと、アクションの速さから、私が最も頼りにしている人物だった。

予想通り彼は、既に私が知りたいと思っていた情報をすべて掴んでいた。それによると芦原会館が、表舞台に出てくるのは事実と考えて間違いないようだった。

芦原会館が参加するのは新極真会の緑健児が中心となり組織されたＪＦＫＯ（日本フルコンタクト空手道連盟）が２０１４年5月17日に大阪で行う、第１回全日本フルコンタクト空手道選手権大会だった。

芦原会館が再び表舞台に登場する。

そんな世紀の瞬間を逃すわけにはいかなかった。私はすぐに飛行機の手配をするようにアシスタントに言った。

当日、地下鉄朝潮橋駅に到着した私は、その飛び込んできた光景に、一瞬我が目を疑った。そこには、大阪市中央体育館から続く長蛇の列が朝潮橋駅の出口近くまで続いていたからだった。それは、格闘技の大会では久しく見たことがない光景だった。私は、まるで自分が過去にタイムスリップしたような錯覚を覚えた。

１９７０年代の日本には、格闘技、武道ブームという大きな流れがあった。アメリカと香港の合作映画「燃えよドラゴン」で彗星のごとく登場したブルース・リーを始め、劇画『空手バカ一代』、『キックの鬼』がヒットし大山倍達や沢村忠がクローズアップされ、若者たちの憧れとなった。さらに大山倍達が監修し梶原一騎と川野泰彦が製作した極真会館のドキュメント映画「地上最強のカラテ」が大ヒットしたのも、この時代のことだった。

プロレス界では、力道山の時代からアントニオ猪木、ジャイアント馬場、そして80年代のタイガーマスクこと佐山サトルが活躍した時代へと移り変わっていく過渡期でもあった。さらにその流れは、前田日明率いるＵＷＦの登場により今日の総合格闘技への潮流を生み出す。

「どの格闘技が一番強いのか?」
「どの武道が本当に凄いのか?」

多くの若者がそんな話で盛り上がり、空手や格闘技の大会が開かれればどの会場も満員になり、体育館の前には常に長蛇の列ができたものだった。

しかし、現在ではそういった武道、格闘技の熱気を感じることは少なくなってきている。年末には、格闘技やボクシングのイベントが、ＮＨＫの紅白歌合戦の裏で行われるのも恒例行事の一つになった感はあるものの、あの頃の格闘技熱には届かない。現代には、様々な娯楽が溢れているし、若者の趣味や興味も多種多様になっている。そのなかで格闘技や武道に関心を示す者は、明らかに減少傾向にある。

そんな今、空手の大会がかつての熱気を彷彿させるほどの注目を集めたのは異例と言えるだろう。無論、その背景には新極真会館を中心に、関係各位のこの大会に懸ける意気込みが窺えた。大会は実に国内２３６の団体が大同団結し、男子は２８５名、女子は75名が選手としてエントリーされた。

私は、丁度本部席の後方に配置されたマスコミ席の一角に陣取り大会を観戦することになった。ここ数年マスコミや団体から大会への招待状を貰っても仕事が多忙な上に、大会がある時期が海外への出張時期と重なっていることが多く、この日は久しぶりの大会観戦となった。

席に座ろうとした時に目に止まったのは、元芦原会館の丸亀支部支部長を務めていた石本聖款だった。石本は生前の芦原の信頼が厚い人物で、その強さにおいても芦原を唸らす力量を持ち、現在は自流・流心館の館長として活躍している。石本とは、かつて大阪で心体育道の廣原誠、円心会館の井澤行宏らの面々と深夜まで酒を酌み交わして以来の再会であった。聞けば自身の教え子が数名大会に出場しているということで、こうした大会を契機に、かつてともに学んだ仲間と再会できることを感慨深く感じた。

久しぶりの会場の熱気は、私にとっては心地良いものだった。またマスコミ席には、空手古書道連盟の藍原信也、漫画家で『真・餓狼伝』で有名な野部優美、元極真会館のチャンピオン山崎照朝らの顔も確認することができた。他にも顔見知りの関係者が多く居並び、大会への関心の高さを感じさせた。


そんな熱気のなかで私の関心事は、当然、〝芦原会館の選手がどういう戦いを見せるか〟ということだった。芦原英幸の作り上げた〝サバキ〟がどこまでこの大舞台で通用するのか、そこには一抹の不安もあった。

理由は本来芦原の作り上げた技術体系〝サバキ〟は、試合向きの技術ではないためだ。むしろ軍隊や警察などで使う実戦的な要素が高く、技術的には相手の衣服や髪の毛を掴むという動きを多く含むのだが、これらは当然、試合では反則となる。したがって試合では、〝掴みのないサバキ〟を使わなくてはならない。そのためには、ステップワークとポジショニングを使った動きで相手を翻弄し、自分に有利に展開できるかが重要なポイントとなる。

また相手の道着や髪の毛を掴んで崩すという動きは、基本として重要ではあるが、それが〝サバキ〟の本質ではない。そのことについては、芦原会館東京本部の責任者である西山亨が『喧嘩カラテ武勇伝』（東邦出版）のなかで触れている部分があるので引用したい。

芦原空手には大きく分けて「禁じ手なしで倒すサバキ」「怪我をさせずに制圧するサバキ」「打撃を主に使ったサバキ」がある。倒すサバキはストリートファイトで使う。制圧するサバキは稽古のときや、実戦では過剰防衛にならないように相手を無力化する。打撃のサバキは、その通り、打撃を中心としたものである。

『喧嘩カラテ武勇伝』

ここで西山が言う三つ目の「打撃を主に使ったサバキ」、つまり〝掴み技を使われないサバキ〟が今回の大会で使われる技術になる。

西山は、これまでも道場生を試合に出させるにあたり、〝掴みを使わずにいかに相手を倒す組手をするか〟の研究を重ねてきた。既に様々な大会で選手が優勝しているものの、今回のような日本全国から強豪が集まる大きな舞台では、まだ未知数な部分も多く、〝サバキ〟の真価が問われる重要な大会と言ってよかった。

私は、芦原会館の看板を背負い舞台に登場する選手の姿を追い続けた。果たして、

「芦原会館二冠制覇！」

そんな見出しが、翌日のスポーツ新聞の第一面を大きく飾った。

芦原会館の大石航輝と菊川結衣がともに軽量級で優勝したのだ。特に菊川は、東京本部で西山が指導した秘蔵っ子であった。これは、改めて芦原の〝サバキ〟の実力を世に知らしめるとともに、芦原会館が正式に長い鎖国を解き、公の舞台に華々しく再登場した瞬間であった。

新聞、雑誌には、再び〝芦原英幸〟の名前が大きくクローズアップされた。その記事を読みながら、私の胸にはこみ上げてくるものがあった。

芦原英幸、そしてその芦原が作り上げた独自の技術〝サバキ〟は、日本の空手史に燦然と輝く金字塔である。芦原が、如何にしてその技術を作り上げたのか、その背景にはどんな歴史があったのか。私は改めて〝ケンカ十段〟と呼ばれたこの天才的な武道家の足跡を辿ってみたいと考えた。しかし、それは私が当初予測したよりも長く厳しい旅となった。

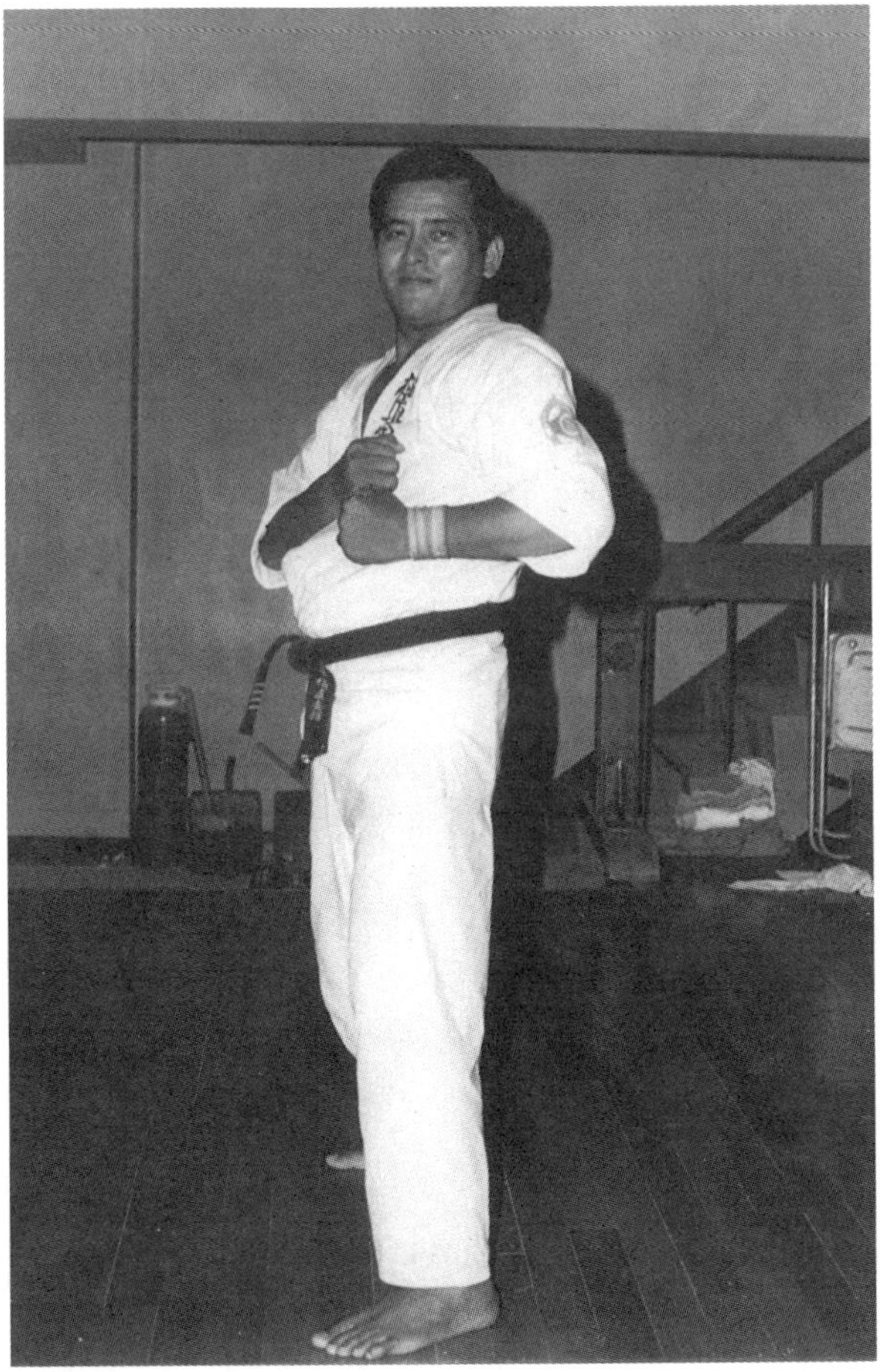

呉支部にて（1976 年）。

第一章　天才誕生の秘密

〝サバキ〟という言葉は、日本語の〝捌く〟から来ている。

岩波の国語辞典によれば、〝捌く〟とは、本来、「混乱したものを解く、分けること」あるいは「手で物事を巧みに扱うこと」と出てくる。

また柔道、剣道、合気道などの武道の世界で使われる〝体捌き〟という言葉は、「相手を制しながら巧みに身体を移動させたり、変化させること」を指すことが多い。

これに対して芦原の創造した〝サバキ〟とは、「相手に打たせず、瞬時に自分に有利なポジションを取り、相手を崩し有効な攻撃を与える、あるいは制圧すること」を意味している。また、芦原が自分一代で作り上げた技術体系のすべてを〝サバキ〟と呼ぶことが多い。

現在では海外にも芦原の名前とともに「SABAKI」という言葉が認知され始めている。その背景には芦原の作った英文の技術書『Fighting Karate』『More Fighting Karate』が海外で出版され、多くの空手家に読まれたことが大きい。また、ビデオ作品「スーパーテクニック　捌き」も海外ではベストセラー作品となり多くの人から高評価を得た。そしてなにより海外で芦原空手を広めることに貢献したのは、当時アメリカのデンバーで芦原会館のＵＳＡ本部を預かっていた二宮城光の功績が大きい。

では、その創始者・芦原英幸とはどんな人物であったのか。

芦原は、元々は広島の片田舎から板金工になるために東京に出てきていた中卒の少年でしかなかった。〝ある人物〟との出会いがなければ、恐らく板金工となり故郷に帰り、その手先の器用さから広島で一番の板金職人になっていたかもしれない。

しかし、人の運命とは分からないもので、東京に出てきた芦原は〝ある人物〟、後に極真会館を創設する大山倍達との出会いにより、空手家としての道を歩むようになる。とは言え、それだけで空手史に名を刻むような人物が生まれるわけではない。芦原には、天性の武道家としての才能があった。

武道の世界では、そういう才能を〝武才〟と言う。私自身空手を始め武道の修業をする者だが、この〝武才〟は、武術を修練する過程である程度磨かれもするが、やはり生まれついて持っている天性・才能に拠るところが大きい。

歴史上、何十年あるいは何百年に一人という天才が現れることがあるが、そういう人間は大抵幼少期にその萌芽を見つけることができる。したがって芦原の天才性を探るのであれば、芦原が生まれ育った場所を徹底的に調べる必要があると私は考えた。

私の芦原の足跡を追う旅は、芦原の生まれた瀬戸内海の江田島を訪ねることから始まった。

江田島

江田島は広島県に属する島であり、かつては海軍兵学校が存在したことで知られ、現在でも海上自衛隊の幹部候補生学校などが存在している。

生前の芦原は、自分の生まれ故郷や家族のこと、子供時代についてほとんど周りの人間には語らなかった。それでも何かの折に、子供時代に親がいなかったことや、義理の姉さんにあたる女性が芦原の世話をしてくれたということをぽろりと漏らすことがあった。それは自分のクルーザーに乗って海に出ている時や、忙しい仕事の合間にサウナで寛いでいる時だった。私は、芦原がふと漏らしたそんな言葉の一つ一つをメモに書き留めていた。

今回の本を執筆するにあたり、何人もの極真会館のOBの方々へインタビューしたが、「芦原は親兄弟がいないと聞いていた」という人が少なからずいた。それは、恐らく芦原自身が、自伝『流浪《さすらい》空手』(スポーツライフ社)を書く以前の話になるのだろうが、芦原自身周囲の人間にそんな風に話していたようだ。私自身はかつて松山の芦原会館総本部で、「芦原の兄だ」という人物を芦原本人から紹介されたことがある。

その人物は、背格好が芦原と似ており、当時本部職員をしていた里健志(現・心体育道)は、俳優で元安藤組の組長でもあった「安藤昇に似ている」と言っていたのが印象的だった。私も芦原に似たその風貌が、迫力のある顔立ちだったことを覚えている。

こうしたことからも、芦原の家庭環境には複雑な事情があったのは確かだ。その複雑な事情とは何なのか、私は江田島でまずそこから調べなくてはならないと考えていた。

私が広島で取材対象としてリストアップした人間は30名ほどいた。芦原の兄弟または親戚、友人、近所に住んでいた人間、芦原が通った学校の校長、担任などであった。私は、あらゆる手段を通じて関係者の情報を得るべく努力を重ねた。

当然、役所や学校などにも連絡を取り取材の意図を話し、今まで書いた作品の抜粋や身分証明書なども見せて取材協力を得ようとしたが、２００３（平成15）年に成立していた個人情報保護法が大きな壁となって立ち塞がり、それ以前とはまったく取材のしやすさが違っていた。行く先々で言われたのは、「個人情報に関しては一切お答えできません」という判で押したような回答ばかりだった。そうした苦労なく取材ができたのは、寺社仏閣関係と飲食店くらいのものだった。

そこで私は、昔仕事で行方不明の人物の住所を特定するために利用した探偵社に依頼をするとともに、都道府県のミニコミや雑誌を扱う情報業者なども細かく当たった。なかでもミニコミ誌には意外な情報が潜んでいることも多く、片隅に載っていた小さな記事から目当ての情報に行き着いたことも一度や二度ではなかった。私はそういった情報を集めつつ取材対象の一覧表を作成し、一件一件電話をして江田島での取材日程を決めていった。苦労して取れたアポイントメントが直前になって取材拒否となることもあり、他に仕事を抱え、金銭的にも時間的にも限りのある身としては心が折れるようなこともしばしば発生した。

そうしたリストの中でも、今回最重要と目していたのが、芦原の友人である空本秀行という人物だった。空本の名前は江田島の小学校、中学校から就職先の東京まで一緒に過ごした人物として芦原の自伝の中にも本名で登場しており、必ず会って話を聞く必要があった。

また私自身、生前の芦原からも、

「お前がいつか芦原のことを書くなら空本から話を聞けばいいけん」と推されていた四人のうちの一人でもあった。

芦原自身は、空本のことを自伝『空手に燃え空手に生きる』(講談社)の中で次のように書いていた。それは、広島を離れ就職のため東京に向かう列車のなかでの場面だった。

東京までは、小学校時代からの親友三人と一緒だった。列車の中で剣道を一緒にしていた空本秀行くんが私に言った言葉が印象に残っている。

「芦原、お前は純粋すぎるけん、気をつけてな。東京の人は怖いっていうけんな。人を信じすぎちゃいけんぞ」

何かことがあるたびに私の頭に浮かんだのが、この友の言葉である。

『空手に燃え空手に生きる』

空本の家は芦原と過ごした頃と変わらず江田島にあった。


広島からの高速艇で30分、小用の港に降りてすぐに気づいたのは、空気の新鮮さであった。江田島には多くの自然が残っており、都会とはまったく違う風景が広がり、芦原がよく、

「江田島に帰ると心が洗われる」

と話していたのも頷けた。初めての土地だったが、芦原が生まれ育った場所が今でもその当時の面影をそこここに残しているように思えた。


私は駅前にあるタクシー乗り場に行くと、地図と住所を見せて「空本自動車板金」を知っているか尋ねてみた。タクシーの運転手は、その名前を聞くなり、

「空本さんとこじゃろ、知っとるけん、大丈夫よ」

と請け合ってくれた。40分ほど揺られたところで、タクシーはあるバス停の近くに止まった。

「あそこが、空本さんとこじゃけん」

運転手は、そういうと目の前にある工場を指さした。

「空本自動車板金」の大きな文字を掲げた工場は、バス停のすぐ側にあった。板金工場としてはか

なり立派な工場であり、それは空本がビジネスで成功を収めていることを意味していた。工場に隣接した左側の建物が、自宅であろうことはすぐに想像がついた。

バス停の前のベンチに一度腰かけた私は、そこで暫くの間身じろぎもせず考え込んでいた。空本の連絡先を探すのは、予想よりも簡単だった。江田島の電話帳を入手し、〝空本〟という性と、芦原とともに東京へ上京し、板金工をしていたという手掛かりから見つけたのが〝空本自動車板金〟の名前だった。しかし、そこからが問題だった。実は空本に会うに当たって電話で約束こそ取り付けていたものの、その反応は決して芳しいものではなかったのだ。電話口で応対する空本の声はぶっきらぼうで硬かった。ただ、時折登場する芦原についての言葉には確かな暖かさがあることを感じていた。ところがそこでこちらが一歩踏み込もうとすると、スッと距離を置かれる。そんなやり取りの果てに半ば強引に取り付けたのがこの日の訪問だった。

〝果たして空本は会ってくれるのだろうか？〟

あるいはけんもほろろに追い返される可能性を想ううちに、ここまで来ておきながら、私は気が付くと十分以上もそのベンチに腰かけて考えこんでいた。

もし空本に話を聞くことが叶わなければ、仮に本は書けたとしても、満足できないように思われた。それだけにこの日の訪問は、この本の行く末を決定するものだった。

〝今日空本と話ができなければ本の企画そのものをなかったことにしよう〟

最後に私はそう覚悟を決めてベンチから立ち上がった。空本の家へ続くわずか数メートルの距離が、何十メートルもあるように感じられた。

工場の前を横切り、自宅へと続く小道を進んで行った。玄関の戸は風を通すためか開いたままになっており、土間には数足の運動靴と草履が無造作に並べられていた。

私は玄関の横に備え付けられていたインターフォンを鳴らした。返事は男の声だった。その声の感じからそれが、空本秀行本人だとわかった。果たして部屋の奥から現れたのは、日焼けした頑固そうな男・空本だった。その鋭い眼光は、どこか芦原と共通するものがあるように感じた。

私は軽く会釈をして自己紹介と改めて用向きを伝えたが、想像したとおり空本の表情は硬かった。

私は門前払いされることを覚悟したが、空本は、

「遠い所を来たんじゃけん中に入らんね」

と、家の中に招き入れてくれた。玄関で靴を脱ぎ、奥の部屋に通されると、そこには黒檀でできた大きな机と、それを挟む形で座椅子が配置されていた。

「この部屋は……」

座椅子に座るなり、ぽつりと空本が口を開いた。

「この部屋は、いつも芦原が来ちゃ泊まりよった部屋なんよ」

そう聞かされた私は、身の引き締まる思いがした。改めて名刺を差し出すと、空本は、その名刺を手に取りしっかりと見た後で、机の上に置いた。空本はその名刺に目を落としたまま、じっと黙っているだけだった。

何か喋らなければ間が持たなかった私は、芦原からの手紙や写真などを見せて、必死で電話でも何度も話した来訪の目的を説明をした。なんとか取材を進めたい私が一方的に話すかたちになり、今その時のことを思い出そうとしても、何をどう喋ったのか思い出せないほど緊張していた。

それでも空本の表情は硬く、取り付く島がないように感じられた。

のどが渇き、話す言葉も尽き、諦めかけたその時、空本が重い口を開いた。

「あんたの本は、全部読ませてもろたんじゃが、芦原のことについてはちいとも悪いことは書かれとらんかったけん。芦原からも言われとるんなら知っとることは協力したいいう気はあるんじゃが、マスコミの人は嘘を書く人もおるけんな、信用できんかったんよ。じゃけん、あんたの話には嘘がないけん信用したいとは思うとるんじゃ」

そう言う空本だったが、まだ表情は硬いままで変化はなかった。その表情がようやく少し変わったのは、芦原と空本が中学を卒業してから東京で就職していた会社「幸伸興業」の写真を見せた時だった。私は現在の「幸伸興業」の本社の写真と、芦原と空本が暮らした当時に会社の寮があった場所の写真を示した。さらにこの江田島訪問前に「幸伸興業」の社長にもインタビューを取ったことなどを早口で説明した。

「あんた、幸伸の社長にも話を聞いたんね」

空本は、私がそこまで詳しく調べていることに少なからず驚いたようだった。

もう一度、空本は私の名刺に目を落とした後、今度はしっかり私の顔を見て、

「芦原の話は、一日や二日では終わらんけん。芦原の頼みで来よるんじゃけん、芦原のことならいくらでも話をしちゃるけんな」

と言った。

　こうしてインタビューが始まった。

　空本の話は尽きることがなく、私は、それから何度も江田島を訪れては空本に会い、芦原の話を聞く幸運に恵まれた。芦原の小学、中学時代から東京での会社時代、極真会館での苦労と、さらに芦原会館を設立してからの話など、芦原の無二の親友だからこそ知り得た話の数々は貴重な証言となった。芦原が言ったとおり、空本は芦原の足跡を辿る上で欠かせないキーパーソンであり、この本の取材のすべてを方向づけてくれた人物と言っても過言ではなかった。

生い立ち

　芦原英幸は、1944（昭和19）年12月4日、広島の江田島市能美町の鹿川《かのかわ》に生まれている。血液型は、B型。他人に頭を下げることが、異常に嫌いな子供であったという。

　芦原の父親は、芦原忠次、母親は和子といった。忠治は海軍の士官として呉に勤務し、終戦後は土木関係の会社で働いていたという。短気なところは、芦原とそっくりで見た感じも芦原とよく似ていて、特に目力の強さは父親ゆずりのものだったようだ。母親の和子は、物静かでやさしい感じの女性であったが、忠次とは気が合わず芦原が生まれて間もなく離婚している。

和子は、芦原が小学校に上がった頃には、何度か授業参観に来ていたことがあるらしいが、そのうち姿を見せなくなったという。その辺りの詳しい事情はわからないが、芦原が、母親の愛情を一番必要とする時期にそれを得ることができなかったことは、芦原の心に大きなトラウマを残した。そういう意味からも、芦原が実の母親の愛情に飢えていたことは間違いないだろう。芦原は母親に見捨てられたと感じていたのかもしれない。

実は忠次は、芦原の実母・和子と結婚する前に和子の姉である時子とも結婚している。時子は、三人の子供（長男・忠、長女・スヅエ、次女・順子）を産んだ後、病気で早くに亡くなっている。さらに和子との離婚後は再婚をしていることもあり家庭環境は複雑だった。

本当の母親の愛情を受けられず、父親や腹違いの兄弟ともあまり折り合いのよくなかった芦原は、祖父母に育てられることになった。しかし、既に祖父母は芦原の相手をするには高齢であり、その結果芦原はいつも一人で遊んでいたという。

芦原が極真会館時代の友人に「兄弟は一人もいない」と語っていた背景には、こういった事情があったのだ。

そのあたりの事情を解き明かすヒントを最初にくれたのは、先にも登場した里健志だった。芦原会館の職員としては一番長く芦原に仕えた里は、本人から幼少期の事を聞く機会があり、また芦原の実の姉とも一時期職場が同じで色々な話を聞くことができたという。

私は里から聞いた話をもとに空本をはじめ芦原の幼少期を知る人々に取材を重ねた。その結果わかったのは、先に記したように家庭環境がかなり複雑で、芦原自身東京へ出てから故郷とのつながりは疎遠になったようだ。また芦原から親戚に連絡を取ることは、滅多になく、自分の生まれ故郷であるこの江田島に来る時も、親戚の家には寄らず友人の空本の家にしか寄らなかったという。

今回芦原の親戚で取材に応じてくれた方については、プライベートを明かさないことを条件に取材をさせて頂いたので、誰がどのように取材に応じてくれたかについては、ここではあえて省略させて頂く。

孤独な少年時代を過ごした芦原だが、ただ皆が皆芦原に冷たかったわけでもなかったようだ。空本によると腹違いの兄弟であった姉のスヅエが、芦原がまだ赤ん坊の頃から面倒をみていたという。スヅエは、芦原とは歳が15歳も離れていたこともあり、自分の子供のように可愛がったそうで、結婚してからも芦原のことを気にかけ続けた。芦原もまたそんな姉のことを「金田（結婚後の新姓）の姉さん」と呼び慕っていた。

鹿川《かのかわ》

芦原が通った鹿川小学校は、今も昔も変わらず同じ場所に存在している。戦後のベビーラッシュもあり、当時は一学年100名ほどで学年全体では600名を超える小学生がいたというので、そこそこの規模の学校だったそうだ。

芦原の武道歴はこの鹿川小学校からスタートしている。5年生になった頃から友人の空本とともに剣道を習い始めたのだ。芦原が最初に学んだ武道が空手ではなく、剣道であったことは自伝でも書かれており、芦原はこの剣道を中学卒業まで続け、この時に身につけた間合いやステップが後の空手に役立ったと書いている。

しかし芦原が、具体的にどのような稽古をしていたかについては記述がない。そこで私は、当時の中学校の剣道部の顧問をしていた人物に話を伺おうと試みたが、こちらは残念ながら捜し当てることはできなかった。ところが教育委員会の関係資料から芦原のクラス担任をしていた沖元義彦の名前を見つけ出し、本人に連絡を取ることができた。

今も江田島に住む沖元にとって、芦原は教師になり初めて担任したクラスの生徒だったため強く印象に残っているそうで、剣道の練習をする姿をよく体育館で見かけたという。

「芦原くんは、相手との間合いを計るのが凄く上手かったんですね。今なら相手の懐に飛び込めるとか、この距離じゃ危ないという見切りが、他の誰より凄かったように思いました。特にちょっとした隙を狙って胴を決めるのが上手で、もう目にも止まらない早さでね。それは、指導しておった先生も驚いておられて。〝芦原くんの見切りは凄い〟と言っておられましたよ」

芦原が剣道を学んだ顧問の教師は、剣術においては、かなり修業を積んだ人物であり、一説によると柳生新陰流を学んだ人物であったようだ。武術を学び始める時にどのような人に学ぶかは、大変重要なことである。そういう意味で芦原は良い師匠に恵まれたのかもしれない。

沖元によれば、芦原の武道に対する姿勢は、稽古熱心で真面目であり、あるいはそのまま剣道の道に進んでも素晴らしい成績を残したのかもしれない。

また後の空手の天才が、まず最初に学んだのが、剣道であったのも興味深い。芦原が自著に書いているように、剣道における構えやステップは、空手にも共通する部分が多い。加えて元々日本の武道は、侍が刀を自由自在に操るという文化があり、さらに刀がない無手の時にどうやって戦うかという発想から来ている。たとえば大東流合気柔術や合気道などでは、刀を持って構えた理合いを徒手空拳の動きに表したものだと考えることができる。実際に実戦合気道として評価の高い塩田剛三の創始した養神館合気道では、木刀（あるいは真剣）を持って基本動作を行うという稽古がある。

その動きを見れば、本来刀を持って行った体捌きがどのような動きであり、そこから刀を持たない無手の際にどう動くことが理に適った動きであるかがよくわかる。昔の剣の達人は、剣を持たぬ場合でも強かったわけだ。

では、芦原の幼少期に空手との出会いはないのかと言えば、一度だけあった。それが、芦原の家の隣に住んでいた小西という家の息子だった。これについても芦原は自伝に書いている。

そこで私はこの小西なる人物を探し出し話を聞きたいと思い、江田島の古い電話帳から、該当すると思われる小西明人の甥にあたる小西博基を見つけることができた。

当時の小西明人は関西の大学で空手部に所属しており、大学が休みの時には実家のあった江田島に帰り、庭で巻き藁を立て一人で稽古を行っていた。それを目撃したのが当時小学校5年生の芦原だった。

今回お話を伺えた小西博基は、幼い頃に芦原に遊んでもらったことがあると言う。

「芦原さんは、親がおらんかったけん、苦労をされとると思いますよ。かばってくれる人が誰もおらんかったけん。自分らはよう遊んでもろて、ある時なんかは幻灯機を自分で作って見せてくれたり、色んなもんを作るんが上手かったけんね。孤独じゃった分、早く大人になったんじゃないんかの。

その分実行力もあったけんね」

当時子供であった小西にも印象に残るほど、芦原は孤独の影を引きずっていたのだろうか。私は小西の言葉に少なからず驚いた。それは、私が知るいつも剛胆で明るかった芦原からは想像できない姿だった。

残念ながら芦原に空手の手ほどきをしてくれた小西明人は、２０１４年に72歳で亡くなっていた。しかし芦原の自伝にご本人のことが書かれていることは知っており、喜んでいたそうで、

「あのケンカ十段に最初に空手を教えたのは俺なのだ」

と自慢していたという。

私自身が芦原から聞いたところでは、小西から学んだ空手は伝統派である松濤館流であったという。小西は小学生の芦原に堅い木や煉瓦を割って見せてくれた。芦原には、それがまるでマジックでも見せられているように思えたという。強さに憧れていた芦原は、小西が大学の休みで帰郷している間に空手の手ほどきを受け、小学生には決してで

小西博基氏（左）と空本秀行氏。

きないだろうと思われた、三枚を重ねた瓦割りを成功させ小西を驚かせたという。

ただこの時は、空手を学べるのは小西が帰郷している間だけということもあり、いつしか芦原の空手熱は冷めてしまい、再び剣道に打ち込む日々が続いたようだ。それでも、小西が芦原に見せた空手の破壊力、そして芦原自身が体験した空手の魅力は少なからず芦原に空手という武術の凄さを印象づけたと思われる。


余談だが芦原の当時住んでいた家について小西に尋ねたところ、

「わたしの家は、もう更地になっとるけん何もないんじゃが、芦原さんとこは家はまだ残っちょるけん」

という返事が返ってきた。

実は芦原の実家については空本の案内で探しに訪ねたことがあるのだが、考えていた場所は既に更地になっていて、芦原の実家を見つけることはできなかった。それからも江田島を訪れる度にその周辺を歩いたのだが見つけられずにいたのだ。

そこで、私は小西から聞いた住所を手がかりに再度探しに歩いたところ、そこには今もまだ芦原が生まれ育った実家が存在していた。家の外観からすると多少手を加えた感じはあるが、昔ながらの奥に長細い作りで、暫し佇むうちに少年時代の芦原の姿が重なり、知らぬうちに手を合わせていた。

中学時代

小学校6年間を無事に終えた芦原は、小学校の運動場を隔てて反対側に位置していた鹿川中学校に通うようになる。

後に〝ケンカ十段〟という異名で知られる芦原であるが、中学時代にはその片鱗はあまり感じなかったと空本は言う。実際に空本の所有する中学時代のアルバムを見ると、芦原はどちらかというと大人しく、その繊細な風貌は芸術家にでもなれそうな表情を宿していた。むしろ空本の方が腕白少年という風情で、古き良き時代の〝ガキ大将〟という印象を受けた。事実、中学の頃は、空本がガキ大将としてクラスを仕切り、芦原は、そんな空本に継いでナンバー2のポジションにいたのだという。

「当時から、みんなケンカはしよったけん。その数じゃいうたら、芦原よりわしのほうが多かったんじゃないの」

空本は、当時を振り返りそう言った。

中学生時代の空本秀行氏（左）と芦原氏。

「芦原は、そりゃ頭が良かったんよ。特に数学が得意でクラスでは一番じゃったんよ。それに絵を描くんが上手かったけん。なんかの賞もようもらいよったんじゃないの。じゃけん沖元先生も、〝芦原は高校へ行きゃまたたいしたもんになりよったやろう〟と言いよったんじゃ。芦原は、〝船乗りになりたい〟と言いよって、商船学校にも入れる成績やったんじゃが、芦原の家も（経済的に）大変じゃったけん、できんかったんよ」

この芦原の数学的なセンスの良さや絵の上手さは、後に芦原空手の独自の型や武器などを制作する時にも大いに活かされることになる。芦原は手裏剣やAバトンなどの武器を作る時も、まず自分なりの設計図を作ることが多かった。道場を建設する時も、その完成時のミニチュアを自分で作るほど手先が器用で、会館の椅子や机も自作したが、その出来具合は本職の職人も顔負けなほど素晴らしいものであった。

空本によると、剣道だけではなく学業でも良い成績を修めていた芦原は、卒業後に就職で上京することが、早い時期に決定していたという。当時、江田島の鹿川中学から東京に就職することが許されたのは、全校生のなかでも数名だけであった。

担任であった沖元は、

「芦原くんは、数学が良くできたんで、本当は商船高校を薦めよったんです。それでも家の都合やらなんやらで、〝自分は東京に出てやってみたいんじゃ〟という相談を受けたんです。はっきりものを言う子やったけん、親には負担を掛けとうないいう想いがあったんじゃろう思いますよ。曲がったことが嫌いな子でね。大人にでもはっきりとものを言いよったですね。本当に澄んだええ目をしよったですよ」

と当時を思い出し、懐かしそうに語ってくれた。

こうした担任の言葉や剣道に打ち込み、成績も良かった芦原は、我々が思うように子供の頃からケンカばかりしていたというイメージとはほど遠いものがある。

ただ沖元はそんな芦原に激しい一面があることに気がついていた。

ある時、芦原が珍しく掃除をサボった際に、

「芦原くんが、掃除をサボっています」

と告げ口をする者がいた。芦原はその告げ口をした犯人を見つけると徹底的に問い詰めて、相手が謝るまで決して許さなかった。周りから見れば、芦原が友達を苛めているように見え、そうしたことから大人からは〝芦原はやんちゃだ〟と映ることもあったという。

芦原にすれば、告げ口という卑怯なことに対する怒りであり、その裏には、他の誰がサボっても告げ口なんかされないのに、自分の時には必ず告げ口する者がいることと、その理由が自分の家庭環境にあることを痛いほどに肌身に感じていたからだった。

同級生だけではなく、大人にも芦原の理解者はいなかった。

当時を彷彿するエピソードが『流浪空手』にも登場する。

中学生の芦原は海で溺れていた6歳の子供を助けたのだが、急いで海に飛び込んだ時にヒザを船の錨にぶつけ怪我を負った。意気揚々と家に帰った芦原だが、膝の怪我を見た家の者からは理由を聞かれることもなく、「またケンカをして」と咎められたという。誰も芦原の怪我を心配したり、芦原が人知れず行った善行を褒めてくれる者はいなかった。芦原もまた一切説明をしなかったという。

芦原の右脚のヒザにはその時にできた傷痕が残り、後年の夏の合宿でその傷を弟子に見せながら、

「これが名誉の負傷というやつじゃけん」

と笑いながら語っていたが、本人にしてみればやはり思うところがあったのだろう、二冊目の自伝となる『空手に燃え空手に生きる』ではこの話はなくなっている。

小学、中学と剣道に熱中したのも、母親からの愛情を受けることがなく、家が貧しかった芦原は本能的に強さを身につけて、自分を傷つける同級生や大人から自分自身を守ろうとしたのかもしれない。空本は、

「芦原は、誰よりも負けず嫌いな性格じゃったけん。運動でも勉強でも他のもんに負けとうない気は人一倍あったんよ。それに家が、色々大変じゃったけん、その寂しさを紛らわすために剣道にも打ちこみよったんじゃないんかのぉ」

と語っている。

そのうち芦原は、大人たちと距離を置くようになっていき、就職して上京することを望むように

なったという。恐らく芦原にとってしがらみの多い江田島は窮屈に感じていたのだろう。

「楽しいことなんか何もなかったけん」

芦原は自分の昔話をする時に、いつもそんな風に語ったが、その理由はこうした少年時代にあったのだろう。


取材を進めるほどに、予想どおり芦原の武道家の資質が幼少の頃からのものであることが分かってきた。また、大人になって自らの家族や少年時代を他人に語りたがらなかった理由と、そこにある強さへの希求もまた見えてきた。


しかし、私はそれだけでは不十分だった。

私がこの江田島でもう一つ関心を寄せていたことは、芦原の「手裏剣打ち」の技術につながる何かが、幼少期にあったのではないか？　ということだった。

芦原は、日本の武道界にあって〝手裏剣打ち（手裏剣投げ）の名手〟として知られている。その百発百中の腕前は、第8回全日本空手道選手権大会を記録した映画「地上最強のカラテ」の中でも紹介され、他の武道家からも高い評価を受けている。手裏剣の打ち方は大きく分けて二種類、〝直打法〟と〝反転打法〟がある。〝直打法〟はその名の通り、手裏剣の柄を握り投げることで、刃は目標に向かって真っ直ぐ飛んで行く。もう一方の〝反転打法〟は、投げる際に手裏剣の刃にあたる部分を持ち投げる方法で、手裏剣は柄の方から反回転しつつ飛び目標に突き刺さる投げ方だ。芦原は後者の〝反転打法〟を好んだ。ただこの〝反転打法〟は、手裏剣が空中で半回転して目標に刺さるため、遠い目標を打つには向いているが〝直打法〟に比べて難しい。

劇画『空手バカ一代』では芦原の手裏剣打ちは、大山倍達から学んだものだと言われているが、それは事実ではないようだ。

私は、かつて芦原から手裏剣の投げ方について指導を受けたことがあり、その際に直接芦原に確認したところ、

「これは芦原が独自に研究し身につけたもんじゃけん、誰かに習ったとかいうもんじゃないけん。すべて芦原の我流なんよ」

と答えてくれた。同様のことを当時の職員であった里や廣原からも聞いている。

芦原は最初の頃は、自作の棒手裏剣を投げていたが、やがて自分で設計図を引き、鋳物師に使いやすいオリジナルの手裏剣を何本も制作させていた。その際にも刃をつける作業はすべて自分一人で行っており、そのほとんどは両刃のものだったが、中には片刃のものや、形状が特殊なものもあり、こうした手裏剣は本部の倉庫に桐の箱に入れて保管されていた。

私は、かつて中元（憲義）や二宮（城光）に芦原が手裏剣打ちを指導する現場に立ち会ったことがある。当時弟子の中ではトップレベルにあった二人だが、芦原の投げたそれとは比較にならないほど違いがあった。中元や二宮の投げた手裏剣が、標的に刃先1センチほどの深さで刺さっている

のに対して、芦原が投げたものは刃の3分の1ほどが標的に深々と刺さっていた。私は実際に芦原の打った手裏剣を抜いたのだが、あまりにしっかり刺さっているため、標的を地面に寝かせた上で、両手でその手裏剣を引き抜かなければならなかった。

芦原はこの手裏剣の投げ方もサバキに共通しており、投げるタイミング、回転数、特に腰の使い方が重要なのだと指導していた。

ではこの芦原独自の手裏剣投げのルーツはどこにあるのか？

そのヒントをくれたのが空本の思い出話だった。

空本によると、芦原は〝ねんがり〟と呼ばれる遊びが得意だったという。〝ねんがり〟とは、木の枝を削ってブーメラン状の棒きれ（左右が同じ長さではなく、L字型に近い形）を作り、それを田んぼに刺す遊びである。〝ねんがり〟はそれぞれの地方でルールや方法が異なっており、棒の代わりに五寸釘を使う所もあるという。

空本と芦原が遊んだものは、互いに地面に突き刺した棒きれを、自分の棒で投げて倒し合い、倒した棒は自分のも

手裏剣を打つ芦原氏（1983年）。

のにできるというものだった。

「芦原は学年のどの生徒よりもこの〝ねんがり〟が上手かったけん。芦原は、いつもいかに相手の棒を倒すか、どこを狙えば倒すことができるんかを考えておって、相手の弱点を瞬時に読み取る力が誰よりも長《た》けちょったんよ」

恐らく芦原は、この〝ねんがり〟を通じて、相手の急所や弱点を見抜き、ムダな力を使うことなく勝つという技術を身につけていったのだろう。

「投げる時も芦原は力みがなかったけん。じゃけん身体も自由に動かせるし、他のもんが疲れても平気で続けられたんよ」

空本は、そんな風に解説してくれた。


この話を聞いて私は、芦原の手裏剣投げのルーツはここにあると感じた。芦原は手裏剣投げだけではなく、竹べらやバーベキューの串、コイン、トランプなど、何を投げてもおよそ的を外すことがなく、トランプを投げて2メートルほど先に立てたキュウリを真っ二つにする技を弟子に披露したことがある。これは酒の席で、それもかなり酔いが回った時にしかやらなかったもので、芦原の隠れた演武と言ってよかった。そうした技術は、この子供時代の遊びがルーツであったのだろう。

また、芦原は暇な時にタバコを標的に、トランプで倒す練習をしていたが、そうした時、必ず、

「すべてサバキのコツと同じなんよ。サバキが理解できたら、こういう芸当もすべて同じなんよ」

と弟子によく言っていた。

江田島での取材が一段落した私は、空本からの情報を得て、再び東京へ取材に向かった。見落とした所はないか、さらにもっと芦原のことを知る人間がいるのではないか、調べておきたいことはまだ山のようにあった。そして、そんな調査の中で今までまったく知られていない人から情報を得ることもあった。そんな思いもよらぬ出会いから、芦原と関係のあった人々についてより詳細な情報を得ることにもつながった。

江田島には、芦原が空手を学ぶまでの情報が数多くあった。そして東京には、芦原と空手の出会いがあり、そこには言わずと知れた空手界の巨人・大山倍達が存在した。大山の下には黒崎健時・大山茂・大山泰彦・中村忠・藤平昭雄らの後の極真空手の礎を築く男達が、一人また一人と集まってきていた。そして、芦原も何かに導かれるようにその目に見えぬ流れの中に呑みこまれていくことになる。

ゴッドハンド

芦原について語る時、必ず語られねばならない人物、それが芦原の空手の師である大山倍達だ。

日本の空手の歴史において、大山は一個の巨大な磁石であったと考えると分かりやすいだろう。大山という磁石に引き付けられて数多くの若者が大山の下に集まった。

大山の考え方は、非常にシンプルだった。有名な、

「正義なき力は無能なり。力なき正義も無能なり」

という言葉に代表されるように常に強さに拘った武道家であった。

それまでの空手の主流は、危険性を鑑み相手の身体に当てる直前で拳を止める、所謂「寸止め空手」が主流であったところに、大山は、直接相手に突きも蹴りも当てるという直接打撃制を唱え大きな波紋を引き起こした。

相手の身体に拳を当てる直前で止める。果たしてそれが、武術・格闘技として実戦的と言えるのかどうか。大山は相手を倒すこと、つまり、〝実際に相手の身体に自分の拳や蹴りを当てることでしか本当の実力はわからない〟と考えたのだった。

大山の名は、素手で牛を倒した「牛殺し」やコーラ壜の上部のみを手刀で斬り飛ばすパフォーマンスもあり海外においても有名で、その神技とも言える技を見たアメリカ人から、「オーマイゴッド、ゴッドハンド！」と呼ばれたと大山は語った。こうした〝マス大山伝説〟は数多くあり、その逸話は本や雑誌でも度々語られているが、その嚆矢は、梶原一騎原作による劇画『空手バカ一代』だろう。

その一方でこうした〝伝説〟は、その多くが創作であるとする見方もある。しかし、戦後食べるものすらなく、日々喰うや喰わずで多くの日本人が、明日の暮らしにしか目が向いていない時代に

あって、強さのみを追求し、実際に何度も牛と戦った大山は、偉大なる変人であり「空手バカ」の名にふさわしい男であった。そもそも〝人を思いっ切り叩けないから牛を叩いてみる〟という発想自体が普通ではない。事実、大山の弟子のなかには、デモンストレーションで牛と戦ってみた弟子もいた。しかし手綱を引っ張って引き倒すことすら敵わず、「改めて大山の凄さが理解できた」と語っている。

私自身、何度か大山と直接会って話をしたことがある。その時に、「先生の拳に触れさせてほしいと」お願いしたことがあった。大山は、笑って右の拳を私の前に差し出した。現れた拳は人間の拳ではなく、ずんぐりとした漬け物石のように見えた。その漬け物石の上には、拳ダコと無数の細かな傷があった。一般の大人の倍以上あろうかという手だった。大山は、私の手を取ると握手をしてくれた。握られた瞬間〝手が破壊されるのでは〟という恐怖がよぎったが、大山の手は柔らかく相手を包み込むような握手だった。また、身体全体から輝くようなオーラが感じられ、改めて多くの男たちが大山への下に馳せ参じた理由の一端に触れた思いがした。

芦原と大山は、晩年敵対関係にあったと多くの人が語る。それは事実だ。それでも芦原は、ふっと懐かしそうに大山のことを話すことがあった。飲みに行った先で、他流派の人間が大山の悪口を言っているのを聞くと、「その大山っていうのは、俺の先生なんだけど……」と制することもあった。

極真を離れても、芦原のなかで大山は常に自分の師匠であるということを大切にしていた。大山が亡くなった時、芦原は既に言葉が喋れず文字盤での会話しかできない状態であった。芦原は、大山の訃報をベッドの上で聞き目に涙を浮かべていたという。後日、芦原は弟子に指示し大山の墓前に花を手向けている。なんであれ大山との出会いがあればこそ、芦原という武道家の才が磨かれ、今日大きな功績をこの世に残したと言えるだろう。ここではまず、芦原と出会うまでの大山について簡単に触れておきたい。

大山倍達

大山には、一般的に語られる表の部分とあまり表面には出てこない裏の部分があった。表の部分は、空手家そして求道者としての大山である。そして裏の部分とは、政治家や右翼の大物らとの交流である。

大山倍達、本名・崔 永宜（チョ・ヨンウィ）は1923（大正12）年7月27日に生まれた。誕生日にはいくつか説があるがここでは日本で公開されているこの日を大山の誕生日としておく。大山は、父・崔承玄と母・金芙蓉の六男一女の第四子として当時日本領であった朝鮮全羅北道金堤市で生まれている。

1925（大正14）年3月、満州の姉の家が経営している牧場に預けられる。ここで働いていた武術の達人李相志から「借力」という拳法を習う。1938（昭和13）年4月に山梨航空技術学校に入学。同年9月、日本に初めて唐手（後に空手とする）を紹介した船越義珍の門を叩く。1940（昭和15）年4月、拓殖大学に入学（1940年に山梨航空技術学校に入学、1942年に卒業、同年、拓殖大学に入学とする説もある）、学びながら空手二段をとる。第二次世界大戦に学徒出陣する。1945（昭和20）年9月、終戦により復員する。大山の戦前の経歴については複雑で諸説あり、近年の研究の結果様々な新事実が分かってきているようだが、それ自体は本書の目的とするところではないので、ここではごく一般的なところを記している。

広島に原爆が落とされた1945（昭和20）年8月6日から約1ヶ月後の9月、大山は東京都杉並区天沼町に永和空手道研究所を設立するが、僅か半年で閉鎖している。その理由は、大山が当時はまだあまり指導に積極的ではなかったからであると言われている。

その翌年の1946（昭和21）年2月、大山は後に山口組三代目の田岡一雄組長の直系若頭になる柳川次郎と在日朝鮮建国促進青年同盟の兵庫県本部・結成大会で会っている。

当時は、「在日朝鮮建国促進青年同盟に大山あり」、「在日朝鮮人連盟に柳川あり」という状態でありともにお互いの名前を知っていた。この頃の大山は、大山猛虎とも名乗っており在日朝鮮建国促進青年同盟の千葉安房支部のリーダー的存在で、同胞ながら敵対関係にあった在日朝鮮人連盟と抗争を繰り返していた。

当時より大山の空手の強さは有名で〝空手の大山〟として同胞の間では知らぬ者がいないほどで

あった。この時期在日朝鮮建国促進青年同盟の東京本部副委員長をしていたのが、後に会員1500名を擁する巨大組織・東声会を創る町井久之（韓国名・鄭建永チョン・ゴニョン）であった。この町井が、後に敵対する在日朝鮮人連盟と友好関係を結ぶことになる。

実は、この東声会の町井は、柳川、大山はもとより、プロレスラーの力道山とも大変強いつながりを持っていた。なかでも力道山はこの町井を兄貴のように慕っていたという。後に大山がアメリカに行った際、グレート東郷の世話になったのは劇画にも登場する有名な話であるが、牛島辰熊とともにその口利きをしたのがこの町井だと言われている。

町井により在日朝鮮建国促進青年同盟と在日朝鮮人連盟の間に友好関係が成立したことで、柳川と大山の敵対関係は収束し、お互いの強さを認め合うことになった。二人はそれが縁となり生涯の友人となる。大山の裏のコネクションは、この町井や柳川らとの関係が原点と言える。

余談だが梶原一騎が晩年に書いた劇画『男の星座』では、柳川と大山が大立ち回りを演じたことになっており、実際、あわやケンカの一歩手前になったことはあるが、やり合うことはなかった。ただどちらも、お互いにすてごろ（素手による喧嘩）なら一歩も引かぬ実力を持っていることを理解していたのは確かだろう。

大山は、この時はまだ日本には帰化しておらず、力道山が韓国人であるという事実を隠し、日本人としてプロレスのヒーローになっていく姿を見て、日本で生き抜き自分の夢を実現するために、自分もまた日本人として暮らすことの必要性を感じていたのかもしれない。大山が、後に総理となる佐藤栄作の勧めにより日本に帰化するのもこのあたりに理由があったように思われる。

柳川は、大山が大山道場、極真会館と徐々に組織を大きくしていく過程で様々に裏から大山を援助した。しかし、柳川は長く山口組の組長田岡一雄の下にいたため、その間は「大山に迷惑を掛けるわけにはいかない」と一緒にいる場面をマスコミ等にスクープされないように細心の注意を払っていた。

この柳川が、表舞台に出てくるのは、柳川組を解散して右翼政治結社・亜細亜民族同盟を1978（昭和53）年に結成してからのことになる。その後、大山からの要請を受けるかたちで極真会館の相談役になっており、その姿は極真会館の会報や梶原が発行するようになった「現代カラテマガジン」の誌面に登場するようになる。極真会館の第4回全日本空手道選手権大会のパンフレットには柳川次郎の名前が初めて登場し、翌年の第5回大会では、柳川商事の肩書きで名前が掲載され、第1回世界大会のパンフレットでは写真とともに大会相談役という役職と挨拶文が掲載されている。

柳川は、表向きは柳川組を解散したことになっていたが、裏ではそれ以降も大きな力を持っていたことが知られている。後に、私は山口組の幹部で、この柳川をよく知る人物にインタビューをしたことがある。その幹部によれば、柳川が組を解散した後でも、柳川が一言口を利けば大抵のことは可能だったという。

大山に話を戻そう。

1946（昭和21）年の4月、大山は早稲田大学の体育科に入学し、同年10月には空手の修業で、身延山に山籠もりを行ったとされる。翌年に京都市の丸山公会堂で行われた戦後初の全日本空手道選手権大会で優勝し、その5年後の1952（昭和27）年、大山は柔道の遠藤幸吉と渡米する。

それから数年の間に大山は、アメリカやヨーロッパ、東南アジアを空手行脚に出かける。やがて、海外の武者修業から帰国した大山は、日本に腰を落ち着けて自分の道場を開くが、最初の頃は自分の家の庭先で行う程度のものだった。

1954（昭和29年）年、大山は目白にあった自宅に大山道場の看板を掲げた。その年の12月22日、「昭和の巌流島」と呼ばれた歴史に残る大きな試合が行われた。それが、木村政彦と力道山の闘いであった。

木村政彦と力道山の一戦については、作家・増田俊也が著した『木村政彦はなぜ力道山を殺さなかったのか』に詳しい。

極簡単に言えば、力道山がリング上でブック（約束事）を破り、〝柔道史上最強〟と呼ばれた木村政彦を騙し討ちにした一戦だ。当時リングサイドで試合を見ていた大山は、兄貴分と慕っていた木村が無残に敗れるのを目の当たりにし、その場で力道山に挑戦をしている。

かつて私は、この試合のことを大山に直接尋ねたことがある。その時大山は、次のように語ってくれた。

「あの試合は、引き分けと決まった試合だったんです。それを力道が破った。それを私は、許せなかったんだ。木村先輩も、試合前に酒を飲んで油断していた。私は、木村先輩に「試合では何が起こるかわかりませんよ」と言ったんだ。しかし、木村先輩は「心配ないから」と言っておった。木村先輩にも油断はあったんです。その油断さえなければ、木村先輩の勝ちであったと私は、今でも信じています」

芦原も大山からこの話を何度も聞かされており、「大山館長は、木村さんのことを本当に尊敬していたようだ」と語っていた。また、その影響からか芦原は木村政彦の柔道技術もかなり研究しており、警察道場での稽古の際に柔道の四段、五段クラスの警察官を相手に独自の腕絡みを掛け、危うく相手の骨を折りそうになったこともあるほどだ。ちなみに腕絡みは木村の得意技でもあり、かのヒクソン・グレイシーの父である、エリオ・グレイシーの腕をこの技でへし折っている。敗れたグレイシー一族はこの腕絡みを〝キムラロック〟と名づけその強さを讃えるとともに、この屈辱をバネにさらに技術を磨き、今日世界にグレイシー柔術の名を広めているのはご承知の通りだ。

また芦原はこの時の試合のビデオを所有しており、一度私もその映像を見せながら解説した場面に同席したことがある。

試合を見ながら芦原は、力道山と対峙した時の木村から柔道の真剣勝負に臨む時の凄みが読み取れないとした上で、

「プロレスは、最初からショーなんよ。木村さんは、力道山に騙し打ちにあったんじゃけん。力道山

は自分が、ナンバーワンじゃなきゃいけんのよ。じゃけん早い段階で木村さんを潰す必要があったけん。引き分けじゃ言うてから、ほんまは最初から潰すつもりやったんよ。柔道で真剣勝負をやらしたら木村先生に優る柔道家はいないいけん」

と話していた。さらに芦原は力道山だけでなく、周りのレフリーたちもみんなグルで木村を途中からガチンコで潰すということは知っていたに違いないとも語った。

芦原はプロレスラーについて、「信用できない人間が多い」という持論を有していたが、その理由の一つがこの木村対力道山の試合であった。芦原にはよく有名レスラーとの対談企画が持ち込まれたが、すべて断っていた。私が知る範囲で、前田日明と北尾光司との対談話があったことを本人から聞いているが、

「芦原が、どうしてレスラーと対談するんだよ。おかしいと思わんか？　変だろ？　芦原は、レスラーが嫌いなんです。アントニオ猪木も大嫌いですけん。いくら金積まれようが対談なんかせんけん。芦原は、空手家です。体型は似てますがレスラーちがいまっせ！」

と審査会で話し道場生を笑わせていた。

話が、すこし横にそれたので元に戻そう。

木村と力道山の世紀の一戦が行われた１９５４年、大山は目白に道場を開いた。これは、自宅の庭先に巻きわらやバーベルを置き、大山を慕ってくる者が大山と一緒に稽古をするという形のもの

で、現在我々が道場と呼ぶものとは多少異なったものであったようだ。

この道場を訪れたのが、後に大山と極真会館を有名にする梶原一騎であった。当時大山のことを書いていたのは作家の森川哲郎であったが、梶原は大山に「自分に任せてほしい」と申し入れた。それ以後、大山のことは梶原が一手に引き受けて執筆するようなる。

大山が梶原の訪問を受けてから数ヶ月経ったある日、自分が保証人になった男が、高飛びしたことを知らされる。相手は同郷の人物であったこともあり、大山は信頼して保証人となっていたため、大山は多額の借金を背負うことになる。結局、目白の家を引き払い、その後、池袋のバレエスタジオを借り大山道場を開くことになるのである。

大山道場

大山が、成り行きから池袋に大山道場を開くことになった頃、芦原はまだ江田島の鹿川小学校の5年生で剣道に取り組み始めた時期だった。大山と芦原が出会うには、もう少し時間を必要とするが、池袋に道場を構えたことにより、大山の下で空手を学びたいという若者が集まった。

やがて大山が、「牛と素手で戦った凄い空手家だ」という評判が広がり道場生も徐々に数が増えていった。

かつての大山道場は、東京都豊島区池袋3―1360にあった。池袋駅西口を出て徒歩で15分くらいの場所で、立教大学の裏門前の路地を入った古びたアパート、清山荘の1階のバレエスタジオにあった。

もともと榎本誠が主宰する榎本誠バレエ学園が借りていたのだが、大久保駅前に移転する際に大山へ貸借権を譲ったものであった。榎本が大山にバレエスタジオを貸すことになったきっかけは、大山の娘が榎本の教え子だった縁による。

現在その周辺は道路拡張のため建物は取り壊され、区画も整理されたこともあり当時の面影を残すものは何も残っておらず、道場があった場所はアスファルトの道路とマンションになっている。

私は当時の大山道場をよく知る角田芳樹にも確認してみた。角田は池袋駅西口から徒歩5分の場所にある武道具専門店「Ｂｕｄｏｓｈｏｐ日本武道具㈱」の社長であり、生前の大山をはじめ極真会館の猛者たちを身近で見てきた人物である。芦原も極真会館時代に、この店を訪れては角田と長々と話し込んでいたという。

角田によれば、当時の大山道場は、二階建ての建物の一階部分で、二階には住人がいたという。道場の入り口左手には大山道場の看板が掛かっており、入り口右手には水道があり、稽古場は奥に長い長方形で、30人ほどの稽古生が稽古できる広さがあり、入ってすぐ左手に大山の事務机、その横にはバーベルなどのトレーニング器具が置かれていた。

当時の大山道場（英文書『What is Karate?』より）。

左の壁には、バレエで使う木製のレッスン・バーがそのまま端から端まで取り付けられており、右手の天井からは道場生の道着が無造作に幾つもぶら下がっていたという。

神殿は左手の上部にあり、神殿の向かって左側に大山が座し、右手に道場生が正座する形から稽古は開始された。見学者が来ると左手奥に折りたたみの椅子を用意していたという。大山はこの老朽化した元バレエ・スタジオを約八年間拠点にしている。

大山道場の初期の時代を支えた弟子と言えば、南本一郎、黒崎健時、安田英治、石橋雅史、岡田博文、水島健二、春山一郎といった名前が挙がる。なかでも春山は、劇画『空手バカ一代』の中で、大山への押しかけ弟子・有明省吾のモデルになった人物で有名だ。

大山はこの春山について、

「彼ほど強い弟子はいなかったよ。（いま）万一いたならば、これは世界チャンピオンになれます。身長は1

メートル85センチはあった。体重も80キロくらいありました。春山の廻し蹴りは、誰も受けられなかった。受けてもひっくり返ってしまった。そのくらい凄い蹴りをしていたんです」と、インタビューで答えている。梶原はこの春山のイメージを芦原に重ね合わせて『空手バカ一代』の芦原英幸として描いたという話もある。確かに春山も芦原も右の廻し蹴りが得意であった。もっとも芦原が入門した頃には、春山は道場に顔を出すことがほとんどなかったため、芦原は春山とは会っていないという。

岡田博文は、純粋に大山道場で黒帯を允許された第一号である。その動きの美しさには定評があり、度々技術書でもモデルを務めている。当時多くの道場生が憧れた先輩であり、芦原も「大山道場で一番技がきれいだった」と後に語っている。

この時代の大山は、まだまだ自分自身の強さを追求していたため、自身が道場で常に指導できる状態ではなかった。そのため大山がいない留守に指導をしてくれる人物が必要だった。そこで大山が道場を始めるにあたって声を掛けたのが南本一郎であった。大山の著書では、南本の名前が南本健となっているが、これは同時期に道場に在籍していた大坪健と名前を混同した誤りだろう。

大山と南本は、当時浅草に拠点を置いていた剛柔本部・山口剛玄のところで知り合っている。南本はその時に大山が三本指で十円玉を曲げるのを実際に見て驚いたそうだ。その後に南本は、街で偶然大山に出会い、その際に「今度、道場を開くんだが、指導員がいないので来てくれないか」と口説かれ、道場に顔を出すようになったという。

当時南本は、日大芸術学部の空手部（剛柔流）の主将であったので、空手部の連中も引き連れて大山道場で稽古を行うことになった。つまり大山道場で当初指導されていたのは剛柔流の空手であったことになる。大山自身、松濤館の船越義珍の下で空手を学び、一年三ヶ月で初段を得ているが、その後は剛柔流の山口剛玄や曺寧柱などから空手を学んだこともあり剛柔流の影響は大きい。

南本は、大山とともに三峯神社や佐渡島での演武などにも同行したが、大山道場が極真会館になってからは、その指導を同じ大学の先輩である石橋雅史や安田英治に頼んで大山道場には行かなくなった。

石橋雅史は、東映の映画俳優で空手映画には必ずというほど出演している。演技とともに劇中で石橋が見せる空手の実力に裏打ちされたアクションが高く評価され、そのファンは多い。芦原も極真会館時代に石橋の指導を受けており、技の華麗さが素晴らしい先輩だと高く評価をしている。

そして〝鬼の黒崎〟こと黒崎健時だ。

当時の大山は、他の武道団体との摩擦が多く、常に襲われるかもしれないという危機感を持っていた。そこで大山は右翼の大物であった佐郷屋留雄に、自分のボディーガードができるような腹の据わった人物を紹介してくれるように要請した。その佐郷屋が推薦したのが当時、彼の側近でもあった黒崎健時だった。剣術、特に抜刀術の心得もあった黒崎は、いくつもの修羅場を経験しており、大山のリクエストに応えるには充分だった。

しかし大山は、黒崎のそのあまりに厳つい風貌を見て、〝これはとんでもない男を紹介されたのではないか〟とある種の不安を覚えたほどで、自著にも黒崎の常人離れしたエピソードを記している。

黒崎の指導の激しさは伝説的で、極真はもちろん、オランダやオーストラリアの格闘技の流れにも大きな影響を及ぼす人物として、海外でもその名を馳せることになる。肉体的にも精神的にも極限まで追い込むその指導法や哲学は、今となってはアナクロニズムとも思われるが、芦原の先輩である藤平昭雄（大沢昇）や芦原は、この黒崎から武道のなんたるかを学んだと言える。余談だが、黒崎の著作『必死の力・必死の心』（スポーツライフ社）は1979年の初版から40年近く経過した現在でもファンが多く、X JAPANのYOSHIKIも黒崎から影響を受け、本の推薦文まで寄稿している。

この黒崎健時、石橋雅史、安田英治の三名が師範代となり、その後入門してくる弟子の指導を行った。それに続く形で、入門してくるのが、大山茂、大山泰彦、渡辺一久、俳優の千葉真一、藤巻潤。その後に、ジョン・ブルミン、郷田勇三、中村忠、加藤重夫、藤平昭雄、小沢一郎、芦原英幸という順番になる。

芦原の後から入門してくるのが、神村榮一、松永秀夫、盧山初雄、小倉正一郎、山崎照朝、添野義二、及川宏、鈴木浩平、西田幸夫、松島良一、長谷川一幸、岸信行、佐藤勝昭、磯部清次、大石代悟、東孝、真樹日佐夫、山田雅稔、浜井識安、廣重毅などである。

年代的にいうと山崎照朝と添野義二以降は、大山道場が極真会館となり、新しい道場に移ってからの道場生ということになる。改めてそこに集まった人間の名前を見ると、大山道場には後の空手界を背負って立つ有能な人材が集まってきたことがよくわかる。

大山道場が極真会館に変わる頃、江田島の芦原にも将来の進路を決めなければならない時間が迫っていた。

東京

中学卒業後、故郷である広島を離れ東京に出た芦原は、いわゆる〝金の卵〟であった。〝金の卵〟とは、1960年代前半、中卒の集団就職者を指した言葉だ。人手不足のこの時代、働き盛りの若者を雇いたい企業は多かった。さらに中学を卒業したばかりの彼らは、大卒と違い安い給料で雇うことができた。そういう意味で企業の側からすれば〝金の卵〟であっても、雇われる側に立てば低賃金、重労働となることがほとんどだった。それでも、彼らの多くは〝東京で一旗揚げる！〟という夢を求め大都会を目指した。芦原も当時はそんな若者の一人だった。

この当時の芦原の夢は、板金の技術を身につけて将来は広島に戻って自分の板金工場を構えることだった。事実、芦原と一緒に東京に出てきた空本を含む同級生の多くは、広島に戻り板金工場を開いている。また芦原は板金工としてはかなり有望で評判が良く、あるいは平穏無事に東京時代を過ごしていれば、その通りになっていたのかも知れない。

旅立ち前夜

私は先に登場した空本の他にも、広島で芦原の幼少期を知るという人々に数多く会うことができた。当然と言えば当然なのだが、芦原の名前は同級生たちの間では有名で、故郷江田島を出て成功を収めた人物として認識されていた。私が会ったほとんどの人は、芦原の成功を自分たちの誇りであると語った。しかし中には芦原のことを良く言わない人もいた。芦原の自伝を読んだある同級生は、「芦原は、ええかっこうばっかり書いちょるんじゃ」と頭から批判する人もいた。

空本は言う。

「芦原は、成功したんじゃが、そりゃ人には言えんような苦労をたくさんしとるけん。なんで周りのもんが応援してやれんのじゃろうと思うんよ。芦原のことを悪く言うもんもおるけん、そがいな連中はみんな芦原の成功に嫉妬しとるんよ」

私には、空本の言うことが痛いほどよくわかった。特に日本人には、そういう人の成功を素直に

右から空本秀行氏、芦原氏（中学の修学旅行）。

喜べない部分があるようだ。芦原は成功して何億という金を稼いだ。すると周りから、「きっとあいつは悪いことをして金を儲けたに違いない」と言い出す者が現れる。芦原は小さい頃から金銭面はもちろん、家庭的にも恵まれない少年時代を過ごしてきた。強情な芦原であれば、他人には言えない、決して見せない苦労もあっただろう。

後年の芦原は常に「金が必要だ」と言っていた。ただそれは、金のための金ではなかった。金がなければ、そのためにやりたくもない嫌な仕事をしなくてはならない。自分が本当に追求する空手をするために「金が必要だ」と芦原は考えていた。人前では、わざと豪快に振る舞うこともあったが、それ以外の部分では質素倹約をするのが芦原という人間であった。後述する晩年の芦原が熱中するＡバトンと呼ばれる特殊警棒にしても、その根本にあったのはそうした思いだった。

芦原は、いつも空手、そして空手の未来のことを考えて動いていた。そこには、日本の文化である武道の将来を憂う芦原の姿があった。

〝日本の武道の将来に何ができるか〟

芦原は人に会うとよくそんな話を口にした。

１９６０年の春、芦原は東京に出て就職するということだけは決まっている坊主頭の中学生だった。東京に出て就職するためには、担任と校長の推薦が必要だったが、当時同じ江田島から東京に出て成功を収めた今田順一という人物が、幸伸興業という会社を経営しており芦原と空本はそこへの就職が内定していた。

担任の沖元によれば、当時幸伸興業では、鹿川中学校を卒業した学生を毎年何人か採用していたそうで、採用されるにはある程度学業が出来て真面目な学生であることが条件だったという。

一部では芦原が広島を出た背景には、江田島の港の積み荷を上げ下ろしする荒くれ者たちとのケンカでいられなくなったという噂話が流布されているが、空本や担任の沖元によるとこれは事実無根のようだ。仮にそれが事実であれば、学校推薦で幸伸興業に就職することはできなかったであろうし、そもそも東京行き自体が難しかっただろう。

空本によれば、東京へは空本、芦原ともう二人の合計四人が一緒に幸伸興業で働くために上京したという。江田島から一度呉まで出て、そこから東京行きの列車に乗った四人は、電車のなかで将来のことを話しあったという。

幸伸興業

既に書いたように江田島に空本を訪ねる2週間ほど前、私は東京で取材を進めていた。この時の主な取材目的は、芦原が就職した幸伸興業と、芦原達が暮らした寮のあった場所の特定、さらには芦原が大山から禁足を言い渡され禊《みそ》ぎとして行った廃品回収業社を探すことだった。もちろん既に50年近く前のことであり、特定することができない場所もあったが、芦原が就職した会社・幸伸興業の本社は、当時と同じ場所に存在していた。

私は幸伸興業を中心にしてその周りを歩いて調査を行った。芦原が、僅か14歳で東京に出て来て働いた頃を思い浮かべて、その雰囲気を肌で感じたいと思ったからだった。

幸伸興業はガソリンスタンドやタクシー・ハイヤー業を行う京北自動車株式会社、一般貨物の京北サービス株式会社、不動産管理の株式会社京北興業、カーリース業の株式会社ケイエムケイレンタリースなどの関連事業を手広く経営しており、今回お話を伺った、今田哲会長は、芦原が就職した当時の社長・今田順一の子息である。

「私の父が江田島の鹿川中学校の出身で、中学の校長とも親しくしていたんです。ですから当時は、優秀な学生を年に何人か鹿川中学から採用していました。芦原さんは、熱心で優秀な学生さんでした。一緒に就職された空本さんという方も真面目で熱心な方でしたね。

私は、父のあとを継ぐことになっていましたので、早くから見習いのようなことをさせられていました。まぁ、会社の手伝いのようなことですね。父にすれば帝王学を学ばせるという感じだったのだろうと思います。私と芦原さんとは四つくらい歳が違うのですが、当時は一緒に仕事をしたことを覚えています。うちの会社を辞めた後に、あんなに有名になられたことも随分後になってから知りました。私は少し年代が違うものですから、梶原一騎さんの『空手バカ一代』も知らず、読んでいなかったんです。空本さんのこともよく覚えていますよ。懐かしい名前です。

芦原さんは、有名になられてからも東京に出てくる際に、時々会社に寄ってくれましたね。よく覚えているのは、「今度、講談社から本が出るんだ」と話されていたことですね。それから少しして、芦原さんから、「頑張っている」という丁寧なお手紙と一緒にその本が送られてきました。

『空手に燃え空手に生きる』というタイトルの本でした。その本の中にも幸伸興業で働いていた時のことが出ていて、懐かしく読んだ覚えがあります。真面目で義理堅い方だったというのが私の印象でしたね」

忙しい中で時間を割いて取材に応じてくれた今田は最後に、

「芦原さんにはまだまだ活躍してもらいたかったですね」

と残念そうに話してくれた。

幸伸興業時代の芦原氏（右）と空本秀行氏。

幸伸興業に就職した芦原たちが、最初に勤務したのは、住んでいた寮の下にあった板橋営業所であった。芦原は、朝一番に出社するとビルのシャッターを全部一人で開けることを日課としていた。シャッターと言っても今のような電動式ではない。一枚の横の長さが三間（約5・4メートル）ほどもある重い手動式シャッターを三枚開けなければならなかった。かなり力のいる仕事であったが、芦原は自分の肉体鍛錬と思い楽しんでやっていた。その甲斐があって、数ヶ月後に背中の筋肉が盛り上がるほど鍛えられたという。極真会館時代の芦原の写真が今でも残っているが、その写真を見ると広背筋が見事に発達しているのがわかる。

また勤務が池袋の本社の時は、朝早くランニングで本社に向かった。本来は電車か車で本社に移動するところなのだが、芦原は脚力と持久力を鍛えるためにランニングで池袋まで通った。これらは大山道場に通う以前から芦原が、自分自身に課したルールであった。雨の日も風の日も芦原は、その自分に課したルールを黙々とこなした。

この頃は、ちょうど食べ盛りということもあり、身体を鍛える一方では一日5食が普通だったという。そのため給料のほとんどが食費に消えた。それでも当時の芦原は、どんなに食べても体重は、68キロを超えることはなかった。

仕事に慣れてきた頃、自分自身を鍛えるために何かやってみたいと考えていた芦原は、ある出来事と遭遇する。

会社での芦原は板金の仕事が中心だったが、時折頼まれてガソリンスタンドの仕事に入ることもあった。その日は、たまたま人手が足りず、芦原はスタンドへ応援に入っていた。

当時は車といえばまだまだ贅沢品であった。したがって車を乗っている人間は、ある程度収入の多い裕福な人々に限られていた。まだオート三輪などが走っている時代だった。

制服と制帽を被った芦原は次から次に入ってくる車にガソリンを入れ、注文が入れば洗車とワックスがけをし、さらにタイヤの空気圧を測ったりと休む間もなく走りまわっていた。

そんな時、スタンドに一台の外車が入って来た。店の主任が、急いで事務所から飛び出し車へ向かう。黒い外車から降りて来たのは、一目見てその筋の人間とわかる風体の人物だった。主任は、何ごとか立ち話をすると男に深々と頭を下げ、うやうやしく男の車のキーを受け取った。

主任は、芦原のところにやって来ると、

「ガソリン満タン、手洗い洗車とワックスがけ、特にワックスがけは丁寧にな」

と言った。

芦原は、「はい」と返事をすると車を移動させガソリンを入れ、洗車、ワックスがけをした。芦原のワックスがけは丁寧で、綺麗に仕上げるということで客の評判がすこぶる良かった。もちろん、そういうことをわかっている主任だから、芦原にその仕事を任せたのだった。実はこの時まだ芦原は自動車免許を持っていなかったが、スタンドの中で車を移動させるくらいは朝飯前だった。

芦原は主任の期待に応えるべく、車をピカピカに仕上げた。それから数時間して持ち主が戻って来た。主任は、急いで事務所からキーを取り男に渡した。その時、男が主任を運転席に呼びつけた。

「おい、ちゃんと拭いたのか？」

〝フロントグラスがちゃんと拭けていない〟というクレームだった。芦原は、指紋一つ残らないほどに仕上げたことに自信があったので、思わず主任の後からそう伝えた。すると、芦原の声が耳に入ったのだろう、車の男が恫喝するような口調で芦原を怒鳴りつけた。芦原は、カーッと頭に血が上った。マズいと察した主任は、芦原を事務所に追い払うと必死で頭を下げて謝る。結局男は、何か捨て台詞を吐くと金を一銭も払わずに出て行った。

主任は芦原に、「色々な人がいるから気をつけるように」と注意した。

芦原は、この理不尽な出来事が悔しくて夜も眠ることができなかった。と同時に自分の代わりにその場を収めてくれた主任に、きちんと礼の言葉を述べることができなかった自分自身に苛立ちを覚えた。身体が熱を持ちなかなか引かなかった。風邪や病気で出る熱ではない、言いしれぬ怒りが微熱となり芦原を包んでいた。芦原は、自分自身が何者でもなく、何の価値もない人間のように思えた。

胸の裡で答えにならない何かが蠢いていた。何かを変えなくてはならなかった。

しかし何をどう変えればいいのか答えは出せずにいた。そんな状態のままに時間だけが過ぎていった。

芦原は自分が中学しか出ていないことに、大きなコンプレックスを感じていた。東京では大学卒の者も多かったし、大学を出ていなくても高卒という人間がほとんどだと感じた。もちろんそれは、芦原が出会った人がたまたまそうだったのかもしれないのだが、自分が社会のなかの小さな歯車のまま終わってしまう予感と、そのことを猛烈に拒否している自分を感じていた。

芦原が電柱に大山道場のポスターを見つけたのは、そんな時のことだった。マラソンの途中、本社近くの電柱に張られたそのポスターを見た時、故郷で隣人の小西から空手の手ほどきを受けたことをふと思い出した。そして自分が、素手で三枚の瓦を割った時のあの手の感触が蘇った気がした。芦原は、そのポスターを電柱から剥がすと折りたたんでジャンパーの内ポケットに入れた。

ケンカ十段

芦原は仕事が終わるとその足で大山道場を探しに出かけた。住所からするとそう遠くないはずなのに、すぐには大山道場を見つけることができなかった。大山道場はアパートの部屋を改造していたため、外から見ただけでは、それが空手の道場とはわからず、またアパートに入る道は薄暗く、その道の突き当たりに道場があるなどとは、とうてい思えなかったのだ。

どうにかその道場を探し当てることができたのは、路地の奥から聞こえてくる獣のうなり声にも似た道場生たちのかけ声だった。芦原はその声に誘われるようにして、大山道場の入り口まで辿り着いていた。

道場の入り口横には、〝日本空手道極真会大山道場〟という看板が掛かっていた。

これが、後に世界にその名を轟かせる〝国際空手道連盟極真会館〟になるのだが、この当時の道場は、道場と呼ぶのが躊躇《ためら》われるほどに老朽化が進んだアパートの一室であった。

いざ中に入ると、今にも天井が崩れ落ちてきそうな有り様で、芦原が想像した空手の道場という雰囲気ではなかった。まるで粗末なバラック小屋と言った方がいいような様子であった。それでも芦原が入門を即決したのは、組手稽古の凄まじさにあった。

そこでは、顔面、急所攻撃、投げなど、〝なんでもあり〟の組手が行われていた。それはまさに〝ケンカそのもの〟と言ってよかった。初心者もクソもなく、弱い相手は叩きのめす、それしかなかった。ある意味、芦原にとってはもってこいの道場であった。

芦原が空手を学ぼうと思った目的は、ただ一つ〝今すぐ実戦で使える必勝の技術を学び強くなること〟つまり〝ケンカ必勝術〟を学ぶということであった。その意味において大山道場は、これ以上ないほど芦原の目的に合致した道場だと言えた。

1962(昭和37)年9月、芦原は大山道場に入門した。

20人も道場生が集まれば動くのに精一杯という狭い道場だったが、そこで行われていた稽古は、他のどの道場でも行われていないほど厳しく、過酷であった。純粋に強さだけを求めた者だけが集まった空手の梁山泊だった。

当時は、大山自身が日本国内でそれほど有名ではなく、マスコミもそれほど発達していなかったこともあり、芦原は大山倍達が何者かも知らずに道場に入門している。

もっとも芦原が初めて道場に見学に行った時には、そこに大山の姿はなかった。

当時の稽古は、準備運動に始まり、基本稽古(突き、蹴り、受け)、移動稽古と進み、型をこなし最後に組手となる。

型は、「太極」の一から三、「平安《ピンアン》」の一から五、さらに「砕破《サイファ》」、「転掌《テンショウ》」、「三戦《サンチン》」などが行われていた。

一説では、「芦原は型が嫌いで熱心に型を覚えなかった」という話や、後に立ち上げる芦原会館で「実戦の型」「組手の型」などの独自型を創造したことを指し、「芦原が従来の型を軽視していた」という意見があるがそれは事実ではない。芦原は極真を離れた以降もこれらの大山道場で学んだ型を指導している。またその他にも「鎮戦《チントー》」、「内歩進《ナイハンチ》」、「抜塞《バッサイ》」、「公相君《クーサンクー》」の型なども鍛錬として行っていた。

芦原が「平安」などの型をやる映像が現在でも残っているが、その動きは型だけの大会に出てもおかしくないほどに華麗で素晴らしい動きをしている。確かに芦原は、独自の型を創造しているが、それは古くからの型を軽視していたわけではなく、そうした従来からある型を尊重した上で、より身体操作を高められる型ということで芦原会館の独自の型を作ったのである。

過激というイメージの大山道場だが、さすがに入門したその日に無理矢理組手をさせるなどということはなかった。基本的には組手は希望者により行われていたため、いきなり組手に挑戦するという者は滅多に出てくるものではなかった。

当時の大山道場の稽古日は、火、木、土の週3回であったが、当初芦原が出ていたのは、仕事との兼ね合いもあり週2回ほどの稽古だったという。劇画では入門初日からギラギラと眼光鋭く、大山に殺気を感じさせるという描写があるが、それは梶原の創作で、実際の芦原は、その他大勢のなかの一人に過ぎなかった。

当時を知る先輩の大山茂も入門当時の芦原には、後に〝ケンカ十段〟と呼ばれるようになる片鱗は感じなかったと言っている。また黒崎健時も、

「芦原が入門した時に他の入門者と特別何かが変わっていたということはなかった。強いて言えば、痩せて目がギラギラしておったが、あれは三白眼だったからな」

と黒崎節で語っている。

芦原自身も実のところ、あくまでもケンカに強くなることが目的であり、

「とりあえず、帯に色がつくまでは頑張ろうと思って入門しただけだった」

と後に自伝でも書いている。

実際稽古に通うための金もバカにはならなかった。余裕のない生活のなかで、前述の腹違いの姉からの仕送りでなんとか大山道場に通うことができていたのであり、この時点ではケンカに役立つエッセンスを学べれば辞めるつもりだった。

逆にそれだけに芦原は、ケンカに強くなるために当時どの道場生よりも組手を数多くこなすことを信条とし、それで足りない時は街に繰り出しケンカ＝ストリート・ファイトを繰り返していた。

この時のストリート・ファイトの話が、劇画『空手バカ一代』のなかでも芦原のエピソードとして大きく取り上げられたのは知られている通りだ。芦原のケンカ三昧は大山道場が極真会館となり本部の職員になる頃まで続いた。

芦原にとってのケンカは、道場での稽古の後で行う整理運動と、道場でその日学んだ技が本当に使えるのかどうかを確かめるためのものだった。

最初の頃は、新宿までジョギングで行きながらケンカをやり、帰りはバスで板橋まで戻ってくるというパターンだったが、後に原付バイクの免許を取得してからは、新宿の屋台のラーメン屋までバイクで行き、そこにバイクを一時駐輪させてもらい、一暴れした後にラーメンを食べてから家に帰るということをやっていた。

当時は、闇に紛れやすいように黒い革のジャンパーやリバーシブルのウインドブレーカーなどを愛用していた。また顔を隠すためにハンチングを被ることも多かったという。当然、芦原のケンカ技術は日に日に向上した。しかしそれと同時にそのことが、後々芦原の人生を変える一因になる。

芦原のケンカは、向こうから歩いてくるチンピラやヤクザにワザと自分の肩をぶつけては、〝ケンカになる前〟に相手をノックダウンしていた。

〝ケンカになる前〟というのは、相手のテンションが頂点に達する前に隙を突くということである。芦原は自分でケンカを仕掛けた後で相手が向かってくると、わざと弱い振りをして相手を調子に乗らせた。自分を弱いと見た相手がさらに居丈高に迫ってくる際に相手を観察して、どこを叩いて倒そうかと考え、出鼻を挫くかたちで狙った場所を叩いた。これで思った通り相手が一発で倒れれば上出来で、叩き方や角度が悪くて一発で倒せなかった時には、〝今日の出来は70点だな〟と自分で採点をしてケンカを楽しんでいた。

後に雑誌のインタビューに答えて、

「当時はゲームセンターもなかったけん、芦原にとってはケンカが一種のゲームみたいなもんでしたけん」

と当時のことを語っている。

本人にとっては軽いゲーム感覚であったが次第に道場内でも知られることになり、他の道場生からは「ケンカ屋」とか「白帯でもケンカは黒帯」と呼ばれ、それがやがては〝ケンカ十段〟と呼ばれるようになる。

梶原は、「ケンカ十段という渾名は、自分の創作だ」と語っているが、それは正しくない。既に芦原は白帯時代にケンカ十段という呼ばれ方をされていたのだ。

私は芦原の道場生時代に、一度大阪で梶原本人と会ったことがあり、その時にこの渾名について尋ねている。すると梶原は、

「ケンカ十段というのは、私の創作ではなく芦原くんがそういう風に呼ばれていたんだよ」

と答えた。これは、その時私と一緒にいた他の道場生も聞いている。ところが梶原は、晩年近くになると「ケンカ十段の名付け親は、自分である」と言い出し、あげくの果てには「ケンカ十段と呼ばれていたのは、芦原ではなく芦原の先輩にあたる安田英治のことだった」と書くようになる。その背景には、梶原と芦原の関係が次第に険悪になったことによるものだが、それは後に述べる。

もっとも東京に出て来た当初の芦原は、そんなに余裕のあるケンカをしていたわけではなかった。それこそ最初の頃は、ぶつかった瞬間に相手の顔面にパンチを入れたり、胸ぐらを掴んできた勢いを利用して頭突きを入れるというやり方で、先手必勝と中学時代に剣道で鍛えた勘の良さが、芦原流のケンカ殺法を支えていた。

そんな自分のやり方に少なからず自信を持っていた芦原だったが、大山道場入門初日でそんな自信は意味のないことだと悟った。戦う技術を知る者同士のそれは、素人の戦い方とは比べものにはならなかった。


ケンカの舞台は新宿だけではなく、地元の板橋、池袋はもちろん上野、浅草、六本木などまで〝遠征〟に出掛けることもあった。

芦原のケンカには、一つの哲学があった。

ただ勝てば良いというのではなく、〝相手のこういう動きにこういう技が使えた〟〝こういう動きをしたから勝てた〟という分析が自分でできないと、

「ケンカしても意味がない」

とよく言っていた。

これは後の空手の稽古でもそうだった。内部での総当たりなどの試合で勝った道場生に、

「お前、今のどういうテクニックで勝てたかわかるか」

と尋ね、道場生が、

「押忍、必死だったので、どのパンチ、蹴りが効いたのかわかりませんでした」

と応えると、芦原は、

「いいか、お前らそういう分析ができんけん、強くなれんのよ。もっと頭を使わんと」

と言い、その道場生が相手を倒した動きを正確に再現してみせ、どこがポイントかを説明するのだった。そういう観察眼、分析力は常人の域を遥かに超えていた。

私自身道場生の頃、芦原にケンカのテクニックを尋ねたことがある。芦原は、

「ケンカのテクニックなんか覚えてどうするんだよ」

と言いながらも色々なケンカのテクニックを伝授してくれた。

芦原によると基本的にケンカで有効なのは、ヒジ、ヒザ、頭突きだという。この三つは元々部位が硬いため鍛える必要がほとんどなく、技を学べばその瞬間から使えるからだ。実際に芦原が警察で機動隊の人間に指導していたのは、そういった部位をどう実戦で使うかという特殊技術だった。

他にも芦原に学んだ細かいテクニックは沢山あるが、なかでも参考になったのは頭突きの技術とヤクザ相手にケンカした時の心構えだった。

頭突きは通常自分の前髪の生え際のあたりを相手の鼻っ柱に叩きつけるように行うのだが、相手の正面からだと倒すことはできるのだが、相手の歯で額を切ることがあったという。そこで芦原が

考え出した頭突きは、相手の髪の毛や肩を掴み、斜め下から当たる瞬間に額をしゃくるようにして入れる方法だった。あまりの衝撃で鼻の頭が大きく切れて肉が見えたこともあるほどで、この頭突きを入れられて倒れなかった者はおらず、無論自分の額が切れることもなくなったという。ただその破壊力から芦原自身も危険に感じたのか、この頭突きは弟子に指導することはなくなった。

ヤクザとのケンカの仕方を教わったのは大阪で、審査が終わり黒帯たちが、芦原の宿泊しているホテルのラウンジに集まっていた時だ。芦原道場では審査が終了した後で各支部の支部長たちが集められて、芦原とミーティングを行うことが慣例になっていた。

芦原は、その日行われた審査での注意点、黒帯への個々の指導などを行った後で、

「ヤクザっていうのは、お前らが考えてるより怖いんだからな」

と言った。曰わく、ヤクザとケンカになったら、まず逃げることが一番であるが、どうしても相手と闘う必要がある場合には、なるべく早くケリをつけて、身元が割れるようなものをその場に残さないように気をつけて立ち去ることが大切だと語った。

昔、芦原の弟子がヤクザとケンカになり相手を叩いたところ、急に相手が下手に出てきて土下座をして謝った。弟子がその場を立ち去ろうと背中を見せたその次の瞬間、ヤクザは道端に転がっていた石を片手で鷲掴みにすると、背後からその弟子の頭を後ろから石で思い切り殴りつけたのだ。その弟子は車椅子での生活を余儀なくされるようになったという。

「下手に出てくる相手にこそ気をつけないといけん」

そう芦原は言った。

芦原自身もまだ緑帯の時に、ヤクザとケンカになり一時期後をつけ回された経験があるという。日ごろ不健康な生活を送っている彼らと毎日血の滲むような稽古をしている道場生とでは、同じ土俵で闘う分には問題にならない。しかし、彼らは通常ケンカに負けても執念深く相手に復讐するチャンスを狙う。狙われる者より狙う者のほうが強い。人は24時間ガードを固めておけるものではない。どんな人間もそのガードが下がる瞬間がある。それは家族との団らんの時かもしれないし、恋人と会っている時かもしれない。ヤクザはその一瞬を狙い仕掛けてくると、芦原は語った。

試練

大山道場に入門し2ヶ月が経過していた。芦原のケンカ殺法もケンカに慣れていない者や芦原と組手をやったことのない者には、上手く技が掛かるが、そうでない者には技が読まれることが多くなっていった。当時の芦原の組手は、〝相手に打たせ自分も打つ〟という組手だった。「ヨーイ、ドン」でお互いがパンチを出し、少しでも早い方が勝つというもので、少しでもパンチの速度が早くなるように、寮の屋上に置いたバーベルやダンベルなどを使い鍛えた。芦原のパンチにはスピードがあり、腕のリーチも他の者に比べて幾分長かったので、ほとんどの場合相手より速く自分のパンチを当てることができた。しかし、正面からいく戦い方は、どうしても相打ちで殴られてダメージを受けることがあった。そのためより安全で、より確実に相手を倒す方法を模索するようになっていた。

技を仕掛けるタイミングや相手との間合いの大切さは、かつて学んだ剣道でもよく言われたことだった。工夫をするうちに芦原は、徐々に道場の組手でも相手の技が見えるようになってきていた。〝もう少し技を学んだら、もう道場に通う必要もないだろう〟と自分なりに判断していた。

それは、1962（昭和37）年の11月のある日、組手の時間に起こった。

その時芦原の組手の相手となったのは、小沢一郎という温和しい先輩であった。小沢は家業が忙しく、当時はそれほど頻繁に道場に顔を出していたわけではなかったため、芦原としては〝黒帯の先輩の一人〟という程度の認識しかなかった。たまにしか見ない先輩ではあったが、組手が始まると入門二ヶ月の芦原の及ぶところではなかった。

攻防が数分続くうちに小沢の一方的な攻撃を受けきれなかった芦原は「参りました」と言って頭を下げた。しかし、小沢はそれを無視してガードを解いていた芦原の顔面に前蹴りを入れた。ガーンという衝撃と目から火花が散った。堪らず芦原は床に転がり両手をついた。唇が切れて、血が道場の床に滴り落ちた。その瞬間芦原は完全に切れていた。激しい形相で小沢の顔を睨みつけていた。一方の小沢は芦原からの視線を物ともせず、何ごともなかったのように床に転がる芦原を認めると黒帯の列に戻った。

下の帯の者が「参りました」と言えば、攻撃を止める。それは、大山道場の暗黙のルールであった。しかし小沢は、それを無視して芦原に非情な蹴りを入れてきたのだ。芦原には到底許すことのできないことだった。

「あの野郎汚ねぇ真似をしやがって、いつかこの仇は必ずとっちゃるけん。あいつを叩きのめすまでは。絶対に辞めはしない」

そう誓った芦原は、〝小沢に勝つ〟という目標のため、それまで以上に稽古に励むようになった。それは、まさに鬼に取り憑かれたような練習ぶりだった。

芦原は強くなるために道場以外でもできることはなんでもしてやろうと考え、寸暇を惜しんでトレーニングをした。それまで週2回しか出ていなかった稽古も週3回すべてに顔を出すようになった。仕事以外の時間はすべて強くなるために使い、給料もまたすべて食費につぎ込んで肉体改造に精を出した。

そう考えれば毎朝、寮の重いシャッターを開けることはもちろん、朝のマラソンや他の社員が嫌がるような力仕事もすべて自分を強くすることにつながると思えた。また、〝強くなるため〟と考えれば、仕事をやる上でも大きな張りが生まれた。

芦原が〝打倒小沢〟を果たすのは、大山道場から極真会館となって暫くしてからであった。芦原は、小沢のパンチをギリギリで見切ると、渾身の力を込め小沢を叩きのめした。その刹那、芦原が感じたのは、ある種の達成感だった。

しかし、後で分かったことだが実は小沢は酷い近視で、眼鏡を外して稽古していたため、芦原の顔面を蹴ったのは頭を下げたのが見えていなかったためだったのだ。

事情がわかってみれば、後輩思いの良い先輩であった。恨みを晴らしたと思った達成感は、苦い気持ちに変わっていた。とは言え、小沢の一件がなければ芦原が、空手の道にのめり込むこともなかったわけで、そう考えれば、小沢はある意味で芦原を空手の道に引き込んだ張本人と言ってよかった。

入門して8ヶ月目の1963（昭和38）年5月6日、芦原は初めての昇級審査を受けている。この時の受審者は全部で55人いた。大山の審査は厳しいものだったが、それでも芦原は、そのなかでただ一人緑帯（4級）を許された。

当時の審査では、受け、突き、蹴りといった基本以外に1メートル10センチの台をその場で飛び越えることや腕立て伏せ100回、約束組手、型、自由組手などが行われた。芦原はこの時180度開脚ができ、さらに腕立て伏せも楽に1000回以上こなせるだけの筋力をつけていた。

大山道場には帯の種類は、白、緑、茶、黒の4段階しかなかった。無級から5級まではずっと白帯で、4級になって初めて緑の色帯を締めることができる。それより以前は白、茶、黒の3段階しかなかった。後に極真会館となると、白、水色、黄色、緑、茶色、黒と帯の色が増える。これを大山に提案したのは、後に海外で極真の支部を作るために渡米する中村忠であった。

芦原が審査を受けた時には、芦原以外の者はほとんど5級で、6級ですら数名しかいなかった。

むしろ初めての審査でいきなり4級に飛び級するというのは、よほどのことがなければ起こらないことだった。それだけ芦原が努力を重ねたわけなのだが、周りの反応は違った。「どうして芦原だけが飛び級をしたのか」と陰口を叩き、芦原を仲間外れにした。こうした際、精神的に弱い者は相手の機嫌を窺い、仲間に入れてもらおうとする。しかし、芦原は決して自分自身を安売りするようなことはしなかった。芦原は自分に対して陰湿な嫌がらせをする先輩たち全員を、〝いつか自分の拳で叩きのめしてやる〟と心に強く誓った。

この頃の芦原を側で見ていた空本は、芦原が大きく変わっていったのを覚えていた。

「それまでの芦原はこれといって目標もなかったけん、休みの日でも時間を持て余すということが多かったんよ。空手をやり始めてからは、それこそ仕事が主か、空手が主かわからんほどやったけん。四六時中空手のことを考えるようになりよったんよ。

『大山道場で習うたことを復習せにゃいけん』言いよってから、(自分も)寮の屋上で芦原の相手をさせられよったんよ。わしも柔道をやりよったけん、(最初は)芦原の空手の技もそれほど相手にせんくらいじゃったの。芦原が習ってきたばかりじゃいう廻し蹴りなんかも、芦原の真似をしてやったらわしのほうが上手かったけん(笑)。わしの廻し蹴りが、当たったら芦原のほうが飛びよったくらいじゃったんよ(笑)。芦原はその時は体重もわしより軽かったけんね。それが日を重ねるごとに、わしの力でどないにやっても、芦原には勝てんようになったんよ。あの頃の芦原いうんは、毎日、朝から晩まで、あるいは寝ている間でも、ずっと空手で強くなることしか考えておらんかったけん。それは、たいしたもんじゃったんよ。芦原は人の見ちょらんところで死ぬほど努力をしよったけんな」

友人の空本が語るように、芦原の日々の努力は半端なものではなかった。その頃どのようなトレーニングを行っていたのかは、自伝の中からも窺える。

道場内では、私に対する風当たりが強くなった。「お前だけが緑帯になったんだからな」という無言のプレッシャーがひしひしと感じられるようになった。

「やってやる」という意欲もふつふつと湧いてきた。

時間を選ばず、場所を選ばぬ自主トレーニングが、ますますエスカレートしてきた。その当時、私はランニング、基本稽古以外に、一日600回の腹筋運動を自らに課し、腕立て伏せも300回こなしていた。バーベルを用いたウエイト・トレーニングも欠かさなかった。さらに、パンチにスピードをつけるために、寮のビルの屋上でシャドウ・トレーニングを行った。これは電灯の光を横から浴びるようにして、ビルの壁に自分の影をうつすのだ。そうしてパンチを放つと、当然、影の私もパンチを打つ。ワン・ツー・スリーと連打、クロスのアッパー・フックを混じえ、すべてのパンチをトレーニングした。私はそれを横目で見ながら「パンチの影が見えるようじゃだめだ。影が目に留まらないくらいのスピードで打つんだ」と自分に言いきかせながら、トレーニングをした。まさにシャドウのトレーニングだった。
それでもなかなかパンチの影は私の目から消えていかず、ようやく納得がいくパンチが出せるようになったのは、四国に行ってからのことだった。蹴りも同様だった。けっこうハードだったが、苦にはならなかった。むしろ楽しかった。やればやるだけ強くなれるんだと信じて、大好きな趣味を楽しむように没頭できた。相変わらず道場では、組手も目一杯行い、どんどん強くなっていくのが、私自身にもよくわかった。
こうなると、もういけない。いつしか私は、空手に愛着を覚えてしまったのだ。辞められないところまできてしまった。ケンカのための手段であったはずの空手がいつの間にか目的になっていた。空手をやり、トレーニングをすることが楽しいのだから、あえて辞めようという理由が見あたらないのである。空手の魅力にとりつかれてしまったのだ。

『空手に燃え空手に生きる』

芦原はこの頃、ウエイトトレーニングの研究もかなり行っている。参考にしたのは若木竹丸の『怪力法並に肉体改造体力増進法』という書籍である。若木竹丸は、1911（明治44）年1月20日東京生まれ。16歳の時にウエイトトレーニングの創始者ユージン・サンドゥ（Eugen Sandow）の書いた〝Strength and How to Obtain It〟を読んで衝撃を受ける。因みにこの本はブルース・リーも肉体改造のために読んだ本として有名である。

若木はこの本を読んでトレーニングに励むと同時に、独自のトレーニング理論を作り上げる。その業績は日本ウエイトトレーニング、ボディビルの創始者として国内外から評価が高い。若木は大山が師事したウエイトトレーニングの師としても有名である、晩年は黒崎健時とも交流があった。黒崎は若木との交流を『私は見た！昭和の超怪物』（スポーツライフ社）という書籍で詳細に語っている。

芦原は大山から若木の話を聞き、この『怪力法』を入手したという。1938（昭和13）年に第一書院から500部だけ出版されたこともあり、当時から「幻の書籍」と言われていた本だったが、芦原はたまたま板橋駅の近くの古本屋で見つけたというので、「本というのはそれを本当に必要とする人のところに行く」という話もまんざらデタラメではないのかもしれない。

芦原はこの本を参考に寮の屋上に鉄棒とコンクリートで手製のバーベルを何種類も作りトレーニングに励んだ。実際私は空本から寮の屋上でウエイトトレーニングに励む写真も多数見せてもらったが、そこには手作りのバーベルが無造作に置かれていた。

後の芦原会館にも、芦原からウエイトトレーニングの指導を受けた者は少数ながら存在する。東京本部で修業し現在は国際護身空手道連盟・実戦護身道空手円誠塾という武道団体を主宰する伊藤泰三も芦原からトレーニング法を学び、大学ノート数冊に記録している一人だ。伊藤は芦原の指導について次のように語った。

「芦原館長のトレーニングは、若木竹丸先生の怪力法を参考にしていますが、芦原館長独自のトレーニング法でした。通常、ウエイトをやると空手でパンチを打つ時にマイナスだと言われますが、館長はウエイトをやった後には必ずスピードをつけるトレーニングや速いパンチを打つ練習をやったと言っておられました。〝サバキ〟をより効果的に使えるようにするためのトレーニング方法でした。当時館長からは『4冊目の（自分の）本にはウエイトのやり方も事細かく入れるつもりだから、その時はお前も四国に来てもらうけん』と言われました。

一部では『芦原館長はウエイトトレーニング否定派だ』という噂がありましたが、それも真実ではありません。『ウエイトもただ鍛えれば良いというものではなく、実戦に役立つトレーニングでなければならない』と常に言っておられました。実戦に活かす、つまり〝サバキ〟で使うにはどこの筋肉を使うことが必要かそれをよく考えて、〝サバキ〟に使える筋肉を鍛える必要があります。昔のことですが、本部の職員だった里先輩の有名な話があります。これは当時の黒帯連中はみんな聞いたことがある話なんですが、里先輩は、ウエイトをかなりやっておられて、空手の受けをするのに邪魔になるくらい胸の筋肉がついていたんです。それを見た芦原館長が、『里、やめてくれよ』と仰ったことがありました。ただウエイトトレーニングが一概に悪いということではなく、考えて戦うのに必要な筋肉を効率的につける必要はあるというお考えだったと思います」

このように日々過酷なトレーニングを自らに課した芦原は、緑帯になった同じ年の9月の審査で茶帯（2級）に昇級した。大山道場に入門して一年と一ヶ月目のことであった。

この審査では、芦原の先輩であった中村忠が、大山より初段を允許された。また、この頃になると大山道場の噂があちこちに広まり、米軍の座間キャンプでの空手指導も始まっている。芦原も後に総本部の指導員になってから指導にあたっている。

同じ年の4月には、まだ高校生だった神村榮一や松永秀夫らが一緒に大山道場に入門している。その少し後には、小倉正一郎（現・芦原会館相談役）が入門している。

この年辺りから道場では組手をする時に手に手ぬぐいを巻くようになったという。大山道場では相手の顔も平気で叩くのは既に書いたが、この時素手で殴ると相手の歯で自分の手を切るということが多かった。そのため誰かが最初に手ぬぐいを手に巻きだしたのが一挙に広まったものだったという。

茶帯を取った芦原は、それまで以上に組手をこなすようになっていく。来日していたジョン・ブルミンを組手で圧倒したのもこの時期の話である。

ジョン・ブルミンは、1959年に柔道を学ぶために来日した身長191センチの巨漢の柔道家で、その強さはアートン・ヘーシンクより強いと言われた人物だ。日本で柔道を学びながら大山道場でも空手を学び、大山をはじめ、師範代の石橋雅史、安田英治、黒崎健時の指導を受けた。

梶原の『空手バカ一代』では、芦原とブルミンが一世一代の大勝負を行ったように書かれているが、実際はそれ程殺伐とした雰囲気ではなく、あくまでも通常の組手の範囲内のものだったようだ。ただこの時期の芦原は、自分より身長や体重がある大きな相手との組手を自ら進んで行っている。またこの頃、芦原は黒帯との組手で金的を蹴られ、陰嚢が破れるという大きな怪我を負っている。この時の相手は外国人の黒帯であったが、それはブルミンではない。ただ身長が2メートル近くあった外人だったという。この話が『空手バカ一代』では、ブルミンとの死闘として描かれたわけだ。ただ、劇中で芦原は病院で手当てを受けて道場に戻って来るが、その話は本当で、芦原の闘争本能の凄さについては、劇画に勝るとも劣らないものだった。

こうして芦原が、組手で急速に力をつけつつある時期、大山道場にはある大きな出来事が起こる。タイの国技ムエタイへの挑戦であった。

ムエタイとは、立ち技では世界最強とも言われるタイの国技であり、日本では長く「タイ式キックボクシング」と呼ばれていた。

タイでは王室系のラジャダムナンと軍隊系のルンピニーの二つが有名なスタジアムである。私も昔タイに行きムエタイのレッスンを受けたことがあるが、これは芦原から「足技に限っていえば、ムエタイというのは勉強する価値がある」という話を聞いたからであった。もう何十年も前のことであるが、今でもはっきり覚えているのは、衛生面の悪さであった。タイでは、ある小さなジムでお世話になったのだが、着いたのが昼前でジムのオーナーから昼食を一緒にと招かれた。

出されたのは茶碗に盛られた黒い飯だった。「タイでは、豆ご飯のようなものを炊くのか」と暢気に考えていたのだが、オーナーが茶碗の上を手でサッと払うと、それまで黒かったご飯が真っ白になった。黒く見えたのはご飯の上にたかっていた無数の蝿だったのだ。

オーナーは、「こんなに蝿がたかるくらい美味いんだ」と言い、蝿を手で払いながら美味しそうに口にした。もちろん私は、「空港で昼は済まして来ました」と昼食を辞退したのは言うまでもない。ジムには蝿だけではなくゴキブリはそこいらじゅうにいるし蛇も出る。〝確かにこういう環境で鍛えられれば、精神的には強くなれるに違いない〟と実感した。

また川縁にあったそのジムのトイレは、川の上に板を渡し、その板の中央部に丸い穴が空いているだけの天然の水洗トイレだった。結局3日ほど、そのジムの寮でお世話になったが、不衛生さに耐えられず、それ以後はホテルからジムに通うようにしたことを覚えている。「郷に入れば郷に従え」という諺があるが、残念ながらタイでは、郷に従うことができなかった。

一方ジムでの練習はそれほど辛いとは思わなかったが、蹴りのテクニックが日本人には極めて難しいと感じた。腰の柔軟性がなければ、タイの選手が蹴るような蹴りはできないということを悟った。ムエタイの選手の多くは幼少時から練習を始めるため、柔軟なムエタイ式の蹴りができるのだが、ある程度年齢のいった日本人が習得するのは難しいと感じた。そういったムエタイの蹴りの難しさは、外から見ているだけでは決してわからないだろう。

ムエタイを、〝手技はボクシングで足技は拳法や空手の蹴りをミックスしたもの〟と考えるのは大きな間違いだ。確かに手技に関してはおおまかに言えばボクシングの技術のそれに近いが、足技に関してはまったく他に例えるものがない。ムエタイはムエタイ独自の蹴りの技術である。何も知らない空手家が、ムエタイと試合を行えばかなり不利な戦いになるだろう。理由は彼らの蹴りが空手では想像できない方向から飛んでくるからだ。わかりやすいのは廻し蹴りである。空手における廻し蹴りをブロックするためには、一般的にブロックする手を体側に置き蹴りを受ける。それは右でも左でも同じだ。ところがこの体側でのブロックがムエタイでは使えないのである。

私は、タイに修業に行く前に芦原にアドバイスを受けたのだが、その際に芦原の説明では、「ムエタイの蹴りはまずヒザが自分の正面から入ってきてから蹴りが飛んで来るけん。ブロックするんじゃったら両手を正面に構えてる必要があるんよ」ということだった。

「ムエタイでは、蹴りを出す時に足をサイドに送るか、足をスイッチして蹴るけん、ちょうどヒザが相手の正面に来るような角度で入ってくるけん、それが危険なんじゃ。だからガードする手は自分の正面に構えんといけんのよ」

とアドバイスをしてくれた。これを知らないとウエイトが乗ったムエタイの蹴りで倒されてしまうのである。

芦原自身はタイに行ったことはなかったが、「極真時代にムエタイの選手とスパーリングをした経験がある」と語っていた。

さらに首相撲の正しいやり方やヒザ蹴りのかわし方、ムエタイの選手のハイキックに対する軸足蹴りなどの指導を受けた。この芦原のアドバイスは、すべてスパーリングの時に役に立った。スパーリングの後、私の両腕と両足は紫色に腫れ上がるほどのダメージを受けていたが、最後まで倒れることはなかった。さらに相手が私の顔面を狙ってハイキックを放った瞬間に軸足蹴りを使い相手を倒すことができた。

もし芦原からのアドバイスを受けていなければ倒されていただろう。それほどに芦原のくれたアドバイスは正確で役に立つもので、特に技に対する分析が恐ろしいほど的確であり、改めて芦原のもとで指導を受けた者たちが、強くなる理由が分かった気がした。

芦原はムエタイの技術もかなり細かなことまで研究していたが、これは無論後年になってからのことである。極真会館がムエタイと交わった当初は、ほぼムエタイに関する情報はなく未知の格闘技であった。

そしてこのクロスオーバーが極真はもちろん、芦原にとっても技術面で大きな変革をもたらすことになる。

ムエタイ

1963（昭和38）年春、キックのプロモーターである野口修から大山にムエタイとの対抗試合の話が持ちかけられた。

　ムエタイを日本に普及させようと考えていた野口は、ムエタイと戦える団体を探していた。それより以前にある空手団体の選手が、ムエタイのリングに上がったことがあるもののまるで相手にならなかった。

　〝実戦的な空手でなければムエタイに太刀討ちできない〟と思っていた野口の耳に入ってきたのが、〝禁じ手なしの空手を行う〟という噂の大山空手だった。早速大山道場を訪ねた野口は大山に、タイにムエタイという日本でいう相撲にあたる国技があるという話から始めた。なんとか大山を話に乗せたい野口が、さり気なく他愛のない世間話のような形で話を始めたこともあり、大山もさほど警戒をせずに持論を展開した。

　野口と大山の話し合いは、〝結局本当に強いのは、空手なのかそれともムエタイなのか〟という話になった。

　大山は、

「ムエタイがどれほどのものか私は知らない。しかしね、極真空手が戦ったとするならば、相手はワンパンチでノックアウトだよ。数秒で決着がつくよ。これが私の極真空手です」（この時期道場の名前はまだ大山道場であるが、大山は極真会という名称を既に使っていた）

　と言った。

　それを聞いた野口は、〝まさに渡りに船〟という状態だった。しかし、大山はあくまでもその場での世間話として語っていたにすぎなかった。実は大山自身はムエタイの存在もその強さも知っていた。さらに今の極真空手ではムエタイとやっても勝てないのではないかという一抹の不安を持っていた。

しかし野口は巧みに大山の言葉を引き取り、

「大山先生、そう仰るなら先生の弟子をムエタイとやらせてみましょう」

と答えた。

側にいた黒崎は、〝これはまずい展開になったな〟と思った。実際にやるということは、大山道場（極真会館）の看板を賭けた試合になる。もしも勝てなかったら、大山道場の看板を降ろさなければならない。

大山は返答に窮した。その表情を見て口を開いたのは、黒崎だった。

「その挑戦、私が受けましょう」

黒崎は、野口にそう答えた。

極真会館という団体で受けるわけにはいかないが、黒崎個人としてその挑戦を受けるなら問題はないと考えたのだ。逆にこういう時の大山は、石橋を叩いても渡ろうとしない。

黒崎は、後に「ケンカを売ったのはこちらなんだから。ワンパンチでノックアウトできると言われては、先方も〝ハイそうですか〟と引き下がるわけはない。そういう時の決断はね、早くなければいけないんだ」と語っている。

野口からの申し出は、極真会館として受けるものではなく、あくまでも黒崎個人が受けた試合という形で進むことになった。形はどうあれ、当時黒崎の下にいた後輩の中からタイへ同行できる者を選ぶ必要があった。

この時点ではまだ黒崎自身は、ムエタイがどのようなものであるか知識はまったくなかった。ただ元右翼の大物の側近として仕えていた黒崎にしてみれば、売られたケンカは、どんなことをしても勝たなければならなかった。また表向きは黒崎個人が受けた形であっても、人の口に戸を立てるわけにはいかない。もし負けることがあれば、大山の顔に泥を塗ることになる。しかるべき覚悟を決めていた黒崎であった。

そんな黒崎が、ムエタイと戦うために選んだメンバーは、岡田博文、大山泰彦、中村忠、藤平昭雄の4名であった。いずれも当時の道場で実力がある現役バリバリの者が選ばれた。それだけに誰が見ても「極真vsムエタイ」という構図であることは明らかであり、負けるわけにはいかなかった。

この時、芦原はまだ茶帯であった。黒崎は、「芦原は丁度伸びざかりの時だったが、まだまだ未熟であった。当然ムエタイと戦っても勝てるとかそんなレベルではなかったね」と語っている。

実際、当時の芦原にとって選ばれた四人は目標でもあった。ただし、この当時からその中の一人・大山泰彦とは反りが合わなかった。大山泰彦は大山茂の実弟で天才肌の空手家であり、その意味では、大山泰彦と芦原は似たところのある二人と言ってよかった。

芦原は道場でこの四人と稽古を一緒に行っていたので強い影響を受けている。なかでもこの茶帯時代に一番影響を受けたのは、藤平と中村、岡田であった。

中村や岡田はテキストに出てくるような正しく手本になるような動きを見せてくれた。藤平は動きは決して美しくはなかったが、どんな相手にも全力で正面に出ていく圧力とスピード、スタミナがあった。

そして、この藤平昭雄（後のキックでのリングネームは大沢昇）こそ、芦原の伝記を書く時に私が、「必ず話を聞くように」とアドバイスを受けた人物であった。私は藤平の下に何度も訪問しお話を伺った。芦原は藤平のことを「努力の人だ」と賞賛した。小柄な身体でありながら、空手、ボクシング、キックボクシングの世界で活躍し、どんな厳しい試合からも逃げずに戦うその姿は今なお伝説的に語られている。

身長155センチ、体重53キロという小柄な身体で、文字通り小よく大を制する藤平の技術は、血の滲むような稽古から生まれたものであった。また藤平は芦原と同じく、中学しか出ておらず人には言えない苦労を重ねた人物であった。

芦原がそんな藤平のことを尊敬していた一番の理由は、その稽古量だった。極真の長い歴史の中でも、藤平の練習量を凌駕するような者はいなかったと誰もが証言している。

当時本部道場に来ていたジョン・ブルミンも、夜中2時くらいに道場で奇声を発しながら鬼のようにサンドバッグを叩いている藤平の姿を覚えていると語っている。

小柄な藤平にとってほとんどの相手は自分より大きく、正面から行けばパンチをまともに食らうことになる。実際、失神したことも一度や二度ではなかった。そのため、〝どうすれば打たれずに相手の懐に入れるか〟を研究し、上半身を振ったり、ステップを使うなど攻撃のかわし方を工夫した。相手がいない時にはシャドウ・トレーニングを行った。藤平のそういう稽古に取り組む姿勢や考え方は、芦原にも大きな影響を及ぼしている。先に芦原が会社の屋上で自分の影を相手にパンチの練習をしていたことを紹介したが、これも藤平からの影響が大きい。


1963（昭和38）年の8月より、〝打倒ムエタイ〟を目標に黒崎の生まれ故郷に近い栃木県の鬼怒川で約1ヶ月の強化合宿が行われた。合宿は朝のロードワークから始まり、基本、組手などはもちろんのこと、それ以外に黒崎が考えた特殊なトレーニングが行われた。内容は五十番勝負で相撲を取ったり、川の上流に向かい犬かきだけで泳ぐことや大きな木に登る途中で、黒崎の「止まれ！」の合図でその場所に静止するものなど様々なものだった。一見すると遊びにも見えるが、黒崎流の肉体と精神の両方を鍛えるアイデアが活かされたものだった。合宿を終えた四人は、以前にも増して戦闘的な肉体と精神状態を作り上げていた。しかし、物事はそれほどスムーズにはいかなかった。

もともとタイでの試合は10月の予定だったが、それが12月に延期になり、さらに翌年の1月に延期となったのである。延期に延期を繰り返された結果、岡田、大山の両名は、それ以上予定を延ばすことができなくなり、メンバーから抜ける。結局、中村と藤平が黒崎と同行することになる。当時まだ学生だった中村と違い勤めのあった藤平は、鬼怒川の合宿に行く時に、「二、三日、田舎に帰るので暇をください」と会社に告げたまま1ヶ月の合宿に参加して、会社に顔を出したところクビになっていたという。

取材に答える藤平昭雄（大沢昇）氏。

ところが藤平は落ち込むどころか、「これで空手に打ち込める！」と喜んだというから、どれほど藤平が空手バカだったかがわかる。タイに渡る前に無職になり、タイから戻っても職の見つからなかった藤平は、当時を振り返り、

「自分でも、あの当時はどうやって生きのびたのかねぇ、わからないねぇ。みんな忘れたよ」

という。

紆余曲折ありながら、最終的に１９６４（昭和39）年1月15日、黒崎は、中村、藤平とともにタイに渡った。

タイに到着すると街の至る所に藤平たちの写真が載ったポスターが貼られていた。そのポスターには、タイ語で〝日本人を墓場に送れ！〟と書かれていた。

ムエタイは、タイでは国技であるということ以上にギャンブルの対象となっているため、それに群がる客の意識は異常な熱気を帯びていた。

藤平は当時を振り返り、

「空港に着いて市内を移動してると、私とか中村くんの写真が色々な所に貼ってあるから、〝我々もタイじゃ有名人だよ〟ってね（笑）。本当は〝あいつらを殺せ〟とか書かれていたんだけど、わからないから全然大丈夫だったんだよ」

と語ってくれた。

藤平たちの宿舎は、プロモーターの野口の紹介で、プンラット・ジムを借りることになった。ジムといってもリングがあり、サンドバッグが吊られているだけの簡単なジムであった。ジムに到着するなり、三人は練習を開始した。

タイは気温は40度近くになることもあり、外に出るだけで汗が溢れ出てくる。また、食事は香辛料の効いた辛い物が多く、米もタイ米で水も生水は飲めない。何もかも日本と違う状況で、黒崎たちは体調を少しずつ崩し始めていた。何より大変だったのは、やはり暑さと衛生面の悪さで、藤平は下痢に悩まされることになる。環境だけではなく試合のルール面でも多くの問題があることが発覚した。

日本を発つ前までは、「空手は素手で構わない」と言っていたのだが、現地に着いてみると、「グローブを着けてもらわなければならない」と突然言われた。さらに「投げは一切禁止」というルールになっていた。

黒崎はこれに何度も抗議をしたが埒があかなかった。最終的にはグローブ着用は飲んだが、投げ技の使用は渋々だが認めさせた。ただし、投げて倒れた後の攻撃は禁止とされた。ルールでも大いに揉めたのだが、さらに困った問題が起こった。

第二の問題は、「試合に出る選手の数が足らないので、黒崎も試合に出て欲しい」という要請だった。当初四人という予定ではあったが、再三に渡り延期されたため、岡田、大山（泰彦）の2名が来れなかったことで試合を組む人数が足りなくなっていたのだった。

タイでは既に4試合が行われる予定でアナウンスされており、主催者たちは「もし4試合が、半分になったのでは観客が暴動を起こしかねない」と言ってきた。黒崎が出て3試合ということならばなんとか観客も納得してくれるというわけだ。

この話には藤平、中村の両名が猛反対した。確かに黒崎は、鬼怒川合宿に同行し、他の選手とともにトレーニングも積んできていたが、あくまでもコーチとしてのトレーニング参加であり、他の四人と同じように試合用の肉体を作ってきたわけではなかった。さらに年齢もその時既に35歳で、いきなり決められた試合に出られるようなコンディションではなかった。

しかし二人の反対を押し切って、黒崎は試合に出る決心をする。黒崎には今まで自分が培ってきた実力をムエタイに挑戦し、どこまで通用するのか確かめてみたいという思いがあったのだ。

1964（昭和39）年2月12日、遂にルンピニー・スタジアムで試合を行う当日を迎えた。まず先陣を切ったのは黒崎だった。黒崎は、〝自分が最初に戦うことで、後に続く藤平と中村に何か戦うヒントを掴んでもらえれば〟と考えていた。

黒崎の相手は、現役を離れた元チャンピオンのフビー・カチャチャイという選手であった。カチャチャイはヒジ打ちの名手として有名な選手で、元チャンピオンという肩書は日本勢を油断させるための作戦で、実際にはまだ現役のチャンピオンであったということが後の情報でわかっている。

既に書いたとおりムエタイは、すべての試合がギャンブルの対象であり、タイの国技である以上、タイ側にしてみれば日本人などを勝たせるわけにはいかなかった。度重なる日時やルールの変更も日本勢を勝たせないための卑劣な手段だったと思える。

当の黒崎は、リングで戦いながら〝これは現役の選手だろう〟ということが、すぐにわかったと語っている。ただそんなことで動揺するような黒崎ではなかった。

カチャチャイのパンチからヒジ打ちにつなぐその技術は、黒崎が今までに経験したことがないものだった。黒光りする頑強な肉体は、黒崎の放つ強烈なパンチを受けてもビクともしなかった。それどころかパンチを打った瞬間の僅かな隙を突いて、カチャチャイの強烈なヒジが黒崎の顔面を掠った。黒崎の左目の上が、カミソリで横一文字に切ったようにパクリと口をあけた。黒崎の顔面は血まみれになり、左目は流れた血が入り、まともに敵を捕らえられなかった。

最後はカチャチャイの狙い澄ましたヒジ打ちが、まともに顔面に入った。

黒崎の体がゆっくりとマットの上に崩れ落ちた。

1ラウンド2分15秒、黒崎はKO負けを喫した。


それは藤平、中村にとっては、まさに青天の霹靂であった。極真会館で〝鬼の黒崎〟と恐れられた男が、これほど無残にもマットの上で崩れ落ちる姿は想像すらできなかった。〝ムエタイ恐るべし〟、改めてその強さに身の引き締まる思いがした。

周りの客席からは、「日本人を墓場へ送れ！」の大合唱が起こっていた。

なんとしても黒崎の仇を取らなければならなかった。


二番手は中村忠だった。相手はタン・サレンという選手であった。中村は、前蹴りで相手との距離を測りつつ、パンチ、蹴りを出すという空手のオーソドックスなスタイルで相手の出方を見た。ムエタイ独特の撓るような蹴りが、中村の身体にヒットした。その蹴りに身体ごと持っていかれそうになるのをギリギリで踏み止まる。なんとか1ラウンドを凌いだ。2ラウンドに入ってもお互い譲らない。残り時間が半分ほどになった時、中村の狙い澄ました正拳が、相手のアゴを正確に打ち抜いた。

サレンはその一発で沈んだ。

2ラウンド1分48秒、中村忠のKO勝ちであった。

見ていた藤平は、飛び上がって喜んだ。

試合を見ていたタイ人の観客からは、サレンを批判する怒号が止まなかった。サレンは、この試合で中村に負けたことが、〝国辱的行為である〟とされ、以後ムエタイの世界から追放され、二度とリングに上がることを許されなかった。

一勝一敗、勝負は五分五分だった。

日本勢の最後に控えていたのが、藤平だった。

藤平は自分に気合いを入れるように、

「バカヤロー！　バカヤロー！」

と叫きながらリングに上がった。

藤平の相手は身長が頭一つ分ほども高い、ハウファイ・ルークコンタイであった。このリングに上がるまで藤平はムエタイの研究を一つもしなかった。したがってヒジ打ち、ヒザ蹴りも知らなかった。確かにムエタイの攻撃力は恐ろしく威力があった。しかし極真で誰よりも激しく稽古を積み、己を鍛え上げた藤平の肉体は、その攻撃にも耐えた。

普通の選手なら倒れていておかしくないほどの重い蹴りを受けながら、藤平は立ち続けた。その驚異的なタフネスさに、ルークコンタイも次第に焦りを感じていた。

それどころか藤平は左前のオーソドックスの構えから、見様見真似のローキックまで放ちパンチで自分から前へ前へと出て行く。一歩も下がらず迫ってくる藤平の姿に、自分のヒジもヒザもまるで効いていないように感じたに違いない。しかしこの時、藤平はルークコンタイの鋭いヒジ打ちをまともに食らい、鎖骨を骨折していた。それでも藤平はポーカーフェイスでその痛みをおくびにも出さなかった。

ルークコンタイの鋭いヒジが、顔面を狙ってきた。紙一重でそのヒジをかわす。「ビシャー！」という空気を裂く音が、耳元まで聞こえるような気がした。やられても、やられても藤平は前に出て闇雲にパンチを振り回した。ボクシングのセオリーにはない藤平独自の一人稽古で鍛え上げたパンチだった。ルークコンタイは、パンチを避け藤平の頭を両手で挟むムエタイ独特の首相撲に持ち込むと、藤平のバランスを崩しつつヒザ蹴りをボディに打ってきた。藤平は足払いでルークコンタイを投げ飛ばす。しかし、ルークコンタイはすぐに立ち上がって来る。観客は、総立ちでルークコンタイを応援していた。第1ラウンド終了のゴングが鳴った。

第2ラウンド、藤平はさらに前に出た。ルークコンタイは藤平の気迫に押され気味になり、得意の首相撲からヒザ蹴りにつなごうとするが、逆に藤平は大外刈りから投げで対抗する。

先にダウンを奪ったのは藤平だった。ブレイク後、首相撲に持ち込もうと近づいてきたルークコンタイにカウンターの右ストレートが当たる。

倒れた相手に思わず藤平は、

「立ってくるな この野郎！」

と怒鳴りつけるが、ルークコンタイはスックと立ち上がる。

再び長身を活かし首相撲からのヒザを狙うルークコンタイと、それを投げる藤平という展開が数度繰り返される。両者とも同体で重なるようにリングに倒れ込み、立ち上がる度にスタミナが失われていく。

藤平も限界だったが、先にスタミナが切れたのはルークコンタイだった。

何度目かの同体の投げで、縺れた相手の身体を振りほどき、先に立ち上がった藤平だった。

疲れのためやや遅れて立ち上がったルークコンタイに藤平が最後の力を振り絞ったパンチの連打を放つ。

一発目の右フックがテンプルを軽く捉える。

二発目の返しの左フックは外れる。

本当であればここでルークコンタイは首相撲に逃げたかったはずだが、藤平の連打はその間を与えない。

さらに連続で放った三発目の右フックが再び顔面を捉えるが、倒れない。

四発目の左フックは相手の右パンチが邪魔になり空を切る。

それでも構わず振った藤平の五発目が、ルークコンタイの顔面をしっかりと捉えた。

さらに放った六発目の左フックの下を、泳ぐようにルークコンタイの長身が倒れていった。

2ラウンド1分40秒、藤平のKO勝ちだった。

試合に勝ったものの藤平は満身創痍だった。勝ったという感覚はなかった。藤平自身もうスタミナは限界で朦朧とした意識の中での勝利だった。もし最後の連打で仕留められなければ、負けていたかもしれなかった。早く眠りたかった。それでもなんとか勝ち名乗りを受け控室までは歩いた。しかし控室に戻った瞬間、その場に倒れこんだ藤平は、一切身体が動かなくなっていた。それは、自分の肉体を極限まで酷使して戦った結果であり、あまりにも壮絶な戦いであった。

極真空手対ムエタイの戦いは、二勝一敗で極真空手が勝利を収めた。この結果を聞いた大山は、

「極真は、世界のあらゆる格闘技のなかで最強だよ！」

と喜んだが、実際に現地で戦った黒崎たちは、とてもそんな気にはなれなかった。

黒崎は、

「相手が極真空手を知らず、日本の空手というものを舐めていたのが彼らの敗因だ」と言っている。

紙一重の勝負だったことは、三人の誰もがわかっていた。

〝ムエタイ恐るべし〟

それが三人に共通した思いだった。

後日、極真空手がムエタイに勝った話を聞いた幾つかの他流派の空手が、「ムエタイなど恐れるに足らず」と挑戦をしているが、いずれも敗北しているということからも、いかに彼らが特別であったのかがわかるだろう。

黒崎たちは、この時の試合のフィルムを日本に持ち帰り、道場で上映会を開いている。ちなみに、この試合は3台のカメラで撮影されていた。日本からは野口プロモーション、タイのテレビ局、そしてドイツ人のカメラマンが撮影していたことが後に判明している。

上映会にはまだ茶帯の芦原もいた。芦原はその映像を見てムエタイの凄さを知った。それはフィルムはもちろん、黒崎や藤平の怪我を見れば一目瞭然だった。

タイから帰国した藤平は、そのショックのあまり半年近く道場にも行かなくなってしまう。芦原は、そんな藤平のもとを訪ねている。藤平から様々な話を聞いた芦原は、今の空手ではとうていムエタイには勝てないことを悟った。


これをきっかけに芦原は、ムエタイをかなり研究することになる。多くの者はなんであれ空手がムエタイに勝ったのだから、それで良いと考えていたが、芦原はそう考えてはいなかった。さらにこの一件から、

「空手の一撃必殺など夢物語に過ぎないのではないか」

と考えるようになる。

空手の稽古では「この蹴りが入ったら倒れる」とか「このパンチが効いたらノックアウトされる」ということで、実際に当てて相手がＫＯされるまでやることは少ない。当時過激と言われた大山道場ですら、よほどのことがない限り黒帯同士で、そこまでやることはなくなっていた。

それに比べ、ムエタイは倒すか倒されるしかない。常日頃から倒す訓練をしていなければ、実戦でも役に立たないということをこのムエタイ挑戦から学んだ。そして芦原にとって実戦は、ストリート・ファイトだった。

芦原は個人的にムエタイを研究する一方で、それまで以上に街に出てケンカを繰り返すことになる。道場と違い相手が知らない人間であれば、力一杯殴ることができたからだ。それも盛り場で、なるべくケンカの強そうなヤクザやチンピラに標的を絞り、研究した技を実戦で試すようになっていく。

この時期に芦原が研究したもので、いくつかわかっていることがある。首相撲の基本からの崩し方、ヒジ打ち、首相撲からのヒザ蹴りなどの技術である。さらに背足での廻し蹴りやローキック、相手のサイドに出て攻撃することなどだ。

また後に芦原が得意とした〝カッティングキック〟や〝ストッピング〟などの技は、この時期の研究から生み出されたものである。

一方で大山はムエタイに極真が勝ったからか、この年から毎年のように、
「極真の全日本大会を開く」
というのが口癖になる。

藤平はその後パンチを学ぶために、この年の8月にヨネクラ・ボクシングジムに入門し、顔面パンチを学ぶようになる。1ヶ月後には、プロテストを受け、2回目で合格、12月にはプロ・デビューしている。リングネームを師である、大山の「大」と黒崎の「崎」を合わせて「大崎昭雄」として、デビュー戦をKO勝ちで飾り、その後も連戦連勝を重ねる。生涯戦績は、11戦10勝1敗であった。

その唯一の敗北は、東日本新人王戦の準決勝で、相手は同じジムの垂水茂だった。藤平は、3ラウンドに垂水のパンチをアゴにもらいKO負けしている。

この試合は、芦原もリングで観戦していた。

試合後、藤平は、
「人間は、どんなに鍛えても鍛えられないところがあるんだよ。アゴだけは、鍛えられないよ」
と芦原にアドバイスをしている。この時のアドバイスをもとに、芦原は相手を正確に倒すためにはアゴをどういう角度で打てば一瞬で倒せるかを研究したという。

その結果生み出されたのが、相手が出してきたパンチに対して、ウィービングと入身ですれ違い様に相手の顔面を叩くというテクニックだった。芦原は当初このパンチを裏拳で叩いていたが、手

を相手の歯で切ることがあったので、後に掌底に変えている。また、拳よりも掌底の方がアゴに与える衝撃が大きく倒しやすいこともその理由だという。

また相手に打たれても、そのダメージを最小限に抑えるための手による〝顔面ガード〟の重要性を改めて考えることになる。

芦原は、後の道場での稽古でも顔面のガードの重要性を煩《うるさ》いほど弟子に徹底するのだが、それはこの時の藤平のアドバイスの影響が大きい。

極真空手がムエタイに勝利したという噂は、あっという間に日本全国に広がり、それは極真最強伝説の始まりであると同時に迷宮への扉をあけた。同時に様々な所から指導の依頼や挑戦も増えるようになっていった。

こうした背景のもと、1965（昭和40）年8月26日から31日まで四国の宇和島で交流演武会が開かれ、館長・大山倍達をはじめ団長・中村忠、芦原英幸、ピーター・マックレーン、松永秀夫、神村榮一、佐藤喜八らが出向いている。

この四国への交流演武会が、後の芦原の四国行きのきっかけとなる。ここでは当時の様子をこの演武会に同行した、松永、神村の両名からお話を伺うことができた。さすがに極真のＯＢだけあって、神村も松永も背中に一種近寄りがたいオーラを纏って待ち合わせ場所に現れた。

最初にお話を聞いたのは、神村であった。氏は大山道場で修業中にムエタイの強さに衝撃を受け、その後、キックボクシングの世界で長く活躍されるとともに、グローブを着けて顔面攻撃を認めた新空手を創始している。

「大山館長は、四国への遠征を極真の強さをアピールする足がかりにしたかったのだと思いますね。私と松永はまだ高校生でした。初日は、型や試し割りを行い、二日目が交流試合でした。選手は、私と松永、それに佐藤氏が選ばれました。対戦は私がトップバッターでした。

相手が、ぼろぼろの空手着に帯の代わりに荒縄を腰に巻いていて、凄く強そうだったんで緊張しました。でも背後で大山館長、中村先輩、芦原先輩の目がありますから、怯えた姿勢を見せるわけにはいきません。審判の「始め！」のかけ声とともに大きく構え前に出ました。相手も慎重でした。すると後から中村先輩が、「神村、飛べ！」って言うんです。私は緊張してたので、その場でジャンプしろっていう意味だと思い、その場でピョンピョン飛んだんです。それを見て芦原先輩は大笑いしていたそうです（笑）。実はそれは、私が得意としていた「飛び蹴りで攻めろ」という意味だったんですが、緊張しすぎてわからなかったんですね（笑）。結局、私はワンツーパンチで相手を追い込み、二段蹴りで倒しました。二番手は松永でしたが、彼も圧勝したので、三人目は戦うこともなく試合中止になったんです。

まだ高校生だった私たちが、予想以上に強かったので相手も驚いていましたね。でも当時の極真会というのは、それくらい厳しい稽古をしていました。まだグローブなんていうのは、高価で手が届かないこともありましたが、手にタオルを巻いて顔面をバッチン、バッチン叩く稽古でしたからね」

私は、極真とムエタイが戦った時のことについても尋ねてみた。

「その時は大山道場に入門して2年くらい経ってましたね。当初は岡田博文、中村忠、大山泰彦、藤平昭雄の四人が選抜されて、監督が黒崎健時先生でした。各先輩方は、ムエタイを研究するために、ボクシングのジムに出稽古に行ったりしてました。これは、対抗戦の後なのですが、大山道場にムエタイの選手を呼んで稽古もしたことがあるんですよ。驚いたのはサンドバッグを蹴るその威力でした。連続で蹴るので跳ね上がったサンドバッグが、空中で斜めになったまま落ちてこないんです。廻し蹴りも中足ではなく、スネで蹴っていました。とにかく、タイ人の蹴りは威力が凄すぎでしたね。

試合の結果はご存知のとおり中村、藤平先輩がＫＯ勝ち、黒崎先生はＫＯ負けだったんですが、あの鬼のように強い黒崎先生が負けるということ自体信じられませんでした。タイでの試合は、記録した8ミリを道場で見せてもらいました。確か芦原先輩もいましたが、みんな信じられない思いでした。その時の衝撃が、私をキック界に向かわせたのだと思います。芦原先輩も黒崎師範が倒されたことには、みんなと同じようにショックを受けていましたが、ムエタイの凄さに気付くとどうやってその技術を自分のものにするか熱心に研究していました。芦原先輩とは、入門の時期はそんなに離れていないんですが、歳も離れていたので僕らの兄貴みたいな存在で色々な遊びも教えてもらいましたよ。悪い遊びも含めてね（笑）。とても面倒見の良い先輩だったんです。〝ケンカ十段〟とか、〝ケンカ屋芦原〟なんて言われてましたよ。まぁ、ケンカは極真の連中は、みんなやってましたけど（笑）。ただ先輩の場合は、ずば抜けて多かったみたいで、自分のなかでは、〝かっこいい兄貴〟みたいな存在でしたよ。

芦原先輩はタイ人の蹴りを見てから熱心に研究されてましたよ。スネで蹴る蹴りをいち早く技に取り入れていたのも芦原先輩でしたね。道場でもスネでバンバンＫＯしていて、相手が可哀想でした（笑）。そういう研究熱心なところが、後に自分の流派を起こしたりする時に役に立っていたのじゃないかと思いますね」

一段落したところで、松永に話を振ると、ゆっくりと穏やかに応えてくれた。松永はすらっとした長身で、極真会館時代に芦原と二人でどこかを歩いていた写真で見たことがあり、それがなぜか私の脳裏には焼き付いていた。現在も当時の面影がしっかり残っていた。松永は神村と学校こそ違うが同学年であり、大山道場を引退後スポーツライフ社を興し、芦原の自伝第一作目となる『流浪空手』を出版している。

「当時の芦原先輩の組手は荒かったんですよ。むこうは8ヶ月くらい先輩なんですけど、「どっからでもかかってこい！」で、相手の攻撃を待ってるんです。カウンターを狙ってくるわけですから、突っ込んでいけばそれこそ思う壺なんですよ。私は大山先生から「君、芦原くんと組手をやりなさい」って言われてよくやりましたね。最初は嫌でしたけど徐々に慣れてきて、芦原先輩の得意の右ストレートも避けることができたんです。それで、こちらも反撃して技を入れるんですね。普通はそこで勝負がついたわけですから動きが止まるんですが、芦原先輩は止まらないんです。止まらずにそこから反撃してくるので怖かったですよ（笑）。

昭和40年に四国の宇和島で行われた演武会は、大山館長の後見人であった毛利松平先生の紹介だったと聞いています。もともと毛利先生が、「愛媛に空手の指導員を送ってくれ」と言っていたという話がありまして、そういう事情からその後、芦原先輩が四国に行くことになったんだと思います。ただ当時は行きの交通費だけ持って行かされるわけで、鉄砲玉みたいな感じでね。あとで私の会社（スポーツライフ社）で、芦原先輩の『流浪空手』を出版してるんですが、当時の苦労話は随分聞きました。地元の道場に道場破りに行った話とか、稽古が厳しくて入門者が一日で辞めた話とか、とにかく熱意の人でしたから物事を何でもすぐストレートに言ってしまう。それが良いこともあれば、変に誤解されることもあるわけで。

芦原先輩が変わったのは四国に行ってからですよ。向こうで本当に苦労したんでしょう。それまでは思ったことは遠慮なくやっていた人でしたから、自分の思い通りにならない場所でされた苦労と、元々持っていた創意工夫の才能が加わったのだと思います。神村が言うように、本当に面倒見の良い兄貴分でした。色んな所へ一緒に連れて行ってもらったなぁ……。あんな魅力的な先輩はなかなかいないですよ」

お二人のお話は私も知らないことが多く、演武会の様子だけではなく、後の芦原の四国入りの状況なども分かり大変貴重なものになった。

いずれにしろ極真空手が、このムエタイに挑戦し得たものは極めて大きかった。

ムエタイに挑戦した三人のうち、中村忠はそのまま空手を続け、極真のアメリカ支部を作るためニューヨークに渡る。後に極真会館を退会し、誠道塾という独自の流派を立ち上げる。

黒崎は、〝打倒ムエタイ〟を目指し目白ジムを設立、後に藤原敏男を筆頭に数々の名選手を育てる。藤平は、ボクシングとキックの世界に戦場を移し、特にキックの世界では全日本キックボクシング協会の初代バンタム級チャンピオンになっている。

彼らは極真の代表としてムエタイと戦ったわけだが、そのことが極真空手に大きな技術革新をもたらしたことは間違いない。芦原はムエタイの研究を四国に渡ってからも続け、自らの技術体系に取り込んでいる。芦原は四国に渡り暫くしてから、キックの試合を開催しているが、これはそういった自分なりの研究を検証するという意味もあったものと思われる。

芦原がムエタイから得たことは沢山あるが、特に関心を持って研究を重ねたものが幾つかあった。その一つが、ヒジ打ちとヒザ蹴りであった。四国・八幡浜時代には、既に首相撲からのヒザ蹴りの技術を稽古の中に一部組み込んでいた。首相撲から左右に相手のバランスを崩しヒザ蹴りを入れる技術や、接近戦であらゆる角度からのヒジ打ちを入れる研究、さらにはムエタイの前足での相手の動きを止める技術は、後に芦原が、独自の技術〝ストッピング〟を生み出す一因となったと思われる。

１９６４（昭和39）年3月26日、芦原は初段を允許される。この日付は、審査の発表日の日付である。

実はこの日芦原は、審査結果を知らされないまま大山に同行して大阪の八尾に出掛けている。八尾には大山が懇意にしている天台院の住職であった今東光がいた。今は当時大山の相談役の一人であり、大山から名誉二段を貰っていた。その今東光の誕生日を祝うという名目で数人の弟子とともに大阪に出かけたのである。大山は、そこで空手の演武を行っている。

芦原もこの時まだ茶帯を締めたまま演武の試し割りに臨み、瓦十五枚を頭突きで割っている。上半身を大きく後ろにエビ反って、一気に頭を瓦に叩きつける芦原の頭割《ずわ》りは、豪快の一語に尽きた。この演武には、芦原の親友の空本も見学に大阪の会社から駆けつけていた。空本は数年前に幸伸興業を離れ大阪の会社で働いており、芦原からの大阪行きの電話に、会社に休みをもらい八尾まで出て来ていたのだ。

芦原は今東光から「君の試し割り（頭割り）は、大したもんだな。俺は、今まで色んな人の演武を見たけれど、君のようなのを見たのは初めてだよ」とひどく感心された。

それを聞いた大山は、ご機嫌で「彼は、芦原君と言いますが、極真会の星ですよ」と嬉しそうに応えたという。今はそれ以後芦原を可愛いがり、後に様々な人間を芦原に紹介している。

そうしたこともあり芦原は、〝当然、昇段審査で黒帯になっているはずだ〟という自負があったのだが、東京に戻った翌日、発表を見に道場に行ってみると〝芦原英幸保留〟の張り紙があった。

釈然としない思いで張り紙を眺めている芦原に、丁度来ていた先輩が、「芦原は実力は二段以上ある。しかし精神的なものがなっていない」と言った。それを聞いた芦原は、〝そんなことで判断されているならもう黒帯なんかどうでもいい〟という気になった。

「俺、もう辞めるわ」

と先輩に告げた。

元々緑帯を取ったら辞めるつもりだったこともあり、もうどうでもよくなりそのまま出て行こうとした。するとその先輩が、慌てて追いかけて来た。

実は、芦原はなんの問題もなく初段に昇段していたのだが、素行、外で派手にケンカをしている上に、道場でも普段あまりに生意気なので一度〝保留〟ということにして、説教をしようという魂胆だったのだ。芦原が先輩の説教を聞き、「これからは心を入れ替えて大人しくします」とでも言ったら免状を渡すつもりだったわけだ。ところが予想に反して、芦原が「もう辞める」と言い出したので、慌ててしまったのだ。

そういった経緯があり、芦原は本当は審査を受けて1週間後にしか渡されない免状を誰よりも早くもらい、黒帯を締めることになった。芦原がこの日のことを鮮明に覚えていたのは、「昇段の結果発表の日と今東光の誕生日が同じだったことが理由の一つだ」と後に語っている。

もちろん、この一件で芦原のケンカが収まるということはなく、むしろエスカレートしていく。

翌年の1965（昭和40）年になると、極真会館は池袋に新しいビルが完成し、稽古も新しい道場で行われるようになる。ここが極真空手を学ぶ者にとっての聖地となる。

また、この年の3月に大山は、『This is Karate』を日貿出版社から出版している。この『This is Karate』の日本語版は、11年後の1976年に『秘伝極真空手』というタイトルで同じ日貿出版社から発売されベストセラーとなる。

同年大山は、過去に出版された『What is Karate？』（初版は1958年　東京ニュース社刊）の改定版の制作を行い、そのための写真撮影が道場でも行われた。同書はその後も何度か改訂版を出版することになるのだが、この年の改訂版には芦原をはじめ藤平、松永、神村らがモデルとして参加していた。

芦原は松永の相手役として約10カット〝やられ役〟で登場している。頭突きの得意な芦原が、後輩である松永に正面から、横から、後ろからと頭突きでやられており、それが面白くなかったらしく、松永に「どうして俺がおまえのやられ役なんだ」と悪態をついていたという。松永にしても、進んで芦原を自分のやられ役に指名したわけではなく、すべて大山の指示で行われたわけなので、芦原に文句を言われて詰め寄られた松永は災難であったと言える。撮影当日も芦原は、かなり不貞腐れた顔をしていたらしく、大山から「芦原、お前はもっとやられた顔をしなさい！」と注意を受けていたという。

ただし後に出版された『100万人の空手』（講談社）では、芦原はメインの演者として本文中の多くの写真モデルとして登場している。この『100万人の空手』は、1969年に東都書房から出版され、のち出版社を講談社に代え英語版も発売されている。英語版は出版社によりタイトルが変えられているが内容は同じである。

新たに総ページ数176ページで出版された改訂版『What is Karate?』は、空手の本としては世界的なベストセラーになり、大山の名前を不動のものにした。後にアメリカの有名な武道雑誌「Black Belt」などに紹介される大山だが、その知名度を上げるきっかけとなったのが、この『What is Karate?』だと言われている。

この年は、極真会館が正式に発足して初めての夏期合宿が行われている。場所は、福島県いわき市勿来《なこそ》町関田須賀にある勿来海岸で8月5日から8月10日まで行われた。

隊長は黒崎健時、副隊長が中村忠であった。芦原は第5班の班長で、同じ班には親友の小倉正一郎と大山の娘グレース大山がいた。芦原は当時中学生だったグレースに「お前、お父さんが館長だからって威張っててんじゃゃねぇぞ」と言った。するとグレースは「お父さん（大山館長）に言いつけてやる」と言い返して、本当にグレースからその一件が大山の耳に入り、後で大山から大目玉を喰らうという事件もあった。

この年から、合宿は極真会館の年間行事の一つとなり、年二回行われるようになっていく。

澤井健一

太気拳はその正式名称は、太気至誠拳法という。

創始者の澤井健一は、大山とは古い友人であったことから、よく前触れもなく極真会館総本部にも現われた。澤井は幼少の頃から様々な武道を学び、自分の技術には自信も持っていた。しかし、1931（昭和6）年に満州に渡った折、意拳の創始者である王向斎と立会い敗れたことから、弟子入りを願い出る。初め「外国人の弟子は取らない」と拒否されるが、その後、王向斎の下に日参し、とうとう最後には入門を許され日本人で唯一人の弟子となった。

王向斎の厳しい稽古に耐えた澤井であったが、日本の敗戦時に彼とその家族は自決しようとする。それを知った王向斎は、澤井に自決を思い留まらせると同時に、日本へ戻ることを勧めた。日本に戻った澤井は、王向斎の許可の下で太気至誠拳法、通称・太気拳を創始する。

太気至誠拳法の名前の由来は、山岡鉄舟の残した「至誠天に通ず」という言葉に由来しており、澤井は明治神宮で少数の弟子とともに稽古を行うようになった。澤井は、師であった王向斎の教えを守り道場を構えて指導することはなかった。

太気拳には、基本的に套路（型）は存在しない。これは、太気拳の原点である意拳に套路がないからだろう。太気至誠拳法の基本としては、立禅《りつぜん》、這《はい》、揺《ゆり》、練《ねり》などがある。さらにこうした基本を実戦で使えるようにするために推手や自由組手を行うとされる。

芦原が澤井と出会うのは、茶帯を取った時期であるから1963年9月の審査以降のことになる。

大山道場に時々大山を訪ねてくる老人がいることは芦原も知っていた。

噂では武芸百般で、様々な武道を経験し、中国拳法の達人と言われているという話だった。たまに道場生相手に武道談義に花を咲かせているということだが、当時、茶帯になったばかりの芦原には中国武術に興味はなく、空手だけで精一杯の日々を送っていた。そのため澤井のことも、〝変わった老人がいるな〟という程度で、それほど気にする存在ではなかった。

その日も澤井は、道場に来て道場生の稽古をずっと見ていた。稽古が終わると色帯を全員集めて「君たちどこからでも掛かって来なさい」と言って、色帯全員と組手を始めた。

それは空手と違う両手を前にかざすような不思議な構えだった。

　澤井に掛かっていった色帯が、澤井と触れたと思った瞬間転がされていた。空手にはない独特のリズムと動きだった。澤井は芦原にも他の者と同じように声を掛けてきた。

「君も、どこからでも突いてきなさい」

　澤井は芦原に対すると、両手をゆっくりとした動きで芦原の目の前に晒すように構えた。両手は、微かにリズムを取って動いていた。

澤井健一氏（『新装増補版　太気拳』より）。

〝「突いて来い」ということは、最初の突きを捕まえるはずだ〟

　そう判断した芦原は、最初の左の突きをわざと外して、右の突きで澤井の顔面を狙った。それは、芦原が得意としたケンカ殺法の一つだった。瞬間フェイントに釣られた澤井は、芦原の右の突きを完全に受けきれなかった。芦原は、澤井の顔面数センチ前で、右の拳を止めた。

「君はできるな。突きが早いなぁ、茶帯

の突きじゃないな」

澤井は、そう芦原に言った。

芦原はその一言が無性に嬉しかった。自分のことを認めてくれた澤井に関心を持った。そのことがきっかけで、芦原は澤井が指導している太気拳の稽古に顔を出すことになる。

私が芦原に訊ねたところでは、芦原は約4週間ほど明治神宮に澤井を訪ねて太気拳を学んだという。この時芦原は、澤井から主に立禅と這を学んだという。

芦原は極真会館時代に、一部の弟子に澤井から学んだ立禅と這のやり方を指導していた時期があった。当時芦原が指導したのは次のようなものだったという。

立禅はまず両手で大きなボールを抱いているようなイメージで行う。両手を前に掲げ、ヒザは心持ち緩む感じ。しかし、ここで完全に緩めてしまわないように気をつけなければならない。この状態でできるだけ腹式呼吸を行うのである。これを続けていくうちに身体の一部がピクピクと動くのを実感できるようになる。

芦原によれば、こういうことが起きるのは、「我々の退化した動物としての本能が呼び覚まされるからだ」と言う。

確かにこれができるようになると、組手をやっている時でも本能的に身体が動く。こういう反応が起こるのを自分でも経験すると、その動きに驚かされる。自分で捌こうと思うよりも早く身体が反応するようになるし、相手の動きを冷静に見ることができるようになる。これは、ボクサーなどにも大変有効な練習だろう。

もう一つの這という稽古は、簡単に言うと両手を上げ、中腰で移動しながら行うmoving zen（動く禅）ということになる。これは両手を高く上げて動くことで、組手などの時にガードを下げないトレーニングにもなる。また常に中腰で動くため、脚力を鍛えるのにも役立つ。

芦原はこの這を一人稽古で行っていた時期がある。その時には、約30分をこの這の稽古に費やし、前進に15分、後退に15分くらい掛け「ゆっくりとした動きで行うことが大切だ」と説明した。各々の動きに30分掛けることもあった。これを続けて練習すると重心の低い姿勢を維持するのが自分でも驚くほど楽になり、その結果として技の一つ一つのキレが非常に良くなるのだと説明している。

澤井の下に出稽古に行っていた芦原であったが、芦原はその稽古をある日突然辞めている。たった4週間あまりしか太気拳を学んでいないということもあり、このことを知る者は少なく、また、実際に太気拳を学んでいる人から言えば、「それくらいでは太気拳を学んだことにはならないのではないか」という声も聞こえてきそうだ。だが、それには理由があった。その理由とは、稽古に参加したある日、澤井から「君は、武術的な身体が出来ているからもう来なくてよろしい」と言われ、稽古に行くのを止めたのだった。

私はこの話を芦原の書斎で聞いたのだが、当時は芦原から口止めされていたので誰にも話していなかった。また、まだ黒帯になる前の芦原には、その澤井の言葉の真意が分からなかったという。芦原によれば、澤井の言葉の意味が理解できたのは、四国八幡浜に渡って以降のことであったという。

よく芦原は、サバキの指導をしていた時に「手は触覚だ」という表現をしていたが、これは太気拳を学んだことから来た表現ではなかったかと思う。そうしたこともあってか、時折芦原のサバキは、太気拳から生まれたと言う人がいるが、それは正しくない。実際に芦原は、短期間しか澤井から指導を受けていないわけで、そんな短期間で太気拳が学べるものではない。もしそんな短期間で免許皆伝などという武道があるとするならば、それはインチキだろう。芦原が太気拳から学んだのは、太気拳の根本にある、どの武道にも共通する身体操作のエッセンスのようなものだったのではないかと考えられる。

また「もう来なくてよろしい」という澤井の言葉は、恐らく芦原に、〝本人が進もうとする方向性が間違っていない〟ということを言いたかったのだと思う。芦原は太気拳ではなく空手という分野で自分らしさを伸ばすことができるということを澤井は見抜いていたからこそ、あまり太気拳に深入りさせず、空手の道を進むように追い返したのではないかという気がするのだ。

ただし芦原会館になっても組手型を発表する前くらいまでは、立禅と這のやり方を指導していたように記憶している。芦原会館時代に一時期、芦原警備保障という警備会社をやっていたことがあり、当時弟子の何人かがガードマンとして会社やクラブの警備を行っていた。

警備の仕事では一日中立っているということもあり、この仕事にかり出された二宮城光が、「立っているだけの仕事は詰まらない」と言ったところ、芦原が激怒して「詰まらないじゃないんだよ。

立禅と言ってな、立ったまま動かないという稽古もあるんだよ」と怒鳴ったことがあった。ただ、この一件があって以降は、あまり立禅のことを言わなくなった。芦原自身は、それがある種武術的な基礎を作るための一つの鍛錬法であると捉えていたが、一般道場生に「一日中立ったままでいろ」と言うのは難しく、その稽古の意味を大半の道場生が理解できないだろうと考えて止めてしまったようだ。後に「立禅をやらなくても芦原の考えた組手型を正確にマスターすることで、立禅をやるのと同じかあるいは、それ以上の効果がある」と語っている。

また松山の総本部である弟子が、「太気拳は勉強したほうが良いでしょうか？」と訊ねた時に、芦原は「必要なことは、組手の型にすべて入っているから」と答えているが、これも学ぶべきエッセンスは、芦原が作り上げた「組手の型１～５」の中に網羅されているということだったのだろう。

懲戒解雇

初段を取った芦原は19歳になっていた。稽古とケンカはますますエスカレートしていく一方で、プライベートでは、ともに江田島から東京に出てきた同級生の空本がその前年に幸伸興業を退職し、大阪の会社へと移っていった。親友が会社を辞めたことは、芦原を少なからず孤独にした。

しかし丁度その頃、芦原の周りには取り巻きのような存在が生まれていた。その中の数名は、同じ職場の人間で、芦原が空手をやり寮の屋上で肉体改造に励んでいるのを聞きつけ、芦原シンパになった連中であった。彼らの内の何人かは、芦原がいる大山道場に入門し後輩となった者もあり、練習後も彼らと行動をともにすることが増えた。一緒に酒を飲み、芦原のケンカに付き合い、女性をナンパしに繁華街に繰り出すこともあった。芦原の毎日は充実していた。この頃の芦原の将来の夢は、まだ江田島に帰り自分の自動車板金工場を持つことであった。

その事件が起こったのは、黒帯を取って1ヶ月ほど経った4月の花見のシーズンの頃だった。芦原と後輩14人ほどが夜桜を見に訪れた上野公園での話である。後輩と言っても、みんな入門したてで、受け方のイロハもまだ知らないレベルだった。

小松宮彰仁親王の騎馬像の前を通った時だった。因みに芦原は『流浪空手』の中で、〝楠木正成の騎馬像〟と書いているが、これは間違いだ。〝楠木正成の騎馬像〟があるのは、上野公園ではなく皇居外苑の一角であり上野にはない。確かに像の形は似ているが、これは芦原の記憶違いである。

その〝小松宮彰仁親王の騎馬像〟の後ろで、芦原たちは、ヤクザとおぼしき連中七人にアベックが絡まれているのを見つけた。男たちは通行客から死角になるように仲間を配置して脅しをかけていた。アベックの男の方は、恐怖に顔がひきつりぶるぶると震え、女も怖がり男の背後に身を隠すようにしていた。

芦原は、スーッとその間に割り込むと、

「こんなに怖がっているじゃないか。あんまり苛めるなよ」

と言った。するとヤクザたちは、有無を言わさず殴り掛かってきた。芦原は最初の一人をステップでかわすと男の顔面に右パンチを思いっ切り叩き込んだ。男はそのまま大きく後ろに仰け反って昏倒した。残りの連中はそれを見て怯むどころか、かえって勢いづいたように次々と芦原に向かってきた。しかし常日頃から道場で顔面を叩き慣れている芦原にとって、彼らの動きはスローモーションのように映った。芦原のパンチと蹴りが面白いように決まった。

通行人の通報により警察官が数名現場に駆けつけた時には、全員が地面に倒れていた。芦原は機転を利かしその場に蹲《うずくま》り両手で顔を押さえて、自分も殴られた一人のような振りをした。

警官が「どうした、どうした!?」と状況を周りに尋ねながら近づいて来ると、芦原はすかさず顔を押さえたまま倒れている一人を指さし、

「お巡りさん、あの人がやったの」

と言った。警察官たちは指された男を尋問しようと抱き起こし、「うわぁ」と声を上げた。その男の顔は、血を流しまるで風船でも膨らませたかのように大きく腫れ上がっていた。

一方、芦原は警官がその男に関わっている間に群衆の中に紛れて姿を消した。この一件で芦原のケンカ三昧はさらに道場でもより有名になり、後に劇画『空手バカ一代』では、このエピソードが梶原の耳にも入り紹介されるとともに、〝ケンカ十段＝芦原英幸〟という公式が生まれる。

この事件以降も芦原のケンカは止まることを知らず、某暴力団と揉めて、ある組と命のやり取り

をする一歩手前までいき、〝命を狙われるかもしれない〟と道場の友人に加勢を頼むという事件もあった。ケンカがエスカレートしたのは、道場で芦原より強い者がいなくなったこともあり、より実戦的な組手を外に求めたことにも一因がある。

またこんな事件もあった。その時は別にケンカの相手を探していたということではなく、たまたま芦原たちが歩いている時、威勢のいい男と後輩の一人の肩が当たり、「因縁をつけられた！」となった。

芦原が、後輩たちを制して前に出ると、

「すみませんでした」

と笑いながら男にそう言った。内心では〝因縁をつけてくれてありがとう〟という気持ちだった。ところが相手は、芦原が謝ったため、〝自分に有利だ〟と踏んだようだった。男がいきなり芦原の胸ぐらを右手で掴んで来た。

「謝って済むなら、警察は要らないだろうが!?」

芦原が気弱そうに振る舞っていることに騙された相手は調子に乗ってきた。しかし胸ぐらを掴むことは、自分の動きを自分で制限する動きだった。芦原は既に頭突きでもヒザ蹴りでも相手に入れられる状態だった。

「暴力は、やめてください」

芦原は、そう言いつつ軽く左手で男の右手を制し、自分の右足を相手の右足の奥にスーと送った。

次の瞬間、左手を極めたまま、

「やめてくださーい！」

と言いながら、右手で相手の顔面を叩いた。ほぼこれで勝負は付いていたのだが、芦原はさらに頭から倒れるところに左のヒザを合わせた。相手は失神して地面に横たわった。その間僅か数秒だった。

芦原は、転がった相手の顔を靴で踏みつけると、

「失礼しました」

と言ってその場を後にした。側にいた後輩たちは、目の前で一瞬何が起こったのか、ほとんどわからなかったという。この時の芦原の瞬間的な動きが、後に一つの体系としてまとめられる〝サバキ〟の原点と言えた。

ただこうした後輩を連れてのケンカはそれほど多かったわけではない。ほとんどの場合芦原は一人であちこちの盛り場や繁華街に出没した。街灯の下や小さな路地、交差点など出会い頭にぶつかりやすい場所を選んで歩き回った。

その頃の道場の稽古では、ヒジ、ヒザ、頭突きを使うのは遠慮していたが、街中でのケンカではそれらの部位を思いっ切り活用し、どの角度でどれくらいの強さで打つのが効果的なのかも研究した。芦原によれば、ヒジを相手の顔面に決める場合は、小さくコンパクトにまとめるようにして打つ。頭突きについては既に書いた通りだ。

芦原のケンカで一番相手が多かったのは、24、5人を相手にしたもので、場所は新宿で、路地に

逃げ込んで戦った芦原はそのうち半分近くをパンチで倒したが、パトカーのサイレンが聞こえてすぐに人ごみに紛れて逃げたという。

またある日の夜、芦原がどうも寝付けないので〝どうしてだろう〟と考えたら、その週はまだ一度もケンカをやっていないことに気付いた。そこで芦原は一度服を着替え、夜中の街にケンカ相手を探しに出て、きっちりケンカで相手を倒してきたらゆっくり落ち着いて寝られたということがあったという。当時の極真会館の連中は、みんな街に出て腕試しとしてケンカを数多くやっていたが、芦原のケンカの数は他の道場生と比べても飛び抜けて回数が多かったというのも頷ける。

仕事以外の時間を空手の稽古と肉体改造のトレーニングに使っていた芦原は、日々自分の肉体が変化していくのが、自分自身でもわかった。元々は〝緑帯を取ったら辞めよう〟と考えていたのに、いつの間にか空手の魅力に取り憑かれ、気がつけば黒帯まで取っている自分が不思議に思えたりもした。

芦原が空手をやっていることは、会社でも知れ渡っていた。その中には、〝空手がどれだけのものか〟と明らかな嫌悪感を示す者も少なからずいた。

それは朝、芦原が池袋の本社に向かってランニングをしていた時だった。

途中で足を挫いてしまい歩かざるを得ず、〝このままでは遅刻になるな〟と考えていた。そんな時、会社の先輩の運転する車が芦原を追い越し、丁度赤信号で停止した。芦原は手を上げて合図を送ると「乗せて下さい」と叫んだ。後ろの窓越しに運転席の先輩は、ちらっと芦原の方を見たようだったがそのまま走り去った。芦原は仕方なく足を引きずりながら会社へ急いだ。

なんとか遅刻は免れた芦原が汗だくで事務所に入ると、先ほど車を運転していた先輩が、テーブルの上に足を放り投げ、タバコを悠々とふかしていた。

「さっき信号で声を掛けたんですけど、気づきませんでしたか？」

そう芦原は尋ねた。するとその先輩は、

「どうしてお前を乗せる義務があるんだよ!?」と言うなり、長くもない足で芦原のジャンパーを蹴った。ジャンパーには、靴の跡がしっかりとついた。

芦原は、サァーッと血が頭に上るのを感じた。雰囲気を察した周りの同僚が、芦原を後ろから捕まえてケンカを止めようとした。しかし、その腕には力がほとんど入っていなかった。実は皆その男に日頃から不満を感じていて、〝芦原に何かお仕置きの一つもしてもらいたい〟という本音が手に取るようにわかった。

芦原は手を振りほどくと、タバコを吸っていた男の胸ぐらを掴むとそのまま壁際のロッカーに勢いよく押し付けた。その抵抗しようのない圧倒的な圧力に男の顔色が青くなった。その顔面に芦原はパンチからヒジ打ちを打った。打ったといっても、顔面ギリギリで止めるパンチ、ヒジ打ちであった。それでもヒジが、男の前で振られた時に〝ビュン！〟と鋭く風を切る音がした。当の男は下を向いてうな垂れた。

この時は、寸前で止めているので問題なかったのだが、後日芦原の運命を大きく変えることになる事件が再び会社で起こる。

それは、道場がない日に起こった。

芦原はその日一日の仕事が終了すると、そのまま屋上に行きストレッチやウエイトなどに精を出していた。それはバーベルを上げていた時だった。会社で芦原の後輩にあたる蓮見という男が、芦原を呼びにきた。

「芦原さん、ケンカだ！　休憩室に急いで来て下さい！」

芦原はシャツを羽織ると、急いで現場に駆けつけた。休憩所には、二人の男がいた。

片方はバット、もう片方は鉄パイプを持っていた。二人とも芦原とトレーニングをしている仲間であった。片方の男が今まさに鉄パイプを振り下ろそうとしていたところへ、芦原は素早く間に入るとお互いの武器を取り上げ、話し合うように言った。ところが鉄パイプを持っていた方は収まらず、芦原の足もとに唾を吐くと「芦原さんには関係ないでしょ」と突っかかって来た。芦原はほとんど考えることなく、咄嗟に相手の頭を押さえると顔面にヒザを叩き込んでしまった。ついケンカでの癖が出てしまったのだった。男の顔面は血まみれになり鼻も骨折していた。周りにいた者たちは、目の前で何が起こったのかわからず、その場に凍りついていた。

当然、二人のケンカが収まったことより、芦原が同僚にケガを負わせたということが社内で大きな問題となった。

鼻を骨折させられた男は、芦原を「障害罪で訴えてやる！」と息巻き、芦原の暴力事件として会社の上層部にも報告される事態となった。芦原は人事部長に呼ばれ、「社内での暴力事件は、〝懲戒解雇〟に相当する」と告げられた。早い話がクビである。ただ、通常の解雇と違い〝懲戒解雇〟になると退職金は一切支払われない。実は人事部長自身、前々から芦原が会社の同僚を集めて空手かなにかのトレーニングをやっていることをあまり心よく思っていなかったのだ。そうしたこともあり人事部長は、芦原の暴力事件を〝懲戒解雇〟として処理しようとしていた。

一方の芦原は、ケンカの仲裁に入っただけでことがそれほど大事になるとは思っていなかった。何か言われるにしても、簡単な注意程度のものだろうと高をくくっていた。ところが甘い予想は外れ、いきなりの〝懲戒解雇〟という事態に、芦原は弾みとはいえ取り返しのつかないことをしたと後悔した。

〝ここで板金を学んで、将来は自分の店を持てればいい〟と漠然と考えていた将来の夢が一瞬にして消えた。

芦原は空手を稽古することで、少し忘れていた自分自身の無力さを再び感ぜずにはいられなかった。すべてを食事と空手のことに使っていた芦原には、貯金らしい貯金もなかった。退職金が一円も出ないのであれば、どうして明日から生活をすればいいのか？　電気も点けず暗い部屋で、〝これからどうなるのだろう〟と漠然と思いを巡らしていた。

後日、再度人事部長から呼び出された。人事部に行くと、そこには社長の今田がいた。

「芦原くん、残念だよ」

今田は、芦原にそう告げた。

「この度のこと、申し訳ありませんでした」

芦原は深々と頭を下げた。涙が流れそうになるのを我慢した。

結局、今田の計らいで〝懲戒解雇〟ではなく〝依願退職〟という扱いとなった。芦原は今田のこの心遣いに感謝した。後にこの時のことを芦原は自伝でこんな風に書いている。


街でまったく初対面の人とするケンカと違って、普段よく知っている人にケガをさせるのは後味のよくないものである。それから二、三日後に、私は六年間勤めたこの会社を辞めざるをえなくなった。当然だろう。

しかし、私は、この時とった私の行動に関しては後悔していない。その後輩は私にやられなければケンカの相手の先輩を傷つけるか、逆にひどいケガをするか、どちらにしても、一生後に残るような傷を負っていたはずだ。

とはいえ、自分でやるケンカと違って、他人のケンカの仲裁は、むずかしいものだと、この時は、つくづくそう思った。


『空手に燃え空手に生きる』

芦原は自分の取った行動で、自分がそれまで描き続けた夢が脆くも崩れ去ったと感じていた。社長の今田は、芦原の正義感から出た行動であることを知っていたが、会社という組織の中ではルールに従わなければならず、苦渋の決断を下したのだった。

芦原は少しばかりの退職金を貰いそれまで6年間勤めた幸伸興業を後にした。

牧野かずおはそんな当時の芦原のことをよく知る人物だ。牧野は当時、幸伸興業の関連会社である京北自動車に勤務しており、芦原から寮で空手の指導を受けていた一人である。今回お話を伺うと、もう40年以上前のことにも関わらず、彼は芦原の仕事ぶりの凄さを「よく覚えている」と言った。

「芦原さんは板金の腕が凄く良かったんです。上手いし早かったんですよ。あと遊びでスプリングで長ドスなんかも作ったりしてましたね（笑）。私の他に石川くんとか熊谷くんというのがいて、芦原さんから空手を習ったんです。私は大山道場に行ったことは一度もありません。芦原さんが、大山道場で学んできたことを我々に教えてくれましたね。あと確か板橋駅の近くのスナックに何度か連れていってもらいましたね。まあとにかく板金の腕は抜群でした。親しくしていたもんですから、芦原さんが辞めたという話を聞いた時にはがっかりしましたよ」

牧野が語ってくれたように、恐らく芦原が空手ではなく板金の世界で生きたとしても、きっと成功していただろう。実際、同じことを言う人には何人も会っている。

ただ芦原が会社を辞めさせられたのは不幸ではあったが、この出来事がなければ後の空手家・芦原英幸が生まれなかったのもまた事実である。ただそれまで芦原は、〝空手で生きる〟などと考えたことは一度もなかったし、なにより故郷の広島に〝自分の板金工場を作る〟という目的を持っていただけに、会社を事実上解雇されたことは、芦原の心に大きな傷跡を残すことになった。

一人になった芦原が感じたのは、あまりにも無力な自分自身だった。芦原は、「〝自分はこのまま何もできずに終わるのだろうか？　何者でもないまま終わってしまうのか〟と考えると狂おしく叫び出したいような衝動にかられた」と後日語っている。解雇された後の芦原は、数日間、毎日、浴びるように酒を飲んだという。

芦原は、この当時のことを親友の空本にはこんな風に語っている。

「酔いが回っている瞬間だけすべてを忘れることができたけん。当時は、金も一銭も無かったんよ。自分が持ちよった夢も消えてしもうたけん。どこへ向いて歩いていくんじゃろうかとか思いよったら、自分の無力、非力さがわかったけん、辛かったんよ」

会社から解雇を言い渡された芦原に声をかける者はいなかった。自分が、正義だと思ってやったことが、世間ではそう取られないことがある。芦原は中学時代のことをふっと思い出した。自分は誤解されやすい性格なのかとも考えた。

会社を辞めた芦原は、当然会社の寮を出ないといけなくなり、豊島区雑司ヶ谷にアパートを借りた。

特に何かの資格があるわけでなく、中学しか出ていない芦原には、次の目処が立たなかった。

芦原は自分の歩くべき道を失い、途方に暮れていた。

極真会館総本部職員

仕事を辞めた芦原には朝から時間は有り余るほどあった。そのため道場には稽古時間よりも早くやって来てトレーニングに励む芦原の姿があった。そんな様子を見て最初に声を掛けてきたのは、当時会館で職員をしていた先輩・中村忠だった。

中村は芦原に、「どうしてこんな時間から道場にいるのか」と尋ねてきた。嘘を言ってもしかたないので、芦原は、会社で起こった社員同士のケンカに仲裁に入り解雇された話をした。

中村は「他人のケンカの仲裁は難しいものだな」と言うと、自分が来月から極真会館のニューヨーク支部を作るために渡米することを話した。さらにそうなると総本部の指導員がいなくなるのだと言った。芦原は、次に中村が何を言わんとしているかすぐに分かった。

「芦原、俺の後を継いで職員になってくれないか？」

中村からのこの話は、その日初めて出たものではなく、今までにも何度か尋ねられたことであった。

しかし本部の職員となると空手の指導以外に大山の雑用から何から何までやらなくては務まらない

ことを知っていただけに、芦原はその申し出を断り続けてきた。またその時には、将来は板金屋になって自分の工場を持つという夢もあった。

しかし、今の自分には何もなかった。夢もなく希望もなく学歴もなく、金もなかった。芦原は、〝自分ほどこの世の中で不幸な人間がいるのか?〟とさえ思った。

ガソリンスタンドで働いていた時、高級な外車を乗り回す芦原と同じくらいの学生を見たことがあった。その姿を見て、〝金がないということは、世の中の可能性の半分以上から締め出されてしまうということなのだ〟と芦原は理解した。〝金が欲しい〟と思った。猛烈に誰よりも〝金が欲しい〟と思った。そして〝何者かになりたい〟と思った。そう思えば思うほど、金もなく何者でもない非力な自分が情けなくなった。

芦原が極真会館の総本部の職員になると決めたのは、それから数日後のことであった。

中村は早速大山に芦原が職員になることを快諾してくれたことを告げると、大山は、笑顔で「芦原ならどんな道場破りがきても大丈夫だよ」と言った。中村は「押忍」と応じたという。

1966(昭和41)年4月、芦原英幸は極真会館の正式な職員となった。芦原は丁度21歳になっていた。後のことをすべて芦原に任せた中村は、4月5日に渡米した。

この時より芦原の仕事は〝空手〟になった。

ただ職員といっても月の給料として支給されるのは1万円だけだった。当時大卒者の初任給が、約2万5千円の時代である。これは幾ら時代が時代とは言っても、かなり低い賃金だった。芦原は住んでいたアパートの家賃と会館から貰う給料がほぼ同額であったため、部屋代を払うと手元にはほとんど金が残らず、日々の食費すらままならなかった。当時は朝昼晩と道場での稽古を行い、米軍キャンプや周辺の大学（城西大学や東邦医大など）への指導にも赴く空手漬けの毎日だったが、食事ができない日もあった。幾ら修業しても空腹に打ち勝つことは難しかった。そこで芦原は、金がある時にワンタン麺を大量に買い、それを小分けにして飢えを凌いだ。また、たまに米軍キャンプに指導に行くと夕飯が出ることもあり、そういう時には無料で食べられる飯がありがたかった。

この時期、芦原が一番世話になったのが幸伸興業時代によく行った板橋のスナック・シャレードのママの桑原美子であった。会社に勤めていた時代によく通ったスナックであったが、芦原が会社を辞め極真会館の職員になってからも世話になった店であった。

桑原は歳の離れた芦原を自分の子供のように可愛がり、「私が応援してあげるから、どんなことがあっても挫けずに頑張りなさい」と芦原を励ました。芦原は何度か極真会館の後輩を大勢連れて店に行ったことがあるが、そんな時も嫌な顔一つ見せずに快く迎えてくれたという。

生活は苦しいものであったが、そういった芦原を陰から支えようとする人々のお陰で、芦原は空手だけに集中する生活を送ることができた。そしてこの時何よりも大きかったことは、〝自分の生きる方向に気付いたこと〟だった。

芦原は会社をクビになり、〝自分には何もない〟と自分の不甲斐なさを嘆き苦しむ中、そんな自分に一つだけ得意なものがあることに気付いた。それが空手だった。これから先どうなるか分からなかった、それでも芦原は〝空手で生きていく〟という覚悟をこの時に決めたのだった。

ジェームズ・ボンド

芦原が総本部の職員になったこの年の極真会館には様々なことが起きているが、なかでも特筆すべき出来事は、同年9月3日、映画「007は二度死ぬ」の撮影で来日していたジェームズ・ボンド役で有名な俳優ショーン・コネリーが、極真会館総本部を訪問したことだ。「007は二度死ぬ」は、作家イアン・フレミングの小説「007シリーズ」の第11作目「You Only Live Twice」を原作とする映画で、1964年にジョナサン・ケープ社から出版されたベストセラーが元になっている。1966年から日本各地での撮影が行われ、1967年9月に一般公開されている。脚本は、フレミングの親友であり、映画「チャーリーとチョコレート工場」の原作『チョコレート工場の秘密』で有名なロアルド・ダールが担当している。ちなみにロアルド・ダールは、児童文学のベストセラー作家で、『ハリー・ポッターと賢者の石』が出版される以前は、イギリスにおける児童文学の売り上げで常に1位を誇っていた。

そんな映画に、実は極真会館の人間が二名関係していた。それが藤平昭雄と加藤重夫であった。藤平については既に説明したとおりだ。一方の加藤も芦原の先輩であり、藤平同様に小柄ながらその実力は折り紙付きで〝牛若丸〟の渾名を持ち、指導員としてオーストラリアに派遣されている空手家だ。後にキックボクシングの世界に活躍の場を移し藤ジムを設立している。名伯楽としても有名で、加藤が極真時代に指導したのが、現極真会館館長の松井章圭であり、キックの世界に行ってから指導したのがＫ―1で有名な魔裟斗だ。

映画の中で藤平は、空中に放り投げられたスイカを手刀でぶち抜き、さらには分厚い氷を頭割りで粉砕している。その様子は現在も販売されている「007は二度死ぬ」のＤＶＤで見ることができる。芦原が尊敬した藤平の技の凄さが確認できる貴重な映像である。

この二人が参加したロケは8月24日午前9時より姫路城の大天守閣下の国指定文化財二の丸の石垣で行われた。このシーンは、丹波哲郎扮するタイガー田中の忍者部隊の訓練ぶりをジェームズ・ボンド役のショーン・コネリーに披露する場面だった。

高さ20メートルの石垣にはロープが垂らされ、大沢と加藤が石垣を上っている。現場には極真以外にも日本空手協会やその他の武道団体からも多数のエキストラが集められていたが、このシーンを撮影するにあたり、監督・ルイス・ギルバートが希望者を募ったところ、城壁のあまりの高さから大沢と加藤の二人を除き、誰一人手を挙げる者はいなかったという。

二人は撮影の合間にも空手の練習（組手）をしていた。たまたまその様子を見ていたショーン・コネリーは、その勇気と熱心さに感動し、「二人の所属している道場を是非訪ねてみたい」という話になった。その希望は映画会社を通して極真会館に伝えられた。

大山はその知らせに一も二もなくＯＫした。そういう事情により、急遽ショーン・コネリーが、極真会館総本部にやって来ることに決まった。

大山はこのショーン・コネリーの訪問では、芦原と大山（茂）の二人に組手をさせようと思いつく。

当日は大山茂、藤平昭雄、加藤重夫、郷田勇三、芦原英幸、鈴木浩平らが参加し、基本から移動稽古へ、さらに試し割りなどが披露された。一番の見せ場は、道場生同士の組手だった。大山が予定したように最高の見せ場は、芦原と大山の組手だった。どっしりとした構えで芦原に隙を見せない大山に対して、芦原は足でリズムをとりながら懐に飛び込むチャンスを狙う。力量的には大山に一日の長があった。一進一退の攻防が続き、大山が芦原にトドメを入れようと間を一気に詰めたその刹那、床に滑り、前につんのめり四つん這いの形になった。芦原はその瞬間を逃さず大山の後頭部に正拳を打ち下ろした。「ウリァー」という芦原の叫び声が道場に響いた。すぐに体勢を立て直した大山だったが、その顔には明らかに焦りの表情が浮かんでいた。

ここで大山の「止め！」の号令が掛かり、二人は構えを解き、お互いに十字を切った。

もちろんこれは本当の試合ではなかったが、床で滑った大山に芦原がタイミングよく下突きを入れた瞬間を撮影されてしまい、まるで大山が芦原にやられて倒されたかの写真に見えた。後で芦原はその写真を後輩に見せびらかして自慢したところ、それを知った大山が芦原に「その写真を破れ！」と激しく怒鳴ったという。結局その写真は、芦原にも大山に破られることなく、後に何故か全日本大会のパンフレットにも使われることになる。

そんなエピソードも生んだショーン・コネリーの訪問だったが、海外の有名俳優が空手道場を訪問したというニュースは、日本のみならず海外にも配信された。この時、大山はショーン・コネリーに名誉三段を贈っている。

ショーン・コネリーが会館に訪問したのと同じ頃、芦原は〝自分より身長や体重がある相手と戦う場合にどうすれば倒せるのか？〟を熱心に研究していた。そのためこの時期の芦原は多くの外国人道場生とも組手を積極的にこなしている。ジンクスという名前の身長が１８０センチもある四段の外国人をカウンターパンチで倒したのもこの頃だ。

芦原は自分と入れ替わってニューヨークへ指導に旅立った中村と同じように、〝いつの日か、自分も海外に出て空手を指導できるかもしれない〟という新たな夢が胸に湧いていたのだ。そのため米軍キャンプに指導に行った時も、カタコトの英語を駆使して指導する努力をした。

芦原の英語は空手を通しての独学であったが、外国人には大体理解できていた。芦原会館を興した後、海外に指導に出ることもあったが、特に技術解説の部分においては通訳を通さずに自らカタコトの英語を使ってサバキの指導を行っていた。

この時期は、そういった未来のために技を磨き、実戦で使える技かどうかをケンカで試して鍛える日々であった。

〝中村先輩の後を追い、いつか海外へ〟

家庭の事情で断念せざるを得なかった商船学校への進学と海外への夢が、形を変えて再び芦原の前に姿を現しているように思え、未来への扉が開けていくように思われた。

無期禁足処分

そんなある日、芦原は館長の大山から呼び出された。館長室に入るなり大山が、不機嫌なのがその表情でわかった。

「芦原、お前は白帯にもっと優しくしなければいけないよ。道場生はお客さんなのよ。お客さんの顔殴って怪我をさせる馬鹿がどこにいる？　客は二度と来ないよ、わかるか」

芦原には心あたりがあった。最近道場に入門してきた三十代の男性がいたのだ。以前ボクシングの経験があるということだったので、初日から組手をやった。「プロのライセンスを持っている」と言った割りには、大した手応えはなかった。ただ、芦原はこの時ついいつものケンカのつもりで思いっきりやってしまった。結局、相手は芦原との組手が原因で約2週間寝込むことになったということだった。

大山の怒りは収まらず、一時間以上説教を聞かされる羽目になった。後でわかったのは、その男性が大山の知り合いの会社の役員であったことだった。

芦原としては極めて不本意だった。いつも大山は、「道場に一度立ったならば、それが肉親兄弟であっても叩きのめさなければいけない。それが極真空手だよ」そう言っていた。芦原は大山のその教えに従っただけだった。〝どうしてあそこまで厳しく叱責されなければならないのか?〟と、どうしても納得がいかなかった。

モヤモヤした気持ちで道場に戻ると、久しぶりに大山茂先輩が来ていた。芦原は事の顛末を茂に話した。すると、茂は「大山館長も色々大人の事情があって大変なんだろうよ。館長に何言われたからといっていちいち気にしていたら職員は務まらんぞ。今晩は俺が飲みに連れて行ってやるから、飲んで嫌なことは忘れろよ」。そう言った。

その晩は、茂に勧められるままに酒を煽った。立て続けに何杯も飲みほろ酔い気分になったところで茂と別れた。そのまま家に帰ればよかったのだが、まだ少し飲み足りない気がした芦原は、桑原ママのいるシャレードに足を向けた。店には数人の客がいるだけだった。

芦原はそこでウイスキーを15杯以上煽った。ママさんから、「もうそろそろ帰った方が良いわよ」と言われ一緒に店を出た。二人で歩いていると、その横を暴走族が車で走って来て、「良いかっこするんじゃないぞ!」と芦原に向かって叫んだ。したたか酔っていて、まだ腹の虫が治まらないことも手伝い、

「何言ってるんだ、この野郎!」と大声で言いかえしていた。

酒に酔っている時にケンカすると冷静な判断が一瞬遅れる。だから酔った時にするケンカは、避

けなくてはならないというのが芦原のケンカセオリーだった。自分ではわかっているつもりだったのだが、この時ばかりは酒の勢いでケンカを買ってしまった。引き返した車から五人の男が降りて来ると、芦原の方に向かって迫ってきた。

芦原の目は完全に据わっていた。

昼間であれば男たちも芦原のその鍛え上げた肉体と、三白眼の目力に震え上がったかもしれない。夜、しかも深夜ともなれば、そこまで気がつくことはできなかった。彼らはライオンの檻に放り込まれた餌に過ぎなかった。毎日人を殴ることを日常としている芦原に勝てる道理がなかった。

最初の相手が芦原の顔面に向かって右のパンチを出してきた。その男にしてみれば渾身のパンチであったろう。しかし芦原は、ちょっと首を傾げただけで相手のパンチを避けるとすれ違うようにして相手の懐に入った。そのまま芦原の頭突きが、相手の顔面を捉えていた。まさに電光石火の頭突きだった。続いて向かってくる相手を全員頭突き一発で倒した。最後に掛かってきた男には、倒してからさらに頭突きを入れ、ボディに踵を踏み下ろした。辛うじて急所だけは外した。ほんの数秒の出来事だった。

〝ケンカの後は素早くその現場から姿を消すこと〟それがケンカにおける鉄則だった。しかし、飲み過ぎた芦原はその最低限のことすら無視してしまう。ケンカの現場から数メートル離れたところで、遅くまでやっているメシ屋を見つけた芦原は、急に何か食いたくなって、そのメシ屋に入ると焼きそばを注文した。

それから暫くして、一人の警官が店に入って来た。先ほどのケンカについて聞いて回っているのは明らかだった。

「先ほど近くでケンカがあったんですが、誰か見た人はいませんか」

警官が、そう尋ねた。芦原は焼きそばを食べながら、

「あっ、それ俺がやった」

と手まで挙げていた。

芦原は相手が五人もいてのケンカなのだから、〝当然正当防衛だ〟と軽く考えていた。しかし、結局事情を聞くということで警察署まで連行されることになった。その警察官が年配であったこともあり温和しく従ったのだが、いざ警察署に行くと若く体格もいい警官二人が出てきて、厳しく尋問されることになった。これがまずかった。

芦原は、〝自分が正しい正義のケンカだった〟と思っていたので、自分の名前や住所、ましてや極真会館の名前を出すつもりは全くなかった。警官が、「名前と勤め先、住所は?」と聞いてきてもはぐらかして言わなかった。挙句の果てに、

「名前ですか、佐藤栄作にでもしておいてください」

と答えた。さすがにこの返事には警察官も頭にきて、一人が何度か芦原を小突いた。

さらに芦原に掛けていた手錠を前手錠から後手錠に掛け直すと、

「いいかげんに素直に喋れ！」

と言うなり、髪の毛を掴んでボディにきついパンチを入れた。カーッときた芦原は、パンチを打たれた瞬間に倒れこむようにして頭突きを警察官に喰らわした。しかし運悪く上半身を折りまげた反動で、内ポケットに隠してあった会館職員の名刺が落ちてしまい氏名も住所もすべてばれてしまった。

芦原が警察に逮捕され拘留されている話は、すぐに大山の元に届いた。大山はすぐに黒崎に連絡を入れた。大山は芦原を破門にするつもりだった。

「そんなバカ者は、何日でも留置場に入っていればいいんだ」

と言い捨てた。

現行法上、逮捕による身柄の拘束時間は原則として警察で48時間、検察で24時間の最大72時間の拘束が可能となる。大山は、黒崎に放っておくように言った。

暫くすると相手は暴走族五人で、芦原は側にいた女性を守るために戦ったという話が黒崎の耳には届いた。ケンカはするが、筋の通らないケンカや弱い者苛めをする芦原でないことを知っていた黒崎は、急いで芦原を引き取りに警察署に出向いた。

次の日、芦原の姿は極真会館総本部の館長室にあった。大山館長は、デスクの前で腕組みをしたまま目を閉じていた。その横には黒崎がいた。黒崎は芦原が館長室に入るなり、

「芦原、ごくろうさん。お前は今日からもう来なくていいから」

と通達した。

大山は、何も喋らなかった。

処分は、無期禁足処分だった。

大山館長は当初、「破門にする」と言って譲らなかったが、それをなんとか黒崎が取りなしたのだった。

会社をクビになり、今度は空手の道場をクビになった。

それにどちらもケンカが原因だった。

実はこの時事件を起こしていなければ、ブラジルへの海外指導員の話も目前まで来ていたのだが、そんな話もすべて事件の後で知ったことだった。

芦原は黒崎の発する言葉の一つ一つに涙を堪えながら、

「押忍」

とだけ答えた。大山館長は、最後まで何も言わなかった。

芦原には、その時の館長室の扉がやけに重く感じられた。

黒崎に連れられて館長室から一階の指導員室に下りて来た芦原は、思い詰めていたある行動を起こした。

「押忍、師範申し訳ありませんでした。指を詰めます」

そう言うなり、芦原はズボンの後ろポケットからナイフを取り出して、左小指に当てがった。

「バカ野郎」

黒崎はナイフを取り上げると、刃を近くの机の引き出しの隙間に入れ、半分に折った。

「芦原、お前の汚い指なんかもらっても仕方ないんだよ。ヤクザじゃないんだから」

「じゃぁ、どうすればいいでしょうか？」

「どうすればいいか、そんなことは人に聞くことじゃないんだよ。そんなに反省してるんなら、バタ屋でもやればいいんじゃないの」

「バタ屋って、あの荷車を引くやつですか」

「そうだよ」

「で、いつからやればいいでしょうか？」

黒崎師範は、半ばあきれ顔で、

「今日からでもやればいいんじゃないの」

と吐き捨てるように言った。


昨日まで極真会館の総本部指導員だった芦原は、また何者でもなくなった。

会社をクビになった時もショックは大きかったが、今回はその時以上に大きなショックを受けていた。自分の夢と思っていたものが、すべて目の前から消え失せてしまったように感じた。

〝こんな時、空本が側にいてくれたら〟と思う芦原だった。

バタ屋

流石の芦原も自分の軽率な行動を後悔していた。〝もしあの時すぐにケンカの現場から立ち去っていれば〟〝もし警官に尋ねられても知らん顔をしていたなら〟、いや、〝もしあんなになるまで酒を飲まなければ〟、すべては後の祭りだった。世の中には、何をやっても駄目な人間がいる。今の自分がまさにそれだと思った。もっと裕福な家に生まれていれば、高校へ進学できていたなら、言い訳と後悔の思いが幾らでも後から後から湧いてきた。

「何をやっても駄目な人間、それが芦原英幸という人間だ」

ともう一人の自分が言った。芦原は再び人生に迷っていた。どう歩けばいいのか出口の見えない迷路の中にいた。死にたくなるほど無力な自分がそこにいた。

黒崎から「バタ屋でもやれば」と言われた芦原であったが、なにをどこからやればいいか分からなかった。バタ屋とは現在で言うところの廃品回収業者だ。昭和のその頃はクズ屋とバタ屋という二種類の廃品回収業者があった。どちらも廃品（古新聞、古雑誌、段ボール、鉄クズなど）を回収することに違いはないのだが、クズ屋の場合は竿秤を持っており、これで廃品の重さを測ってその重さに合った代金を支払う。つまり廃品の量に応じてお金が返ってくる仕組みだ。一方のバタ屋の場合は、家庭を回って廃品を回収するのではなく、道に落ちていたり、捨ててある物を無料で拾ってくることを生業としている人々のことだった。段ボールを持って運ぶ時に、風などでバタバタと音を立てるためにバタ屋と言われたという説がある。現在の廃品回収業者の多くは軽トラックを使っているが、この時代はまだリヤカーを曳いていた。

昨日まで極真会館の指導員をしていた芦原には、〝自分は空手のエリートである〟という意識があっただけに、気持ちを切り替えるのは並大抵のことではなかった。

それでも「水道橋の近くにバタ屋が沢山いる」という噂を聞き、背広にネクタイという格好で職を探しに向かった。しかし訪ねる所々で、「ここは、あんたのような人が来るところじゃないから」と碌に話も聞いてもらえなかった。後でわかったのは、こうした仕事をやっている人々の多くは、高齢でそれ以外に生きる手立てがないという人だった。若く健康な芦原なら「他に幾らでもまともな働き口があるだろう」という理由で断られたのだった。

一方芦原は、黒崎から言われた手前もあり、バタ屋以外で稼ぎをすることは考えていなかった。

行く先々で断られた続けた芦原だったが、八軒目でようやく事情を話して雇ってもらえることになった。業者のオーナーは七十歳半ばの白髪の村瀬という老人だった。村瀬は、「本当はあんたみたいな若い人が来る所じゃないんだよ」と芦原に言った。相談の上、仕事は次の日の早朝からということになった。

芦原は、一からやり直す決意を固め、床屋に行くと頭を丸坊主にした。鏡に映った顔は、剣道に打ち込んでいた中学生の頃の自分に重なった。

翌日朝6時、集合場所は飯田橋だった。この飯田橋は、芦原と因縁の深い場所で、向かい側にはのちに二宮城光が世話になる五洋建設のビルがあり、そばには後に芦原が出版することになる空手の技術書の編集者の事務所があった。さらには、「本当のケンカ十段」と梶原一騎が後に訂正した安田英治の会社・安田ビルがこの交差点の角にあった。

私はこの本を書くにあたり、芦原が世話になったという廃品回収業者も探したが、現在は場所が移転しており、この付近には存在していなかった。芦原が、禊ぎに精を出したあたりは、今ではすっかり様変わりし、多くのビルが建ち並ぶビジネス街に変貌を遂げていた。

芦原が飯田橋にある事務所に顔を出すと、その日回る場所や仕事のやり方などの細かい注意があり、その後リアカーを借りて仕事に出掛けることになった。話の通り集まって来た人々の中では芦原が一番若かった。わかってはいたことだが芦原は惨めな気持だった。〝もしあの時……〟と、何度も同じことを繰り返し考えた。考えても何も変わることはないのに考えた。

「ここからもう一度必ず這い上がるんだ」

とめげそうになる自分自身に言い聞かせた。

昨日までは、〝我こそは極真会館のスター的存在〟と自惚れていた。それが、今日はリヤカーを曳いて廃品回収だ。そんな風に始めた仕事であったが、芦原は最初から自分が大きな間違いを犯していることに気付く。

芦原はバタ屋姿で知り合いに合うことを怖れ、帽子にサングラス、マスクまでしてリヤカーを曳いていたのだ。

前の会社の人間や空手の後輩に自分の姿を見られたくないという思いからだったのだが、その扮装はかえって目立っていたらしく、すぐに後輩の一人に見つかるはめになった。その後輩は、芦原に気がつくと、「あれ、先輩じゃないですか？　芦原先輩ですよね!?」とどこまでも後をついて来た。最初は知らない振りをして黙っていたが、どこまでもついて来たため、遂に芦原の方が根負けした。

その後輩は本部道場で指導していた張という若者だった。リヤカーを停めた芦原が、

「お前、よく俺だと分かったな」

と言うと、

「先輩、押しますよ」

と言って後ろから押してくれた。

芦原は不覚にも涙を流しそうになった。こんな自分のことでも慕ってくれる後輩がいたことと、その優しさが心に染みた。

「芦原先輩、早く道場に帰ってきてくださいよ。先輩がいないとまるで火の消えた道場なんです」

と訴えた。芦原は少し張と立ち話をして別れた。別れ際に、

「早く戻って来て下さい」

と言われた芦原は、思わず、

「頑張るけん」

と広島弁で答えていた。

　空本はおらず、もう友人と呼べる者などいないと思っていた芦原だったが、自分を慕ってくれる後輩がいることに気付いた芦原は、〝一日も早くここから出て、空手に復帰しなければならない〟と思った。後輩の張から掛けられた言葉で、闇にいた芦原に一条の光が差し込んだ。〝このままここにいてはいけない〟。芦原は自分に言い聞かせた。さらに、〝これでは本当の反省にならない〟と悟った芦原は、帽子やサングラスを外した。翌日からは。素顔でリヤカーを曳きだした。

〝見つかったら、それはその時のことだ〟

と少し開き直って考えた。

　芦原はいつの日か必ず空手に戻ることを考え、仕事が終わった後は、一人近くの公園で空手の稽古をした。ストレッチから始め、パワーアップ、ランニング、シャドウ、突き、蹴りなど道場でやる稽古以上に力を入れてやった。しかし薄暗い公園のなか、たった一人で繰り返す突きや蹴りは虚しかった。トレーニングを終えると、公園のブランコに腰かけ、足をブラブラさせながら、自分の

行く末に思いを巡らせた。

徐々に仕事には慣れてきたが、その中で人の思いやりや冷たさを味わった。

ある時、芦原は全音楽器という会社の段ボールを引き取りに行った。その会社の人々は、社員みんなで段ボールを積み込み。「また溜まったら置いておくから」といつも気に掛けてもらった。ずっと後に芦原はその会社に手土産を持って礼に訪れている。

またある時は工事現場で番線の屑を現場監督に断り持って行こうとした時に、現場の作業員から泥棒扱いされて罵倒されたこともあった。すべて無料で貰い受ける廃品回収業であったため、泥棒扱いされたことも一度や二度ではなかった。ちなみにここでいう番線とは、建築現場を始め様々な場所で資材を結束したり、固定したり、または荷造りや柵など幅広い用途に使用される金物のことを指す。もちろん芦原は、現場の責任者を探し話をきちっと通してから廃品を運び出しているのだが、連絡がうまくいっておらず、何度も頭にくることがあった。その度に、いつか空手に戻るため〝押忍〟の気持ちで耐え抜いた。

仕事を始めて1ヶ月ほど経つと、芦原の仕事ぶりも徐々に様になってきた。それと同時に、見知らぬ会社に行った時にどういうタイミングでどう切り出せば、相手から機嫌よく廃品を提供してもらえるかというコツも掴めるようになった。

その日は、リアカーに積んだ鉄くずが山盛りになっていた。漁でいえば大漁と言える収穫だった。量が多いだけに、坂道はいつもより随分重かった。リアカーを引く手のひらには、幾つもの血豆ができていた。力を入れるとその血豆が潰れた。それでも構わずリアカーを曳いた。

　芦原はこの頃のことを振り返り、

「世間というものを知らなかった自分にとっては、あそこが人生の大学だった」

と語っている。この時芦原は22歳になっていた。


　ある日いつもと同じように鉄くずで重くなったリアカーを曳いていると、ふっとリアカーが軽くなるのを感じた。振り返ると後ろからリアカーを押している男がいた。道場の後輩で、芦原が一番可愛がっていた小倉正一郎だった。

　小倉は、張から芦原のことを聞き、ずっと探していたのだと言った。小倉は当時拓殖大学の学生で、極真会に来た時は、自分の腕に相当の自信を持っていたが、芦原にこっぴどく叩かれて以来、芦原のことを慕うようになった男であった。

「これは、稽古のつもりじゃやけん、押さんでもええんよ」

「押忍」

　小倉は、そう言いながらも押す手を緩めようとはしなかった。

　坂を上り終えたところでリアカーを止めると二人で立ち話をした。

「最近、道場はどうなんよ？」

「押忍、芦原先輩がいない道場はつまらんです。早く道場に戻ってください」

小倉は張と同じことを口にした。芦原とて戻りたいのはやまやまだった。しかし、こればかりは自分の一存で決めることはできなかった。

無論小倉も状況は分かっていた。芦原は、「必ず戻るから」と約束して小倉と別れた。西に沈む夕日が、赤く燃えているように見えた。

こんな自分でも慕ってくれる後輩がいることが、堪らなく嬉しかった。

このまま、ここで終わるわけにはいかなかった。

〝もう一度道着を着て空手の道に復帰する〟

芦原は、何度も自分自身に言い聞かせた。

禊《みそ》ぎ

張や小倉たちの励ましに合い、必ず空手に復帰することを誓った芦原は、廃品回収業者の仕事をすることで汗を流して仕事をすることの大切さを学んだ。しかしこの時期、実は芦原は人生で唯一といっていいギャンブルに手を出している。芦原が世話になっていたバタ屋の元締めであった村瀬に誘われて競輪に行ったのだ。

芦原はそれまでギャンブルと名の付くものを一切やったことはなかった。空手の方がギャンブルよりもずっと魅力的だったからだ。

それでもその時は、誘われて競輪をやった。すると芦原は、ビギナーズラックで勝ってしまった。賭けた金額が少額であったが、その金額は芦原が廃品回収で稼ぐ数日分の儲けに相当した。

芦原は不思議な感じがした。汗水垂らしてやっと手にする金額の何倍もの金が、一瞬で手に入ったのだ。

芦原は勝った金を全額次のレースにつぎ込んでみた。すると今度は先ほど儲けた金がすべて無くなってしまった。芦原はその瞬間人々が、ギャンブルに嵌まってしまうカラクリを理解した。

芦原はこの時以降ギャンブルを一切しなくなる。後にこの時のことを自伝では次のように書いている。

賭博は所詮、賭博である。それは勝っても負けても人の心を荒廃させる。大切な金と時間を無駄にしないためにも、青春に意義ある何かを賭けなければならない。私はこのとき、ふとまた、自分が空手をやっていたのだということを思い出した。

『流浪空手』

芦原の禊ぎは続いていた。それは出口の見えない修業だった。多くの人に頭を下げ、時には泥棒呼ばわりされながらも仕事を続けた。顔を隠すのをやめ、素顔で仕事をするようになった芦原の顔が日焼けで真っ黒になった頃、本部から呼び出しがあった。

芦原のアパートを訪ねてきたのは師範の黒崎だった。黒崎は笑顔も見せず、今から一緒に付いて来るように言った。芦原は、薄汚れた仕事着のまま黒崎の後を追った。

着いたところは池袋の極真会館総本部だった。階段を上がると道場から稽古に汗を流す道場生たちの気合いが聞こえてきた。階段をさらに上り館長室の前に立った。黒崎がノックをして声を掛けると、中から大山の声がした。

ドアを開けるとそこには、大山がデスクの向こうに座ってなにやら仕事に追われている様子だった。芦原は大山の顔を見た。大山はその場で立ち上がり芦原の顔を真っ直ぐ見ると、単身の四国行きを命じた。この時のことを芦原は次の様に書いている。

> 入って行くと、そこには変わりない館長の姿があった。が、私を見るやその身体を揺すりながら
> 「お前、四国へ行け。芦原、私が死ねっていったら死ねるか」
> 突然の言葉に、私は一瞬戸惑った。何の意味かよくわからなかったが、
> 「押忍」
> ただ一言だけ、答えた。
>
> 『流浪空手』

この場面は、梶原の書いた『空手バカ一代』でも描かれている有名なシーンであるし、概ねこの通りの展開だったのだろう。しかし、ここでは芦原が大山から言われながらも書かれていないこともあったという。それは、大山が四国のみならず、関西圏、中国地方、九州に至るまで極真空手を広めるように芦原に言ったということである。

さらに、ある時期になると関東は添野（義二）が、関西は芦原が中心となって勢力を拡大するように大山は叱咤激励している。しかし、実際に添野や芦原が大山の言うとおり支部を広げていくと大山は彼らを脅威に感じ始める。

そのことはさておき芦原の四国行きには、その伏線となる理由が存在していた。それが既に書いた、1965（昭和40）年の8月26日から31日に掛けて行われた、四国の宇和島での交流演武会だ。名前こそ演武会となっていたが、実際には極真空手対地元の伝統派空手との対抗戦であり、結果は極真側の圧勝だった。この結果、「極真空手は凄い！」という噂が四国に広まったのだ。

もちろんこの対抗戦は、『空手バカ一代』などによって極真空手がマスコミに大々的に登場する以前の話である。その噂を聞きつけ、ちょうど芦原が廃品回収業者で禊ぎをしている時期に四国から一人の男が極真会を訪れている。それが糸東流の栗田龍玄だった。栗田を代表とする四国の有志道場が連帯し、極真会館への入会を希望してやって来たのだった。大山はこの申し出を歓びこれを快諾している。これが、四国における極真会館支部のきっかけとする説もある。

さらに栗田は、極真会館の副会長であった毛利松平とも知り合いであったため、大山の元には毛利からも四国への極真会館普及の話が届いていたのである。

恐らくはこうした話が下敷きにあり、芦原の四国行きの話が出たのではないかと思われる。実際に栗田に関しては、極真会館の機関誌「近代カラテ」の1967年8月号に「1967年1月に大山館長と面会し、意気投合した」という記事が掲載されている。これは、丁度芦原が、禁足処分を受けていた時期と重なるのである。

なにはともあれ、それまで黒崎の成増道場を別とするならば、芦原の四国行きは初の国内支部作りへの挑戦と言ってよかった。こういった背景があり、大山は芦原を四国に送ることにしたのである。これは、大山にすれば体のいい島流しと言えた。自分の足下に置けば、芦原は問題児だが支部拡大の鉄砲玉には持ってこいの存在であったからだった。四国は元々武道が盛んな場所であったし、柔道や剣道、空手の団体は多数あった。さらに香川県多度津には、少林寺拳法の総本山もあった。

芦原の四国行きについては、幾つかの説がある。その一つは、当時極真会館の役員でもあった毛利松平から、「指導員を四国に送ってほしい」という依頼が大山倍達にあったという話である。さらには、「芦原は大変計算高く、毛利の援助を当てにして四国にしたのだ」という話まであるが、この話は信憑性が薄い。芦原はこの話をされると極めて機嫌が悪くなった。

「芦原が最初から毛利会長を頼んでいたら、道場はもっと早くに出来ていた」と書籍やインタビューで語っている通りだろう。そう考えると、四国行きの直接の要因は、四国・宇和島での交流演武会が原因であったとするのが一番自然であると考える。

芦原は、禁足が解ければ、再び本部で稽古できるものと思っていたので、少なからずがっかりした。黒崎はじっと芦原を睨み付けているだけだった。芦原に四国行きは気の進まない話であったが、空手を続けるためにそれ以外の選択肢はなかった。

芦原は大山に、「いつ行けばいいのでしょう？」と尋ねた。すると大山は、「明日、すぐに発て」という答えだった。いくらなんでも今日の明日では急すぎた。芦原は、「一日だけ余裕をください」と願い出て、その二日後には東京駅から四国に向かった。

この時芦原の持っていた荷物は、「空手着と着替え、少々の金だけだった」と後に語っていた。会社を解雇されて寮を出た際に要らないものはほとんど処分していたが、四国行き前夜、芦原は過去と決別するべくある行動をとっていた。

近くの空き地で、思い出の品物や写真類をすべて燃やしたのだった。

芦原が幸伸興業時代に撮った写真類はこの時にすべて処分されていた。芦原は割とマメに写真や資料を整理するところがあったが、アルバムからはこの時代の写真が欠落している。その中には、「スナック・シャレードの桑原美子ママとのツーショット写真もあったのだ」と、芦原は私に語ってくれたことがあった。芦原が東京で生活を始め、東京を去るまでの思い出を、芦原は一枚一枚処分した。

私は今回の取材の中で、その当時の写真を探し、空本のところで幸伸時代の芦原の写真を数多く見せてもらうことができた。古い写真を見ていると、何冊もあるアルバムの所々に写真を剥ぎ取った痕が残っていた。疑問に思いそのことを空本に尋ねると、それらは、すべて昔の芦原の写真が貼ってあった部分だと教えてくれた。芦原は昔の写真を持っていなかったため、アルバムを見た時に空本に頼み、貰って帰ったということだった。そこには、芦原が単独で写っている貴重な写真もあったという。それは、芦原にとっては無くした青春の記録だった。

流浪《さすらい》

芦原は、大山に命じられた四国行きが、それは全く自分の意思に反する命令であり、芦原自身は、四国に行きたいと積極的に考えていたわけではないことを自伝でも明かしている。そこには、芦原のその時の偽らざる心境が吐露されている。

正直なところ、この四国行きに対しては、私はあまり気がすすまなかった。ただ禁足中の身でもあり、館長命令であるが故、仕方なしに引き受けたのであった。ここで記しておかなければならないが、この当時会館には、〝ブラジル指導員〟要請の話が持ち上がっていた。そして私が、その任に当たることになっていた。ところがブラジルからの切符がなかなか届かず、私はヤキモキしていたのである。皮肉なことにその切符は、私が禁足処分の事件を起こした二日後に届いたのであった。予定では、ニューヨークにいる中村先輩の下へ半年修業をし、その後にブラジルへ渡って指導をする手はずであった。結局、私の不始末からこの話はお流れになった。そして私の代わりに、かわいがっていた後輩の小倉正一郎がブラジルに渡ったのである。

『流浪空手』

大山から四国行きを命じられた芦原は、１９６７（昭和42）年３月27日、東京発午後９時15分の夜行列車に乗った。芦原の後輩が三人見送りに来ていた。その中には後輩の小倉正一郎がいた。東京駅で別れるはずであったのに、発車のベルが鳴ると、小倉が列車に飛び乗ってきた。

小倉は、「横浜に友達がいるんで」という見え見えの嘘をついて列車に乗って来てくれた。横浜までの間、芦原と小倉はこれからのことを夢中で話し合った。あっという間に列車は、横浜に着いた。小倉は、

「先輩、頑張ってください」

と言った。しかし、四国行きにあまり自信のなかった芦原は、

「わからん、ちょっと行ってくるけん」

と答えた。

小倉は、横浜で列車を降りても、芦原のいる座席の窓の所まで来て手を振った。発車のベルが大きく響くと、列車がゆっくりと動き始めた。小倉が、芦原に向かって懸命に何かを指で書いていた。その文字は、

「極真会」

そうはっきりと読めた。

その瞬間、芦原の頬に今まで堪えていたものが、堰を切ったように流れた。

芦原英幸、22歳の春だった。

この夜行列車で芦原を送るシーンは、梶原の書いた『空手バカ一代』では、当時梶原が可愛がっていた添野義二になっているが、実際は小倉正一郎だった。小倉は芦原と同い年で終生芦原の友人であった人物でもある。

小倉が芦原に出会うのは、拓殖大学在学中のことである。小倉は当時拓大の応援団、柔道部、空手部、合気道部、剣道部などを退部した連中が集まった〝拓忍会〟という任意団体を作って活動していた。当時の拓大と言えばスパルタやシゴキで有名だった。そんな拓大の学生が入門しても、一ヶ月も続かない厳しい道場があると噂が立った。それが大山道場だった。小倉が入門した時には芦原はまだ茶色帯（一級）だった。当時の芦原は、稽古がない時はオートバイに乗ってケンカをしにあちこちに出かけていた。道場ではそのケンカの成果を他の道場生の前で喋っていたという。

芦原と小倉が、親しくなるのは極真会館の夏の合宿の時、芦原がA班の班長、小倉が副班長を務めていたことがきっかけだった。その後、どちらも板橋に住んでいた関係から二人は、よく互いの部屋を行き来していた。さらに空手を始める前は、どちらも剣道をやっていたということがわかると、二人の仲は急速に接近していった。小倉は後に芦原が芦原会館を興してからは、芦原会館顧問に就任すると同時に芦原会館の五段を允許された。

私は小倉とは芦原会館の合宿で会ったことがあり、その折に極真会館時代の芦原について尋ねたことがあった。その時に伺ったお話は次のようなものだった。

「芦原館長はその闘争心が凄かった。常に勝ち負けへの拘りが半端でなかったね。自分が負けるということは絶対考えない。常に〝どうすれば勝てるか？〟しか考えない、そういう感じだったね。私が入門した当時の印象で言うと、非常に野性的な感じを受けたよね。スピードとパワーが他の誰よりも凄かった。スタイル自体が非常に野性的で、手足なんかは私より細いんだけど、私よりも長くて、骨盤や肩幅も広かったよね。とにかく内側から闘争心が、溢れてくる感じ。〝絶対に自分は、負けないんだ〟という信念みたいなものがあったんじゃないかな。まさに本物のサムライが現代に蘇ったら、きっとこんな感じなのかなと思ったよ。

すべてのものに対して闘争心を持っていて、大山先生に対しても、〝武術においては、絶対負けたくない〟という意識があったのだと思うよ。それと、常に空手のことを考えていたね。大山道場時代は、〝自分が強くなる〟という部分が大きかったけれど、四国に渡り自分の道場を持って指導するようになってからは、〝どうすれば弟子を強くできるか？〟ということも考えていたね」

小倉と別れた後の芦原は、一人これからのことを考えて不安で一杯だった。

ただ大山から言われた〝極真会を四国に広める〟ということだけを強く自分に言いきかせていた。

芦原が乗った電車は、翌朝岡山県の宇野駅に到着する。宇野からは宇高連絡船で高松に渡った。芦原はこの船の中で、道着を持った若者たちの集団に出会っている。芦原はその団体の若者の一人に話しかけた。


「君ら、空手やってるの?」

「少林寺拳法です。四国の多度津に行くんです」

「大山倍達っていう先生のこと聞いたことある?」

「聞いたことないです」

「俺、極真会なんだけど知ってる?」

「すみません、知りません」


少林寺拳法とは四国の多度津に総本山を置く、宗道臣が日本で創始した武術である。後に芦原は、少林寺拳法の総本山に勤める人物と懇意になり、組織論などに関してアドバイスを受けている。この当時、四国では少林寺拳法の知名度が他の武道より優っており、極真会の名前を知るものは、ほとんどいない状況だった。

海外では、大山倍達の英文の技術書がベストセラーとなったこともあり、その名前を徐々に知られつつある極真会であった。それでも日本国内においては、まだほとんど無名な空手団体であった。

芦原は彼らの反応を見て、行く先が不安になった。しかし、すぐに気持ちを切り替えると〝必ず四国に極真会を広めてやる〟と強く念じた。芦原が、その船の上から海を眺めながら唄った有名な歌がある。それが有名な芦原の「放浪歌」である。

芦原の「放浪歌」は、後輩の小倉正一郎が通っていた拓殖大学の逍遥歌であった「蒙古放浪歌」を元歌としている。この「蒙古放浪歌」は、昭和初期に流行った歌で、旧陸軍中野学校で愛唱されていた「無線放浪歌」や「三三壮途の歌」の元歌であると言われている。

芦原流「放浪歌」は次の通りだ。

放浪歌

心猛くも鬼神ならぬ　人と生まれて情けはあれど
母を見捨てて波こえてゆく　友よ兄等と何時亦会はん
波の彼方の四国のはてに　男多恨の身の捨てどころ
胸に秘めたる大願あれど　生きて帰らむ希望はもたぬ
何を求めてひろった旅か　長い砂丘の広野の中に

今日もとぼとぼ流浪ぐらし　どこに夢追うはかない夢を
我身負わすは空手の糧薄に　星の示せる向だに行けば
砂の逆巻く嵐も何ぞ　やがては超えなん四国の砂漠

後に夏の合宿では、必ず最後にこの芦原流「放浪歌」を自ら歌って幕を閉じるというのが恒例になる。

芦原は高松から予讃本線に乗り、松山、八幡浜を経由して宇和町に着く。そこからバスに乗り換え1時間で野村町に到着した。当時は、まるまる2日間掛かる旅である。現在は東京から直行便の飛行機を使えば、約1時間半ほどで行ける。

芦原がまず向かったのは、愛媛県東宇和郡野村町であった。現在は市町村合併により西予市野村町となっている。畜産と養蚕で有名な町で、当時の人口は約5千人ほどであった。山と谷、多くの緑に囲まれた自然の中にある町で、現在、松山にある芦原会館総本部から車で1時間半くらいの場所になる。

野村町には、壇ノ浦の源平の戦いで敗れた平家一族が逃げ延びて来たという落人伝説が多く残る場所でもあることから、野村町に来た当初の芦原は、「自分は都落ちした平家の落人とまるで同じだ」

と周りにこぼしていたこともあったという。

芦原が最初に指導に赴いたのが、その野村町にあった警察道場であった。この道場には、芦原が四国に来る以前から警察とコネのあった空手関係者がいたこともあり、使用することができた。この警察道場が、実質的には芦原が国内に作った第一番目の支部となる。芦原はこの道場を「極真会・野村支部」と命名した。この時の設立メンバーの一人・富永洋は、後に芦原会館の指導員になった人物であった。

野村町に着いた数日後、芦原は先に糸東流から極真へ移籍し、芦原の到着を待っていた栗田たちとともに、大洲にある毛利松平の自宅を訪問している。大洲は野村町からバスと電車を乗り継いで一時間四十分くらいの場所だった。訪問を終えてその帰りに定食屋に入ったのは良かったのだが、注文しようとして金がないことに気が付いた。

芦原自身も、また仲間の誰もが金をほとんど持っておらず、しかたなく白飯だけを注文した。おかずの代わりに芦原たちはテーブルに置かれていたソースや塩をご飯に振りかけて食べた。芦原によれば、これが苦労の始まりで、四国では「ご飯を腹一杯食べられないことが多かった」という。酷い時には、一日一膳のご飯が食べられないという超貧困生活が続いた。そのため、近くの山に登り自生するイモを掘り出したり、野草やミカンを失敬したのもこの頃の話である。この時の話が、劇画の『空手バカ一代』では、道場破りをして山狩りをされる話になる。

『空手バカ一代』の山狩りの話が掲載された時には、芦原は、行く先々で「芦原先生も山狩りをさ

れて大変でしたね」とか「本当に山狩りはあったんですか？」という質問を山ほど受けたという。そういう質問に芦原は、

「山狩りなんかあるわけないんよ。みんな梶原先生のデタラメじゃけん、漫画じゃけん大げさに書きよるとみんながそうか思うて信じよるんよ。そんな山狩りなんかされたら、おちおち空手なんかやっとれんけん。そう思わんか？」

と答えていた。

野村町に腰を落ち着けた芦原であったが、如何せん人口が少ない上に空手をやろうという威勢のいい若者は少なかった。野村町では、どんなに人を集めても二十人前後にしかならないと判断した芦原は、より人口のある場所に打って出る必要を感じ、四国へ来た一ヶ月後には宇和島に道場探しに出ている。

宇和島には約一週間滞在し、あちこち道場になりそうな場所を物色したが、適当な場所が見つからなかった。結局、場所自体が愛媛の外れということもあり人集めの難しさを感じた芦原は、宇和島に道場を出すのを諦めている。

このままでは空手普及のメドが立たないと考えた芦原は、港町として活気のある八幡浜に向かうことになる。八幡浜は人口三万八千人の都市であった。前は海、後は山で、その風景は芦原の生まれ故郷である江田島を彷彿させた。芦原は、この八幡浜を拠点として空手を広める決意を固めていく。

滋賀支部にて。1982 年。

第二章

放浪《さすらい》、四国へ

八幡浜

八幡浜市は愛媛県の西部、佐田岬半島の基部に位置し、北は瀬戸内海、東は大洲市、南は西予市、西は伊方町と接している。海岸線はリアス式海岸を形成しており、平坦地が少なく、岬と入り江が交錯した風光明媚な景観をなしている。温暖な気候と地形を生かした柑橘栽培が盛んで、温州みかんは質・量ともに全国有数の産地である。トロール漁業の基地としても知られ、豊富な海の幸は、水産物加工業を生み出し、また削りかまぼこ、じゃこ天などの特産物でも有名である。

そして、この八幡浜こそが芦原空手の聖地であると言っていいだろう。

八幡浜の道場は、愛媛県八幡浜市神宮前にある。現在グーグルマップで検索をすれば、八幡浜大神宮の前の参道左手に〝芦原會館〟と表示されるので、誰でもすぐに確認できるだろう。

芦原は、１９６７（昭和42）年3月に四国に入り、同年5月には八幡浜道場を開設している。当然開設当時は場所を借りての道場である。芦原が自力で自分の道場を完成させるのが、１９７０（昭和45）年6月15日である。芦原は四国入りしてから僅か3年3ヶ月後に常設道場を完成させた計算になる。これはまさに驚異的なことである。当時も今も大山の弟子の中で、そんな短期間でゼロから常設道場を作ったのは芦原しかいなかった。

そのため芦原が有名になった後、「そんなに短期間で道場を建てられたのは、『空手バカ一代』のお陰だった」という噂が流布され多くの者がその噂を信じた。だがこれは明らかに間違っている。年代的なことをチェックすればすぐにわかることだが、八幡浜の芦原道場が完成した時、まだ『空手バカ一代』は連載が始まっていなかった。『空手バカ一代』が少年マガジンで連載を始めるのは、1971（昭和46）年6月だ。つまり連載が始まる1年も前に、芦原は独力で自分の最初の城を築いていたのである。さらに言えば物語前半は大山の物語であったため、芦原が登場するのはまだその数年後の話なのである。

芦原が、四国入りして僅か三年ほどで道場を建てることができた理由は、芦原のたぐいまれなる集中力や実行力の凄さにあり、それに加えて芦原の人間的な魅力が大きかった。芦原の顔は、三白眼で優しく親しみやすい顔相では決してない。ところが笑うと非常に人懐っこいいい笑顔なのだ。それは他人を引き付けてしまう芦原の一種の才能であり、持って生まれた運であると言ってよかった。その運が、八幡浜でも芦原に味方したと言えるだろう。

八幡浜を拠点に道場探しを始めた芦原は、なけなしの金をはたき安アパートを借りて道場探しに専念する。芦原は来る日も来る日も空手を教えられる場所を訪ねて歩いたが、いい返事はもらえなかった。まず芦原の言葉遣いは、東京弁と広島弁の合わさった発音で、それが八幡浜の人には違和感を覚えさせた。よそ者であることが一言喋ればわかった。どこの馬の骨とも分からない人間に場所を貸してくれる人はなかなかなかった。

芦原はこの時に実に五十件近い場所を当たり断られている。バタ屋での経験もあり辛抱強いことに自信のあった芦原でも、さすがに五十件近く断られると気持ちも折れてきた。五十五件目くらいに訪ねたのが警察道場だった。その時芦原は、「ダメもとで警察に相談に行った」と本の中でも書いている。

その〝ダメであろう〟と思っていた警察道場で、まさかの使用許可が出たのである。

既に書いたように野村町では、たまたま会員に警察とコネのある人間がいたため警察道場が借りられ、芦原もここで教えていた。しかし八幡浜では何のコネもなかったため、警察に頼み込んで道場を借りられるという発想は浮かばなかったのだ。

実は1983年頃だったと記憶しているが、当時芦原会館にいた私は、芦原から「京都で新しい道場を探すように」と言われたことがあり、京都府警に警察道場を借りることができないか打診したことがある。私は当時サンフランシスコ市警察にもコネクションがあったので、彼らからも推薦状を書いてもらい、芦原会館として正式に道場を借りることができないかと話に行ったのだが、結果から言えば「不可能である」と断られた。「昔は警察道場を民間に貸すようなこともあったが、現在では一切ない」というのが京都府警からの返事であった。そういう意味では、芦原が警察道場を使用できた時代というのは、古き良き時代だったのかもしれない。

今ではどこの警察道場もセキュリティの問題から一般人に道場を貸すようなことはないが、当時はそれほど厳しい規律もなく、一般人に道場を貸し出すことがまだ許されていた時代であった。芦原は「当時は警察道場は、柔道や、剣道が使用していたが、人が集まって練習することもなく、空き家同然の状態だったのも幸いしたのかもしれない」と語っていた。

警察道場では主に剣道場を使ったが、剣道場が使用できない時は、柔道場を使用することができた。芦原は八幡浜で新しい道場生を集める一方で、野村の道場生も八幡浜の警察道場に呼び稽古を行った。

警察道場の使用許可を得た芦原は、ポスターを手書きで作り電柱に貼ったり、街中を大声を出して走るデモンストレーションなどを行った。これらは稽古生募集のための芦原の戦略であった。特に道着を着て街中を走るデモンストレーションは効を奏した。その結果ゼロから始めた稽古生が、二ヶ月後には、40名にまでなっていた。これは芦原に大きな自信を与えた。ただ思いもよらず生徒集めに成功したことで芦原は、多少有頂天になっていた。このことが、後に大きな問題を引き起こすことになる。

ただこの頃はそこまで考えが及ばず〝この調子でいけば生徒集めもそう難しくない〟と高をくくっていた。そんな時、突然東京の黒崎から連絡が入る。それは大山館長からの東京への呼び出しを伝えるものだった。その時の黒崎とのやりとりを芦原自身が自伝に書いている。

そんなある日、突然、会館・本部から連絡が入った。

「至急、本部に戻って来い」

黒崎先生であった。あまりにも意表を突いた言葉に私は一瞬面喰った。

何事が起きたのだろう。

しかし、帰ろうにも帰りようがない。まったくの無一文である。財布には、いくらはたいても百円銀貨三枚しかなかった。恥ずかしながら私は、当時の生活費を、あの板橋のママさんから工面してもらっていたのである。

「……先生、急にそう仰っても、帰る運賃がありません」

しばらく押し黙ってのち、私はそういった。すると先生は
「走って帰って来い」

私は「エッ」と驚き「それに海もありますし」

と悲壮な気持ちで訴えたのであるが
「何、海？　右足が沈む前に左足を前に出して、左足が沈む前に右足を……」

そんなジョークを飛ばしていた。

私はヒッチハイクでもして帰ろうかと思っていたのだが、結局、質屋に駆け込むことにした。

時計や身の回りのものを入れるとどうにか運賃だけはつくることができた。

私は二ヶ月ぶりに本部に戻った。

このままの通りだとするなら、黒崎の発言はどう考えても無理がある。実際にそんなことを言ったことがあったのかどうか気になった私は、以前黒崎にインタビューした時に尋ねてみた。

するとと黒崎からは、

「言ったんじゃないの。芦原がそう言ってるなら。そんなものね、何でもやろうと思えばできるんだから。できないのは本人ができないと思っているだけなの」

そんな答えが返ってきた。

黒崎の回答は、答えになっていないのだが、恐らくそのようなことを言ったのではないかと想像できる。因みに黒崎にインタビューするのはなかなか難しかった。「マスコミの人間には会わない」と公言していたため、私は黒崎と懇意にしている某出版社の社長を口説いてインタビューをさせてもらった。

私が黒崎に絶対にインタビューしなくてはならないと思っていたのは、極真会館時代の技術に関しての質問をするのが一番大きな理由だったのだが、芦原のことを話す時には「あのどうしようもない馬鹿野郎が」という感じで語っていたことが、私には非常に興味深かった。黒崎が、極真時代に指導していた内容に関してはまた別のところで詳しく触れたい。

そんな黒崎からの電話で東京に芦原が戻ってくるのが、1967（昭和42）年6月15日のことである。四国に行ってから約二ヶ月半ぶりの東京だった。芦原が四国を出発した時には、四国は梅雨入りをしていた。東京はまだ梅雨には入っていなかったが、街には冷たい雨が降っていた。

久しぶりに東京に戻った芦原だったが、その後は大山からも、黒崎からも何の連絡もなかった。芦原はしかたなく本部道場で稽古する以外になにもすることがなかった。その状態は、一週間経ち、二週間経っても変わらなかった。その間に四国に残した道場生たちから何度も手紙が届いた。差出人は、飯沢俊夫、浜本紀義の連名であった。手紙には色々なことが書かれていたが、彼らが言いたいことはただ一つだけ、

「一日も早く芦原に八幡浜に戻ってきてほしい」ということだけだった。

同封された写真には、芦原が知らない道場生の顔が数名写っていた。芦原が東京にいる間に増えた新入りの生徒たちの姿だった。今すぐにでも飛んで帰りたい芦原だったが、大山館長の指示がない以上勝手に動くことは許されなかった。

しかし、写真を見ているうちに、芦原は自分の感情を抑えることができず、出すぎたマネをと思いながらも館長室のドアをノックしていた。大山は、執務机の上でなにやら書き物をしていたが、芦原が部屋に入ってくるとその手を止めた。

「芦原、何だね？」

芦原は、一瞬どうしたものかと迷ったが、思っていることをそのまま口にした。東京に戻ってこの二週間ほど何も連絡がもらえず、どうしていいかわからないこと。四国から毎日のように手紙が来て、四国に戻ってほしいと言ってきていることなどを一気に話した。

大山は、両手を組み、目を閉じて芦原の話を聞いていた。

「館長、四国ではみんな待っているんです」

芦原は絞り出すような声で言った。

大山はメガネの弦の部分に手を添えて、掛け直した。その手をアゴに持ってくると一瞬言うことを躊躇うように大きく一呼吸おいてから口を開いた。

「芦原、お前はもう八幡浜に行かなくていいんだよ」

芦原は耳を疑った。

「お前は、ブラジルに行け」

「ブラジル……」

それは、芦原にとって一つの夢であった。

〝いつか海外に出て活躍したい〟〝先輩である中村のいるニューヨークにも行ってみたい〟

一度は消えた夢が、もう一度芦原の目の前に現れた感じだった。実は、大山が二週間あまり芦原に声を掛けなかったのは、海外支部と芦原のブラジル行きの件で連絡を取っていたからだった。

大山は芦原の実力を認めていた。幾つかの試練を乗り越えた芦原のことを大山は憎からず思っていた。人間的に成長した今なら、芦原を海外に送っても大丈夫と考えての話だった。損得で考えれば、ブラジルに行く方が良いのは、誰にも明白であった。

芦原は、一瞬迷った。

しかし、その時芦原の手には、浜本たちが送ってきた手紙が握りしめられていた。

〝自分を信じてくれている人間を俺は裏切れるのか？〟

芦原は自問した。それはまだ仮の道場に過ぎず、まだ正式には支部とも言えない状態だった。しかし、それが例え数人の道場生しかいない、田舎道場であったとしても、そこで自分から空手を学ぼうと真剣に集まってくれた者たちは、芦原にとって何物にも変え難い大切な宝であった。

芦原はそれこそ本部道場で有頂天になっていた頃の自分とは違っていた。昔の芦原なら、恐らく後のことなど顧みずにブラジルに行っただろう。士は己を知る者のために死す。芦原は、自己の利益のためでなく、自分を信じてくれる者たちの思いに答えたいと考えたに違いなかった。

芦原は、大山に決意して言った。

「館長、四国へ戻らせてください。私が戻らなかったら、あそこは潰れてしまいます。彼らは私を必要としているんです」

大山は、ムッとした表情で、

「芦原、君は私の言うことが聞けないのか。聞けないというのならば、今度こそ破門だ」

と言い放った。

　破門、その言葉は芦原に重く響いた。

　今、大山の言葉に背くことは、すべてを失うことだった。しかし、もはや迷うことはなかった。

「分かりました。長々お世話になりました」

　芦原は大山に深々と頭を下げると、館長室を後にした。

　目の前に現れた幸運を自らの手で捨て去った芦原の頭の中には、何も思い浮かばなかった。芦原は、四国に帰る準備をするために階段を下りた。

　地下室で着替えをしていると、道場の後輩の一人が急いで芦原を呼びにきた。

「芦原先輩、館長が呼んでます。四国に行っていいそうです」

　芦原は、再び館長室に戻った。

　大山は、もう何も言わなかった。ただ一言、

「明日行きなさい」

　とだけ告げた。

　芦原は、大山に感謝の意を込めて精一杯「押忍」と応えて十字を切った。

　今度は、自らが決めた四国行きだった。もう前のような孤独感はなかった。

　念願だったブラジル行きや師の期待に沿えなかったことは辛かったが、それよりも、また浜本や飯沢たちと空手をやれることが嬉しかった。

なおブラジルには、翌年芦原の後輩である小倉正一郎が派遣されている。

1967(昭和42)年7月末、芦原は再び四国に向かった。

芦原は、前に四国に渡った時と同じ経路を辿り八幡浜に戻った。

同年、4月8日には、芦原の先輩である加藤重夫がオーストラリアに指導者として派遣されている。丁度その少し後、梶原一騎の実弟で作家の真樹日佐夫が、正式に極真会館に入門している。実は真樹は梶原の紹介で大山に出会い、以前から空手を習いに来るように勧められていたがルポライターの仕事が忙しく、それまで時間が取れなかったのである。

さらに8月28日には、後に芦原にサバキを学び第2回の全日本大会で優勝を収める長谷川一幸が入門している。

この年は、極真会館が大きく動き出した年でもあった。

芦原が四国に再び渡り、真樹や長谷川が入門してきたという以外にも様々なことが起こっている。この年に起こったことを「近代カラテ」から抜粋し、ざっと列挙してみると次のようになる。

2月25日　ニュージーランドからジャン・ジャービスが来日。
3月22日　ルック・ホランダー、ヘンリー・セリアス来日。
3月12日　極真会が、アメリカの有名雑誌「ライフ」の取材を受ける。

3月28日　テレビ朝日の「アフタヌーンショー」に大山が出演。
5月20日　城西大学空手部が、極真会へ入会。
5月31日　シンガポールからピーター・チャンが来日。
6月17日　大山茂をアメリカへ派遣。
8月5日　ルック・ホランダー百人組手完遂、ヘンリー・セリアス30人組手完遂。
8月8日　盧山初雄、小倉正一郎が本部指導員となる。
8月18日　ルック・ホランダー帰国。
10月下旬　ジャン・ジャービスが、大山より支部開設の許可を得る。
11月10日　ジャン・ジャービス百人組手完遂。
11月上旬　ヤン・カレンバッハ来日。

　気がつくのは例年になく海外からの門下生が本部を訪れていることだ。なかでも台風の目となったのが、オランダから修業にやって来た道場生、ヤン・カレンバッハの存在だった。

カレンバッハ

1967年11月上旬、芦原が四国で極真空手を普及させるために孤軍奮闘していたのと同じ頃、極真会館の総本部では一大事件が持ち上がる。事の発端はヤン・カレンバッハが極真会館総本部に空手留学してきたことだった。

カレンバッハ（日本語ではカレンバッチと発音する人もいる）は、オランダ出身の元柔道家で、かつてオランダに極真空手の指導に赴いた黒崎健時から空手を学んだ道場生の一人であった。彼は黒崎の強さと、その指導の上手さ、さらに黒崎が持っていた日本のサムライ精神の素晴らしさに感銘を受け日本に空手留学してきた人物であった。

このカレンバッハは、極真会館オランダ支部を開設したジョン・ブルミンの弟子である。ジョン・ブルミンは、元は柔道の選手で1957年ヨーロッパ柔道選手権で優勝している実力者だ。1959（昭和34）年に講道館で柔道を修業するために来日していたのだが、その時に大山道場の噂を聞き入門、オランダに帰る前には大山から極真会館オランダ支部開設の認可を得ている。

このブルミンの道場で学んだ空手家や格闘家は多く、彼のことを「オランダ格闘技界の祖・ヨーロッパ格闘技の第一人者」と呼ぶのも頷ける。そんな弟子の中でも、カレンバッハは、際立った存在であった。彼は師であったブルミンをも上回るほどの実力と熱意を持っていた。それだけに日本の総本部に対する期待も想像以上に大きなものがあった。〝黒崎のような強い先輩空手家がもっと多くいるに違いない〟と信じて日本にやって来た彼は、総本部でとにかく先輩たちに胸を借りて稽古を始めたかった。

しかし当時日本人の体格がいくら良くなったと言われても、身長187センチ、体重110キロのカレンバッハに比べれば、子供と大人くらいの体格差があった。そんなカレンバッハの勢いを止めるべく、本部の精鋭であった山崎照朝、盧山初雄がカレンバッハと組手を行ったが、歯が立たなかった。実際今でも、「極真会館史上、外国人の弟子のなかでカレンバッハが最強」という者は多い。

そんなカレンバッハであるが、彼が、芦原英幸と死闘を演じたという話がある。

私も、芦原道場時代に何度か聞いたことがあったが、当時は「芦原先生のことだからそんなこともあるだろう」くらいにしか門下生としては考えていなかった。実際、芦原が2メートル以上ある外人を一撃で倒した話を芦原自身が普通に道場生の前で話していた。また、「体重差でも自分の二倍くらいまでの相手であれば倒す自信がある」と豪語していた。後の話ではあるが、梶原が持ってきた企画で、芦原とあの熊殺しで有名なウイリー・ウイリアムスを戦わせるという話すらあった。

芦原は、審査の時などでも門下生に様々な話をするのが好きで、それは極真会館時代の武勇伝や空手業界の裏話に至るまで止まるところを知らなかった。もちろん多少大風呂敷を広げるところもあったので、門下生も一から十まで芦原の言うことを信じていたわけではないが、カレンバッハの話は私も含めて当時の門下生たちは、直接芦原の口から聞いたことがなかった。

その後芦原会館の職員だった面々にも今回取材を通して尋ねてみたが、全員が「カレンバッハのことは、聞いたことがない」という返事だった。

この話を「真実だ」という人もいれば、「まったくのデタラメだ」と言う人もいる。カレンバッハほどの相手と死闘を演じたのなら、それこそ梶原が『空手バカ一代』で題材にしないはずがないと考えられるし、芦原自身の自伝にも出てきてよさそうなものである。しかし、いくら探しても芦原とカレンバッハが、試合ないしは組手をやったという記録や証言を見つけることはできなかった。

そこで、この事実を確かめるために私は、直接カレンバッハに事の真相を尋ねてみることにした。その時の質問と回答は次の通りである。※実際はメールのやり取りだったが、ここではインタビューとして構成している。

【ヤン・カレンバッハ インタビュー】

―あなたは、極真会館の芦原英幸という人物を知っていますか?
カレンバッハ 知っています。名前は聞いたことがあり、極真会館の強い先輩であるという話は、日本に留学していた時に聞いたことがあります。

―あなたは、芦原英幸氏と会ったことはありますか？

カレンバッハ　いいえ、ありません。私が、総本部に稽古に行った時には、総本部にはいらっしゃいませんでした。

―芦原氏はあなたが尊敬している黒崎健時先生や藤平昭雄氏の後輩にあたる人物で、極真会館を離れてから、自分の組織である「芦原会館」を作られた方です。芦原空手のことは、ご存じですか？

カレンバッハ　はい、知っています。オランダにも芦原会館の支部道場はあります。現在、そのうちの何人かは、私の知人です。今は、息子さんの代になっているのですよね？

―よくご存じですね。その通りです。例えば現在あなたが主宰する道場と芦原会館とが交流されたことはあるのでしょうか？

カレンバッハ　そのような交流は、ありません。ただ武道を学ぶ者同士として情報交換をすることはありますが、今現在私が追求しているのは太気拳であり、空手ではないので今後もそういう組織としての交流というのはないでしょう。

―今回あなたにお聞きしたかったのは、あなたと芦原氏の関係性についてです。

カレンバッハ　具体的に、どういうことなのでしょうか？

―日本では、あなたが芦原氏と組手を行い、あなたが負けたという話があるのです。

カレンバッハ　変なことを聞きますね。先ほど申し上げたように、私と芦原氏は一度も面識がなかったのです。ですから、当然組手などできるわけがありません。誰がそのようなことを言っているのか知りませんが、はっきり言っておきます。私は芦原氏とは会ったことも組手をしたこともありません。

—わかりました。では、もう一つお聞きしたいのですが、藤平昭雄あるいは大沢昇という名前はご記憶ですか？

カレンバッハ　藤平先輩ですね、よく覚えています。私が、総本部の道場で組手をした先輩です。

—藤平氏とは、組手をされたのですか？

カレンバッハ　はい、彼とは組手をやりました。彼は素晴らしいファイターでした。私は、彼には勝つことはできませんでした。本当に強い先輩でした。今でも大変尊敬している先輩です。

カレンバッハはインタビューの中でも答えているように、現在は澤井健一の創始した武術・太気拳を修業しており、七段教士を允許されている。その性格は温厚であり、その真摯な返事からも彼が嘘を言っているとは信じられない。また、カレンバッハが来日していた当時、芦原が四国で極真空手普及に取り組んでいることを考えると、二人には接点がなかったと考えるのが合理的だろう。

ここで気になるのは実際にカレンバッハが戦い、その強さを認めた人物・藤平昭雄のことである。既にムエタイ挑戦の項で、その猛烈なファイティングスピリッツが敵地での劇的な勝利を導いたことは記しているが、その藤平がここでも極真史上初の外敵・カレンバッハと戦い、極真会館総本部の看板を死守していたのだ。

　そしてこの時の二人の組手を目の前で目撃していたのが、世界総極真代表・最高師範の長谷川一幸である。長谷川は、カレンバッハが総本部に来た時に現場にいた一人で、その時のことをしっかりと見ていた生き証人である。


　私は、この件について改めて藤平と長谷川に直接インタビューを行っている。

　藤平が「大沢食堂」を経営していた時代から私は、既に何度か会い顔見知りであった。藤平は、かつては文京区本駒込にあった激辛カレーで有名な大沢食堂を経営していたが、この店は2013年5月28日に閉店し、現在同じ場所で藤平の息子が切り盛りするイタリアンレストラン・シシリア食堂となっている。私は藤平が大変信頼を置いている人物にコンタクトを取ると、インタビューの予約を入れてくれた。某日、シシリア食堂で私は編集者と空手古書道連盟の藍原の三人で藤平の登場を待った。待つこと30分あまり、スラックスにトレーナー、野球帽を被った藤平が現れた。藤平は大沢食堂を閉店してから、マスコミの取材も一切受けず空手関係者ともほとんど会っていなかった。また昔の話を聞いても「もう忘れたよ。昔のことだからね」と答えて話をはぐらかせるのが常だった。

　実際には、忘れるどころか、昔のことはスクラップ・ブックにファイルしていた。そこには新聞の切り抜きやキックボクシングの写真が山ほどファイルされていた。そのファイルだけでも相当な資料だったが、「もう昔のことはどうでもいいんだよ」と言ってそんな貴重な資料もいずれは処分してしまうという。

約一年ぶりのインタビューは、美味しいイタリア料理とワインを飲みながらリラックスしたムードで行われた。久しぶりに会った藤平は、「ついさっきまでキックのジムで汗を流してきた」と驚くべきことを口にした。藤平は、既に72歳であったが、「ジムでキックを習っててね、なかなか上手くならないよ」などと冗談を口にした。

藤平は、芦原が最後の最後まで付き合いがあった数少ない大山道場時代の大先輩であった。食事とワインで場が和んだところで、私は気になっていた質問をぶつけてみた。

【藤平昭雄（大沢昇）インタビュー】

―先生が、カレンバッハと戦うことになった経緯とその時の様子をお聞きしたいのですが？

藤平　自分は当時黒崎師範が海外に指導に行っていたから、成増道場で指導していたんだ。そしたら突然、大山館長から電話があってね。なんだか大山館長の声が、すごく慌てているんですよ。とにかく「すぐ来てくれっ」て。もうその時は極真の人間じゃなかったの、自分は。ムエタイの後、ボクシングに行ったから、大山館長からは「君はもう明日から道場に来なくていい」って言われていたしね。

―それでどうされたのですか？

藤平　だから「私は、参りません」って言ったんだ。ところが大山館長は、「もう海外にいる黒崎師範には了解取ったから、来てくれないと困るんだよ」なんて言うんだ。それでも行かなかったら、大山館長がもう何度も電話してくるんですよ。

―大変ですね。

藤平　仕方がないから、本部道場に行きましたよ。するともうこれが、凄いでかい外人でね。「極真本部には、強い人がいない」と言うわけですよ。本当にみんなやられてしまって、黒帯連中はみんな隅で小さくなっていた。だから道場に入った途端、すぐに分かりましたよ、〝このために自分が呼ばれたんだ〟ということが。

―その時、どう思われましたか？

藤平　これは、もう〝きっちりとやらないとダメだぞ〟ってね。まぁ、既に極真とは関係なかったんだけど、一応は私も極真出身の人間だったわけだしね。見てしまった限りは放っておけないでしょ。だからカレンバッハに「すぐ組手をやろう」って言ったんですよ。それで組手をやってね。

―先生とカレンバッハ氏とでは体格が全く違いますね。

藤平　それでもこの時、負ける気はまったくしなかったね。なぜっていうと、ボクシングの稽古もかなりしてたし、顔面の対応もできていたから相手のパンチなんか全部見えたんだよ。30分くらいやったかな。それでも倒れなかったからねカレンバッハは。なんとか五分の勝負にはもっていったけどね。

藤平によれば、「身体のでかいのは強い」ということになる。実際藤平とて、カレンバッハをノックダウンできたわけではない、それでもお互い勝負を許さず互角であった。身長差は30センチ以上、体重も50キロ以上の差があったにも関わらず、それでもカレンバッハと互角以上に戦えたのはなぜだったのか。藤平は、

「それは、ムエタイの試合から戻ってきて、〝空手だけが最強なんて考えていたらとんでもない〟と思って、ボクシングをはじめ色々研究した結果だよ」

と答えている。

次に紹介するのは、この時の二人の組手を見ていた長谷川一幸の話だ。当時緑帯だった長谷川は、今でもその時の壮絶な組手を覚えていると語ってくれた。

【長谷川一幸インタビュー】

―カレンバッハと藤平先生との組手について教えて頂けますか。

長谷川　カレンバッハは強かったよ。当時現役だった盧山初雄先輩や山崎照朝先輩が、ころころやられたからね。カレンバッハと組手をやって負けなかったのは、藤平先輩だけだった。芦原先輩とカレンバッハはやってないですよ。あの頃は四国で道場を建てるのに必死だったし、あっちこっちに指導に行かなければならなかったしね。大体そんな時期に東京に戻って組手なんか不可能だよね。

カレンバッハは、組手構えから顔面に強烈なワン・ツーパンチを出すのが得意パターンだったね。そのワンツーが効かなくても、そのまま相手の後襟首を掴み、自分の方に引き込みながら足払いを掛けるという荒っぽい組手だった。もうこれは柔道の技なんだけど、そういうのが凄く上手かったね。柔道でもかなりの力量があったんだよ。

—そんな相手をよく藤平先生は五分の勝負に持ち込めましたね。

長谷川　藤平先輩はね、気魄が他の人とは全然違ったね。カレンバッハの出すパンチを潜って懐に飛び込むと、巴投げで相手を浮かして投げ飛ばしたから。大きく一回転すると藤平先輩は、カレンバッハの上に馬乗りになった。カレンバッハは、急いで返そうと必死に縺れ合う。そういう一進一退を繰り返し、その攻防は30分以上続いたよね。終わった時はカレンバッハも強い先輩に会えて満足げな顔をしてたよ。「今でも極真ナンバーワン、藤平って」言うらしいから。

だから実際にカレンバッハと組手をやり極真会館の面子を守ったのは藤平先輩ですよ。

この時の藤平の組手を見た長谷川は、〝小よく大を制する組手〟とは、こういう組手を言うのだと大いに参考になったという。それ以外にも藤平から学んだことは多かったと語ってくれた。
藤平は、このカレンバッハとの一件で大山より本部でも再び指導員になるように言われ、本部と成増道場を指導するようになる。

翌1968（昭和43）年4月10日には、極真会館総本部で昇段審査が行われており、この時に芦原は四国から本部に戻り審査を受け、二段を允許されている。同じ審査で、添野義二、山崎照朝、鈴木浩平、及川宏らが初段を允許されている。この年に、盧山初雄は本部指導員になり、先輩の大山茂がアメリカに渡っている。

8月には、大山倍達がヨルダン王室に招かれ、モハメド皇子に極真空手の指導を行い、同月『100万人の空手』の原稿執筆を始めている。

同じ頃芦原が、四国において芦原道場初の夏期合宿を4泊5日の日程で行っている。

この年の9月、藤平は、再び本部の指導員の任を解かれている。

藤平はいきなり館長室に呼ばれると「君は、もう明日から来なくていい」とだけ告げられ、その理由は一切言われなかった。館長室から寂しそうに出て来た藤平の姿を、長谷川一幸は目にしており、「あんなに寂しそうな藤平先輩はそれまで見たことはなかった」と語っている。

理由も分からず、ただ一方的に極真会館を辞めさせられ、成増道場も離れた藤平は、男泣きに泣いたと言われている。その後、協同ジムに入会した彼は、キックに打ち込むようになる。この時も藤平の練習は半端ではなかった。朝から夜遅くまで練習に打ち込み、入会後、僅か2ヶ月ほどでプロデビューすることになる。この時に決まったリングネームが、大沢昇だった。

この名前は、藤平を応援していた大京観光の横山社長が、「大きな沢を昇れ」という意味を込めて藤平につけてくれたリングネームであった。そして、その後の藤平はその名のとおり輝かしい戦績を残すことになる。

この不可解な解任劇の裏では、藤平が極真会館を乗っ取ろうとしているというデマを大山に吹き込んだ人物がいたためという話もあるのだが、そのあたりの真相は不明である。

藤平除名の話は、すぐに四国にいる芦原の耳にも入った。芦原はすぐに藤平に連絡を取っている。その後芦原は、藤平のキックボクシングの試合を見るために何度も東京に出てくることになる。

既に書いたように芦原は実戦性の部分で、藤平から実に多くのことを学んでいる。藤平が、ムエタイの挑戦を受けてタイに渡った時の話も何度も聞き、そんな藤平の話や当時の映像から刺激を受けて、後に芦原自身がキックボクシングの興業的なイベントを八幡浜で開催するのである。

サバキ

藤平がが本部でカレンバッハと死闘を繰り広げていたころ、芦原の姿は四国の八幡浜にあった。四国で空手を続ける決意をした芦原は、以前に増して道場の指導に精を出していた。ブラジル行きを断って戻ってきた芦原には、ここ以外行き場はなかった。

丁度その頃、後に芦原会館の重鎮になる中元憲義が入門している。

中元は1950（昭和25）年5月生まれで、芦原とは6歳違いであった。中元が入会した頃は、会員数が約22名ほどであり、警察道場の使用ができたことで稽古場所も安定する。後に全日本大会で優勝する二宮城光が入門するのも丁度この頃だ。

二宮は、当時中学生で柔道に熱中していたが、芦原から空手向きの体格をしていると褒められて空手を学び始めている。当初は、二宮は空手をやるか柔道をやるか迷い、しばらくは二つを併行して修業している。その後、空手の魅力に取り憑かれて空手一本で修業するようになるのだが、二宮にとって芦原との出会いは、衝撃的なものであったようで、後に自伝では次のように記されている。

ある日の夕方、私と友人がまだあまり人気のない警察道場に入った時のことである。私たちは、鏡に向かって空手のトレーニングをしている一人の男を発見した。その男は、まだ二十代前半に見えたが、黒帯を締め、良く鍛え上げられた、肩幅の広い人であった。その男から、私は一種独特の雰囲気を感じ取り、いつしか彼の動きをじっと見つめていた。男の動きは、私が今まで見たものとはまったく違うものであった。速度に変化を持たせ、放った突きや蹴りは、目にもとまらず空気を切り裂いている。これは、決してオーバーな表現ではない。そして、その摺り足はまるで地を這っているかのようであった。

一般的に伝統的な空手は、両足のスタンスを大きく取って、地面に足をふんばり、重心の安定した構えを取るが、これでは迅速さと可動性に欠ける。男の空手は違っていた。その前蹴上げは垂直に彼の頭の後方まで上がった。私は、彼の見せるその素早い動きを、何とか自分の柔道に取り入れられないかと思った。（中略）

男も、私が見ている気配を察していた。やがて動きをとめ、ニッコリと笑いながら私たちの方に歩み寄ってきた。彼は空手に興味はあるかと尋ねた。

「ええ、少し」

私は答えた。

「君は空手向きの体をしている。腹を見せてくれ」

私は後退りした。今まで、初対面でこれほど親しげに話しかけてくる男を見たことがなかったからである。私は、この男に好感をおぼえた。私は道着の前をめくり上げ、腹に力を入れた。

彼は右の拳を握り締め、

「ちょっといいか？」
と聞いた。
私が軽くうなずくと、私のみぞおちの下あたりを何発か叩き、
「いいね、いいね、君は空手に向いている。ここへ来て一緒に空手をやらないか。ほんとに引き締まった良い体をしている」
と私に勧めた。

『静かなる闘志』（福昌堂）

警察道場でのこの芦原との出会いが、後の彼の人生を大きく変えていくことになる。

話を1967年の芦原へ戻そう。極真会館の記録には、その年の12月には、〝愛媛県松山東警察署が四国極真会館に入会した〟という記述があり、警察署の警察官が多く極真空手を学ぶことになったものと思われる。その結果、道場生の数は、そのあとすぐに40名を超え、55名にまで増えた。

順調に道場生の数が増加したことで、芦原は〝自分が本気を出せば生徒を増やすのもさほど難しいことではない〟と高をくくっていた。

〝すべてが、うまく回っている〟

そんな風に思っていた。

しかし、思わぬことから生徒の数が激減してしまう。

原因は、組手をやってしまったことだった。

当初は〝体力と基礎が身につかないうちに組手を行うことは危険だ〟という考えから、道場生から「組手をやりたい」という声が上がっても、芦原は、決して組手をやることはなかった。しかし、道場生の増加にともない、「組手をやりたい！」という意見が毎回のように出るようになった。

ある時、稽古が終わった後で、改めて道場生に聞いてみたところほぼ全員が、「組手をやりたい」と手を挙げた。彼らの意見を受けた形で、芦原との組手稽古が始まった
芦原の組手は、大山道場時代そのままの相手の顔面も急所も攻撃する過激な組手だった。

もちろん基本稽古で突き、蹴り、受けは指導していたが、実際の組手でそれらの技術をどのように使うのかということまでは教えていなかった。そのため誰もが、自分の思い思いの方法で組手に臨んだ。

そんな道場生相手に、当然芦原の突き蹴りは面白いように決まった。さすがに顔面は掌底（手のひら）で打つようにしていたが、芦原の動きにはついていける者はおらず、顔面に芦原の上段廻し蹴りを受けて気絶するものが続出した。

回を重ねる毎に、稽古にやって来るものが減っていった。

最初の頃は、それこそ〝みんなも用事か何かで忙しいのだろう〟と思っていたが、一月もすると道場生は僅か5名となり、さすがの芦原も自分の考えが間違っていたことを認めないわけにはいか

なかった。組手をやり過ぎたのであった。そしてこのことが芦原に改めて技術を考えさせる第一歩となった。

ちなみに、その残った5名の中には、森、浜本、そして中元憲義がいた。中元のサバキは、芦原の動きを彷彿させるとよく言われることがあるが、考えてみればそれも当然で、中本は芦原が大山道場時代のバチバチ当てる組手スタイルの時代に入門し、サバキという技術体系を作る過程をずっと見てきた人物なのだ。

私はかつて八幡浜の道場を任されていた中元を何度か訪れた経験があるが、気取らず自然体であるのは師である芦原譲りで、そのサバキテクニックの切れの良さは、芦原の折り紙つきであった。また廻し蹴りは、「妖刀村正のようだ」と芦原が例えたほどであり、道場破りに来た者で中元の蹴りを受けて立っていられた者は一人としていなかった。

当然だが、この道場生が極端に減った時期は、まだサバキという技術体系は影も形もなく、技術的な萌芽が多少あったとしても、サバキという名前もまだなかった時代である。当時は、幾つか技らしいものを考えてはいたものの、それは「芦原のスペシャルテクニック」というような言い方をしていた。

ここで当時芦原がどんな指導をしたのか、さらにそれがサバキにどうつながっていくのかを少し考察してみたい。

サバキとは何か

改めてサバキとは、芦原が考え出した芦原流の技術体系の総称である。

相手に打たせずに打つ技術であり、そのためにはポジショニングという考え方が重要になってくる。相手と正対した形での攻防では「自分も打つし相手も打つ」という形となり、こうした戦い方では、体が大きな方が有利になる。多くの格闘技が体重別で試合を行っているのも納得できるところだ。空手の世界でも階級制を設けて試合を行っている団体も多く、最近増加しているウエイト制などもそれにあたるだろう。

しかし、本来武道としての空手を考えれば、相手が自分より大きかろうが、小さかろうが勝たなければならない。それが武術、武道としての空手の有り様である。実際的な話で言えば、自分と互角か、それ以上の実力を持つ人間に対しては、力だけでは勝てない。そこに技というものが、存在するのである。

一つの例を挙げるならば、それは相手の死角を取ることである。相手の攻撃が当たる制空圏から外れ、サイドポジション（相手の側面）あるいはバックポジション（相手の背後）を得ることができれば、相手を容易にコントロールすることが可能になる。しかし、そのためには単発の技では相手に受けられて終わってしまう。そこで相手の攻撃を受けながら、その受け自体が、攻撃になっていることが大切になる。単発ではなく技の連続性、コンビネーションが必要になってくるわけだ。さらに、相手の攻撃を受けた時に、相手がバランスを崩すような受けを考える必要が出てくる。

芦原が大山道場入門時からやってきた空手のスタイルは、顔面ありのほぼ禁じ手がない荒っぽい空手であったことは既に書いてきた。芦原は、四国に行くように大山から言われる前に、自分なりには技術研究を進め一つの変化を生み出している。それは芦原の先輩である黒崎、中村、藤平が、タイに行きムエタイに挑戦したことで、そのムエタイの技術を徹底的に研究した部分が大きい。

まずパンチについては、空手の突きよりボクシングの技術のほうがより実戦的であると考えた。実際、芦原は東京時代にボクシングも研究している。これに関して芦原は自伝でも明らかにはしていないが、私は芦原の側にいた時に、「大山道場時代にボクシングを習いに行った」という話を聞いている。

芦原によれば、「その時にボクシングのチャンピオンとスパーリングをやっても負けなかった」と語っていた。当時を知る空本にも芦原とボクシングの関係について訊いてみたところ、次のような答えが返ってきた。

「当時は、幸伸興業の隣の会社にボクシングをやりよる男がおったけん。こんな（その人）が、「滝野川ボクシングジム」いうところに行きよってボクシングを習いよったんよ。最初はわしが、その男にボクシングを習い、代わりに柔道を教えたりしよったんよ。芦原は、大山道場へ行きよったけん最初は一緒にやっちょらんのよ、途中から「わしにもボクシングを教えてくれ」言うて習いよったんじゃ。

わしが知る限りは、芦原はボクシングジムには通ちょらんけん。遊びには行きよったかもしれんが。芦原が通いよったんは、大山道場だけじゃったんじゃないの？　それでこんな（その人）と、屋上でボクシングのスパーリングなんかはやりよったんよ。芦原は、器用じゃし腕も長いけんボクシングを習いよった男より強かったんよ。スパーリングやっても右のストレートで相手を倒しよったけんね」

確かに〝滝野川ボクシングジム〟というジムがあったのは事実であり、そこでボクシングを学んでいた友人からボクシングの基本的なテクニックは学んだのかもしれない。少なくとも１９６４年６月までは、ボクシングジムに通ったという事実はない。というのもその時期までは、空本が側にいたからである。６月以降に空本は大阪の会社に移っており、その後芦原がどうしていたかは定かではない。逆に言えば１９６４年６月以降１９６５年３月までの間にボクシングジムに通った可能性はある。

１９６５年３月というのは、池袋の極真会館本部が完成した年である。この時期芦原は、大山道場への練習を休みがちだった。また、それまで一緒に練習していた空本がいなくなったために、練習相手がいなくなりその期間だけボクシングジムに通った可能性は否定できない。

その後芦原会館のＯＢたちに取材をした結果、やはり下板橋の近くにあった「滝野川ボクシングジム」という所に行ったことがあるということまでは分かった。ジムは、現在の北池袋駅近くにあったらしいが今は存在していない。一部では、川越のビクトリージムがそれだったという情報もあったが、ビクトリージムに直接確認したところ、「滝野川ボクシングジムとは関係がない」ということだった。ちなみに川越にあるビクトリージムは、ボクシングジムではなく、キックボクシングのジムであった。

いずれにせよ、大山道場から極真会館に変わっていく過渡期に芦原は、ボクシングを学んだことがあるということは正しいと考えて良いだろう。

その一方、蹴りのテクニックに関しては、ムエタイの映像から蹴りの角度や足の使い方を研究し、後にサバキで相手の動きを止める蹴り〝ストッピング〟につながる技術のヒントなどを多く得ている。

さらには、相手の肩口を掴み、相手を横を向かせて殴る、蹴るという技術を自分なりに改良し発展した技にしている。この技の原型は、大山道場時代に黒崎を始めとして多くの弟子が、一時期よく使っていた掴み技の一つである。自分が移動するのではなく、相手を回して死角を得るという方法で、瞬時に相手のサイドポジションを取る技術である。

この部分だけを取り出すと、極真時代にもそういう技を行っている写真が残っている。芦原は、その技術をより実戦的に改良したと言える。それまでは、ただ相手の肩口を掴み、相手を引き崩すだけの技であったものを、芦原は、引き崩す時の角度を45度にし、崩す際に相手の側面に入り（入身）ながらより効果的に相手を崩せる方法を考えた。これがその後〝かんぬきからの崩し〟や〝蹴りからの崩し〟などの様々なバリエーションを生むことになる。そして、そうした基本の技を「回し崩し」と呼んでいた。

一時期、大山は「芦原の技はすべて極真空手の真似である」というようなことを言っていたことがあるが、それは間違いである。

「回し崩し」には、様々なバリエーションがあり、初級と上級では同じ技をやっても全く違う技になる。ただし、これは第三者が見ていてもまずその違いには気が付けない。実は、ここに技の難しさがある。

その技の違いを知るには、実際に達人と言われる人に直接技を掛けてもらうことが何より大事なのだが、ここでは私自身、芦原の側にいて、この「回し崩し」について気付いたことを紹介しておきたい。

「回し崩し」についての考察

私がある時気づいたのは、「下段払いから巻き込み投げ」という技についてであった。この技は、「相手が左前蹴りを蹴ってきたのに対して、自分は左手の下段払いを行いつつ、相手の左サイドへ入り、右手で相手の肩口を掴み、左手で相手の後頭部を抑え、巻き込み投げにもっていく」という技である。大抵は相手の攻撃のスピードを利用して処理、あるいは力の差（体格差）を利用して相手を投げるのが普通であり、「なんだそんな簡単な技か」と誰もが思いがちだ。しかし、この技一つ取っても技というものは簡単ではない。大事なことは、相手が自分の倍の体格であっても、同じ技ができなければ意味がないからだ。形だけ学んだ場合は、往々にしてできなくなる。

芦原は警察道場でも柔道をやる１００キロ以上ある相手をこの〝巻き込み投げ〟で投げ飛ばしていた。相手の体重や体格に関係なく投げられるのが〝上級者のサバキ〟である。「サバキに力はいらない」と言っていた芦原の言葉通りということになる。

簡単に言えば、僅か60キロ位しかない者でも、１００キロ以上ある相手を楽に投げ飛ばせる。そのヒントはすべて芦原の技術書、ビデオに含まれている。その内容に気付くかどうかは、日々稽古を休まずに続けられるかどうかである。日々の稽古を欠かさなければ芦原が本やビデオで教える内容の本当の意味が見えてくる。そのことに気付かない者の多くが、他の武道、武術に助けやヒントを求めるのだが、実際に必要なことは芦原が残した本とビデオの中に表されている。ただ芦原は、本を一度や二度読んだくらいでわかるような書き方をしていない。日々鍛錬するなかで気付きを持てるように配慮されて本が書かれているということなのである。

ここで、私が長年研究してきて自分なりに気付いたことを書いておきたい。

大切なのは相手の技を受ける時の手の位置だ。加えてヒジの位置が、体側から離れると力が分散する。さらに相手のサイドポジションに入ってから、身体の軸が非常に大切であるということ。生前芦原は稽古で、騎馬立ちからの前回り鉄槌、後ろ回り鉄槌を多く稽古させたが、これは、相手を投げる際に必要な体軸の感覚と安定性を会得させる狙いがあったのだ。相手を投げる時に、軸が安定しヒジが自分の体側から離れないことに注意すれば、相手を投げるのにほとんど力は必要ない。芦原は常々、「投げに力は要らない」と言っていたことを自分で実感できるのである。芦原の体軸が非常に安定しているのは、写真やビデオなどでその立ち姿を見れば、その美しさからも理解できるだろう。芦原はこの体軸を鍛えるために、昔八幡浜から松山に向かう揺れる電車の中で、一切つり革を掴まず、バランスを取る訓練をしていたという。姿勢の良さは、大きな力を生む。これは肥田春充の創始した肥田式強健術にも共通する話なのではないかと私は考えている。

いずれにしろ芦原が、最初にサバキの技術として考えたのは、相手を掴んで回すことであり、次に袖や肩口を掴んで回しながら崩すという技術であった。これは大山の残した技術書には出てこない。しかし、黒崎が陣頭指揮を取り実施した合宿のスナップ写真に、それらしき技を使っている写真が残っている。

これについては、黒崎に取材した折りに、

「当時大山道場にいる連中はみんな、相手を掴んで蹴るとか、回して崩してからパンチや蹴りを入れるというのを普通にやっていた」

という証言を得ている。

そこで私は、黒崎が芦原にそういった技を教えたかどうかを聞いた。すると、

「私が芦原に指導？　私は誰にも指導なんかしない。もし芦原がそういう技をやっているというなら、私の技を盗んだんじゃないの」

という返事だった。盗んだ云々は比喩に過ぎないが、当時は皆先輩の技を見て、自分が有効であると感じたものは、自分の技として取り入れた時代であり、芦原もまたそうしていたのはまず間違いないだろう。

改めて合宿で撮られた写真を見直すと、確かにサイドに回り込んで相手を制する動きが収められており、その動きと芦原が後に完成させるサバキという技術における〝回し崩し〟との近似性を感じる。

この私の考えは、黒崎の出した一冊の本を見てもまず間違いないだろう。本は黒崎の書いた『自己防衛の秘術』（スポーツライフ社）というセルフディフェンスの本で、この中に芦原の〝回し崩し〟そのものと言っていいほどの技術解説が出てくるのである。

その部分を引用してみる。


相手の左手首を右手でつかみ、自分の中心から左斜めの方向に引っ張り込むと、相手の体が前

に出、そのまま右に回り込めば、相手の後ろへと入ることができる。相手の体が移動しなければ、引っ張り込んだ力の反動を利用して、自分が回り込めばいい。『自己防衛の秘術』（スポーツライフ社）

しかし、黒崎の指導する「回し崩し」は、上半身の入身からの回り込みを指導しているが、その際に重要になるステップ（運足の技術）については触れていない。芦原の技術書では、上半身の動きのみならず、下半身の動きについても説明している。このステップの際に、身体の中心軸が浮き、ぶれるようでは相手をコントロールするサバキを行うことはできないのである。

ここで、改めて注目してほしいのは、〝人は最初に学んだ人の技術の影響を受けやすい〟ということである。芦原は、入門当初「黒崎、中村、藤平らの影響は大きかった」と後に自著でも書いている。この三名は、いずれもムエタイに挑戦した三名であるのが興味深い。

なかでも相手の死角を取るという考えは、黒崎から学んだと考えてほぼ間違いない。無論、だからと言ってここからすぐにサバキの「回し崩し」が生まれたのではない。芦原がこの黒崎から学んだ〝回し崩し〟の原型と言うべき技術を、芦原流の〝サバキの回し崩し〟として熟成させるには、四国に渡り約二年あまりの歳月を要している。

芦原は後に、この〝回し崩し〟という受け技を完成させる前後のことを自伝で次のように書いている。

みんなに受け方から教えていかなくてはいけない。これが考えた末の結論だった。それまでも受けと名のつくものはあったが、たとえば「十字受け」など、現実離れした受け技が多かった。どうしたら実戦に使える受けを生徒に教えることができるか、それが課題となった。今までの私の空手、「相手の打ってくる手、足が届くまでにこちらの技を当てて引っくり返せばいい。中途半端なかまえをしている奴には、右の中段廻し蹴りで相手を内側に回すと同時に右のパンチを横から、ボーンと叩け」という教え方から脱皮しなければいけなかった。「芦原だからできる空手」から「教えれば誰でもできる空手」を作り出さなければいけないと痛感し、その研究を自分自身に命じた。これが芦原空手の「サバキ」の原点となったのである。

『空手に燃え空手に生きる』

この時期の芦原はまだ空手だけでは食べることはできず、毎日土木現場でアルバイトをしていた。そんな生活の中でも芦原は、技術革新の必要性を感じ研究を重ねていた。

芦原が八幡浜で孤軍奮闘していた頃、東京の極真会館では大山の懐刀といわれた黒崎が、極真会館を退会している。黒崎は、新たなキックボクシングのジム「目白ジム」を設立する。後に黒崎は、この「目白ジム」から大沢昇（藤平昭雄）、藤原敏男、島三雄、岡尾国光、斉藤京二などの選手を育てあげるのである。またこの少し後に、芦原と知り合うことになる長谷川一幸が本部で初段を允許されている。

ジプシー空手

１９６７年９月に生徒が激減し、芦原は技術改革を決意するのだが、丁度その同じ頃ある事情から それまで使っていた警察道場を使用禁止になる。「芦原一人だけの稽古は許可するが、他の人間（稽古生）を連れての稽古は不可」という連絡だった。理由は、芦原たちが道場建設当時に寄付金を払っていないというおかしなものであった。結局それはあくまでも表向きの理由で、実際には柔道を学ぶ者が五、六人だったのに対して、空手の稽古ではその十倍以上もの人が集まっていることからくるやっかみがあり、丁度組手で道場生が激減したのを機会に、厄介払いをしたかったのだ。

そういう事情は薄々感じていた芦原だったが、警察からそう言われては、無理を通すこともできなかった。

道場生も減り、警察道場を追い出された芦原は、再び空手を練習する場所を失った。その結果、練習場所を転々とする〝ジプシー空手〟がスタートすることになる。

練習場所は、魚市場、フェリー発着所の空き地、社会保険所跡の空き地、山の上の公会堂、バレエ教習場など曜日によって変わり、借りる場所の都合で当日急に使えなくなったりすることが多発した。無料で借りられる所に限定して探したので場所代は掛からなかったが、たった五名の道場生では生活そのものが立ち行かず、芦原は寿司屋の出前や力仕事などをして糊口をしのいだ。それでも芦原は、そんな貧困生活の中でも空手指導を休むことは一度もなかった。

かつて私が、四国の総本部の館長室で芦原の書籍制作の手伝いをしていた時に、芦原がこの当時のことをポロッともらしたことがあった。芦原は、

「当時を振り返るとまるで食い詰めた浪人のような気持ちだった」

と語った。そんな食うや食わずの中で空手だけが自分の支えであったこと、

「自分が〝空手を指導する空手の先生なんだ〟という思いを強く持たなければ、日々の生活に流されそうになった」と語ってくれた。

その話を聞いた時、私はこんなに強気の先生にもそんな時代があったと知り、何か不思議な気持ちがしたのを覚えている。

それから約一年あまり、芦原は道場生を増やすこと、練習場所を確保することに集中しなければならなかった。そんな中でも、芦原は空いた時間を技術の研究に費やした。

まず考えたのは、〝なるべく相手を叩かない〟ということであった。

黒帯クラスは別として、黒帯になるまではソフトな指導を心がけるようになった。さらに相手を褒めて、その気にさせるということだった。またそれまでの大山道場式で行っていた殴られ、蹴られるうちに技を覚えるという形を廃止し、受けを一から丁寧に指導していった。さらに「なぜ、そ

ういう受けをすると有効か？」という理論を突き詰め、それを指導に活かしていった。

丁度その頃芦原はある発見をする。それは、八幡浜にある愛宕山の山頂にあった公会堂で稽古をしていた時のことだった。

その時芦原は、他流派から入会してきた男と組手をしていた。その男は、既に元の流派で黒帯を締めていた男だったので、芦原はよく稽古終わりに軽い組手をやった。

男が前蹴りで突っ込んできた時だった。芦原は瞬間的に相手の肩と襟首を掴みながら足を引いた。すると男は受け身も取れず、一回転して頭から床に落ちた。その時はまだ非常に荒いものだったが、それが後の芦原会館のサバキの一つである「巻き込み投げ」の原型となったものであった。

相手の肩や襟首を掴んで崩すというのは、大山道場でもよくやっていた技であったが、そこまで相手が転がるようなことはなかった。芦原は、〝なぜそうなったのか？〟を深く考えた。

一つは場所が広かったので〝自由に動けた〟ということがあった。しかし、それだけではなかった。大山道場時代は、相手の肩口や襟首を捕まえてもその場で崩して押さえ込むことが多かった。〝なぜ相手が崩れた後に大きく回転し、頭から落ちたのか？〟一人になって考えを巡らした。

その結果気がついたのはステップだった。

後に芦原空手のシンボルマークとなる四つのラインのナンバー4のステップワークが、それである。その動きはケンカで培った自然のものだった。芦原はケンカの際によく相手の肩口と首を押さえながら、左足を引く時に自分の身体を軸として大きな円の動きで相手を投げ飛ばしていたのだった。
この発見を皮切りに、芦原はステップワークの研究から間合いやポジショニングへの見直しを徹底的に行った。それには芦原が中学でやっていた剣道の足運びが、大いに役に立った。こうした試行錯誤を繰り返しながら、芦原は後にサバキと呼ばれる技術の根幹となる部分を少しずつ積み上げていったのである。

八幡浜でこうした技の研究をしていた時期、芦原は大山から呼び出され本部に一週間ほど戻ったことがあった。実は、この時のことを芦原はあることに配慮して自伝でも非常にボカして書いているのだが、ここでは芦原の技が進化したことの証でもあるので、私の知る限りのことを書いておきたい。

先輩越え

芦原が道場に顔を出してみると司法試験で道場を暫く離れていた先輩の大山泰彦が、指導員として道場で指導を行っていた。道着に着替えた芦原は、軽く汗を流すつもりで道場に入ったのだが、なんとなく道場の雰囲気に違和感を覚えた。その違和感が、何なのか芦原はすぐに気づいた。それは、地方の田舎道場から本部に戻って来た人間に対する蔑むような視線だった。

道着に着替えた芦原を大山泰彦が、呼んだ。

「最近、威勢の良いのがいてね。俺も苛められてるんだよ。芦原、何とかしてくれよ」と言った。芦原は泰彦に促されて道場の片隅でシャドーをしている道場生に目を止めた。バランスのとれた良い体格で、パンチ、蹴りともにキレがあった。ただそれが例えどれほどのものであっても、泰彦自身で対処できないレベルではないだろうと思われた。

次の瞬間芦原にはすべてが見えた。つまり四国に飛ばされた人間を若い後輩とやらせてみて勝てなかったら、「都落ちしたらダメになった」と笑い者にしてやろうという腹なのだ。

そうとなれば腹は決まった。何であれ相手は泰彦が期待を掛けている若手であり相手に不足はなかった。むしろこの機会に試してみたいことがあった。

泰彦の「始め！」の声と同時に動いたのは相手の方だった。思ったとおり活きが良く、泰彦から目を掛けられていることがわかった。しかし芦原の敵ではなかった。不用意に突っ込んで来た相手を芦原はサイドステップでかわすと同時に、顔面にパンチを叩き込んだ。それで既に勝負はついていたのだが、相手が崩れた瞬間、その顔面をランニングキックで思いっきり蹴り抜いた。蹴られた後輩はもんどり打ってひっくり返ると顔を押さえて呻き声をあげた。それは芦原が研究していた技の一つであった。

このランニングキックは、崩れた相手がまだ空中にあるうちに、その頭部を走り込む要領で蹴り抜く技術である。稽古では「相手の頭をサッカーのボールに見立てて蹴るように」と芦原は指導していた技で、受けが取れないため危険度が高い。そのため現在の芦原会館では、組手では使わないように指導される技の一つである。

その瞬間周りにいた後輩たちは、その技の恐ろしさに背筋が凍りついた。そんな技を見せられては、その後を受けて芦原とやる相手はいなかった。

仕方なく指導をしていた泰彦が、芦原とやることになった。

泰彦は芦原の先輩であり芦原が本部にいた時には、一度として組手で勝つことができない相手であった。後にアメリカに渡り、兄である大山茂、三浦美幸らと共にＵＳ大山空手（のちの国際大山空手）を設立する泰彦は、大山道場において「天才」と呼ばれたほどの力量の持ち主であった。つまり泰彦にとって芦原は、あくまでも後輩の一人であり、技術的にも恐れるに足りない相手でしかなかった。無論泰彦は、四国に行った芦原が孤軍奮闘しながら、毎日のように技の研究をしていることなど知るよしもなかった。むしろ四国に島流しにあって、昔より弱くなっているに違いないと考えていた。

組手が開始されると泰彦は、いきなりパンチの連打で芦原の顔面を狙ってきた。それは、普通の者なら避けられないほどの圧力のある攻撃だった。しかし、芦原にはその動きを完全に見切ることができた。

次の瞬間芦原は、円を描くステップで泰彦の右サイドに出ると同時に右のストレートパンチを泰彦の顔面に叩き込んだ。この一発で泰彦はノックアウトされ、その場で気を失っていた。泰彦の完敗だった。この時芦原がつかった技こそ〝サバキ〟だった。

自伝で芦原は、この時のことを泰彦が先輩であることを考慮して名前は伏せて書いている。


先輩は、かまえから、いきなりパンチ連打でまっすぐ突っ込んできた。私は、右足を円を描くように引き（今でいう芦原空手④のラインのステップ）、相手の死角であるアウトサイドに回り、右ストレートをアゴに打ち込んだ。

一瞬、先輩の姿が私の目の前から消えた。

「あれ!?」と思って足元を見ると、先輩は床に気持ち良さそうに寝ていた。

しばらくして起き上がると、先輩は、

「芦原も強くなったな」

こう言った。この一言がなければ、もう一発蹴っていたところだ。


『空手に燃え空手に生きる』

ここで注意してほしいのは、芦原が八幡浜の公会堂で組手の最中に編み出したサバキの原型とも言える技で、先輩であった大山泰彦を倒しているということである。それまでは、技などというものは組手やケンカなどを多く重ねるうちに自然に身に着くものという考えで、芦原自身も野性的な勘に頼るところが多かった。しかし、より合理的な動き、理に適った動きにより今まで勝てなかった先輩を驚くほど簡単に失神させたことは、芦原にとっても強烈な体験であった。

このことが、芦原の技術追求にさらに大きな弾みをつけることになる。

八幡浜道場建設

本部から四国に戻った芦原は、相も変わらずジプシー空手を続けながら空手の指導を行っていた。しかしこの時期、芦原は技術革新とともにもう一つ大きな仕事に着手することになる。それは〝自分の道場を持つ〟ということだった。

元々芦原本人は、道場など作る気はなかった。道場経営が大変であるのは、師である大山を見てよくわかっていたし、自分自身が道場のようなものを経営してやっていくタイプの人間だとは思っていなかったからだった。それでも芦原が道場建設に第一歩を踏み出すのは、道場生の声に押されてのことだった。道場生の一人が、「八幡浜は田舎ですから駅裏の田んぼを買っても安いですよ」と何の根拠もないことを言い出した。すると誰もが、「道場を建てよう！」という意見に賛同した。

「ようし、芦原が道場を建てちゃけん」

芦原は門下生の手前、ついそう言ってしまった。

そう言ったものの、その時芦原は無一文で、明日の食事ができるかどうかを心配しなければならない状況で、道場を建てるなど夢のまた夢の話だった。生徒の手前、つい口にしてしまったことを後悔する芦原だった。

そんなこともあり芦原は暫くの間、道場建設の話には触れないようにしていた。すると地元の人たちが、自分のことを「あの先生は、岬が荒れとる」とか「あの空手の先生は、風呂敷じゃ」と陰で呼んでいるのを知った。それはこの土地の言い方で〝虚言癖のある、嘘つき〟という意味だった。

これには芦原も傷ついたが、同時に「なにクソ！」という負けん気が、湧いてきた。それ以降、色々なことがある度に芦原は、先に「芦原は次にこうするけんな！」という目標をみんなの前で公表してしまうのが常になった。人前で「やる」と言ってしまえば、もう後には引けない。常に自分自身をこれ以上後ろに下がれないギリギリの状態に追い込んで、自分を奮い立たせるのが芦原のやり方であった。

目の前に二つの道があり、容易な道とより困難な道があれば、常により困難な道を選ぶのが、芦原の生き方であった。

この時も、半分以上は〝自分にできるのだろうか？〟という気持ちがあった。それでも口から出た言葉は、その不安とは真逆の言葉であった。

「今に見ちょれよ、ここにドーンと道場を建てちゃるけん！」

決意を固めた芦原の行動は早かった。

どれくらいの場所で、どれくらいの建物を建てられるかを公会堂の床にチョークで書いて研究した。

芦原が酒もタバコも断ち道場建設に向けて努力しているという話は、道場生からその親へと伝わった。なかでも料亭・梅月《ばいげつ》を営んでいた女将の宇都宮には、「芦原先生の所に通うようになってから、急に自分の息子が親孝行するようになった」という理由から、芦原の道場建設運動の中心となって尽力してもらえるようになった。

梅月は八幡浜の駅からタクシーで5分の場所にあった老舗の料亭であった。現在は、同じ場所に大倉という料亭が建っている。芦原は晩年も松山から八幡浜に行く時は、必ずと言っていいほど梅月に挨拶に出向いていた。

八幡浜の人々が一丸となって、「芦原のことを助けよう！」という動きに変わった。芦原自身不安はあったが、道場生や周りの人々の力添えや励ましもあり、「どんなことをしてもここ八幡浜に道場を造るのだ」という固い決意に変わっていった。

芦原は、この道場建築のため500万近い借金を背負った。

「無一文の男が、いきなり借金地獄に落ちたようなものだった」

と後に芦原は語っている。さらに、もしも何かあって金が返せなくなった時のことを考え、芦原は生命保険にも加入している。保険は、加入してから最低一年経てば、自殺でも保険金の出るものだった。〝もし何かあった場合は、ビルの屋上から頭を下にして飛び降りればいい〟という覚悟を決めていたのだ。

それまでは、一文無しの自分が道場を持つなどというのは、おこがましいという思いもあったが、次第に〝ここで道場を建てられなかったら将来どこに行っても道場など建てられない〟という決意となり、死に物狂いの努力を積み重ねた。少しでも会員を増やすために、松山への道場進出をしたのもこの時期であった。それまでは八幡浜を中心に、野村、宇和島、卯之町を回って指導していたのだが、それだけでは人数に限界があると感じ、松山へ出ることを決心したのだ。

いざ念願の道場の建築が始まると、週に1回、多い時は2〜3回建築現場に行き進行具合をチェックするというのが習慣となった。

そんなある日のこと、芦原は道場の骨組みが仕上がり、壁板を張り付ける作業に取り掛かろうとしている現場に顔を出した。大工は、壁の外板と内板の間に補強のための桟を入れていた。

桟と桟の間隔は45センチはあった。それを見た芦原は、思わず口を出してしまう。

「大工さん、これじゃぁヒジが当たったら、簡単に穴があくけん」

そう言ってしまった。

「馬鹿言っちゃいけないよ。薄いように見えてベニヤ板は頑丈なんだ。それをさらに桟を入れて補強してるんだから。素人さんが口出しするもんじゃないよ。俺が、力一杯叩いたって穴なんぞあきゃせんよ」

芦原もそこでは引き下がらなかった。

「いや、穴があくよ。こんな桟の入れ方じゃ」

「ようし、じゃああんたのパンチでここに穴を開けてみな。もしも穴があくようなら、桟を三倍入れてやるよ」

売り言葉に買い言葉だったが、内心芦原はしめしめと思った。これで、壁に穴をあけられたら、同じ金を払って倍以上頑丈な壁にすることができる。これは願ってもないチャンスだった。周りにいた者全員が集まりギャラリーができた。ここは男・芦原の勝負どころだった。

芦原はじっくりと呼吸を整えた。腰を落としウォーミングアップを行う。右の肩と腰を目一杯引いて、溜めを作ると一気に拳を「トリャー!」という裂帛《れっぱく》の気合とともに突き出した。

〝バリッ〟という音がして、ベニア板には拳がそっくり収まる丸い穴が出来ていた。周りからは、「おーっ!!」という驚きの声が上がった。

「わかりました、三倍にします」

大工の棟梁は、そう言うと桟を三倍にしてくれた。

ヨルダン王室

1970（昭和45）年6月は、芦原にとって忘れられない節目の月となった。その一つが、ヨルダン国の王妃一行が極真会館総本部を訪問することが決まり、その時のアテンド役に芦原が抜擢されたのだ。これは、この2年前に大山がフセイン国王に招かれ約1ヶ月、空手の指導を行った縁によるものであった。

ヨルダン国王妃一行をアテンドする芦原氏。

国王一行を東京の本部で迎える予定の日は、丁度建設中だった八幡浜道場完成の前日であったが、芦原は様々に予定を調節し、当日はスーツ姿で正装し、フセイン1世の妻ムナ王妃、フェリアール王弟妃殿下らを道場へアテンドした。その後、空手着に着換えた芦原は、基本稽古、移動稽古を自ら先頭に立って行い、組手も披露している。一行は芦原の華麗な動きに惜しみない拍手を送った。ちなみにこの時の組手の相手は、山崎照朝、添野義二ではなく一般の道場生であった。さらにこの後、国王一行が宿泊していた東京ヒルトンホテルでも演武会が行われている。この時の演武では、山崎と添野の組手が披露された他、芦原は得意の頭割りで瓦15枚を割ってみせている。

梶原一騎は、『流浪空手』の序文で、「王室一行の宿舎、東京プリンス・ホテルの大広間において芦原君が添野義二、山崎照朝の両君を相手どって組手を王室一行に披露した」と書いているが、まず場所が東京プリンス・ホテルではなく、東京ヒルトンホテルであり、芦原と添野、山崎との組手は行われておらず、これは梶原の記憶違いであろう。

一つ確かなのは、芦原が独自の技術、後にサバキと呼ばれる技術の一部をこの時に公開したということである。この時に芦原が見せたサバキこそが、最初に考えついた相手の背後に回り込んでの「ヒジ落とし」というサバキ技であった。一説には、芦原が多人数のサバキを行ったのではないかという話もあるが、まだこの時期には一人対多数という形でのサバキは行っていない。芦原が多人数のサバキ技を考えるのは、八幡浜道場が完成して暫くしてからの話になる。また芦原が、当時試行錯誤しながら作り上げようとしていた技術にもまだサバキという呼び名はついておらず、芦原自身は「芦原の〝スペシャルテクニック〟」という言い方をしていた。

このイベントでは映像や写真が数多く撮られている。ヨルダンの王室が町の一空手道場を訪問するというのは、日本政府としても重大事であり、外務省もかなりピリピリしていたという。

芦原自身もこの時の写真を多数保管しており、そこにはスーツ姿の芦原が王妃一行を案内する姿が何枚も残っていた。また、当時の週刊誌にもこのことはグラビア記事で紹介され、芦原はこれも切り抜いて自分のアルバムに貼り付け保存していた。こうした様子から大山と芦原の人間関係が、まだかなり良好であった様子がわかる。

さらに言えば、四国に島流しに遭い、ようやく復活を遂げつつある芦原の顔には、王妃一行をアテンドする誇らしげな表情が見て取れる。１９６９（昭和44）年に始まった、全日本大会という舞台で活躍する機会のなかった芦原にとっては、これはひとつの大舞台であったと言っていいだろう。また当時大山からそれだけの信頼を得てアテンドを任されていたと言える。

この時、芦原が尊敬してやまない毛利松平の姿も会場にあり、毛利は後に「あの時に、物怖じせず道場での指導や演武をやってのけた芦原くんの度胸はなかなかのもの」と褒めている。

八幡浜道場完成、結婚

東京での大仕事を終えた翌日の6月15日は、芦原にとって待望の日となった。念願の八幡浜道場が完成したのだ。

芦原が、放浪歌を唄いながら四国入りした日から三年三ヶ月が経っていた。

一時期5名にまで激減していた道場生の数も徐々に回復し、この時には60人を超えるまでに回復していた。当時の芦原道場の月謝は、学生が１５００円、一般が１８００円だった。一ヶ月の収入はおおよそ9万円程だった。昭和45年大卒男子の初任給が、３万６７００円の時代である。それで月に9万円の収入があるというのであれば、一見楽な生活をしているように思われるかもしれないが、そのほとんどがローンの返済、電話代、来客の接待、そして本部への上納金などで出て行った。そのため毎月赤字が続き、経済的には一番苦しい時期であった。

それでも、それを乗り越えることができたのは、「妻マスミのお陰だった」と後に芦原は感慨深げに語っている。芦原は、「マスミがいなければ、八幡浜の道場はこれほどまでに早く建てることはできなかった」と弟子たちの前でポツリと呟いたことがある。

芦原が生涯の伴侶となるマスミと出会うのは、丁度芦原の激しい組手が原因で道場生が激減した時期であった。まともにメシも食えない芦原は、たまたま何人かの道場生と八幡浜沖の大島という海岸に遊びに来ていた。その時に芦原は、初めてマスミと出会っている。

マスミは姉と二人で遊びに来ていて、姉が芦原にカメラのシャッターを押してくれるように頼んだことがきっかけで、マスミと交際するようになった。

芦原はマスミに「みんな殺伐とし、稽古を怖がるようになっている。あなたが入ってくれると道場が明るくなるので、入門してもらえませんか」と無理な頼みをして道場に入門してもらっている。つまり芦原道場の女子部入門者第一号こそ、将来の芦原の妻となるべき人物だった。

マスミは芦原のそんな無理な願いを聞き入れ道場に通い始め、徐々に二人の距離は縮まっていった。その距離が一挙に縮まったのは、芦原が道場完成を毛利に報告しに行った時だった。

毛利は芦原に「道場も完成したことだし、奥さんとなる女性を紹介してあげよう」と提案した。芦原は、毛利に紹介された女性と結婚することになれば、一生頭が上がらないと思い、咄嗟に「自分には、付き合っている女性がいます」と告白してしまった。それを聞いた毛利は、「それはいい、すぐにその女性を連れてきなさい」ということになり、その二週間後の8月12日、芦原は、マスミと結婚することになった。

芦原によれば、実は30歳を過ぎるまでは、結婚しないつもりでいたらしい。後に毛利は、「破天荒な芦原には舵取り役の奥さんが必要不可欠だと判断し、なかば強引に芦原に承諾させたのだ」と語っており、あるいは芦原の考えを読んでいたのかもしれない。実際、後先を考えずに突っ走る芦原が、その後順調に伸びていく陰には、夫人の内助の功が大きかったことは紛れもない事実だ。

結婚から二年後、二人の間には長女佳果《よしみ》が生まれ、その後も英果《ひでみ》、英典《ひでのり》と二女一男の子宝に恵まれることになる。

道場が完成し家族を持った芦原は、決意も新たに〝決してこの道場を潰すようなことがあってはならない〟と固く誓った。道場が完成したとは言え、贅沢ができる状況ではなく、芦原はこの時マスミとの新婚旅行を断念している。

芦原はこのことを後々まで後悔したという。ある時最近結婚したという弟子に、「お前、新婚旅行は行ったか？　男はそうでもないんだろうが、女性にとっては新婚旅行というのは大切なもんだから行ったほうがいいんだよ」とアドバイスしている。それを聞いて私は芦原の違う一面を見た気がした。恐らく芦原は間違っても家族の前ではそんなことを口にすることはないだろう。そうした家族には言えないことを芦原は道場生の前で、独り言のようにポツリと突然何の脈絡もなく話すことがあった。そうやって弟子の前で口にすることで、家族サービスできない自分を慰めていたのかもしれなかった。

実際当時の芦原にとっては家族へのサービスは二の次だった。芦原は、「芦原は、空手のために家族は犠牲にしてきたんだよ」としばしば道場生の前で言った。その姿は、一つのことだけに自分の人生のすべてを賭けてしまう一途な職人の生き様があった。芦原にとって自分の人生のすべてを賭けられるもの、それは空手以外にはなかった。

極真会館国内支部の中で、常設道場を初めて自前で建てた芦原は、良くも悪くも極真会館の中心的人物として注目を集めるようになっていく。それまでにも黒崎健時の成増道場などがあったが、規模も小さく、道場と言っても黒崎の個人鍛錬場のような場所であったため、「極真会館の正式な国内支部としての第1号は、芦原の八幡浜道場だ」と大山が語っている。誰かの場所を借りるものではなく、一戸建ての空手のみをやる専門道場としては、この八幡浜道場が極真会館初のものであった。四国に渡り僅か三年という短期間に道場を完成させたそのバイタリティと努力は、常人がマネのできるものではない。

また、芦原は空手において非凡の才能を発揮しただけでなく、道場経営においてもその才能を発揮した。後に正道会館やK—1を創始する石井和義が、「商才ある空手商人のようだ」と揶揄されたが、石井のそうした才能の一端は、芦原の側にいたことで磨かれたものだと言える。道場の広め方や道場生の集め方について石井は、芦原からのアドバイスをいつも参考にしていた。生徒を集めるのに試し割りをするといいと教えたのも芦原だったし、その時のコツを指導したのも他ならぬ芦原であった。

八幡浜道場で稽古する芦原氏（1975年頃）。

高く瓦を積んだ場合の有効な割り方の技術、氷割りのセッティングの方法、石割り、ビール壜斬りの技術など、芦原はすべての試し割りの技術を石井に教えた。石井のみならず、芦原の下で学ぶことで自分の人生を開花させていった人間が少なからずいる。

八幡浜道場の評判は評判を呼び、やがて八幡浜には、芦原に空手を直接学びたいという連中が全国からやって来るようになり、後に名を成す有名な弟子がこの道場から数多く輩出することになる。そのなかでも特筆すべき人物が何人かいる。

芦原の純粋な弟子ということでは、中元憲義、二宮城光、石井和義、中山猛夫らだ。

その後、松山に総本部道場ができてからの者としては、松本英樹、里健志、廣原誠、田中孝司、山崎淳史、石本誠らがいる。彼らは、芦原がまだ全盛の時代に総本部で一定期間芦原から集中的に技術指導を受けた者たちである。彼らはいずれもかなり正確に芦原の技術を伝授されている。もちろん現在は空手から離れている者もいるが、現在も空手を続けている者たちのなかには、芦原の技と技術が脈々と受け継がれている。

私はこの八幡浜の道場に何度か足を運んでいる。はっきり記憶しているのは、芦原のお供として同行した時と、中元憲義が八幡浜道場の運営管理を任されていた時代だ。

芦原に同行した時には、道場の二階部屋にも案内してもらい、奥にあった毛利松平しか泊めないという隠し部屋なども見せてもらった記憶がある。その時も芦原が一番力説していたのが、「八幡浜の道場は外見は質素な作りだが、壁と床だけは頑丈に作ってある」という自慢だった。壁は既に書いたとおり栈が三倍入っていたが、床にも強力なスプリングが入っていたのだ。さらには、道場内部に吊られているバネを取り付けて作った芦原考案の〝特注サンドバッグ〟や自動車のタイヤを使って作った〝キック用の練習器具〟などを見せてもらったことを懐かしく思い出すことが今でもある。

道場に比べ、二階の生活空間はお世辞にも快適と呼べるものではなかった。それでも、そこには芦原が精魂を込めて建てた芦原空手の想いがあることを深く感じることができた。まさに芦原空手の原点であり、日本全国から集まった若者たちにとっては空手の梁山泊であった。

芦原は晩年、

「八幡浜は、みんなの思いと汗と涙で建った道場だった」

とよく周りに話していた。

この八幡浜道場が完成してから、芦原の行動はさらに加速していく。

それは恩師でもある毛利松平から、

「芦原よ、松山に出て勝負しなさい」

と発破をかけられたことも影響していた。〝男なら、もっと大きくならなくてはいけない〟。芦原は毛利の言葉をしっかりと受け止め、馬車馬のように走り出すのだった。この時芦原はまだ26歳であった。


ここではこの八幡浜時代に芦原から指導を受けた二宮城光と中元憲義、長谷川一幸について語っておきたい。

二宮城光

二宮城光と芦原の出会いについては、既にサバキの項で書いた通りであるが、ここで再度詳しく触れておきたい。なぜなら二宮の存在なくしては芦原空手の海外での拡大はありえなかったと断言できるからだ。芦原が、日本国内で芦原空手を伸ばすため奔走していたのと同じ時期、二宮もまたアメリカで日々努力を重ねていた。芦原が表なら二宮が裏、まさに表裏一体の関係だった。

二宮城光は、1954(昭和29)年1月27日、四国の八幡浜の日土に、父・岩蔵、母・ミチコの間に生まれた。十人兄弟で二宮の上には五人の兄と四人の姉がおり、城光は末っ子だった。ちなみに二宮の血液型は芦原と同じB型である。私は二宮が芦原会館にいた頃、二宮の温厚そうな性格から、〝血液型は多分O型であろう〟と推測していたのだが、尋ねたところ「館長と同じB型だよ」と言われて少々驚いたことがあった。芦原のB型は、血液型そのままの性格が出ていたが、二宮の性格からB型というのは想像しにくかったからである。

後に私はアメリカに仕事で行った際に、途中二宮のいるデンバーに寄ったことが何度かある。その時に、二宮が芦原と似たところがあるなとふっと思ったことがあった。実は二宮は当時アメリカで大人気のあるモノを作り、特許まで取得していたのである。それが、〝忍者バックル〟という商品で、ベルトのバックルの部分に飾りに付けられた十字手裏剣が取り外せて、実際に投げることが可能というマニアックな商品であった。

芦原が自分で手裏剣や日本刀を制作したことは有名だが、恐らく二宮の器用さについてはあまり語られたことはないだろう。実際、私も二宮からその話を聞くまでは、それほど器用でアイデアマンだとは知らなかった。

この〝忍者バックル〟は、当時ショー・コスギによって起こった忍者ブームの人気の影響もあり、二宮に少なからず利益をもたらしてくれた。その頃、道場経営と道場の隣に併設した武道ショップで生計を立てていた二宮は、「この忍者バックルで暮らしが助けられたのだ」と語ってくれた。私は器用さという点でも〝師である芦原に似ているのだな〟と感心した次第であった。その話を聞いた後では、二宮がB型という話も納得できるようになった。

芦原氏と二宮城光氏（1986年）。

当時二宮の父親は、子供が生まれると誕生を記念して山を一つずつ買い足すのが常だった。二宮が生まれた時、父親は〝城山〟という山を買った。その山の名前の城の一字をとって〝城光〟と名付けられたという。二宮の父親は大工であったが、同時に果樹園や田んぼも所有していた。

二宮は中学生になった12歳の時から柔道を始め、高校は愛媛の進学校である八幡浜高校に進学している。この間も柔道は続けており、高校一年の時に行われた四国大会では優勝している。

その頃の二宮は、週末や学校が休みの時には、八幡浜の警察道場で稽古をしていた。そして、そこで出会うのが芦原なのである。これが、１９６９年７月頃のことである。

芦原のその鍛え抜かれた肉体から繰り出される蹴りや突きに、高校生だった二宮は魅了された。二宮は後にその人物が兄が持っていた空手の技術書『100万人の空手』（大山倍達著）にモデルとして登場していた男であることを知る。夕日が差し込む警察道場で、二宮は、そのまだ名前すら知らない男の動きを目でいつまでも追い続けていた。

芦原の下で空手の修業を開始し、1971年10月24日に行われた第3回オープントーナメント全日本空手道選手権大会に17歳で初出場している。この時二宮はまだ茶帯（二級）であった。それでも二回戦まで勝ち進み、三回戦で優勝候補だった佐藤勝昭と対戦し判定負けしている。

1973年に高校を卒業した二宮は、芦原の推薦により五洋建設に入社する。因みにこの時の入社試験は、解答用紙に二宮の名前を書いただけで合格だったと言われている。芦原からの推薦があったため、形だけ行われたものだったのだ。

芦原は二宮には空手ではなく、他の世界で生きていくことを勧めていた。二宮からは「空手一筋で生きていきたい」と聞いていたが、〝自分のような苦労をさせたくない〟と考えた芦原は、五洋建設への就職を世話したのだった。

しかし、当時既に空手の虜になっていた二宮は、わずか半年で五洋建設を退社し、空手一筋の道を歩く決断をしている。芦原は二宮が半年で会社を辞めたことに文句は言ったものの、二宮が空手の世界に戻ってきてくれたことには、嬉しそうだったという。

１９７２年には第4回全日本選手権に出場しているが、三回戦でこの大会で優勝する三浦美幸と当たり完敗している。翌年の第5回全日本選手権ではベスト8に進出し、盧山初雄と対戦し判定負けで6位入賞。その後、第1回オープントーナメント全世界空手道選手権大会に出場し、準決勝まで勝ち上がるも佐藤勝昭に判定負けで3位になる。

１９７６年10月30日〜31日に行われた第8回全日本選手権では決勝に進出するも、佐藤俊和に判定負けし準優勝。そして翌年、第9回全日本選手権に選手生命を賭けて猛稽古に励んでいた二宮だったが、左手の怪我のため出場を断念する。原因はニューヨークの道場で真剣白刃取りの演武の練習中に、誤って親指の付け根を切断するという大事故により重傷を負ったためであった。

二宮が突然の事故で出場できなくなったため、師であった芦原は、当時大阪道場において石井和義の下で稽古していた中山猛夫に白羽の矢を立てる。二宮の代わりに代打で大会に出た中山であったが、その強さは群を抜いており、決勝戦では強敵東孝と死闘を演じ、見事準優勝に輝いている。この中山の活躍に芦原は、手放しで喜び、芦原道場では、〝中山、二宮が二強〟と言われるようになっていく。

その翌年の１９７８年、怪我の癒えた二宮は、万全を期して第10回全日本選手権に臨む。準決勝で中村誠、決勝で三瓶啓二といった強豪を迎えるが、それぞれを判定で下し、見事全日本チャンピオンに輝くのである。

大会で優秀な成績を残し、チャンピオンに登り詰める二宮にも数多くの試練があった。実は二宮は八幡浜時代、空手を辞めるか続けるかという大きな試練にぶつかっている。それが、海外からの留学生ジャン・ジャービスとの組手だった。

ジャン・ジャービス

八幡浜の道場が完成した翌年、空手修業でニュージーランドから東京の総本部に来ていたジャン・ジャービスという大男が突然訪れる。ジャービスは芦原がたまたま用事で総本部に戻って指導していた時に、芦原のテクニックとその合理的な指導に関心を持ち四国までやって来た熱心な空手留学生だった。身長が約１９０センチ、体重95キロで、四段の段位を允許されていた。

さらにジャービスは、総本部で百人組手も経験しているほどの猛者で、その実力はかなりのものだった。

ジャービスがやって来た１９７０年は、大阪万博が開催されるなど、日本への関心が高まったこともあり、日本に来た外国人の数はかなりの数に上る。そうしたこともあってか、極真会館にも海外からの弟子が数多くやって来た。ジャービスもそういった弟子の一人だった。そんな事情もあり、芦原の八幡浜道場でもジャービスは客人扱いであった。〝技を学んでもらう〟という雰囲気で、実際に道着を着ても厳しい指導はされなかった。しかし結果的には、芦原のそうした心遣いが仇になる。

ある日ジャービスが、芦原に「東京デ、一度モ負ケマセンデシタ。極真会館ニツヨイヒトイマセーン」

と言った。さすがにジャービスのこのもの言は気に障った。芦原にしてみれば、客人として扱っていたので、激しい稽古や組手はさせないように気遣ってきたからだ。

「組手やりますか?」

と芦原はジャービスに尋ねてみた。ここでジャービスも引いてくれれば良かったのだが、若さゆえか自分の空手にかなりの自信を持っており、

「イエース」

とジャービスは、やる気満々であった。

芦原は当時まだ茶色帯だった二宮城光をジャービスとやらせることにした。柔道では四国で優勝経験もある二宮は、空手の技術も身につけて道場ではどんどん実力をつけているところだった。体格も日本人の中ではずば抜けていた二宮であればジャービスに勝てないまでも抑えることはできるだろうと考えてのことだった。

二宮とジャービスは、道場の真ん中でお互いに向かい合った。二宮にとってジャービスは、初めて見る巨大な外国人であった。大体八幡浜の田舎まで訪ねて来る外国人など皆無の時代である。二人は、お互いに十字を切り軽く頭を下げた。芦原はその真ん中に立った。

「用意、構えてかまえて、ゴー！」

右手の拳を突き出しながら芦原が開始の合図を掛ける。

お互い静かに睨み合う状態が続いた。間合いを測り、一定の距離を保ったまま動かない。

周りを取り囲んだ道場生と芦原は、どちらが先に動くのか静かに見守っていた。

二宮が、先に動いた。

左前蹴りと右中段蹴りを連続して放った。普通の者なら持っていかれるほどの体重の乗った蹴りだった。

しかしジャービスは、頑強だった。蹴りが伸び切ったところで、二宮の足首を掴むと後ろに弾き飛ばした。

その怪力に道場生たちが、一瞬ざわめいた。芦原だけが、眼光鋭くジャービスの動きを目で追っていた。

二宮は勢いよく道場の隅まで、無様に転がされていた。

芦原は二宮の動きがいつもより硬く緊張しているのを見逃さなかった。その分、身体のバネが使えず萎縮していて、いつものキレのある動きができず、突きも蹴りもあと一歩踏み込みが足りなかった。

それに引き替えジャービスは、二宮の攻撃を紙一重で見切っていた。ジャービスの目には、明らかに自分が優位であるという自信が窺えた。

二宮は苦し紛れに上段の蹴りを放った。しかしジャービスは、その攻撃を嘲笑うかのように、太い腕で軽くブロックすると、力任せに弾き飛ばした。再び二宮は床に転がされた。

芦原は、「止め！」と二人の間に割って入った。

二宮はすぐに立ち上がりファイティングポーズを取り、

「大丈夫です」と芦原に言った。

ジャービスも伊達に極真の四段を貰っているわけではなかった。さらに、本部で芦原のテクニックを見てわざわざ四国までやってくるほどであり、それなりの力量と眼力を持ちあわせていた。

「やります！」と言う二宮を芦原が制した。

二宮は感情的になり、いつもの冷静さを失っていた。これ以上やらせると危険だと判断した芦原は下がらせると、

「二宮、起きてるか。どうしたらいいか見せちゃるけん」

と言い、ジャービスと向かい合った。

ジャービスは不敵な笑みを浮かべていた。

芦原の身長は１７３センチで、その身長差は17センチ、体重差も25キロはあった。

二人を取り囲む道場生が、事の成り行きを見つめていた。

芦原は、半身で両手を腰の高さで軽く構えた。

それは、ほとんど自然体に近い構えで、両手は申し訳程度に相手へ向いている程度だった。

まるでガンマンが腰だめに拳銃を構えるようなスタイル。

全身から無駄な力が完全に抜けていた。

それに対してジャービスは、両拳を握りこみ典型的なクラウチングスタイル。

芦原を倒す気満々の戦闘モードだった。

芦原は、ジャービスを見据えると、

「ゴー」と短く言い放った。


芦原を前にジャービスの動きは、早かった。

距離を一気に縮め、顔面を狙った左上段パンチを打ってきた。

ジャービスのパンチは、パワーがあり正確無比だった。

見ている者にはジャービスのパンチが芦原の顔面を打ち抜いたかに見えた。

道場生たちから「うわぁっ！」という声が上がった。

しかし、ジャービスの動きより芦原の動きの方が格段に速かった。

芦原はウィービングからサイドステップし、左手でジャービスの顔面を叩いた。

指が正確に目を襲い、一瞬、視界を奪っていた。

ジャービスの巨体が思わず停止した。

その一瞬の間を芦原は逃さなかった。
強烈な右のパンチが、ジャービスの顔面に叩き込まれていた。
芦原の拳には確かな手応えがあった。
ジャービスは立ったまま完全に意識を失っていた。
意識のないまま、芦原にのしかかるように倒れこんできた。
芦原はそのまま担ぐと後ろに投げ飛ばした。
ドーンという大きな音が道場に響いた。
頭から床に落とされたジャービスは、
そのまま起き上がることはできなかった。

文字にすると長いが、この勝負はものの数秒でカタがついた戦いだった。

道場はまるで水をうったように静まり返っていた。芦原のあまりのテクニックに誰もが魅了されていた。芦原に倒されたジャービスは、その後は極めて謙虚になった。

本国に帰ってからも「極真で一番強い先輩は、芦原先輩」とあちこちで宣伝したためジャービスの弟子の数人が、その翌年に八幡浜に来た。さらにはヨーロッパや南アフリカから、「芦原の支部道場になりたい」という手紙が数多く届くようになった。

実は後に南アフリカに芦原空手の支部をつくるフセイン・ナーカーという人物もジャービスの弟

子に当たる人物であった。

芦原が英文の技術書を世に出すまでにはまだ時間があるが、こうした直接指導を受けた弟子たちが口コミで伝えた芦原に対する高い評価と評判が、英文書が出た際に巨大な津波となって世界を駆け巡り、大ヒットにつながったのだろう。

この時に芦原がジャービスを相手に使った技は、無論後に〝サバキ〟と呼ばれる技術のひとつであったが、あまりに危険なため、技術書には掲載されていない。しかし、黒帯研修会で芦原は直接指導したことがある。私自身、芦原からこの技を指導されたことがある。

この時期に、後に芦原自身が、〝サバキ〟と命名する技術体系の骨格はほぼ完成していたと考えられる。しかし、その時期には、まだ〝サバキ〟という言葉もなく、芦原は道場生に説明する時には、〝芦原のスペシャルテクニック〟とか〝裏技〟という言い方をしていた。当時芦原が言う〝裏技〟とは、主に危険な技についてであり、相手の眼や金的を叩く技術なども〝裏技〟と言っていた。なかには相手の首を捻り折るという技まで含まれていた。

また、この時期にはナイフの扱い方なども一部の黒帯に指導した。使うナイフは両刃で、ある程度重量のあるコンバットナイフをどう扱うか、どう投げるかというもので、これについては当時芦原が指導を行った時のメモも現存している。ただし、そうした技術は一般に公開するにはあまりに危険度が高いため技術書には入れず、黒帯の研修、いわゆる〝帯研〟に限定して指導が行われた。

ただこの〝帯研〟は不定期で芦原が特に必要と感じた時に招集されたため、当時在籍していたすべての黒帯に指導されたわけではない。

いずれにしろ両刃ナイフを扱う方法を訓練することで、対ナイフや刀などの〝光り物〟に対する耐性を養う方法を芦原は考えていた。

この技術は、海外から特殊部隊のチームが芦原の下にサバキを学びに来た折りにも指導された。この際にはすべて本物のナイフを使用して行われたという。芦原は実戦を想定した場合、ダミーナイフや模擬刀では意味がないと考えていた。これは芦原自身が何度も本身のナイフや刀を相手にしてきた経験からきた智慧だった。


このジャービスとの組手は、『空手バカ一代』の中で、「ジプシー空手家との死闘」という話の元ネタになっている。梶原は、芦原から聞いたこのジャービスの話と芦原のローキックを受けて泣き出した外人の話を元にして原稿を書いたのである。

芦原には一蹴されたジャービスだが、実は百人組手も経験した猛者であり、「かなりの実力者だった」と芦原も語っている。まだ茶色帯の二宮が勝てなくても当たり前の相手だったのだが、ほとんど子供扱いされた二宮の心の傷は深かった。

二宮は自分自身の精神的な脆さを意識し、それを克服するために、郷里の佐田岬の川之浜で一人キャンプを張りトレーニングに励んでいる。

二宮が後に〝アメリカに渡りたい〟と芦原に願い出た理由の一つには、この時に壁となって存在した、〝自分より大きな相手に対してどう闘えばいいかを学びたい〟という気持ちがあったのかもしれない。ジャービスに勝てなかった二宮は、アメリカでの修業で自分より大きな相手に対してどう闘うべきかという課題を自分自身に与え、それを一つずつ解決していった。そうした毎日の積み重ねにより、その数年後芦原のもとに姿を見せた二宮は、以前にも増して逞しく成長していた。

中元憲義

中元憲義は芦原が四国に来た時から芦原を陰で支えてきた人物であった。道場生がたった五人に激減した時も中元は芦原の側にいた、文字通りの生え抜きの弟子である。

芦原会館時代、芦原は中元に「中元も色々大変やけん、道場のあがりの中から二十万でも、三十万でも好きなだけ取っていいんじゃけん」とまで言われていた。当時中元は八幡浜の道場の管理全般を任されていたが、「自分は、芦原先生に学べるだけで満足ですから」と言い、道場に通う道場生から徴収される会費は、すべて経理の人間を立て全額本部に納めている。それどころか、「自分の食い扶持は、他で稼ぎますから」と他に仕事を持ち、空手を指導することで金を一切受け取らず、極真会館の支部時代から芦原会館に至るまで、芦原から一銭の金も受け取ったことはない人物だ。

金に対する執着がないという意味では、中元ほど執着がない人間も珍しい。その分空手の強さには人一倍拘る男である。無口であるが、一度戦いの場に立てば、妖刀「村正」の如き斬れ味を持つハイキックで相手を床に沈めた。そのサムライ然とした立ち振る舞いに多くの後輩たちが憧れた。

さらに芦原直伝のサバキの技術は、弟子の中でも他の追随を許さず、多人数を相手にしたサバキでは芦原も一目置くほどの技の切れを見せた。二宮城光や中山猛夫のように大会での実績こそ残していないが、「その技の確かさでは二宮や中山をはるかに凌ぐ」と芦原に言わせる実力の持ち主である。

実際、芦原も自伝でページを割いて中元の強さについて触れている。以下は道場破りが来た際の描写だ。

中元は、見た目こそ痩せ形だが、無駄なく鍛え上げた筋肉は、素晴らしいスピードと瞬発力を持っている。彼の左の廻し蹴りのスピードと破壊力は、体格では数段優る二宮でさえ一歩譲る。で、その男と中元が対することになった。思ったとおり結果はあっけなかった。

男がかまえて「さぁいくぞ」と気負いこんだ瞬間、中元の左廻し蹴りがパカーンと顔面にヒットし、相手は崩れ落ち、大の字になってしまった。

『空手に燃え空手に生きる』

芦原の得意な蹴りは、右廻し蹴りであるが、「中元は、左で芦原そっくりの廻し蹴りを蹴るんだよ」とは芦原の言葉である。

私は、かつて中元が八幡浜道場の責任者として道場を預かっていた時に、中元に会い指導を受けたことがある。その時に、私が尋ねたのは、芦原の一対多数の「多人数がけ」のサバキをいつ頃始めたのか、さらに芦原がどのように「多人数がけ」の稽古を行っていたのかということだった。

中元によれば、芦原は八幡浜時代既に道場で「多人数がけ」の稽古を行っていたという。私は、その時の中元の説明を図解と説明文でノートに書き留めている。

芦原は八幡浜に道場が完成して以降に「一人対多数」のサバキ技術について研究し始めた。道場が完成する以前は、芦原自身が多忙であったことから「多人数がけ」の技術について、落ち着いて考える時間はなかった。道場が完成し、ジプシー生活をしなくてよくなってから、技術についてあれこれ考えるようになった。

最初は、道場の両サイドに道場生を並ばせ、芦原が中央に立つ。

左右の道場生が芦原に順次掛かっていく。それを瞬時に捌く。

という稽古をしていたという。つまり左右から向かってくる相手のうちどちらかを瞬時に捌き、一人目を捌いた瞬間に次の相手をどう捌くのかを研究している。方法としては、捌いた一人目を次に来る二人目にぶつける、あるいは遮蔽物として使うことで、相手の攻撃のタイミングをずらす方法などを研究している。

最初の頃は、一人対二人であっても上手く捌くことは難しかったが、徐々に上達していき「一人対二人」でのサバキが出来るようになった後は「一人対三人」のサバキを研究している。

芦原は特に身体の回転運動（腰の回転）をどう使うかについて試行錯誤していた。さらにそれが完全にこなせるようになると、今度は立つ位置も決めず、相手を自由に次から次に掛かってこさせて、瞬時に捌く稽古をしていた。

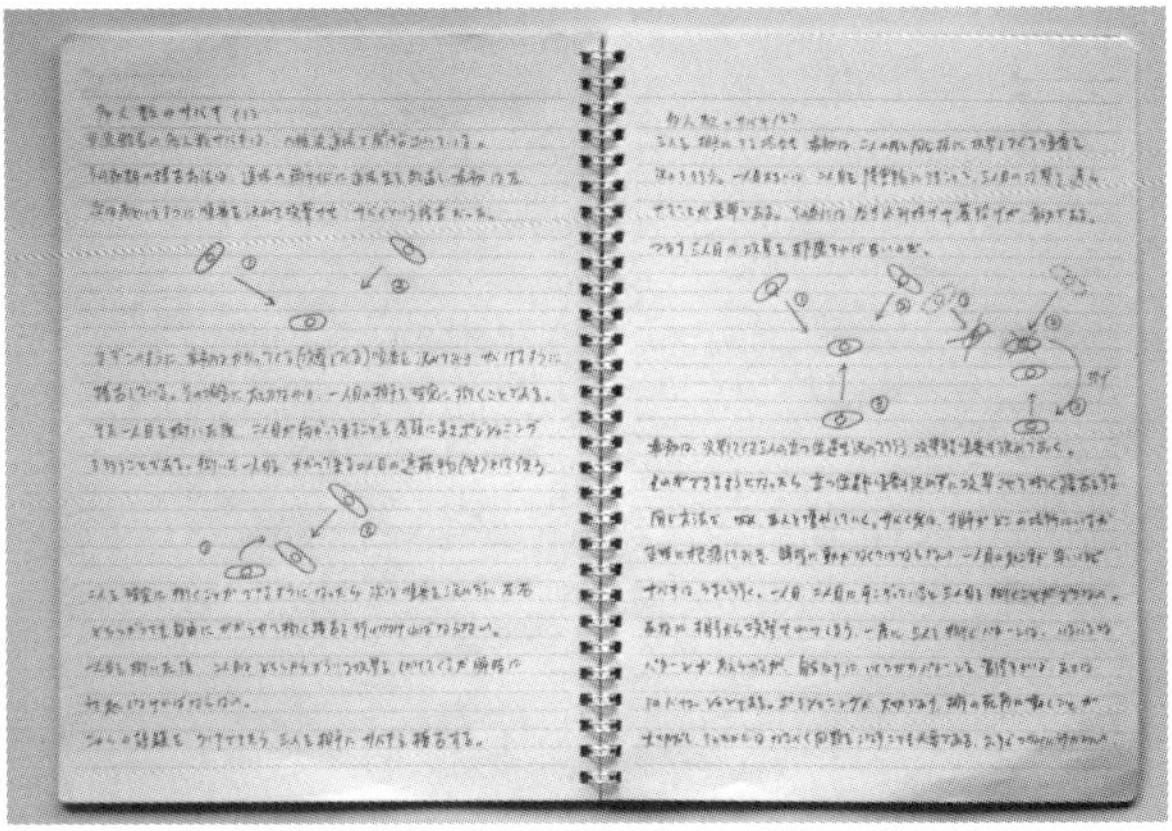

多人数がけに関するノート。

芦原が、三人の敵を瞬時に捌く様子は、映画「地上最強のカラテ」でも公開されている。実は、この映画撮影時にはそれ以外に、四人、五人の相手を捌く「対多人数のサバキ」も披露されていた。しかし「あまり見せると真似されるけん。スペシャルテクニックはまだ公開せんのよ」ということで完成映像ではカットされている。

芦原が多人数のサバキをどういう経緯で考えるようになったかについては、私自身、直接芦原にその質問をぶつけたことがある。その時の芦原の答えは、一つは芦原自身の経験から来ているということだった。芦原は、多くのストリートファイトを経験しているが、その多くの場合に一対一での戦いというのは稀で、ほとんどの場合、芦原一人に対し相手は複数人いることが多かった。そのため、実戦ということを考えた時に多人数の敵を想定した戦い方は必要だと考えた結果だった。

二つ目は、本部時代、つまり東京にいた時には相手が数人いても圧倒的に芦原の動きの方が早く勝つことができた。しかしそこに戦略的なものがなかったという反省だった。芦原は闇雲に戦って勝つのではなく、自分の勝ちパターンを分析し、技を研究することの必要性を感じたという。当然ながら自分を振り返り分析するには、時間的な余裕が必要になる。芦原がそうした研究を始めるのが、道場が完成しジプシー生活から解放された頃からというのも理解できる。

芦原が、そうした技術研究を始めた頃に、その技術を間近で見て、芦原に技を掛けられながら学んだ者は、芦原道場以外の者でも存在した。それが長谷川一幸であった。

長谷川一幸

長谷川一幸は、芦原英幸、添野義二、山崎照朝とともに後に「極真四天王」と呼ばれた実力者の一人である。芦原が、八幡浜の道場を完成させて間もなく、長谷川は芦原に「芦原のスペシャルテクニック」を学ぶために四国にやって来ている。恐らく極真の後輩の中で一番最初に、それも直接芦原から後の〝サバキ〟を学び、研究したのが長谷川だ。そうしたこともあり、芦原は私に「いつか芦原のことを書くのなら長谷川に話を聞け」と言ったのだろう。

私は、この本の執筆を始めるまで長谷川と直接のつながりはなかったのだが、友人を介して長谷川への直通電話を教えられた。既に友人から取材の趣旨が伝えられていたこともあり、長谷川は「芦原先輩のことなら協力するから」と快く応じてくれた。ただその時は丁度長谷川は海外に指導に行く直前のため、「帰国後改めてもう一度携帯に電話がほしい」ということになった。

その際に長谷川は、

「あんた、芦原先輩の弟子なんだろ、俺の家に来いよ。芦原先輩のことなら何でも話してあげるから」

と言ってくれたのが嬉しく、改めて芦原の意図が分かった気がした。

再度の電話の上、長谷川の道場がある徳島の駅に着くと、長谷川自身がメルセデスを運転し出迎えてくれた。挨拶もそこそこに長谷川は、

「メシは食ったの？　まだならいい店があるから」

と自分が贔屓にしている店に案内してくれた。

実は長谷川に会う前に、東京で藤平に取材をしていたことを話すと、まずその話で盛り上がった。

既に書いたように長谷川は藤平が極真会館本部で指導員をしていた時代を知っていたし、カレンバッハとの激闘の目撃者でもあった。さらに後に詳細を書くが、芦原が支部長会議で永久除名されることになった支部長会議に参列していた生き証人でもあった。

芦原と長谷川が出会ったのは、本部からの使者がわざわざ芦原の道場まで来て、「最近本部で威張っているのがいるので、一度懲らしめてやってほしい」という申し出があったことだった。

芦原が、「それは誰なのか?」と訊ねたところ、先日行われた極真初めての全日本大会で3位に入賞した長谷川一幸という後輩だという。その話が出てから数日後、芦原は東京に用事ができて上京することになった。

上京した芦原は、早速本部道場を覗くと、道場では長谷川が丁度パワーアップ・トレーニングの最中であった。芦原は第1回大会で審判を務めたこともあり、長谷川の顔には見覚えがあった。ただそれをおくびにも出さず、

「君が長谷川くんか?」

と芦原は訊ねた。

「押忍」

長谷川はトレーニングで盛り上がった胸を一段と張って答えた。

「お前、3位なんだって? 組手やろうか」

長谷川は「噂の先輩と組手ができる」と、一も二もなく芦原の申し出に応じた。

芦原は道着に着替えると、改めて道場で向かい合った。

「お願いします」

長谷川は、そう言うと組手の構えを取った。

先に動いたのは長谷川だった。突きから蹴りへのコンビネーションを放つ。

それを芦原は、軽いステップ・ワークでかわすと、

「お前、それでも3位か？　思い切って来いや」

芦原の挑発だった。

「お前が来ないんだったら、こっちからいくぞ」

長谷川が、その芦原の言葉に反応して反射的にパンチを出そうと動いた。

しかし長谷川がパンチを出そうとした瞬間、長谷川より一瞬早く芦原が動いていた。

長谷川には、その初動が掴みきれなかった。

突きを出そうとした時には、自分の顔面を叩かれていた。

目尻がパクリと切れて血が流れた。

長谷川は、自分の身に起きた事がまだ信じられなかった。

全日本3位になったばかりだったし、特にその日体調が悪かったわけではなかった。なのに、自分の技や動きが全く通用しなかったのだ。そのことのショックがあまりにも大きかった。

芦原は、呆然とする長谷川に金を渡すと、

「病院に行って縫ってもらって来いよ」

と言った。

長谷川の怪我は二、三針縫うほどのケガだった。


この一件は、すぐに大山館長の耳に入り、芦原は館長室に呼ばれると、

「芦原、お前は東京に帰ってくる度に後輩苛めをしているじゃないか。私は、そんなことのためにお前を呼んでいるんじゃないよ！」

と、大山から散々説教された芦原は、面白くない気持ちで一杯だった。道場の組手、それも相手は全日本3位の実力者である。それを「後輩苛め」と言う大山もいかがなものかと思ったが、芦原は、

「押忍、以後気をつけます」と言い残して館長室を出た。


その数日後、芦原は四国に帰る前に再び本部道場に寄った。

そこには、目尻に絆創膏を貼った長谷川が後輩の指導をしていた。

長谷川は、芦原の姿を認めると「押忍」と言って頭を下げ十字を切った。

芦原は、

「お前も四国に来たら強くなれるんよ。来たら、芦原の技を全部お前に教えちゃるけん」

そう言い残して本部道場を後にした。

長谷川が八幡浜の道場に姿を現したのは、その日から丁度一週間目のことだった。道着の詰まったカバンを持った長谷川が道場の玄関に立っていた。

意外な後輩の来訪に流石の芦原も驚いた。

「長谷川、お前どうしたんよ?」

「押忍、弟子にしてください。指導員は辞めましたから」

そう言われて戸惑ったのは芦原の方だった。当時、東京本部の首席指導員を務めていたのが長谷川であることを知っていたからだ。当時の長谷川は、大山館長の代わりに一人で朝、夕、夜と道場で指導していた。

その長谷川がいきなり辞めたとあっては、大山館長が困り果てている姿が芦原の脳裏に浮かんだ。

「お前、辞めたって、大山館長にどう言って来たんよ?」

普通、どう考えても急に指導員を辞めさせてもらえるはずはなかった。

「押忍、親が病気なのでとことわって辞めてきました」

「しかしなぁ、指導員辞めたんじゃまずいけんな」

「押忍、自分は先生の弟子になりたいんです」

「先生なんて呼ばなくていいけん、お前も指導員なんじゃやけん。先輩でええんよ」

結局芦原は、大山に電話をかけ、長谷川をしばらく四国で預かるということで了解を得た。

それから約1ヶ月あまり、長谷川は芦原の指導を受けることになる。長谷川は八幡浜の道場の二階で寝泊まりして稽古に励み、芦原の松山や宇和島での指導に付いて行ったという。その時の門下生の中には、まだ若かった二宮城光や石井和義の顔もあった。

八幡浜では午前中に補強運動、夜は道場の稽古、それが終わると芦原との技の研究と、長谷川は毎日10時間以上空手の稽古に没頭した。組手では顔面もバンバン叩き、技を掛けられ、あるいは技を掛けて、さらにその逆技を見つける研究をした。

芦原は、技としてサバキの原型と言えるものを、1969（昭和44）年1月頃には、おおよそ完成させたと自伝に書いている。それを体系化するにはまだ時間が掛かるのだが、長谷川が芦原とともに技術研究をしたこの1970（昭和45）年頃は、サバキ完成のプロセスを考える上で重要な期間であった。

長谷川は芦原から技術指導を受けた後で行われた、第2回全日本空手道選手権大会で見事優勝を収める。ちなみにその時の準優勝が、山崎照朝（現逆真会館）、3位が添野義二（現士道館）であった。

今回お話を伺って驚いたのは、この試合の時、長谷川は芦原が場外から送ってくるサインに意識を集中していたのだということだ。芦原は、〝次にここと ここを狙え〟と目や手の合図を送ってくれていたというのだ。長谷川はその芦原のサイン通りに動いて戦えば、相手が面白いように倒れたという。これを聞いた時、私の脳裏にはマイク・タイソンとトレーナーのカス・ダマトのことが思い浮かんだ。タイソンは、リングでカス・ダマトが出すナンバーシステムのサインに従って戦い、世界王者にまで上り詰めたが、それと重なったからだ。

長谷川は、

「今の自分があるのは、芦原先輩のお陰です」

ときっぱりと言い切る。

芦原氏、右端長谷川一幸氏、八幡浜道場にて（1970年）。

長谷川以外にも、〝四国詣で〟と称して東京本部から芦原のスペシャルテクニックを学びに来た者は多いが、長谷川ほど芦原と寝食をともにして稽古した者はいないだろう。また、実際に試合において、その技術を駆使して優勝した者と言えば長谷川一幸ただ一人と言える。

芦原もまた長谷川を非常に可愛がっており、後に長谷川が徳島に支部道場を開設した際には、演武会に出向いて「後輩の長谷川くんを応援してやってください」というスピーチまで行っている。

長谷川は現在も、芦原から学んだサバキの研究を行っており、自身の書籍やDVDでもサバキ技術を公開している。その中には、極真会館芦原道場時代には芦原が指導していたが、芦原会館設立以後には、「危険過ぎる」として封印してしまった技も一部公開されている。

長谷川の技術には、極真会館芦原道場から芦原会館に移行していく過渡期に研究されていたサバキ・テクニックの原型を見ることができる。

また長谷川は、当時八幡浜で芦原から学んだ技術を細かくメモに残しており、その時のノートが現存している。私は、長谷川の自宅を訪問した折に、その貴重なノートを見せてもらうことができた。そのノートには細かな文字で、現在のサバキの元となる芦原の指導内容が数多くメモされていた。そのメモを見て思ったのは、初期の技は現在のものに比べ、かなり危険なものも含まれていたということだ。

長谷川は元々理科系の勉強が得意であったこともあり、メモは緻密で正確なものだった。こんな話がある。実は芦原は、それまではメモは一切取らないことを信条としていた。しかし長谷川がメモを取り、それを練習に活かしていることに気づくと、自分自身でもメモを取る習慣をつけるようにした。そのお陰で芦原の最初の技術書となる『実戦！芦原カラテ』（講談社）では、山のようなメモが存在した。さらに芦原らしいのは〝メモでは紛失することがある〟と考えて、デスクにロールペーパーを備え付け、思いついたことをどんどんそのロールペーパーに書きつけるように工夫をした。これであれば無くすこともなく、後で整理するのも簡単になる。とにかく良いと自分が判断したことは、どんなことでもすぐに取り入れるのが芦原のスタイルだった。

この本を書くにあたって、芦原の後輩にあたる人物は数多く取材させて頂いたが、中でも「自分はその多くを芦原先輩から学んだ」とはっきりと口に出して語ったのは長谷川だった。また、「芦原先輩が、本で俺のこと書いてるけど、全部本当のこと、嘘は一つもないよ」と言い切った。

道場破り

芦原が道場生が5名に激減した時を境に指導方法を180度変えたのは既に書いた通りだ。これは習う方にとっては嬉しいことであったが、芦原にとってはストレスの溜まる毎日であった。かつて大山道場時代は、毎日のように人を殴って蹴っ飛ばす日々を送っていた芦原によれば、「毎日人を殴っていると、殴り癖のようなものがつき、その日一日誰も殴らないと気分がすぐれないことがあった」

と言う。ソフトな稽古にしたお陰で、確かに弟子が増えてくれる喜びはあるが、芦原にとって、弟子を殴らず超ソフトに指導するのは至難の業であり、このストレスばかりはどうすることもできなかった。この反動が有名な愛媛での〝道場破り〟へとつながっていくのである。

芦原にしてみれば、「自分の道場で殴れなければ、他人の道場に行って思いっきり暴れればいい」ということであった。しかし、これはもろ刃の剣でもあった。他人の道場に道場破りに行っても、まだ自分が道場を構えていない間は、素性さえバレなければなんとかなった。しかし自分の道場を建ててからは、他から道場破りが来ることも考えなくてはならなかった。それはまさに芦原道場戦国時代への突入と言ってもよかった。極真空手対伝統派空手の四国戦争の始まりであった。

芦原は極真空手の知名度を高めるためもあり愛媛に来た直後から、かなり道場破りをやっている。

まだ『空手バカ一代』は始まっておらず、極真空手の知名度が低い時代、極真の名前を広める方法として、一番手っ取り早いのが道場破りだと考えての行動だった。後に『空手バカ一代』でも有名なエピソードとなるが、芦原の自伝ではこの辺りのことは、さらっと流す程度にしか書いていない。

それは既にその頃の芦原が、世間から注目されているということを自覚し出したことと関係がある。〝あまり殺伐としたことを書くと道場に人が来なくなるのではないか？〟という懸念もあったようだ。

芦原が他流派の道場に行き道場破りをする時の方法は大抵決まっていた。まずめぼしい道場を見つけると外から覗く。窓がある場合は窓から、窓がない場合は入り口近くから覗き込む。まるっきりの素人が興味を示して見学に来たかのように振るまうのだ。

　そして中にいる人に聞こえるように「凄いなぁ、空手っていうのか。やってみたいなぁ」などとうるさく呟くのである。言われている方も最初は気付かないが、次第にその口調の中に含まれているどこか小馬鹿にした響きを感じる。そのうちその道場の責任者か師範代がイライラしてくる。それでも芦原はその芝居をやめない。なかでも相手を一番怒らせたセリフは、

「それ、もしかしたら空手？」

という文句だった。空手をやっている連中にすれば、これほど侮辱されたセリフもなかった。

　道場の入り口には道場の看板も上がっているのにこのセリフである。このあたりで道場主か師範代が、痺《しび》れを切らして「そこのうるさいのに誰か稽古をつけてやれ」と言いつける。

　この一言で、その道場が町から消えるはめになった。

　大体どこの道場でも誰も使っていないボロボロの汗臭い道着と帯を貸してくれた。もちろん帯は白帯である。芦原はわざともたもた道着を身に着ける。「この帯、どう締めればいいんですか？」などととぼけたことを聞き、まったくのド素人を演じるのだった。その様子から相手は生意気な素人に痛い思いをさせてやろうと考える。

　ここまでくれば後はもう芦原のものだった。

　相手が、「じゃあ、やりましょうか」と言ってくるのを制して、

「ちょっと待ってくださいよ。身体がまだ温まっていないのでウォーミングアップさせてくださいね」

と断り、吊ってあるサンドバッグを機関銃のように蹴って見せるのだ。その蹴りは、芦原がムエタイから学び研究したもので、あまりの連打に宙に浮いたサンドバッグが元の位置に戻らず空中にあるうちに蹴り込まれる凄まじいものだった。

芦原の道場破りのテクニックは、まず相手をムカつかせ、次にイライラさせる。そして最後に相手のド肝も抜くというやり方だった。ここまでくればもう完全に芦原のペースだった。

芦原は、自分の命を捨てるつもりで四国入りしていたが、命を捨ててかからねばならないほどの強敵には会わなかった。四国に渡る以前に芦原は、藤平からムエタイの強さやその技の合理性を教わり、自分なりに研究し、藤平がタイに渡った時の資料や写真なども整理していた。そうした資料は、四国でも肌身離さず所有し研究を重ねていた。

また藤平や黒崎らがタイに遠征した後で大山道場で行われていた、ムエタイの選手を招いての研究会にも参加し、ムエタイ技術の吸収に努めていた。その結果芦原は、背足による廻し蹴りとコンビネーションによる攻めを早くに取り入れていたのは既に書いたとおりだ。

元々芦原は、背足によるハイキックをムエタイを知る以前から使っていた。ただその当時の芦原のハイキックは、相手の頭部を刈り込むような蹴り方で、ムエタイとは明らかに違っていた。それがムエタイを学んだことで、芦原のハイキックの技術はより進化する。

この時期に芦原が、〝必倒パターン〟として考え出したコンビネーションがある。それはパンチからの下段への連打で相手のガードを下げさせ、頭部に背足でのハイキックを決めるという攻撃パターンであった。その動きは、それまでの伝統派には見られないムエタイに近い独特の動きであったため、道場破りで芦原と対峙した相手はその動きについていくことができなかった。まだビデオも一般に普及していない時代、相手は芦原に何をされたのかすら分からなかっただろう。

芦原は、当時の道場破りのことを次のように記している。

「はっきり言って、このころの他流の道場は、実戦のレベルが低かった。前にも述べたように、足を大きく開き、腰を落とし、重心が前足にかかり、上体がそっくりかえったかまえである。手のガードも低い。このかまえだと、横への動きがおぼつかなく、前に出てくる突進力さえかわせれば、あとは思うがままである。さらにこのかまえは、重心が前足にかかっているため、前足の蹴りがスムーズに出せない。前足で蹴ろうとすると、後足をいったんひきつけ、重心を移動しなければならない。出してくる技が限定され、しかも、スピードがないため、技が見切りやすいのである」

『空手に燃え空手に生きる』

この分析は芦原独自らしく正確で、八幡浜時代に既にこういった重心や体のバランスなどに関して研究していたことが窺い知れる。芦原のこの理論は、大変理に適ったものであった。

ずっと後のことになるが、芦原が芦原会館を開いた後、堺東の芦原空手の支部道場に若い道場生が来た。彼は伝統派を学びながら芦原空手を学びに来ていたのだが、その後伝統派の全日本大会に出て見事優勝を勝ち取った。試合は突進してくる相手に対し、サイドステップでかわしながら技を華麗に決めるスタイルで、まさに芦原流のサバキであった。

この若者こそ、若い頃の内田順久だった。内田は、「内田順久のベスト空手」というＤＶＤを株式会社チャンプから出しているが、そのテクニックの中には、「サバキのテクニック」なる項目があり、内田が芦原からサバキを学んだことを示す箇所でもある。

因みにこの堺東の道場には、他にも後に石原裕次郎の石原プロ制作のテレビドラマ「西部警察」で活躍する俳優の御木裕も通って来ていた。御木が「西部警察」に出演している関係で、芦原も御木の空手の師ということで特番に出演している。撮影は千葉のスタジオを借りて行われ、芦原門下生の中山猛夫、伊藤浩久らも出演しており、劇中では芦原が御木のハイキックを受けている場面と攻撃を仕掛けた御木が、芦原に捌かれているシーンが放映された。撮影ではかなりフィルムを回していたが、実際にテレビで放映されたのはわずか数分間の映像だけだった。

また御木の父親は、ＰＬ教団の教祖として有名な人物であり、芦原とも交流があった。実は芦原自身、芦原会館を設立後、少林寺拳法を真似て芦原会館の宗教法人化を考えたことがあり、その相談をしたのが御木の父親であった。芦原は、真剣に芦原会館の宗教法人化を考えていたようだが、御木の父親から「芦原先生は、武道家であって宗教家ではない」と諭され諦めている。この話の一部は、石井和義が自伝『空手超バカ一代』(文藝春秋)の中でも書いているので御存知の方も多いだろう。

芦原は東京で仕事があると、たまに俳優の御木を呼び出し、五月みどりの「クラブ・五月」で御木と飲むこともあり、俳優業で頑張る御木を応援していた。

東京の撮影現場に行った時は、「太陽にほえろ」に出演中の沖雅也ともニアミスしていたそうで、芦原は、何を思ったか御木に「あんな奴、バーンと一発殴ってノックアウトしちゃえばいいんだよ」と言ったという。どうも芦原の目には、沖雅也が生意気な俳優に映ったようだ。さらに「西部警察」の広島ロケがあった時には、御木の宿泊先のホテルまで陣中見舞いに出向いており、事ある毎に「みんなで御木を応援しちゃれや」と言っていた。現在、御木は実業家として成功を収める一方、Vシネマなどでも活躍している。

閑話休題、芦原の道場破りが一段落するのは、芦原の名前が『空手バカ一代』で全国に知れ渡ったことによることが大きかった。四国では、芦原の活躍により極真の名前が認知されるようになり、極真会館内部での芦原の評価もうなぎ登りとなった。実際、八幡浜の道場が完成した時に、師であった大山は、祝いに駆けつけそのスピーチで「これからの極真を背負っていくのは、芦原くんです。これから芦原くんは、四国のみならず関西、中国地方へと極真を広げていってくれるものと信じています」と話している。

さらに、大山は一部の者には「極真を継ぐ者は、私の子供でなくていいんです。私の弟子の中からそういう者が出てくれるのがいいんです。もし今私の後を継げる弟子がいるとするならば、それは芦原しかないよ」とも語っていた。

この頃は大山と芦原の関係がまだ良好な時代だった。

大山は芦原が自分の道場を八幡浜に構えたことに関しては、まだ素直に喜んでいた。それに道場と言っても、大山から見ればベニヤ作りの簡素なもので、東京の本部道場と比ぶべくもないものだった。〝いかに芦原に才覚があっても本部を凌ぐ道場や組織を作れるはずはない〟と考えていたのだろう。大山が親分で芦原が子分。そういう図式はまだしっかりとしていたし、崩れることはまだ想像の外にあった。

八幡浜道場が完成したことを喜んだのも束の間で、大山からは「月々幾らの金を本部に納めるように」という指示が、芦原の元に届いた。その額に芦原は一瞬血の気が引いたという。本部への金を納めると、道場のやりくりは毎月赤字になった。それでも芦原は文句一つ言うことなく、大山の指示に従った。どんなに切り詰めてもなかなか生活は楽にならなかったが、芦原は愚痴も言わず、自分の城である八幡浜道場を〝決して潰すまい〟と心に誓った。

この時期もう一つ大きな変化があった。それは道場ができたことにより、八幡浜中に、極真会館から凄い奴が来たという噂が広がったのだ。そのため道場破りに行っても「あなた、極真会でしょう？」と言われ、「そんな強いところとは手合せできませんから」とのっけから断られるようになった。さらに芦原の知らない所で二宮（博昭）や中元といった弟子たちが、自主的に道場破りをやりだしたせいで、芦原が行ったら既に彼らが道場破りをした後だったということも多発するようになり、芦原は自らの道場破りを自粛せざるを得なくなる。

しかし今度は、常設道場を構えたことと名前が広がったことで、逆に他流派からの道場破りを迎える側になった。実際道場が完成した年は数多くの道場破りが八幡浜にやって来た。

芦原によれば、「一年間にざっと数えただけでも30人以上の道場破りが来た」という。

道場破りは八幡浜道場だけでなく、それ以外の場所借りをして指導している施設などにも現れることがあった。その方法も色々なパターンがあったが、「組手をやってほしい」という者から「一手ご指南願いたい」などと芝居がかった者まで様々だった。彼らの威勢はよかったが、そのほとんどの場合、基本と移動稽古を見ただけで恐れをなし、知らぬ間に黙っていなくなることが多かった。

それでも、自分で言い出した手前なのか、後に引けなくなって立ち会いになる者も少なからずいた。特に九州方面から来た連中は、そういうタイプが多かった。

芦原はそんな場合でも、まず自分が最初に相手とすることは少なくなっていた。芦原が手を出すと相手に容赦なくやり過ぎてしまうため、弟子にやらせることが多くなっていたのだ。特に右腕と言える存在の中元は、芦原の代理として道場破りの相手をすることが多かった。

芦原自身が最初から相手をする時は、相手の技量が相当高いと判断した時と決めていたのだが、中元や二宮に変わって自分が相手をしなければならないような者はほとんど現れず、大体ものの数秒で二人がノックダウンさせた。

芦原は相手が立った姿勢を見るだけで、相手の力量がどの程度か一瞬で見極めることができた。これは、多くの人は芦原だからわかるのだと思っているようだが、実際にはサバキの術理がわかるレベルになれば、誰でも相手の力量を計れるようになるし、「わかるものである」と芦原は説明していた。

後に関西の指導員となる松本英樹も入門した当初はそういう話が理解できなかったが、四国で芦原に特訓を受けて以降は、松本自身も相手と対峙した時に、ほぼその力量が読めるようになったという。

ある時空手着を着ているのだが、筋肉の付き方や立っている姿勢が明らかに空手のものではない者が現れた。芦原は瞬時にそれに気が付くと「これは、ちょっと手強いけん、お前ら下がっちょれ」と言い道場生を下がらせ、その道場破りの相手をした。

男の構えは、クラウチングスタイルで明らかにボクサーの構え方だった。それに対して芦原は、構えることすらしなかった。

「いつでもいいけん。打ってこいや」

芦原が、そう言うか言わないかの瞬間、男のパンチが芦原の顔面に炸裂した。

〝先生の顔に当たった！〟

誰もがそう思った。しかし、泡を吹いて気絶していたのは道場破りの方だった。男は殊勝にも「修業して出直してきます」と言って去ったが、もちろん二度と来ることはなかった。その男は立ち去る前に、「自分がパンチを出したと思った時には、先生のパンチが自分に当たっていた」と不思議そうに呟いていたという。後にその男は、アマチュアの全日本チャンピオンでもあったことが判明している。

この時芦原は、構えもせず、明らかに相手のパンチが出た後で反応したはずなのに相手より先にパンチを当てている。

これと同じ経験は、芦原の弟子でも何人かが経験している。現在円誠塾を主宰している伊藤泰三もその一人だ。その時はお互いに丁度手を伸ばして拳が届く位の距離で向かい合い、伊藤はボクシングの構えですぐにパンチが出る状態。それに対して芦原は、両手を体側にだらりと下げた状態でいた。

伊藤がいきなりパンチを芦原の顔面目指して打ち込もうと動いたその瞬間、芦

東京本部時代の伊藤泰三氏（1984 年）。

原のクロスアッパーが伊藤のアゴを捕らえていたのだという。芦原は、直前で止めていたが、打ち抜かれていれば間違いなく失神していたという。私は同じ話を数名の門下生から聞いている。

また芦原のこのクロスアッパーは、映像にも残されている。実は、この両手を下げた状態から瞬時にクロスで相手の顔面を打ち抜くパンチは、梶原一騎原作、ちばてつや作画のボクシング漫画『あしたのジョー』で、主人公の矢吹ジョーが使う戦法のヒントとなったものであることを梶原が後に明かしている。

芦原は、パンチを打つための特殊な練習を東京の幸伸興業に勤めていた時代から行っていた。それは、壁に自分の動く影を映して、自分の影を見ながら行うトレーニングであった。八幡浜に渡り自分の道場が出来上がる頃には、自分でも納得のいくパンチが打てるようになったことを自覚していたようだ。その時のことを芦原は、次のように書いている。

「このころあたりから、私の力は、全盛期を迎えつつあった。壁に影を映して、パンチを打つトレーニングでも、パンチの影が見えなくなってきたことを感じだした。思いっ切りパンチを放つと、まるで竹筒に水を入れて力一杯ふると、水が一方に一気に収斂するように、腕の血液が瞬間的に拳に流れ込み、拳が破裂するような感覚を覚えるようになった。繃帯でも巻いて、拳が破裂するのを押さえたい気がしたものである」

『空手に燃え空手に生きる』

この文章からも分かるように、芦原は四国に渡ってからも試行錯誤しながらあらゆる鍛錬を自分に課していたことがわかる。特にパンチのトレーニングでは、カウンターでパンチを打つために紐を使ったトレーニングをよく行っていた。これは、部屋にサンドバッグなどが吊るせなかったため芦原が考え出したトレーニングで、これについては私は芦原本人から直接聞き、書き留めたメモが存在している。

用意するものは、タコ糸かそれよりも少し細いくらいの糸で、それを天井から顔の高さくらいまで垂らす。その先端には、1・5センチ四方の正方形に切ったボール紙をつけ、それを標的としてパンチを出す練習をする。糸で天井から吊った目標は、あらゆる方向に動くため、サンドバッグを打つよりはるかに難しい。その複雑な動きで、標的に正確に当てるのだ。

芦原は大山道場時代から自分の部屋で、この稽古を欠かさなかった。常に半身の基本姿勢を保ち、同時に重心、シフト・ウエイトなどに気を配りながらバランスを崩すことなくタイミングを計る研究をしていたのである。

芦原がよく行っていた稽古は、他にも幾つかあるが、その代表的なものは先に紹介した壁にパンチの影を映す稽古、天井から吊るしたタコ糸でやる稽古で、さらにもう一つ欠かさずやっていた稽古が、電車で移動する時に行った逆立ちだった。芦原は道場でも稽古の最後には三点倒立を道場生に義務付けていたが、芦原自身も八幡浜から松山に指導に行く時には、必ず逆立ちをやって首を鍛えていた。当時、電車の中で実行していたトレーニングを自伝では、次のように書いている。

八幡浜から松山まで、国鉄で約一時間半。最初はボーッと寝たりしていたが、しだいにこの時間がもったいないと感じるようになった。トレーニングをしよう。そう思いついて私は、網棚で懸垂をしたり、連結器のところに立ち、バランスをとったりしていた。いちばん多くやったのが逆立ちである。車両の後ろのドアのところに新聞紙を敷き、道着を置き、そこに頭をのせて逆立ちをするのである。そのまま新聞や雑誌を読んで、首を鍛えた。

（中略）

首を鍛えるというのは、非常に大切なことである。人間の体で、一番重いのが頭である。それをささえる首が鍛えられてあるかないかで、パンチ・蹴りを受けた時のダメージがかなりちがう。私はこのトレーニングをずっと続けたおかげで、たとえ顔面にパンチを食らったとしても、一発では倒されない自信がついた。

『空手に燃え空手に生きる』

こうして芦原は、あらゆる隙間時間を肉体鍛錬に使ったのであった。

次に私が芦原から直接聞いた最初の道場破りの話を紹介しておきたい。

芦原が最初に出向いたのは、伝統派の道場で当時八幡浜でも最強と言われていた道場であったという。人数は、三十人ほどがいる道場だった。当時はまだ四国では〝極真〟の名前は全く知られていなかった頃で、「極真」と言ってもどこかの宗教団体と間違えられたという。

その道場には黒帯が二十人ほどおり、どの黒帯もその帯の色が僅かにわかる程度の帯を締めていた。芦原にはそれが格好をつけるために、わざとコンクリートなどに帯を擦りつけ帯を痛めたものだというのが一目でわかった。ただ拳には分厚い拳ダコができていた。男たちは、その拳をこれ見よがしに道場の端に作られた巻き藁に叩きつけていた。

この時芦原は、〝空手などやったことのない素人〟という触れ込みで見学していた。道場の端に座りながら、彼らの行う基本、移動稽古をじっくり観察した。八幡浜で「一番強い」と豪語しているわりには惰性でやっているような稽古だった。さらに組手の稽古は、一本組手、二本組手というようにある決まった動きを組んで繰り返すだけの退屈なものだった。大山道場で、激しい組手を経験してきた芦原には、まるで子供騙しのようにしか見えなかった。

芦原は、思わず大きな欠伸をした。芦原の話では、それは演技ではなく本当に退屈なために出た欠伸だったという。すると道場の黒帯が芦原のもとに飛んで来るなり、

「不謹慎である。真剣に見る気がないのなら出てもらおう」

と言い放った。

芦原は、

「おたくたちのやってるの空手みたいだけど、それが空手？」

と言ってしまった。相手の顔色が変わった。これが後々芦原の道場破りの時の決まり文句の一つになる第一号だった。梶原一騎の『空手バカ一代』では、芦原が「それ、もしかして空手？」と言ったことになっているが、それは後に実際の言葉をヒントに梶原が作ったものだと芦原は語っている。

芦原は黒帯たちと順番に立ち合うことになったが、勝負はすべて一瞬で決まった。最初の二人は突っ込んできたところをサイドに捌いてハイキックを合わせて倒した。三人目を倒したところで道場主が名乗り出た。体格は芦原よりも一回り大きく、屈強な体をしていた。ただ空手で鍛えたというよりはボディビル等で鍛えた筋肉だとわかった。空手をやるには無駄な筋肉が付き過ぎていた。それでも〝普通の人間ならまず体格に押されて勝てないだろう〟と芦原は冷静に分析していた。

予想通り道場主は、その体格にものをいわせて芦原をねじ伏せようとした。両手を大きく上げて掴みかかろうとした刹那、芦原のストレートが男の目を直撃した。そのまま背後に回った芦原は、相手の髪の毛を鷲づかみにして真下に引き落とすと同時に、その頭をサッカーボールを蹴る要領で蹴った。道場主は受け身も取れず頭から床に落ち、口から泡を吹き、全身を痙攣させていた。それを見ていた男の弟子たちは、全員青ざめ言葉を失っていた。こうして芦原の初めての道場破りは成功した。

二週間後、その道場の前を通った芦原は、道場が閉鎖されているのに気付いたという。しかしそれを見ても何も感じなかった。当時の芦原は道場破りに何の悪気も感じてはいなかったという。〝弱い者が負ける。勝つか負けるか、それがすべてだ〟と考え、相手になってくれそうな道場を次から次に物色し、道場破りを続けた。

実は、この話には後日談がある。芦原は、その道場と関係があった暴力団の男から命を狙われている。それが劇画では、日本刀を持った剣術の達人が仕返しに芦原の道場にやって来る話になっている。真実は日本刀を持った暴力団の男に道端で突然狙われている。この時、芦原はやはり瞬時に相手を捌いている。この時のことを私は、芦原から直接聞いている。

「相手は、日本刀じゃけんね。刀を抜かれちょったら、芦原でも苦労するけん。芦原は、相手に刀を抜かしちょらんのよ。相手が刀の柄に手を掛けた瞬間にその腕を押さえて、裏投げで捌いたんよ」

芦原も、相手が戦う時に既に日本刀を鞘から抜いていた場合は、「近寄りたくない」と言った。私は半分冗談で「真剣白刃取りはされなかったんですか」と訊ねると、

「真剣白刃取りなんちゅうもんをできる人が本当におったら、聞いてみたいもんよ。それに芦原なら縦じゃなくて、袈裟懸けに斬ちゃるけん、それで白刃取りをやってもらいたいもんよ。わかるか？あんなもん打ち合わせの上でやりよるサル芝居じゃけん。誰もできやせんのよ」

芦原は漫画や講談の世界には、真剣白刃取りなどという技が出てくるが、「そんなものは不可能なものだし、単なる芝居小屋の見世物に過ぎない」と言った。実は一般にはあまり知られていないが、芦原は居合についても研究をしていた。その関係で美術品クラスの高価な日本刀を何振りか所有していた。

『空手バカ一代』に登場する芦原の武勇伝のその多くがフィクションだ」と言う人がいる。確かに到底事実ではない話も出てくるが、日本刀の話のように、元になる話がありそれを梶原がディフォルメして描いたケースも多い。また、あまりに殺伐とした事件は、少年誌にはそぐわないため自主規制されたという。

芦原の道場破りに関するエピソードは、最初の自伝『流浪空手』の中には一件ほどしか出てこない。そのうちの一件は、大学の空手部に見学に行った時のもので、通常の道場破りとは事情が少々違っている。芦原が最初に書いた原稿では、もう少し道場破りの話はあったのだが、本の中で自慢話のように道場破りの話を書くことを芦原が良しとしなかったため、その部分を後から削ったと聞いている。実際にはもっと数多くあったし、それなりの修羅場が書かれていたそうだが、芦原自身がそれを封印してしまった。

道場破りについては、芸術家でテレビタレントとして有名な篠原勝之が、「週刊プレイボーイ」（昭和61年6月10日号）で企画された「ケンカ道・超バイオレンス対談」で芦原に面白い質問をしている。

篠原　道場破りってのは、よく時代劇でやるように、看板をもらって引き揚げてくるわけかい？

芦原　もらわんですよ、そんな重いもの。そんなヤボったいことしないですし、名前も名乗らんですよ。ほとんどね。だいたい道場破りをする場合は、道場へ行って「ほう〜」とかトボケるわけ。「これが空手ですか」と。そうすると相手は「なにっ」と気色ばむ。そこで「ちょっと稽古してみたいな」と言って道着貸してもらうんです。たいがいそういうときには黒帯は出さんですよ。白帯です。私はわざとそわそわした素振りをして「道着の着方はどうするんですか」と言ってみたりね。

そのあたりで、だいたい相手はなめてきますからね、ふらふらしながら道場に立つわけです。「ちょっとお願いします」とか言いながら、サンドバッグでもあったらおずおず近づいて、本気でバババーンと蹴るわけです、二発か三発。これで充分。「さぁ、ちょっと教えてもらおうか」と。

相手はたいがいびっくりしますね。しかし立ち合う設定も雰囲気もできているし、ひっこみがつかない。道場主は「しまった」という顔をしているけども、やらんわけにはいかんから下の者が出てくる。出てくるというより、出されちゃう。そういう奴は気負って直線的に突っ込んできますから、パーンと目をはじいて攻撃をサバいて後ろへ回っちゃう。で、後ろからボーンとね。これ芦原空手の原則なんです。相手と正面からぶつからずに、横から後ろへ回り込む。

（中略）

ただ、こういうことは若いからできたんでね。昭和42年頃のことですが、その人たちにも家族がいるし、あとで行ってみると道場がなくなっているのを見たりすると、いいかげんなことはできん、と最近、思うようになりましたよ。マンガではこのあと、山狩りにあうんですが、あれは、原作者梶原一騎先生のつくった話。山狩りなんかされてたら、おちおち道場なんて開いてられませんよ。

ただ、他流派の道場をつぶしてばかりでも自分の空手を広められませんからね。余裕を持ってきれいに勝たないと、教えを乞う者が出てこない。その辺の駆け引きがむずかしいんです。

「週刊プレイボーイ」（１９８６年6月10日号）

私は後に篠原に直接話を聞く機会があり、この週刊プレイボーイで行われたインタビューのことを直接尋ねている。

【篠原勝之インタビュー】

―篠原さんは、「週刊プレイボーイ」でケンカ十段と呼ばれた芦原英幸先生にインタビューをされていますが、その時の篠原さんの印象とか気付いたことをお教え願いたいのですが。

篠原　芦原さんは、眼が鋭いというか怖い眼をしてるよね。あの眼は一度見たら忘れないよね。編集担当から「怖い先生だから言葉づかいに注意してください」って念押しされたんだけど、凄い紳士的な方だったよね。でもなんて言うのかな、身体全体から来るオーラというのかな、それが凄かった。並みの人じゃないなと、修羅場をたくさん潜ってきた人っていうのが感じでわかったからね。やっぱりケンカ十段は凄かったよ。何人もインタビューしたんだけど一番印象に残ってるよ。

——篠原さんは、インタビューされた時に芦原先生に技を掛けられたと伺っていますが、どんな技だったのですか？

篠原　インタビューの時に、何をしてもいいですからって言われてね。パンチを出したんだけど、気がついたら背後に回られて、首を決められて動けなかったよね。「これがサバキっていうんです」って仰ってたよね。もうあっという間の出来事で何が起こったのかわかんなかったな。でもあの鋭い眼光は忘れられないね。

生前芦原が、正式にインタビューを受けたのはさほど多くない。この篠原勝之の時と、ラジオの特別ゲストで歌手で俳優でもある武田鉄矢のインタビューを受けた時くらいである。武田鉄矢の番組にゲストとして出演した時には、弟子の二宮城光、廣原誠（旧姓吉田誠）が同行している。（武田鉄矢の番組に出演した時のインタビューは、『最強格闘技図鑑・真伝』（ぶんか社刊）に収録されている）。

芦原が「週刊プレイボーイ」での篠原のインタビューで話しているように、当時は道場破りができるような時代であったということがある。現在なら道場破りなどが来ようものなら、大抵の場合は警察に電話して終わりだろう。

因みに、当時の芦原は支部の責任者に、

「道場に道場破りが来たら、入門誓約書だけ書かしたら、あとは何してもいいんだから。腕の一本や二本折ったっていいんだよ。中途半端にして帰したら、〝勝った〟って言われるけんな」

と指導していた。また多くの支部長は、当時はそれをそのまま実行していたふしがある。もちろん、入門誓約書を書かせたとしても道場で相手を怪我させれば傷害罪に問われることになるのだが、当時は芦原自身、入門誓約書を書かせればそれで問題なしと本気で思っていたのかもしれなかった。いずれにせよ古き良き時代のエピソードである。

実際、当時私が所属していた京都道場にも道場破りが来たことがあった。その時は、黒帯の先輩が相手をし、一瞬で倒していた。その道場破りは、捌かれた瞬間にカウンターのヒジ打ちで頭蓋骨を直撃されて倒れた。倒された後「頭が割れそうに痛い！」と七転八倒したため、黒帯の先輩が病院に連れて行くことになった。私も一緒に病院までついて行ったのだが、レントゲンを撮影したところ、その男の頭蓋骨はヒジが当たった部分がそのまま丸く陥没していた。先輩の技は、捌いた瞬間にヒザとヒジを同時に叩き込むという芦原の基本のコンビネーションだったのだが、基本の技と言えども、カウンターで技が決まるとこれほど危険な技なのだということを再認識した出来事だった。

芦原は、「ガードの甘さは、死につながる」と常に指導中に注意していたが、その出来事があって以後、私自身も顔面のガードを最重要で意識するようになった。

『空手バカ一代』

1971（昭和46）年5月、極真会館にとっては大きな出来事が起こる。いよいよ梶原一騎原作・つのだじろう作画の『空手バカ一代』が、「少年マガジン」で連載が始まるのである。この『空手バカ一代』の前に、梶原は同じつのだと組んで『虹をよぶ拳』という作品を発表している。

『虹をよぶ拳』は、1969（昭和44）年から1971（昭和46）年まで「冒険王」（秋田書店）という月刊誌に連載された。主人公の、勉強はできるが、運動はまったくできない春日牧彦という少年が、空手を通して成長していく様を描いた作品であった。作品中には、明らかに大山をモデルにしたと思われる空手の師範・鬼門兵介なる人物が登場し、所々に極真会館や大山倍達の宣伝が折り込まれていた。ちなみにこの作品を連載するにあたり、つのだじろう自身も極真空手を知るために1年ほど道場に通っている。

この『虹をよぶ拳』は佳作ではあったが、後の『空手バカ一代』ほど人気が出ることはなかった。理由は『虹をよぶ拳』は月刊誌であったのに対し『空手バカ一代』は、週刊誌に連載されたということが大きかった。さらに『空手バカ一代』はドキュメント性の高い物語で、〝実話〟として連載が開始されたことが大きな人気の秘密であった。

梶原は『空手バカ一代』の前置きで、「これは事実であり、この男は実在する」「この男の一代記を読者に伝えたい一念やみがたいので、アメリカのノーベル賞作家へミングウェイの「困難」にあえて挑戦するしかない」などと語り、「この物語が真実である」ということをくどいほど読者に語っている。

実は、『空手バカ一代』の連載について、講談社の社内には否定的な意見の方が多かったという。既に梶原は、ボクシング漫画『あしたのジョー』で成功していたが、時代的にまだ空手はマイナーな存在でり、連載を不安に思う者が多かったのだ。

それでも最終的に連載に漕ぎ着けたのは、梶原の熱心な説得作戦があったからだ。当初は一向に首を縦に振ってくれない編集部が、梶原の言葉に耳を貸したのは、「力道山と木村政彦との一戦」の裏舞台の話をしてからだったという。

力道山と木村政彦の試合は既に述べた、1954（昭和29）年12月22日に蔵前国技館で行われた試合のことだ。編集者はあの試合のリング下に大山倍達の姿があり、敬愛する先輩が無残に敗れた際に、その場で力道山に挑戦状を叩きつけたという人間性とドラマ性に強く惹きつけられたという。結局、それが契機となり『空手バカ一代』は連載への糸口を掴むことになる。

　その後、よくも悪くも梶原の書いた『空手バカ一代』は、日本の格闘技ブームの先駆的な存在となり、格闘技界のみならず、多くの武道家、格闘家に多大な影響を与えたばかりか、梶原自身をも大きな渦の中に巻き込んでいくことになるのである。

『空手バカ一代』は、「少年マガジン」では１９７１（昭和46）年から１９７７（昭和52）年まで連載されている。さらにテレビアニメにもなり、１９７３（昭和48）年10月3日から１９７４（昭和49）年9月25日まで放映さている。なおテレビアニメの方では、主人公の名前は大山倍達ではなく飛鳥拳という名前になっている。さらに東映が千葉真一主演で映画にもしており、こちらは１９７７（昭和52）年5月14日に公開されている。

　丁度１９７３（昭和48）年に封切られたブルース・リーの「燃えよドラゴン」の影響も味方し、日本では武道・格闘技ブームが盛り上がる。その流れに乗った極真会館は急速な勢いで会員を増やしていく。極真会館を「漫画によって拡大した空手団体だ」と言う他流派からの非難もまるっきりのでたらめというわけではない。実際、急速に拡大していく極真会館内部では、梶原や梶原の実弟である真樹日佐夫が役職に就き、その発言権が大きな力を得ていく。

　それでも極真と梶原の利害関係が一致していた間は良かったのだが、あまりに急速に拡大したこともあり、次第にそのバランスが崩れ出し、極真内部からも梶原と真樹、および梶原のシンパと目される支部長たちを排斥しようとする動きが出てきた。

また大山自身、1973（昭和48）年に『空手バカ一代』の作画がつのだじろうから影丸穣也（当時は「讓也」）に代わり、芦原英幸が物語の中心となって話が進むようになると露骨に嫌な顔をして、原作者であった梶原に、

「これは、私の物語であって、芦原の話ではない。これでは、まるで芦原物語じゃないか」

と文句を言ったという。

確かに大山のこの指摘は間違っていなかった。しかし、つのだの描いていた時代（第3部の悲願熱涙編）で大山の話はだいたい出尽くしていた。


つのだが、作画を降りる原因は梶原の原稿の遅さが原因であったと言われている。また、つのだには、当時彼自身が長年温めていた心霊物の漫画を描いてみたいという野望があった。

つのだは「少年チャンピオン」に書いた心霊物の短編『亡霊学級』が大きな人気を呼んだこともあり、徐々に本格的に心霊漫画へとシフトしていく。その後書かれた『恐怖新聞』は、1970年代に起こるオカルトブームの一端を担った作品として現在も評価は高い。また、後継作品である『うしろの百太郎』も大ヒットさせている。

つのだがそのまま格闘技漫画の世界とは距離を取っていれば問題はなかったのだが、ある大山の提案に乗ったために大きな災難に見舞われることになる。

先に書いたように、芦原英幸が登場してから〝芦原物語〟になった『空手バカ一代』は、昭和1977（昭和52）年12月に終了したが、大山はそのことに大きな不満を抱えていた。その根底には、芦原が物語のヒーローになってからというもの、芦原道場の支部が急速に増加していき、極真内部での勢力が巨大になっていくことに言い知れぬ不安を覚えていたことがある。これについては後に詳しく記してゆく。

大山は、『空手バカ一代』が始まってからの数年で漫画の影響の大きさを嫌というほど知らされた。〝ならばもう一度、梶原抜きで自分の思い通りの漫画、つまり大山物語を送り出して、自分自身の人気を再燃させたい〟と考えたのであった。

大山のその目論見で、企画され連載されたのが、1978（昭和53）年に「少年チャンピオン」に掲載された『ゴッドハンド』という作品であった。つのだは梶原と揉めることを恐れ一度は大山のオファーを断っている。しかし最終的には大山に押し切られる形で、この仕事を受けてしまう。この漫画の存在を知った梶原は当然激怒し、「この作品のタイトルや物語は、すべて自分の作品『空手バカ一代』の模倣であり、盗作である」と指弾した。そればかりか、梶原の取り巻きからの関係者への脅迫や嫌がらせは毎日のように続いた。

結局大山の肝いりで始められた『ゴッドハンド』は、僅か10話で終了する。

しかし話はそれだけで終わらない。連載終了後もつのだへの脅迫や嫌がらせは執拗に続けられた。

そして精神的に追い詰められたつのだは、ある事件を引き起こしてしまう。それが業界でいう「つのだじろう詫び状事件」の発端である。

つのだは、1979（昭和54）年、「ビッグコミック増刊号」で連載していた『魔子』というオカルト漫画の最終回で、梶原兄弟を呪う文章をアナグラムにして書いてしまう。そのことを知った梶原と真樹は、つのだを新宿の京王プラザホテルに軟禁、結局つのだは詫び状を書かされている。

これと似た話は映画製作の時にも起こっている。大山は、梶原に協力して製作した「地上最強のカラテ」（1976年）で利益を得ることができなかったため、東映で弟子の千葉真一を主演に「極真への道」という作品を梶原抜きで製作しようとした。ちなみに東映で製作された「空手バカ一代」を原作に製作された「けんか空手極真拳」（1975年）、「けんか空手極真無頼拳」（1975年）は、梶原が三協映画を作る前の話であった。

大山と東映が組んで映画製作する話を聞いた梶原は激怒しその話を潰す。そのため「地上最強のカラテ　パート3」は最終的にタイトルを「最強最後のカラテ」として、配給元を急遽松竹から東映に変更して公開されている。

芦原は、そうした梶原と大山の間で起こっていた出来事については、梶原や真樹から情報を得ていたが、それに対しては静観していた。芦原にとっては、マスコミなどどうでもよかった。それよりこの時期の芦原にとって大切だったのは、八幡浜の道場を今後どのように発展させるかということだった。芦原の強さに憧れる若者は、日本全国から集まるようになっていた。芦原はそのために寮を作る。それが後に言う〝若虎寮〟であった。

若虎寮

１９７０（昭和45）年の9月、極真会館主催の第2回全日本空手道選手権大会が開催され、芦原の下で修業を積んだ長谷川一幸が見事優勝を飾った。このことで芦原は、指導に関する大きな手掛かりを掴む。それは、〝指導法をしっかり確立することで、強い弟子を育てられる〟ということだった。大山道場や極真会館時代の「打たれたら打ち返す、より早く相手を殴った方が勝つ」といった教え方から、より合理的で科学的な指導方法を模索し出すのである。

さらに長谷川の影響もあり、稽古の内容や技に関するアイデアをメモに書き留めるようになったことで、自分の考えをまとめるという習慣が付くようになっていた。この頃は八幡浜の警察道場での稽古ができなくなっていたが、その松山の警察からは、請われて空手指導に行くことになっていた。この警察での空手指導が、芦原に新しい研究材料を提供してくれることになる。

また芦原はこの年、八幡浜で芦原道場主催の「第1回キックボクシング大会」を行っている。

これは八幡浜の道場内にリングを組んで行われ、試合には中元憲義や二宮城光なども参加した。大会はこれ以降何度か芦原道場の興行として行われている。これは、当初テレビなどで人気となっていたキックボクシングを、夏祭りのイベント的な発想で開催したもので、興行であると同時に芦原道場の宣伝を兼ねたものでもあった。しかし、そこには芦原自身が、先輩である藤平から学んだムエタイやキックの技術を研究するという目的もあり、後日芦原が技術書を書く際にも大いに参考になったという。

翌年の1971（昭和46）年6月から「週刊少年マガジン」で『空手バカ一代』の連載が始まると、極真会館の名前は全国区となり、芦原自身はまだ『空手バカ一代』には登場していないが、それでも道場では生徒数が日々増加していった。

当時八幡浜では、全国からやって来る入門者が入れる寮のようなものはなく、各個人で住む場所を確保して道場に通うという状態であった。そのうちに、「みんなで大きな一軒家を借りて一緒に住めば、少しは楽になるだろう」ということで、色々な物件が探され、最終的に見つかったのが大平という場所にあった元病院であった。

建物は木造で部屋は全部で10部屋ほどあり、食堂や会議室もあるという寮としては申し分のない物件で、既に40名以上に膨れあがっていた寮生たちが、ここで共同生活をするようになる。寮生たちは、その建物を極真会館総本部の〝若獅子寮〟に対抗して〝若虎寮〟という名前を付けた。

この大平から八幡浜の道場までは、現在は途中にある愛宕山を抜けるトンネルがあるが、寮ができた当時はトンネルはなく、そのため道場までは大きく迂回して通わねばならず、自転車で飛ばしても30分くらいかかる距離であった。

またこの若虎寮は元病院ということもあり、夜になると幽霊が出没したという。

当時、若虎寮で起こった不可思議な出来事だけでも一冊の本が書けるほどで、なかでも新入生がまず放りこまれる部屋は、必ず幽霊が出ると言われ、夜中に霊に首を絞められ一日で寮から逃げ出した者もいた。

それでも大抵の者は、「空手をやろう！」とやって来る連中であったので、お化けに首を締められようが、ポルターガイスト現象が起ころうが寮に留まった。

当然芦原が幽霊などを信じるはずもなく。一度寮長が、芦原に相談したが、

「お前ら、ふざけたことを言ってないで稽古するんだよ！　いい加減な稽古してるから変なもの見るんだよ！」

と一喝されて終わった。

とは言え騒動は収まらず、八幡浜にいるお祓い師に頼んで寮全体のお祓いをしてもらうことになった。しかし結果は思ったほど芳しくなく、その後も寮生はおかしな現象に悩まされ続け、結局、それは寮が取り壊されるまで続いたという。

それはともかく、この当時の若虎寮では、その後の芦原会館では想像もつかないほど厳しい稽古が行われていた。それはまさに、空手の梁山泊というに相応しい場所と言えた。

若虎寮に住む内弟子は朝から晩まで稽古に明け暮れた。当時の芦原の目標は、池袋の極真会館本

部に追いつけ追い越せであり、その第一の目標は、全日本大会で優勝する人材を一から作り上げることであった。この頃の一般的な稽古内容は、朝は10キロのマラソン、腕立て伏せ５００回、スクワット５００回などの体力運動で、人によってはそれ以外の補強運動が加わる。一日の稽古のウォームアップとして早朝にこういった基礎体力を高める運動を行い、その後多くの道場生はアルバイトに行く。自分の最低限の食い扶持は自分で稼ぐというのが、この当時からの芦原道場の伝統だった。

アルバイトが終わると道場に早めに行き自主トレを行う。この当時はまだウエイトトレーニングを芦原が奨励していたこともあり、多くの内弟子が精を出した。後に芦原会館になってからは、必要以上のウエイトトレーニングは奨励しなくなる。しかし、この頃はベンチプレスなら１００キロが普通だったし、スクワットは１０００回、腹筋台は45度にセットして、１０００回の腹筋は当たり前のように全員がこなしていた。もちろん柔軟体操は、全員が１８０度開脚できることが標準で、１９０度位まで開脚することができる者もいた。それ以外にロープを跳んだり、外にあった巻き藁を叩いたりした。

こうしたトレーニングを、まだ正規の稽古が始まる前に誰もがこなしていた。

稽古時間が来ると、全員が神殿の前に正座してから、基本稽古、移動稽古、それから芦原自身が相手をする組手稽古、道場生同士の組手稽古、さらに体力運動と続いた。当時、道場破りに来た連中もその稽古の厳しさを見ただけで引き返すほどの厳しい稽古であった。真冬の稽古でも道場の床に汗で水溜まりができたほどだった。

ここまでは通常の稽古で、寮生となるとそこからさらに稽古が続く。まず外に出てランニング。これは約20キロで力がついてくると5キロから20キロのダンベルを持って走る。さらに力がついた者は、大型車のタイヤをロープで腰に縛り、引きずりながら走る。それもできるようになれば、タイヤを一つから二つへ、さらに力がある者は二つから三つに増やしてロードワークに出るのである。

道場に戻って来たら今度はサンドバッグに打ち込み1万回、蹴り1万回という稽古を、365日休まず続ける。それが当時の八幡浜道場の稽古であった。

それだけの稽古を積んでも、芦原がOKを出さなければ、試合に出ることは叶わなかった。中途半端な稽古で試合に出たいなどと言うと、「お前には、まだ無理だよ。もっと力をつけてからにしろ!」と芦原の怒りを買うことになる。芦原は試合に対して、〝出るからには必ず勝たなければならない〟と考えていた。そのためには、それ相当の持久力と技術ができていなければならないという考え方を持っていた。特に顔面のガードについては、キックの興業をやっていた頃から厳しく弟子に言い聞かせていた。その理由は、芦原の尊敬していた先輩・藤平から「顔面だけは殴らせてはいけない」と注意を受けていたことが大きい。

また伝統派の空手の試合を見に行った時に、芦原のファンだという若者が、試合で顔面ガードの甘さから、相手から顔面強打を受け死亡してしまったことも大きいという。

そうしたこともあり芦原は、入門時から顔面のガードを厳しく指導するようになり、稽古でも顔面のガードが疎かな場合は、容赦なく強力なパンチを入れることが奨励されていた。こうした顔面ガードへの意識は、芦原の本やビデオでもよく分かる。

若虎寮は、幽霊が出るという噂がありながら年中日本全国からやって来る若者で賑わっていた。それは一つの成功であったが、芦原はそれだけでは満足していなかった。もっと大きな都市である松山に道場を建てることを目標としていた。それは芦原が師と仰ぐ毛利松平から「八幡浜で満足せず、もっと大きな都市で勝負しなければだめだ」と発破をかけられて以来の悲願だった。

真樹日佐夫

真樹日佐夫は、本名を高森真士《まつち》。別のペンネームを高森真士《しんじ》という。梶原一騎の実弟であり、作家、劇画原作者、空手家という多才な顔を持つ人物として知られた。三人兄弟で真樹の下には、弟の高森日佐志がいる。

身長は177センチあり、バーベルで鍛えた胸囲は120センチあった。極真空手には、兄梶原の勧めで1966（昭和41）年4月に入門している。高森真士名義で書いた『兇器』で1968年オール讀物新人賞を受賞している。空手家としては映画「地上最強のカラテ」に登場し、手刀による畳抜きの演武を行い、映画「カラテ大戦争」では映画俳優として主演している。真樹プロダクションを経営し、晩年は映画製作などでも活躍した人物である。
1980（昭和55）年に芦原英幸、添野義二が極真会館を破門された流れから、真樹自身も極真を離れ真樹道場を設立している。2000（平成12）年には、小説『兄貴』でJLNA文学賞特別賞受賞、正木亜都《まさきあと》の名義で出した梶原との共同作品では、『少年Aえれじい』、『あしたのジョーばらあど』、『覆面レスラーぶるうす』の3作品を残している。

真樹が芦原と出会うのは、1969（昭和44）年9月18日である。二人は後に義兄弟の契りを結ぶ間柄にまでなるのだが、その出会いは決して穏やかなものではなかった。さらに芦原と元山口組の大幹部・柳川次郎が出会うことになるきっかけや『空手バカ一代』で芦原が、大山に次ぐスターとして描かれていくのもこの出会いがひとつの縁となっている。

1969年9月17日、その三日後に行われる「第一回全日本空手道選手権大会」の打ち合わせのため、芦原は四国から東京に戻っていた。芦原はこの大会で審判をすることを大山より言い渡されていた他、翌日には大会で大山が行うビール壜斬りの演武のサポートをすることになっていた。余談だがこの時に大山が行ったビール壜斬りは、「仕掛けのない壜であった」と芦原は、後に弟子に語っている。芦原によると、この時のビール壜は仕掛けのあるものとそうでないものの2種類のものが用意されていたそうで、ラベルが剥げかかっている壜が仕掛けのない本物の壜で、それ以外は割りやすいように仕掛けがある壜だったという。本番では芦原は大山が割りやすいようにしっかりとビール壜の下部を保持していたのだと語っている。

この大会には他流派の空手家はもちろん、ボクシング、柔道、ムエタイなどからの参加もあったが、終わってみれば上位入賞者は、全員極真会館の門下生で占められていた。優勝は山崎照朝、準優勝・添野義二、3位・長谷川一幸で、いずれも芦原に可愛がられた者たちだった。

実は、この第一回大会には芦原が出場する予定があったという噂がある。もしも芦原が、この第一回大会に出場していたならば、芦原の優勝はほぼ間違いなかったはずだ。このことについては芦原から直接聞いている。

「芦原は第一回の大会に出るつもりだったんよ。出場するつもりで稽古もしよったけんね。結局は、大山館長が芦原を出場させたくなかったんよ。大山館長に出ますけんと言ったんよ。そうしたら、大山館長は「芦原、お前はまた怪我人を出すんか」って言われたんよ。お前が出ると怪我人が続出するけん、出せれんいうわけよ」

芦原が出ると怪我人が続出するというのは確かにそうかもしれないが、それだけで大山が芦原の出場を認めなかったことには疑問も残る。あるいは大山は芦原の強さを理解した上で、自分自身の懐刀として近くに置いておきたかったのかもしれない。どちらも鬼籍に入った今となっては、確かめる術はないが、この時期の極真会館における芦原のポジションは、ナンバー2的な立場にいたということが伺える。大山は芦原に絶対の信頼を置いていたからこそ、失敗が絶対許されないビール壜斬りのアシスタントをやらせたのではないかと思える。

　閑話休題、芦原が館長室のソファに腰かけ寛いでいると、そこに一人の道場生が道着を着たまま入ってきた。「押忍」と十字を切ったその精悍な顔からは、稽古で流した汗が噴き出していた。

　芦原はすぐにそれが梶原一騎の実弟だと気づいた。大山は、

「彼が梶原先生の弟の真樹日佐夫さんだよ。お兄さんと同じ作家をされているんだ。本部道場に熱心に通ってくれてね、現在は黒帯だよ」

と言って紹介した。芦原はにやりと笑いながら右手を出した。それに応じて真樹が、

「真樹です」

と右手を出した。真樹は芦原が凄い握力で握ってくるのを感じ、それに応じて握り返した。どちらかが力を抜けば床に転がされる。そういう勝負だった。力はほぼ拮抗していたが、〝自分の分が少し悪いか〟と真樹がそう感じた矢先に芦原の力が、スーッと消えた。

「じゃあ、また」

そう言い残すと芦原は、大山に礼をして館長室を出て行った。

　全日本大会が無事に終わった四日後の9月24日、総本部に顔を出した芦原は、地下の更衣室で真樹を待ち伏せしていた。芦原の姿を認めた真樹は既に四国へ戻ったと思った芦原が、そこにいたことに一瞬驚いたようであった。そんな真樹を芦原は飲みに誘った。

この時芦原は真樹にケンカを売る予定だった。

実はアメリカにいる先輩・大山茂から「真樹を締めろ」という申し送りがあったのだ。

大山茂は既に登場している泰彦の実兄であり、大山倍達と同じ苗字であるが姻戚関係はない。ただ茂の父親のところで大山倍達は一時期秘書のようなことをしていたことがあり、倍達と茂は親しい関係であった。その大山茂にとって、俄に館長に近づき会館のことに口出しをするようになった梶原・真樹兄弟のことが目障りだったのだ。

茂は、「なんでもいいから、因縁をつけて真樹を締めてやれ」と芦原に国際電話で伝えていた。芦原も大先輩である大山茂からの頼みとあっては無視するわけにもいかなかった。ただそれとは別に、自分と同じように若い頃からステゴロのケンカで鳴らしたという真樹という男にただならぬ関心を寄せていたのもまた事実だった。

芦原は真樹を南大塚にある行きつけの小料理屋に招待した。ここである程度酔いがまわったところでケンカを売る予定だったが、真樹はいっこうに酔う気配がなかった。日本酒が一升空いても真樹に変化はなく、いくら飲んでも酔わない真樹に芦原はおかしな親しみを覚えた。

結局、芦原はケンカを諦め、ネタばらしをして真樹と意気投合し友人となる。後に芦原と真樹は、お互いの指を切り血を啜り、義兄弟の契りを結ぶまでの親しい関係となっている。

このことが縁となり、芦原と梶原とのつながりはより深いものになっていく。『空手バカ一代』の後半で、芦原がクローズアップして取り上げられるようになるのも、この時期にできた真樹との人間関係が大きく作用していると言えるだろう。

それ以後東京に出てくると、芦原は真樹や梶原の事務所に顔を出すようになる。三人一緒の時もあったが、芦原と梶原の二人で飲むこともあり、こうした時に梶原は、芦原の生い立ちや破天荒な生き様を聞き大いに共感を覚えたようだ。梶原もまた周囲から孤立した少年時代を過ごしており、芦原のそれと自分とをオーバーラップさせたのだろう。またこの時期の大山と梶原の人間関係は蜜月期とも言える大変良好な時期であったこともあり、大山も『空手バカ一代』に芦原を登場させることに諸手を挙げて賛成していた。

左から真樹日佐夫氏、梶原一騎氏、芦原氏。

梶原の芦原へのサポートはそれに止まらず、自分の代表作である『あしたのジョー』のモデルとして芦原英幸のイメージを投影させた部分があるということをあちこちで話している。

当時の極真会館の機関誌「現代カラテマガジン」に掲載された梶原筆による「芦原英幸君のこと」と題して書かれた文面には、芦原への入れ込み様がよく現れている。

「芦原英幸君のこと」梶原一騎

先般弟の真樹日佐夫とともに所用で四国の地を訪ずれ、当地で芦原英幸支部長に大いに世話をかけた。

芦原君の奮闘によって四国での極真空手は隆盛の二字に尽きる。松山には、同君率いる教え子の大学空手マン諸君が盛大に出迎えてくれて恐縮したが、そのあと私も弟も目をみはり通しであった。まさに空手一筋の芦原君の生活ぶりと、地元における同君の絶大なる信用と人気である。週末しか愛妻と愛児の待つ自宅に帰らず四ヶ所もある各地の道場めぐり、さらに大学、警察までくわわる。いささかポンコツのカローラを駆り、ダンプの運ちゃん用と覚しき沿道の食堂で食事をかっこんでの東西奔走ぶりは、「まるでジプシーだな」と私は笑ったが、胸が迫った。往年は、暴れん坊の時期もあり、ケンカの天才（?）と異名をとり、私の「あしたのジョー」の一部モデルでもあった男が、なんといまや芦原君が、町を私達と歩くと、これも警察官が敬礼するではないか！　その他あらゆる階層の人々が、ニコニコ親愛をこめて会釈してゆく。彼は、謙虚にこれに応える。が、けっして名士きどりには堕さず。彼の両足が、連日の組手で青ぶくれしているのを私と弟は見た。その技は、凄絶にして実戦向き、まさに恩師大山の空手の正道をゆく。彼の堂々たる道場の看板には、しかし芦原のアの字もなく、あくまで「極真会館大山倍達」の一点張り、当然と言えば当然だが、師弟愛がさわやかに匂った。好漢の精進と成長を祈る。

「現代カラテマガジン」(1974年5月号)

後に芦原との仲が険悪になり、芦原のことを罵倒する記事を書くのと同じ人物とは思えないほどの深い思い入れがこの時にはあったことが文章から読み取れる。実際この時期の梶原は純粋に芦原のことを応援していた。ある意味で『空手バカ一代』に登場する芦原の姿には、恵まれず苦労を重ねてきた梶原自身の姿も投影されていたのかもしれない。

そうしたこともあり、『空手バカ一代』の芦原人気は後に大山を超えるほどとなり、それに従って、大山の芦原への感情は悪化し、最終的には芦原を排除しなければならないと考えるようになっていくのだが、それはまだ先の話である。

松山

1969年春、四国で一番大きな都市である松山で勝負をしよう考えた芦原は、現在の芦原会館総本部の近くにアパートを借り本格的に道場探しを始めた。

道場を開き人を集めるというのは、今も昔も簡単なものではない。簡単でないから訳が分からない人から金を出してもらったり、怪しい団体をバックにつけてしまう道を選ぶ者もいるが、そうすることで空手そのものが、怪しいものになっていく。芦原は宗教団体や暴力団関係者が介入することに人一倍神経を尖らしていた。破天荒な芦原だったが、道場運営についてはどこにも頼らず、誰からの資金援助も受けずに経営ができるということを目標にしていた。そのため地元の名士であり旧知の仲である毛利からも援助は受けなかったという。

松山での稽古場所は花市場の倉庫を借りて行うことになった。芦原はまず電柱にサンドバッグを吊るして、これを蹴るパフォーマンスで、すぐに十人程の会員を獲得することはできた。問題はそこからさらに人数を増やすために何ができるかということだった。

とにかく人目につくことが重要だった。電柱へのポスター貼りは続けていたが、それ以外に何かできないかと考えた芦原が思いついたのが、試し割りなどの演武を行うことだった。芦原がよくやったのは「頭割り」の演武だった。

芦原の演武を側でよく見てきた一人である里は、芦原の「頭割り」について証言してくれた。

「芦原館長の頭割りは、普通の頭割りじゃないけんね。もう誰もがその迫力に圧倒されるんよ。後にエビ反った状態から一気に割るんじゃけん。誰も真似できん技なんよ。後ろに大きくUの字に反り返って、その状態からまるでバネがはね返るように一瞬で割るけんね。見ちょるもんが、みんな度肝を抜かれるんよ」

私自身これまで多くの空手家の演武を見てきたが、芦原のように大きく後ろにエビ反った体勢から行う瓦割りは、他で見たことがなく、その凄さに感激して入門を決めたという人にも何人か出会っている。

一つ間違えば首をどうにかしてしまいそうな危険な演武であるが、そうした芦原の必死の努力が一人また一人と入門者を増やしていったのであった。芦原は入門者が増えてくると、新たに社会福祉会館という場所を借りて空手を指導するようになる。芦原によれば本部道場ができる前の松山では、この社会福祉会館が一番長く稽古場として使った場所だという。

しかし、この社会福祉会館にも不便なことが幾つかあった。まず、公共の施設であったので、使用できる時間が厳しく決まっていて、時間が来たらすぐに片付ける必要があり、稽古の途中でも時間が来ればそこで終了しなければならなかった。また床が、ピータイルというコンクリートの上にプラスチックタイルを貼ったものだったため、投げ技は稽古することができなかった。さらに天井に丈夫な梁がなかったので、サンドバッグを吊ることもできなかった。

人数が増えてくると、八幡浜の道場で稽古をする者も現れ、次第に「松山にも道場を作ってほしい」という声が上がるようになった。しかし、芦原は既に八幡浜道場を建てるためにかなり苦労を重ねてきていたので、道場生の希望にすぐに応えるというわけにはいかなかった。

その他にも技術の研究、道場生の指導、八幡浜道場の運営など、日々の仕事は山のようにあった。それでも空手だけで生活をなんとかできるところまで来ていた。当時はまだ総本部以外の支部では、空手以外にも仕事を持ち、稽古場所を借りながらという支部が多かったのだ。今日のように空手の指導だけで生活できるようになるのが可能になるのは、『空手バカ一代』がヒットした後のことになる。

警察学校

芦原は松山に進出してから、最初の大きな転機となったのは警察学校への指導が決まったことだった。しかし改めて思うに、空手家とはいえ民間人が警察学校で指導することが可能だったのだろうか？　ということだ。これは長い間私の疑問の一つであった。芦原自身は、警察学校で指導するようになった経緯について、自伝で次のように書いている。

花屋を舞台に使っているところへ、警察官が私を訪ねてきた。今にして思えば、あんな汚いところへよく訪ねてきたものだと感心するのだが、噂を聞いて駆けつけてくれたらしいのである。学校で教えるという話のきっかけになったのは、その警官が「警察に強い人がいる」と切り出したのが元だった。

それで一回会ってみたいということになったのである。当の本人は交通事故を起こして入院中であったので、その見舞いに行き、回復を待った。大学の空手部出身で、私の実戦空手にかなり興味を示し、退院後彼の警察学校に行き後輩と立ち会うことになったのである。組手の結果は、全然話にならなかった。「これは、凄い！」ということになり、警察学校での指導が決定した。

『流浪空手』


芦原は、このように書いているのだが、やはりそれほど簡単に民間人が指導に行けたのかどうか疑問だった私は、芦原の指導を約二年間警察学校で受けたという棟田利幸にインタビューを試みた。

棟田は芦原が丁度松山に進出してきた頃に、愛媛県警に赴任し芦原と出会ったという。棟田は『空手バカ一代』では、雲井代悟のモデルになった人物であるが、劇画での話はすべて梶原の想像であり事実ではない。実際の棟田は、10年間四国で無敗を誇る柔道の猛者として有名な柔道家だ。ちなみに世界柔道選手権等で数々の金メダルを獲得した棟田康幸は氏のご子息である。

忙しい中、私の取材に快く応じてくれた棟田は、

「自分が十連覇できたのは、芦原先生にご指導を受けたお陰ですよ」

と謙遜して語ってくれた。当時の棟田が取っていたメモには、「相手の直線的な動きに対して捌いて

技をかける」というような記述が多く残されており、これまで述べてきたように、この頃は既にサバキの大まかな技術は確立していたと考えられる。

【棟田利幸インタビュー】

—棟田先生が芦原先生の指導を受けたのはいつ頃になるのでしょうか。

棟田　昭和46年の4月に愛媛県警察学校に来まして、約二年ほど芦原先生から空手を習いました。自分が柔道で十連覇できたのは、芦原先生にご指導を受けたお陰なんです。芦原先生からは、空手から柔道にも応用できるいろいろな技を教えて頂きました。

—現在ではサバキという技術体系として芦原会館で指導されているものの原型ですね。当時、棟田先生は、芦原先生からどのような技を指導されたのでしょうか。

棟田　実は当時から稽古のメモを取っておりまして、今でもその時のノートをたまに読み返すことがあるのですが、「相手の直線的な動きに対して、捌いて技を掛ける」というような記述が多く出てきます。

—まさにそれは、サバキの核になる動きですね。

棟田　そうなんですね。芦原先生の指導は、柔道にも活かせたし、警察の相手を制圧する技術としても非常に有効なものでした。

―私自身警察関係の知り合いが多いのですが、以前から一つ大きな疑問で、幾ら40年近く前のこととはいえ、一民間人の芦原先生がなぜ警察を指導できたのか？　ということなのです。現在ですと、一般の人が警察署へ自由に出入りすることはおろか、警察で指導を行うということは、まずないと思うのですが、当時はどういう経緯で芦原先生が警察で指導をされるようになったのでしょうか？

棟田　当時愛媛県警の幹部の方で、極真空手を修めておられる方がおりまして、そのつながりから芦原英幸という素晴らしい先生がいるということを聞き、「是非御指導をお願いしたい」ということになったと聞いています。

―そうだったのですか！　ありがとうございます、これで長年の謎が解けました。では、棟田先生ご自身は芦原先生の空手をどのように感じられたのでしょうか？

棟田　そうですね、芦原先生独特の技術を持っておられました。突き一つ、蹴り一つにしても凄かったですね。警察官で芦原先生の倍以上ある巨漢がコロコロ転がされて勝負になりませんでしたから。本当に素晴らしい先生でした。芦原先生とご一緒に稽古できたことは私にとって大きな宝でした。

―もう一つ、芦原先生に無断で棟田先生が『空手バカ一代』の雲井代悟のモデルとして登場したことに、芦原先生が土下座して侘びをいれた、あるいは土下座をしようとしたという話があるのですが、実際にこうしたことはあったのでしょうか？　私は生前芦原先生から「棟田先生とは、友人だった」と伺っていたこともあり、そんなことがあるのだろうか？　と思っていたので、教えて頂ければ幸いです。

棟田　そんな噂話があるのですか？　初耳ですね。そんな事実は一切ありません。芦原先生は本当に素晴らしい先生でした。眼光が鋭くて厳しいんですが、教え方は上手くて。また空手の技術でもあんな凄い先生にお会いしたことはなかったです。

―長い間疑問に思っていたことが棟田先生のお話を聞けてすっきりしました。ありがとうございました。

棟田へのインタビューは、柔道関係者の紹介によって実現したものであったが、私が想像した以上に芦原の技術を高く評価してくださっていたことが、自分のことを褒められたように嬉しい思いがした。

現在でも警察官やSP、警視庁幹部で芦原のことを知る人が多く、私自身も驚かされることがある。つい先日も警視庁の方と話す機会があり、たまたま話の流れで芦原の話をすると、その方も昔芦原に指導を受けた経験のあった方で一挙に話が盛り上がったことがある。

松山時代のケンカ

芦原の自伝では、松山に進出した後は「もうケンカはやってない」という話になっている。しかし、実は自伝書が出る頃には、既に松山では有名になり過ぎていたため、ここでのケンカ話は極力カットされたというのが本当のところだ。そうした理由で『空手バカ一代』や自伝で使わなかったエピソードの一つが次の話である。

これは八幡浜ではなく既に松山に道場ができた後のエピソードだ。

道場を訪ねてきたその男は、薄汚れたポロシャツによれたスラックスという服装で、手には道着の入ったスポーツバッグを提げていた。どこか崩れた感じのする男だった。芦原はその服装を見た瞬間、不愉快そうな顔になった。それまでに嫌というほど道場破りを経験してきた芦原には、その男が単なる見学者ではなく、道場破りであることが直感でわかった。

男は、

「芦原さん、自分と勝負してもらいたい」

と言った。

芦原の顔を雑誌かなにかで見て知っている様子だった。芦原は、その言いぐさに腹が立った。稽古終わりで多少疲れていたこともあったが、かつての芦原ですら、道場破りに行って「勝負したい」などというセリフを吐いたことなど一度もなかった。最低限の礼儀として常に、「稽古をつけてください」と言ったものだった。芦原は〝この男なにか勘違いしてるな〟と思った。芦原は、

「今日はもう稽古も終わったけん、稽古ならまた別の時に来てください」

そう言った。それで帰ってくれれば余計な怪我をさせずに済むと思ったからだった。やんわり相手に悟らせようとしたつもりだったが、相手は引き下がることはなかった。同じセリフを繰り返した。

「芦原さん、勝負してください」

「おたく、勝負ってどういうことかわかって言ってるの⁉」芦原は怒鳴った。

相手は、一瞬ドキッとしたようだったが、後には引く様子はなかった。

「やっちゃるけん、来い」

そう言うと芦原は、男の正面に立った。芦原は、構えようともしない。男はそんな芦原の態度に戸惑っているかに見えたが、次の瞬間芦原の顔面に強烈なパンチを放ってきた。

一瞬だった。

男と芦原の立つ位置が変わり、男はコンクリートの上に気絶していた。当時の職員の清水実が、

「館長、気絶してます。水持ってきますか？」

そう尋ねた。すると芦原は、血走った目で、

「水？　水なんかもったいないけん」

そう言うと芦原は男の頭をコンクリートに押しつけ、そのまま1メートルほど引きずった。

「ギャァー!!!」

という男の叫び声が周りに響いた。男の顔がコンクリートで削れて、血まみれになっていた。

「おっ、まだ生きてるよ」

芦原は、平然とそれに応じた。

職員はもちろんそれまで芦原のケンカの話は聞いていたが、この時の光景には背筋が凍りついたという。私はこれに似た話を芦原道場のＯＢからもよく聞いている。

私はこの話を聞きながら、まだ白帯だった頃「どうしたらケンカに強くなれますか？」と尋ねた際の芦原の言葉を思い出していた。


「ケンカに強くなるなんて簡単よ。何回も修羅場を踏めば誰でも強くなれるけん。後は、瞬間に非情になれるかどうかいうことよ。ケンカで相手にケガさせちゃいけんとか少しでも思うようならケンカなんかできゃせんけん。笑いながら、相手の目に自分の指を思いっ切り突っ込んで目玉をえぐり出すことができるくらいの者しか本当に強くなんてなりゃあせんけん。それが嫌なら君子危うきに近寄らずいうことよ、わかるか」そう言われた。そして、

「芦原は、相手にケガをさせたくないけんサバキを考えたんよ」

と言った。

この他の松山時代の芦原のケンカの話をよく知るのが、当時芦原会館の職員も務めていた石本誠である。石本は、現在関西でも有数の鍼灸専門学校で教鞭を執る一方で、大阪で鍼灸院を開業する有名な鍼灸師である。その石本が松山時代に起きた、ある有名な組長と芦原の知られざるエピソードを話してくれた。

「芦原先生は、松山に出てきた頃、ある暴力団から目をつけられたことがあるんです。『空手バカ一代』で有名になったので、腕に自慢のある連中がよくケンカを売ってきたんです。もちろん勝負は一瞬でついてしまうんですが。ご存知のように芦原先生は、大がつくヤクザ嫌いなので、頭に来た芦原先生は、その組のバッジをつけている連中を街で見つけると自分の方からケンカを売って、叩きのめしたんです。

その結果その組の組員がほとんど病院送りになったそうで、組の存続そのものが危うくなったんでしょうね、ある日、その組の組長を名乗る男が、芦原先生の所にまで訪ねてきて、

「もううちの組員を苛めるのはやめてもらいたい」

と詫びを入れてきたそうです。まるで笑い話のようですが、実話なんです。

さらに、この話には後日談があるんです。その組というのが、その後ヤクザを解散して株式会社になるんです。それで、その組の組長も「社長」と呼ばれるようになって、松山で刀剣を扱うようになるんです。

芦原先生は、刀や手裏剣とかが好きなんで、そういう部分で堅気になった元組長とも親しく付き合っていたらしくて、自分もその元組長宅に芦原先生の使いで何か届け物に伺ったことがあります。自分もその会社の社長が、元は有名な暴力団の組長だとは聞かされていますから多少は緊張するわけです。自宅は大きなお屋敷で、自分は先生から預かった物を玄関で渡して終わりだと思っていいた

のですが、客間に通されて、暫く待っているとお茶と茶菓子が出てきてなかなか帰してもらえない。するとと元組長がやってきて、自分に「ちょっとこれから、うちの社員に稽古をつけてもらえないか」って言うんです。

左から芦原氏、石本誠氏、二宮城光氏（1979年）。

聞いてみると、社員（元組員？）に、元組長さんが「芦原さんという凄い人がいて」と話をすると、「そんなのケンカ慣れしてる自分達のほうが強い」と言い張るというわけなんです。そこで、先生の弟子でもすごく強いというところを見せてほしいということで（笑）。自分は、そういう筋の人には結構慣れていたので「怖い」とか「恐ろしい」という感覚はないんです。そもそも関西本部で松本英樹先輩に鍛えられていたので、自分にしたらヤクザより松本先輩の方が１００倍怖いという感じでしたから。

ただ、自分は相手をどこまでやっていいかわからないんで、その元組長さんに「芦原先生に一度電話させてほしい」と言ったんです。芦原先生に電話して事情を話したら、「殺さん程度にやっちゃれや」という返事でした

（笑）。

それで、パンチパーマや剃りこみの入った活きのいい社員の皆さんを全員パンチと蹴りで倒して本部道場に帰ったんです。すると芦原先生が、会館の正面玄関で待っておられて、「石本、あんまり弱いもん苛めをしちゃいけんよ」と言われました（笑）。他の職員からは「怖くなかったの？」とか訊かれたんですが、恐怖感とかは全く感じませんでした。その時に常に基本をしっかり積み上げて、日々稽古の中で自分を追い込むトレーニングをしていれば、そういう場面でも冷静に対処できると自信になりましたね」

芦原が松山に来た当時、ヤクザを見つけては松山城の堀にヤクザを投げ込んでいたという噂は、ほぼ真実であったことが石本の話からわかった。

それ以外でも私が聞いた話では、当時の芦原は居酒屋で酒を飲んでいる最中でも「お前が芦原か？」と言っていきなりナイフで襲われるというような物騒な経験もあったという。

他にも芦原の道場生が、芦原とヤクザがニアミスした現場に出くわした話がある。場所は、JR松山駅前にある「時計台」という芦原お気に入りの喫茶店で、芦原は道場生二人を伴ってモーニングを食べにその喫茶店に入ったところ、店の奥にヤクザが10名ほどたむろしていた。競馬のノミ行為か何かの相談をしていたらしく、店にいる他の人の迷惑も考えず、大声で話していた。

芦原と道場生二人は、入り口近くの四人がけのテーブルに座りモーニングを注文した。注文が終

わると芦原は弟子に向かって、奥の席で相変わらず大声で騒いでいるヤクザに聞こえるように、

「お前ら後ろを見てみろ。あんな大人になったら親が悲しんでるけんな！　ああいう大人になっちゃいけんよ」

と言った。その声にヤクザたちはシーンと静かになった。誰もが、何か起こるのではないか、そんな緊張が走った。すると、ヤクザたちの中から兄貴分らしい男が、スタスタと芦原のところにまで来て「誠に失礼しました」と頭を下げたかと思うと、全員が風のように出て行ってしまったという。

後で道場生が店の主人から聞いたところでは、全員松山で有名な組の組員で、その昔芦原に痛い目に遭わされた連中だったという話であった。

そうしたことも松山に道場が完成するころには、まったくなくなったそうだ。

芦原は「ケンカの話ばかりじゃ、変な人間だと思われるけん。芦原は、これでも常識人なんよ、わかるか」と弟子に話していたという。

後に芦原が、極真会館を離れ芦原会館を興してからは、実際にケンカらしいケンカは起こっておらず、それは既に「松山には、芦原英幸という命知らずのケンカ屋がいる」という噂が広まったためだろうと弟子の石本は語った。

拡大

松山でも〝道場を建てられるかもしれない〟と考えるようになるのは、1971年に始まった『空手バカ一代』が、日本中に極真カラテブームを巻き起こしてからだった。

この時期、池袋の本部道場では道場生が溢れかえり、二階の道場から階段、建物入り口を経て、隣の公園まで道場生が連なって練習していたという話があるほどの活況振りで、芦原の後輩の添野義二の埼玉支部でも毎月三百万から五百万の収入が上がったという。

芦原の指導する愛媛の道場にも毎日入門者が押し寄せるという前代未聞の状況となり、これが契機となり、芦原は松山道場建設へと着手することになる。〝時代の流れが芦原に味方した〟と言ってよいだろう。

また徐々に弟子が大会で上位入賞を果たすなど、芦原の指導方法は着実に結果を出し、1973年11月に東京体育館で行われた第5回全日本空手道選手権大会では、まだ19歳であった二宮が6位に入賞し、翌年開催される世界大会の強化選手に選抜されニューヨークに2ヶ月間派遣されている。

さらに『空手バカ一代』に登場した〝ケンカ十段・芦原英幸〟の人気から、近畿、中国地方、九州地方からも「芦原の弟子として同好会を結成したい」という申し出が、山のように殺到した。特に大阪や神戸からの要望は日を追うごとに増加し、こうした声に応える形で芦原道場の支部が関西、中国、九州と拡大していくのである。これらの支部は極真会館の支部ではなく、芦原道場の支部であり、指導員も極真会館本部から派遣される誰かではなく、月に一回あるいは、2ヶ月に一回でも芦原に直接指導を希望していた。

この爆発的な広がりが、大山や他の支部から目の仇にされる。

難波道場

極真会館芦原道場が、関西、中国地方、九州へと急速に広がったことには、当時大阪で就職していた石井和義の功績が大きい。

石井和義は1953年6月10日、愛媛県三間町に三人兄弟の次男として生まれる。父親の名前は巌《いわお》といい、横山大観の弟子として一緒に中国に渡り淡彩画を学び、画家としての名前を石井白石といった。母親・ユキコは、石井が悪いことをしても決して手をあげることはなく、言い聞かせるタイプの母親であったという。

そんな両親に育てられた石井には絵心があり、将来はデザイナーか画家を目指していたという。しかし、画家として大成することを夢見ていた父・巌は、終戦によりその夢が閉ざされ、仕方なく自転車屋を営むことになる。石井の記憶の中の父は、いつも飲んだくれて仕事をしない姿だった。

そのため石井の家は、かなり貧しく中学時代から新聞配達、高校では喫茶店でアルバイトをして家計を助け、高校には特別奨学資金の試験にパスして入学している。頭脳明晰で、中学時代に受けた知能テストでは、IQが140あったという。中学時代は野球部であったが、近所の従兄弟が空手をやっていたのを見て空手に関心を持つ。

後に正道会館、K―1を立ち上げ、時代の寵児となる石井らしく、まずは、自分で本を買ってきて、砂袋や巻き藁まで自作して独学で空手を始めたという。高校では野球部に入部せず器械体操部に入部している。その理由は、当時テレビでやっていた「キイハンター」というアクションドラマに主演していた俳優・千葉真一に憧れてのことだった。しかし、器械体操だけではモノ足らなさを感じていた石井は、ある日偶然に芦原の道場を見つける。道場の看板には〝日本空手道極真会〟と書かれていた。石井が道場の前で見学したそうにしていると扉が開き、日焼けした精悍な顔つきの男が現れた。男は石井に道場に入って見学するように促すと、「芦原英幸」と名乗った。まだ『空手バカ一代』の連載も始まっておらず、〝ケンカ十段〟の異名も知られていなかった時代だった。

石井は芦原の今まで見たことのない華麗な動きに魅了され、高校一年も終わろうとしていた1969年1月13日、極真会館四国芦原道場・宇和島支部に入門する。

この時芦原は25歳で石井は16歳であった。貧乏学生であった石井は道場に電車で通うのも大変だったという。それでも熱心に通う石井の姿を見て、芦原自身、毎日土木作業のアルバイトをしていた苦しい時期だったにも関わらず、当時千円だった道場の月謝を石井だけ六百円にしてくれたという。

石井は野球部で鍛えた足腰と、器械体操で鍛えた柔軟性があり、まるでスポンジが水を吸収するように芦原の技を覚え、僅か二年で黒帯（初段）を取っている。しかし、覚えた技を街のケンカで試すようになり高校を何度も停学になっている。それが影響してか大学の受験に失敗、石井は心機一転、勉強をやり直すため大阪にいた兄を頼り、大阪のアートスクールに通いながら東京芸術大学を目指すことにする。ところが実際にアートスクールに行ってみると、周りには天才的に絵が上手い連中がごろごろいたため、芸大への進学を諦め、貿易会社に就職する。

1975（昭和50）年、芦原は30歳、石井は22歳になっていた。大阪の小さな貿易会社に就職していた石井は芦原の命令で大阪に支部道場を作ることになる。これは、たまたま夏休みに芦原道場の八幡浜の合宿に戻った折り、いきなり芦原から命じられたことだった。

当時の石井は趣味程度に伝統派の空手をやっていた程度で、やや空手からは遠ざかっていた。もともと神戸には前田比良聖が作った極真空手の同好会があり、大阪からそちらの道場へ通う者も多かったのだが、『空手バカ一代』の芦原人気とともに「大阪に芦原道場を出してもらいたい」というリクエストが多く芦原のもとに寄せられ、その結果大阪に就職していた石井に白羽の矢が立ったというわけだった。

石井が大阪に出した最初の支部は、難波の大阪球場内にある文化教室だった。難波は大阪の南部の中心となる繁華街であり、芦原が「大阪で一番美味い」と言ったラーメン屋・金龍がある場所である。芦原は御堂筋は道頓堀の橋の近くにあったこの店に弟子を連れてラーメンを食べに訪れていた。余談だが芦原は大阪指導の際には南海サウスタワーホテル大阪（現在のスイスホテル南海大阪）を利用していた。このホテルのロビーで芦原は赤井英和や井岡弘樹のボクシングの師であるエディ・タウンゼントと会ったことがあった。芦原は、エディのことをボクシングの指導者として尊敬しており、「エディさんの指導方法は、日本人には真似できない素晴らしさがある。特に実戦におけるエディさんの細かなテクニックは、日本のボクシングテキストには載っていない独自のものだ」と高い評価をしていた。私自身、二人が対面する現場に一度居合わせたことがあるのだが、お互い笑顔で握手していたのが印象的だった。

芦原の命を受け、当時の石井にとっても未開の地・大阪に支部を開いたのだが、たちまち教室は入門者で溢れかえることになった。そのためより広い1階のビリヤード場に移るのだが、空手ブームの影響は止まることを知らず、一回の稽古に五百人以上の生徒が参加するようになり、生徒が外の駐車場まで溢れる状態だったという。そのため石井はその近辺で道場として使える場所を探し、最終的には当時難波にあった大阪球場スポーツパレス内となる。後に芦原会館関西本部として長らく芦原会館の関西の拠点となる場所だ。大阪球場は、正式名称を「大阪スタヂアム」といい、プロ野球の南海ホークス、近鉄パールス、大洋松竹ロビンスが本拠地として使用していた。大阪難波駅に近いことから「大阪球場」あるいは「難波球場」という通称で親しまれたが、1998年に解体、現在は大規模な複合商業施設「なんばパークス」となっている。

当時の石井は昼はサラリーマン、夜は空手の先生という二足のわらじを履き、毎週火、木、日に大阪で指導し、月、水、金が神戸、土曜日には東洋製紙の同好会と毎日休むことなく空手の指導を行った。そんな生活を2年ほど続けたところで、「京都にも支部道場を」という話になり、新京極の東宝ビルの二階で指導するようになる。各道場には常時会員が100名以上いる状態になり、石井が勤務する会社にも問い合わせの電話が頻繁にかかり仕事へも影響が出ることになる。結局石井は2度も仕事を変えることになったという。

空手を本業にする気がなかった石井だが、あまりにも会員が増えたことと、芦原に「空手に専従してほしい」と頼まれ、昼の仕事を辞め空手指導に専念することになる。その翌年の1976（昭和51）年、後に〝芦原門下最強の男〟と呼ばれる中山猛夫が入門してくる。さらにその数ヶ月後には、当時まだ自衛官であった松本英樹が入門している。

同じ時期、海外では「極真の良心」と言われていた中村忠が退会している。中村は極真会館の北米支部の設置を大山から命令されており、初代北米委員長として自分の道場を持ちながら全米に広がる30を超える極真の支部道場を統括しなくてはならない立場であった。その苦労は並大抵のことではなく、芦原に何度か国際電話をかけて苦労話をしていただけに、〝中村退会〟の報は驚いたという。

この難波道場には、先に紹介した俳優の御木裕を始め、同じく俳優の新藤栄作、リズミックボクシング創始者の内野隆司などが入門している。

内野はアメリカでブルース・リーの右腕として有名なダン・イノサントに初期の頃より教えをうけた人物で、現在ボディデザイナーとして日本のみならず海外でも活躍している。内野は、ダン・イノサントやフィリピン武術であるカリの名人リック・フェイを日本人として初めて招聘した人物でもある。また、トレーナーとしてプロボクサーの指導を行ったり、辰吉丈一郎のスパーリングパートナーも務めた人物で、パンチの打ち方やステップワークについては一流の目を持っている。

内野が入門したのは大学生の頃で、〝ケンカ十段・芦原英幸〟の噂を聞き入門したという。

ここでは内野に当時の道場のことや芦原の指導のことを聞いてみた。

【内野隆司インタビュー】

―内野さんが、極真会館芦原道場に入門されるのはいつ頃のことですか？

内野　アメリカから帰ってきた時で、芦原先生のなんばの高架下の道場の時ですね。

―芦原先生が、まだ三十代の一番元気な時期ですね。

内野　そうですね。中山猛夫さんとか俳優の新藤栄作さんとかがいた時期です。

―まず、極真空手をやろうと思った動機は？

内野　最初は、少林寺拳法をやっていたんですよ。うちの道場は、顔面もバンバン当てる道場で強い道場だったんです。自分は道場でも負けなかったんですよ。で、もっと強い人のいる道場でチャレンジしたいと思って。当時極真というのは「凄い道場だ」と言われていたので、より強さを求めて入門したような感じです。それと芦原英幸先生の伝説というか〝ケンカ十段〟の強さに憧れたようなところはありますね。

――当時少林寺から極真に移ってきた人は多くて、中山猛夫さんも元々少林寺拳法で、西日本の大会で優勝してますね。実際、芦原道場に入門された時の芦原先生の印象を伺わせてください。

内野　〝落ちついた感じの方だなぁ〟というのが、私の第一印象ですね。空手の達人という感じですね。私は、よく中山猛夫さんにスパーリングの相手をして頂いたんですが、凄かったです。いつも道場の端っこまで追い込まれてましたから。

――私は当時京都道場で稽古をしていて、普通は、伊藤（浩久）さんが指導されて

内野隆司氏。

いたんですが、中山さんもよく来たんですね。それで、人数が増えると「今日は、大掃除するから」と（笑）。嫌いな道場生を組手でトコトン追い込んで辞めさせることがありました。

内野　体捌きが、凄かったですね。道場で色帯から黒帯までずらっと一列に並ばせて、中山さんは両手を後ろで組んで体捌きだけで相手を捌くということをやってました。相手が出す蹴りやパンチをすべて身体の動きだけでかわすのには驚きました。

――そんな稽古をされていたんですか。それは、知らなかったです。

内野　〝これは凄いなぁ！〟と、当時18歳くらいですから記憶にも鮮明に残っています。芦原先生は、まだその遙か上をいってたわけですから。

――芦原先生と直接話をされたこともありますか。

内野　ありますね。優しい感じでしたね。声は想像したよりもかん高い感じで。劇画で描かれているのとは全然違う印象でした。優しくて紳士的な先生でしたね。強くて格好よかったですね。

――指導で印象に残っていることはありますか。

内野　凄く大きく見えて、岩みたいに見えました。何やっても〝無理やな〟って思いましたね。パンチの打ち方でも全然他の人とは違う。「背中をどう使って打つ」とか説明されていて、今ならわかるんですけど、その当時はただ凄いと思うだけで。ただ、とても理論的に指導をされていて、それにも驚きました。

――今お話しになった「背中を使って打つ」ということですが、内野さんはボクシングもかなり経験されて、プロの選手にも指導されていますが、今考えるとどういうことなのでしょう？

内野　滅茶苦茶有効ですね。改めて芦原先生のパンチの打ち方は素晴らしかったです。軸足と蹴り足をしっかりと使って、パッと方向転換する動きなんか凄かったですね。ステップワークもサンドバッグの打ち方も半端なかったですよ。

―その当時道場の稽古で後にサバキと言われる技術なんかは学ばれていましたか？　例えば相手の肩口を掴んで崩して、顔面にヒザ蹴りを入れるというような技術なのですが。

内野　習いましたよ。「45度に崩すんだ」と習いました。それと回転系の技をやりましたね。

―当時ヒジ打ち三連打というのがありまして。右のヒジ打ちから入り、回転して左ヒジ打ち、右ヒジ打ちにつなげるというのをよくやりましたね。でも内野さんは本当に良い時期に学ばれています

内野　そうですね。石井和義さんにも直接指導を受けましたし、世の中には本当に化け物みたいに強い人がいるっていうのはわかりましたね。芦原先生、中山さん、辰吉（丈一郎）さんとか。アメリカでも凄い連中見ましたし。

―なかでも芦原先生はどうなのでしょう。

内野　怪物でしたね。ただ芦原先生の技術は、物理学的に言っても非常に理に適った動きでした。それに一ヶ所に留まっていない。動きながら打つとか、動きながら次の手を考えてるのが凄かったですね。いつでも動ける構えで、隙がありませんでした。

日本とアメリカを行き来し多忙な日々を送っている内野は、現在は格闘技の世界からは退き、マスコミからのインタビューも断っているとのことだったが、今回は芦原先生の本ということで特別に応じて頂いた。

地上最強のカラテ

1976（昭和51）年5月22日、映画「地上最強のカラテ」が公開される。

当初この映画は、映画会社からは不評で配給会社がなかなか決まらなかった。東映も東宝も買ってくれず、やっと「買ってもいい」と言った松竹の買値は、たった二千万だった。製作費を低く見積もっても六千万円を軽く超えている映画が、その値段では安過ぎた。そこで、「もし儲かったら松竹が全体の半分を取り、残りを三協と大山で分ける」という約束となったが、大山には一銭も支払われず、これが後に大山と梶原が袂を分かつことになる大きな理由の一つになる。

「当たらない」と言われた空手のドキュメンタリー映画であったが、蓋を開けてみればなんと約25億円以上の興行収入となった。その半分の12億円を「梶原が独り占めした」と大山は語っている。一方、梶原は「できるだけのことを大山にはした」と話しており、真相は分からない。ただ、両者の関係がこの映画の公開を機に急速に悪化するのは事実である。

余談だが梶原はこの映画の封切り前に、「あのブルース・リーすら大山のひ孫弟子であり」というイメージを作るため、「ブルース・リーは、ハワイのブルース・オテナの弟子であった」という話を『空手バカ一代』の空手巌流島編Ⅱに挿入している。

筆者は、ブルース・リーの残した原稿をまとめた『ブルース・リー格闘術』全4巻（フォレスト出版社）の翻訳の際に、ブルース・リーの一番の親友であったダン・イノサントにも直接会って話をしたことがあり、その際に本当にブルース・リーが、極真空手を学んだことがあったのかどうかイノサントに直接質問をしたことがある。

それによると、「ブルースの蔵書に大山倍達の書いた『What is Karate?』はあった記憶はあるが、ハワイで大山から極真空手を習ったことはない」という返事だった。また、改めて詳細にブルース・リーの旅行記録を調べたが、ハワイへの滞在はおろか旅行した記録もなく、「ブルース・リーが極真空手を学んだ」というのは、梶原の考えた宣伝のためのギミックだろう。

いずれにしろ「地上最強のカラテ」は、空手のドキュメント映画としては、異例の大ヒット作となった。と同時に、それまで劇画の世界やアニメの世界で知られていた極真会館がより大きな舞台に躍り出ることになり、さらに極真ブームに加速がつくことになった。まだキャロル時代の矢沢永吉や戦後最悪の事件と言われる「サリン事件」を引き起こす、オウム真理教の教祖・麻原彰晃が入門していたのもこの頃だ。その時に麻原を蹴っ飛ばして指導していたのが、総本部第三代目指導員の真樹日佐夫であったという。

またこの映画により、公開時にはまだ『空手バカ一代』には登場していなかった芦原英幸が表舞台に現れることになる。芦原はその後製作された「地上最強のカラテ　パート2」「最強最後のカラテ」さらに、「激突！格闘技　四角いジャングル」の各作品に出演することになる。

しかし、それらの作品の中で一番インパクトがあったのは、やはりこの第1作目の「地上最強のカラテ」だろう。

八幡浜大神宮から走ってきた芦原率いる門下生たちが、道場に入っていくシーンから始まる芦原の出演場面は、芦原の三人掛けのサバキ、足刀による氷柱七段割り、自然石割り、手裏剣投げと続けざまに鮮やかな動きが披露される。この映画がきっかけで〝ケンカ十段〟の人気は不動のものになったと言えるだろう。

芦原が指導する道場で入門希望者が列をなしたのも丁度この映画が公開される前後であった。

この爆発的な人気を追い風に、芦原はその年の6月に悲願の松山道場用の土地を購入している。

その一方で、大山は梶原兄弟と芦原、添野の動きに大きな不安を抱くようになる。

映画「地上最強のカラテ」の成功は、極真会館への入門者をさらに増やしてくれたことは間違いなく、その部分では大山はこの映画を評価していた。しかし、急速に高まってゆく芦原人気については複雑な心境で見ていた。

時を同じくして、1977年2月に行われた第1回世界大会の後、極真会館を去り、独立、誠道塾を開いていた中村忠が何者かの銃撃を受ける。ニューヨーク、マンハッタンの駐車場にいた中村は、自分の背後でパンパンと拳銃が発砲される音を聞き、次の瞬間大腿部に焼き鏝でも当てられたような激痛を感じてその場に崩れ落ちた。夜にいきなり銃で狙われたものであり、物取りの犯行には思えなかった。警察はニューヨーク・マフィアの関与を疑ったが、結局中村を狙撃した人物は現在も逮捕されていない。

映画の影響もあり芦原と大山の関係は少しずつぎくしゃくしつつあったが、梶原と芦原の関係は良好であり、梶原は新しい劇画『英雄失格』に、芦原からヒントを得た〝ケンカ十五段〟の空手家・芦川栄光を登場させている。『空手バカ一代』の芦原とは違い、孤独感を漂わせたニヒルな人物に描かれており、梶原が芦原に肩入れして、芦原人気を上げようとしていたのがよくわかる作品とも言える。

同じく１９７６年には、10月30日、31日の両日、東京体育館で第８回全日本空手道選手権大会が実施され、優勝が佐藤俊和、準優勝が二宮城光、３位が東孝だった。この大会で芦原は、初めて一般観客の前で手裏剣打ちを披露している。こうした機会が与えられることからすると、まだ大山と芦原の関係がこの時点では、それなりに良好であったことが窺われる。

さらに11月９日には、大山と梶原、東映の社長の三人の発案で〝プロ空手〟の旗揚げを福井市体育館で行っているが、これは準備不足もあり意に反して振るわず４回だけの興行で打ち切りになっている。12月18日には、「地上最強のカラテ2」も公開されヒットしている。

支部長合宿

映画のヒットによりマスコミでも極真会館という団体は知られるようになった。その一方で、実際に相手に突き蹴りを当てる〝極めて実戦的な空手団体〟という強面のイメージが定着し、簡単にマスコミの人間が近づいて取材することが難しい印象を纏うことになる。こうしたイメージは長らく透明なバリアーとなり、極真内部の実像が表に出なかったことの一因となった。

一方で、極真会館内部には芦原や添野、真樹など一部の弟子が、それぞれが大山に並ぶ、あるいはそれを越そうとするような人気と財力を身に着け始めたことに対する不公平感が鬱積し始めていた。と同時に大山自身も次第に彼らを脅威と感じ、〝早い時期にそれらの目を摘んでしまいたい〟と考えるようになっていく。

そんな折に大山が計画したのが、芦原と真樹を公開の場で〝締める〟ために企画された第2回極真会館国内支部長合宿であった。

合宿は、1977（昭和52）年5月3日から5日に掛けて二泊三日で行われた。場所は第1回と同じく茨城県筑波山麓の山水荘ホテルであった。

参加者は、大山を筆頭に各地域の支部長、特別に参加を認められた指導員など総勢18名。当時の記録によれば、群馬支部長・松島良一、四国支部長・芦原英幸、東京渋谷支部長・真樹日佐夫、千葉支部長・小嶋幸男、宮城支部長・東孝、徳島支部長・長谷川一幸、埼玉支部長・添野義二、北海道支部長・高木薫、神奈川支部長・渡辺十也、福井支部長・高橋康男、新潟支部長・関川博明、茨城支部長・桝田明らの各支部長に加え、大山の命令で本部指導員をしていた廣重毅が館長付きということで随行していた。

集合は、5月3日の午前6時池袋の東方会館前集合ということで、芦原や長谷川は前日から東京に入っていた。大山は6時丁度に廣重を伴って現れた。バスの中では誰一人無駄口をきく者はいなかった。その合宿が真樹と芦原を懲らしめるためのものであることを参加者は薄々知っていた。その根底には、連載中の『空手バカ一代』で梶原が芦原、添野を主人公に話が展開していることへの不満があった。さらに真樹については、梶原兄弟により「カラテマガジン」が私物化されているという疑い、兄の梶原の三協映画に関する問題などがあった。

芦原に関しては、四国のみならず他府県へも極真会館芦原道場の勢力を広げているという問題があった。

いずれの問題に関しても、大山の対応にも多くの問題があり、どちらかが一方的に悪いという話ではなかったが、極真会館においては大山が王であり、支部長たちはあくまでも大山の家臣という位置づけでしかなかった。王が白いものでも「黒だ」と言えば、家臣はそれに従わざるをえなかった。

正午の昼食を挟んで、午後2時から1階の大広間で地獄の猛特訓が始まった。大広間は約五十坪あり18名の人間が稽古するには丁度の広さであった。全員が集合し柔軟体操をしているところに大山が現れた。頭部に日本手ぬぐいを巻いた大山は、開口一番前列から年齢順に並ぶように指示した。最前列は、小嶋、真樹、芦原、関川と並んだ。大山は、真樹と芦原を集中的にしごくつもりだった。

「この稽古には、あえて時間制限は設けない。諸君に努力向上の標しが見られるならば、1時間で終わるかもしれない。またそうでなければいつまでも、永遠に続くこともあり得る」

大山のそんな前口上により稽古は開始された。この合宿の様子は写真にも残っているのだが、大山の目論見が分かっていた芦原は、稽古の最初から最後まで、まるで苦虫を噛み潰したような表情をしている。

柔軟体操、突きと蹴りで基本を軽く流した後、本格的な特訓が始まった。

移動稽古、回転稽古、回転追い蹴りに始まり、回転逆突き、回転二本突きなど、すべて回転しながらの動きに突き蹴りを乗せるもので、日頃稽古をやっていないとかなりきつい稽古であった。休みは一切なしで延々と続けられ、約一時間経ったところで小嶋がリタイアし、その後関川がリタイアした。

芦原は真樹に、「この稽古は、自分か真樹が倒れるまでやるつもりだ。さっさと倒れてしまおう」

と誘い水をかけたが、真樹は芦原の提案を無視し稽古に没頭した。飽き飽きしていた芦原は、途中で手を上げトイレに行ったまま30分以上も列には戻らず、戻って来ても最後列に加わり元の位置には帰らなかった。大山は、最前列に戻るように芦原に指示を出したが、芦原はそれを無視した。写真からも途中から芦原の姿は練習風景写真から消えている。

芦原にしてみれば、

「そんな回りくどいことをやらずに堂々と正面からくればいいのに」

と考えていた。稽古が始まり4時間が過ていた。芦原が稽古のリズムを壊したことで、最初の大山の目論見は崩れていた。さらに真樹が最初の1時間で音を上げるかと思っていたら、意に反して幾らでも稽古に喰らい付いてきた。これは大山にとっては大きな誤算であった。二人に制裁を加える企画そのものが意味を成さなくなっていた。大山自身は、号令を掛けるのが主であったので、それほど疲れるような動きはしていなかったが、それでも休みなく4時間を超える稽古は厳しく、結局大山自身が「稽古やめ！」の号令を発して特訓は終了した。

その後開かれた会議では、オーストラリアとハワイで開催された大会の結果報告や本部指導員の水越真之三段のブラジル派遣のことが報告された。さらに国内支部の連絡事項などが続いたあと、最後に議題進行役の小嶋から、真樹の発行している「カラテマガジン」に関することについて緊急動議が提出された。

小嶋は、「カラテマガジンが大山の意にそぐわぬ形で発行されていること」「真樹個人の宣伝が多過ぎること」、さらに「収支決算が不明瞭であること」などを追求した。大山は真樹と梶原が「カラテマガジン」により暴利を貪っていると思っていたようだが、真樹はほとんど儲かってもいない雑誌へのクレームに怒りを発し、反論したため双方が言い合いとなった。これは北海道支部長の高木が間に入り止めたため大事にはならなかった。しかし、その影響でそれ以外の議題は審議されず有耶無耶になってしまった。大山はここでも思惑通りに事が進まず、不機嫌そうに窓から空を見つめたまま閉会となった。

この合宿の後、約二ヶ月して真樹のもとに大山より書留郵便が送られてきた。そこには、「カラテマガジン」発行に関する大山の苦言が多く記されていた。これに対し真樹は、大山に直接電話し一応の和解をするが、その火種は完全には消滅しなかった。この時期から大山の梶原兄弟に対する疑念は加速度的に膨らんでいく。また同じ様に芦原に対しても大山の疑念が強くなってゆく。それが危険水位を超えるのは、「本部よりも立派」と言われる松山道場を完成させた後のことになる。

中山猛夫

1977年の11月5日〜6日、東京体育館では極真会館主催の第9回全日本空手道大会が実施された。この年優勝が期待されていた芦原の弟子である二宮城光は、既に述べたとおりその年の5月にニューヨーク・ブルックリンで先輩の金村清次と「真剣白刃取り演武」の練習中に左手の親指付け根を切り出場ができなかった。代わって出場したのが当時大阪の難波にあった芦原道場の中山猛夫だった。

中山は元々芦原にケンカを売るつもりで入門してきた男で、芦原道場に入門してきた時には、既に少林寺拳法の東大阪のチャンピオンでもあった。結局、芦原に簡単にあしらわれ弟子になるといういわく付きの入門者だった。

昇級審査で髪の毛を金髪に染めていた中山は、芦原から「お前、その頭はなんだ?」と怒鳴られても、何の動揺もみせず「西海岸です」と平然と答えた態度には、多くの道場生が唖然とした。

入門時の中山は身長が178センチ、体重は67キロくらいの痩せたボクサーのような体格で、当初はよく先輩の前田比良聖に捌かれ転がされていた。ケンカ早く、気に入らない道場生がいると、組手の時間にぼこぼこにして退会に追い込むこともあったが、運動神経には天性のものがあった。

中山は芦原の指導した技を一度見ただけで、自分でも再現することができた。技の正確さで言えば、石井義和や前田比良聖には及ばなかったが、技の本質を一瞬にして見抜き会得するという能力は、当時の芦原道場でも他に類を見ないものであった。

その抜群の才能が芦原の目に止まった。芦原は大阪に審査で訪れた時に、まだ入門間もない中山と重量級の弟子とでスパーリングをやらせている。相手は茶帯であったが、白帯の中山に押されてしまう始末だった。既に少林寺で黒帯を取っていた中山の力量は、芦原の想像以上であった。

後日、芦原は中山を八幡浜に呼び、数週間におよぶ個人指導を行っている。芦原が道場生を本部に呼んで特別稽古をつけるケースは非常に少なく、この中山猛夫と後に芦原会館の関西本部の職員を務めることになる松本英樹の二人だけである。

中山が第9回の大会に出るのはそんな芦原の個人指導を受けた後のことだった。この大会には中山以外にも芦原道場から多くの道場生が出場している。

しかし、この頃より芦原道場の選手が試合中に相手の道着を掴むという行為が問題視され始めた。道着を掴むことは芦原の独自の技術であるサバキ・テクニック（当時はまだ明文化はされていなかったが）に含まれる技術なのだが、大会ルールでは徐々に掴みを問題視するようになり、芦原のサバキ技を封印する動きが出始めるのである。

第9回大会で中山が掴みによる反則をほとんど取られていないのは、まだ中山自身が相手の袖口を掴んで捌くという技術にあまり習熟しておらず、少林寺拳法の組手をベースとした戦い方だったからと言える。中山とは対照的に掴み技を多用して相手を捌いていたのが前田比良聖で、八幡浜道場黎明期に一番芦原のサバキ技を吸収したのが、前田比良聖と二宮博昭であったと言われている。

前田比良聖は後に芦原道場を退会し、石井和義の興した正道会館に移籍するのであるが、正道会館の実施した第1回全日本ノックダウントーナメントでは、そのほとんどの試合で芦原から仕込まれたサバキ技を使っている。この大会の決勝戦では、僅差で中山猛夫に優勝を譲っているが、サバキを使った試合としては、非常に参考になる試合を前田は行っている。

結局、前田を含む九州の山内文孝、京都の伊藤浩久は掴みで反則を取られ3回戦までに敗北した。石井はこうした状況を「これは大山が芦原門下に勝てないようなルール作りをしてきたのだ」と後に指摘しているが、当時の多くの芦原道場生も石井と同じ意見だった。ただ石井は、正道会館を興してからは「芦原先生は、〝掴みがあれば芦原道場は勝てた〟と言っていたけれど、最終的には試合では倒さなければ意味がない」という論を展開し、それが正道会館のキャッチコピーともなる「倒す空手」を目指した一因であると語っている。

この石井の論には、多くの芦原会館の会員から「石井が、芦原先生の捌きをきっちりと学んでいないからだ」と反論の声も上がった。警察関係者、海外の軍関係者からは、芦原のサバキは、顔面はもちろんあらゆる攻撃を考えた上での防御と攻撃の技術であり、試合向きではないが極めて実戦的と語っている。

実際、ロシアのある特殊部隊の人間が、極秘で芦原のサバキを習いにきたことがある。その時に芦原が指導したのは、ナイフを使っての特殊なサバキと、接近戦から相手の背後を取りクビの骨を折るような危険な技術であった。芦原のサバキとは、究極そこまでの実戦性を考えた技術であり、それを試合に完全に適合させるには無理があるとも言える。

いずれにせよ、中山は天性のバネと思い切りの良さで強敵を次々と破っていった。第1試合は、小林弘治、第2試合ではアメリカから来た強敵と言われるリチャード・コンスタントが相手だったが、いずれも中山のパワーに押されっぱなしだった。第3試合は石川光行、第4試合は強敵・鈴木浩平、第5試合では本部の廣重毅と当たるが、ここでも中山は安定した強さで勝ち進んだ。

迎えた準決勝は、Aブロックを勝ち上がった浜井識安とBブロックの中山との対戦となったが、ここでも中山は芦原直伝のスピードある多彩な技で浜井を翻弄し勝利を収める。

しかし決勝は、後に大道塾（現・空道）を興す強豪の東孝が相手だった。

東は空手のみならず柔道でも実力者で、その鍛え上げられた肉体は、まるで背中に大きな陸ガメの甲羅を背負っているかのように見えた。試合は一進一退となり、どちらが勝ってもおかしくないほどの名勝負となった。しかしその試合運びにおいては、東が中山より一枚上手だった。中山はよく健闘したが判定により東に旗が上がった。とは言え、初出場で準優勝は快挙であった。

中山はこの試合に、道着の前の合わせの部分に「芦原道場」と大きくマジックで書いて試合に臨んでいた。当時の芦原道場の人間には、〝本部には絶対負けない〟という団結心があり、そのマジックで書いた文字は、〝芦原道場ここにあり〟ということを示す心意気であった。

しかし、このことについても「あれは芦原道場が目立ちすぎで不愉快だ」という声が上がり、一部の支部長たちから批判を浴び、掴みに関するルール変更とともに、芦原と本部との隙間に新たな軋みが入ることになった。

この年の12月、大山倍達と極真空手を世に知らしめ、芦原を一躍ヒーローにした『空手バカ一代』の連載が終了する。翌年、梶原はその流れに乗った新しい格闘技劇画『四角いジャングル』の連載を始める。

『四角いジャングル』は当初、主人公・赤星潮が行方不明の兄を追いアメリカに渡り、兄を倒したベニー・ユキーデに復讐を果たすために世界各地を転々としながら様々な武術、格闘技と闘い成長していく物語のはずだった。ところが途中からは架空のストーリーではなく、極真会館や新日本プロレス、新格闘術などの実際の団体と、当時梶原が可愛がっていた添野、芦原、黒崎が実名で登場するドキュメント風の劇画となってゆく。虚実が入り乱れるこの手法は『空手バカ一代』から始められたものだったが、梶原自身が映画や興行などのキャスチングボートを握る存在となっていたことからより顕著となり、梶原の映画製作ともリンクし宣伝媒体の役割も果たしたと言われる。

二宮城光優勝

1978（昭和53）年1月13日、東京赤坂のホテル・ニュージャパンにおいて、大山は「日本の空手はこれでいいのか」との声明文を出し大きな話題となった。これは前年12月に東京で行われた全日本空手道連盟（笹川良一会長）の第4回世界空手道選手権大会で、日本選手団は型では優勝したものの、組手では準々決勝まで残れない惨敗を喫したことに対するものだった。

この記者会見には、極真会館の相談役の柳川次郎も列席した。笹川良一が会長としてまとめる全日本空手道連盟に対し、毛利松平を会長に持つ大山率いる国際空手道連盟が喧嘩を売ったという構図であった。大山の全空連批判はこの6年前、1972（昭和47）年のパリで行われた第2回世界大会で日本が惨敗した時にも行われており、この時大山が出した声明文は「日本の空手は負けていない」という言葉とともにセンセーショナルに報じられた。そうしたこともあってか、この78年の大山のアクションに対して全空連側は一貫して無視している。

同じ年の11月18日、19日の両日東京体育館で開催された第10回全日本空手道選手権大会には128名の選手が出場、ABCDの4つのブロックに分かれ熾烈な闘いが繰り広げられた。

Aブロックには、東谷巧、廣重毅、中村辰夫。Bブロックには、三瓶啓二、伊藤浩久、前年度準優勝の中山猛夫がいた。Cブロックには、二宮城光、瀬戸秀一。Dブロックには、中村誠、田原敬三がいた。

優勝候補と目されていたのは、二宮城光、三瓶啓二、中村誠たちであった。彼らは、初日の予戦2試合を無難に切り抜けている。一方前年準優勝の中山猛夫は初日、三瓶と当たり二度の延長戦の末に判定となり、中山の掴みが反則をとられ姿を消している。

二日目には、大山と親交があるヨルダン皇太子のモハメッド殿下が来賓として会場に現れ、試合開始に先立ち大山茂特別主審が、決め技および反則技の説明を行った。

二宮は2日目の最初の対戦相手となった小林正広をローキックから後廻し蹴り、左右の鋭い突きで翻弄し勝ちを収めた。

第4試合の風張広昭は、がっちりした体格で、粘り強い組手をする選手であった。ここでの決まり手は、芦原直伝のサバキ・テクニック〝軸足刈り〟であった。この時の二宮の軸足刈りは、絵に描いたように見事に決まり風張は宙を舞った。その時の写真は後に芦原会館の会員募集の写真にも使われた。

準々決勝は二宮とほぼ体格が変わらない瀬戸秀二だった。二宮の攻撃を巧くかわして攻撃につなげる瀬戸だったが、後半、二宮の出した左中段突きが綺麗に決まり準決勝にコマを進めた。

迎えた準決勝の相手は〝最強の重戦車〟の異名を持つ中村誠だった。身長は二宮と同じ180センチだが、体重では二宮の80キロに対して中村は90キロあった。二宮は10キロ差のある中村に対して一歩も引くことはなかった。ジャービスに敗れたことをきっかけに、自分の体格に頼らない戦い方を身に着けるために、アメリカで自分より大きな相手と稽古を積んだことが着実に活かされていた。二宮は、飛び後ろ廻し蹴りなどの華麗な技を繰り出して中村を翻弄すると、試合終盤、左前蹴りがストッピングの要領で決まり、これが「技あり」となり二宮に旗が上がり、決勝進出を決めた。

決勝は、第8回大会の準々決勝でも当たった三瓶啓二だった。三瓶は、当時三段で身長176センチ、体重83キロ。第8回大会では延長戦で二宮が優位となり判定勝ちしていた。二宮が力をつけているのと同様に、三瓶も強くなっていた。右のローから左の前蹴りで攻める二宮に対して三瓶は接近しての突きの連打を狙う。互いに相手のリードを許さない攻防は、本戦では副審四人のうち一人は旗を上げるも、主審の大山茂を含む他の者は引き分けを支持、延長戦へと進む。ここでも両者ともに一進一退の展開となるが、二宮の放ったローキックが決まり、これが効いたのか三瓶の運動量がやや落ちる。その後も着実にポイントを重ねた二宮が優勝を果たした。文句なし、二宮にとっても、芦原道場にとっても初めての快挙だった。

優勝した二宮には、臨席したモハメッド皇子よりトロフィが授与された。

試合後二宮の周りには、前田比良聖、伊藤浩久、中山猛夫が集まっていた。さらに当時の二宮の妻、その横には弟子の二宮以上にその優勝を喜ぶ芦原の姿があった。

この大会の模様は、12月にフジTV系列で放映された。これにより「芦原門下は強い」というイメージがさらに広がり、芦原の各支部では入門者が増加した。優勝した二宮は、全国の支部を芦原と回り、行く先々で優勝の祝賀会が開かれた。

中山猛夫、二宮城光という強い弟子を育てた芦原英幸。〝芦原独自の指導を受けることで強くなれる〟というイメージが、極真の道場生はもちろん一般にも広まっていった。

その一方で格闘技全体の勢いは翳りを見せ始めていた。ブームに乗って道場を出したものの、道場生の減少に歯止めがかけられず、道場を閉鎖するところも現れていた。

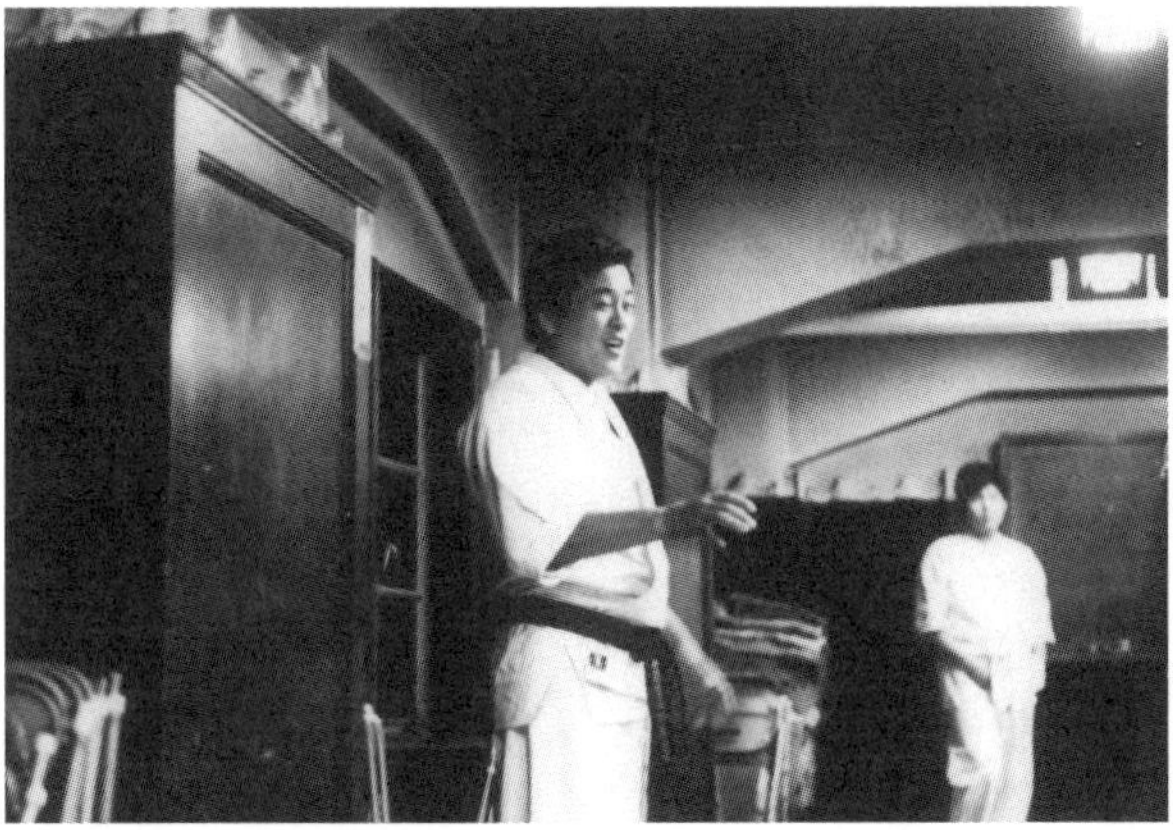

滋賀支部で指導する芦原氏（1982 年）。

第三章　芦原会館

松山本部道場

松山市は2015年現在、人口約51万5千人。四国で一番大きな都市である。

松山と言われてまず思い浮かぶのは、有名な道後温泉、夏目漱石の「坊ちゃん」の舞台となった場所、さらに近代俳句を生んだ正岡子規のふるさととして知られる文化都市であるということだろうか。伝統工芸でいえば、伊予絣が有名である。伊予絣とは、日本三大絣の一つで、江戸時代から続く松山の伝統工芸品である。そして、なにより素晴らしいのは芦原が生涯愛した松山城である。

松山城は松山市の中心に位置し、標高132メートルの勝山の上に建つ。国の史跡にもなっており、江戸時代の天守閣が現在まで残っている貴重な城である。

芦原は何かに迷った時にはこの松山城までマラソンをして、城壁にもたれて行く末を思案したと言われている。

芦原悲願の松山道場は1978（昭和53）年12月27日に建物が完成した。これを機に芦原は家族とともに八幡浜から松山へ移動している。道場完成祝賀会は年を越した1979年1月18日に開かれた。

この会には大山倍達館長と郷田勇三師範が出席。梶原一騎、影丸穣也らも駆けつけている。また当時芦原の弟子で俳優でもあった御木裕、安城寺住職の片井祥雲も参列した。弟子では前田比良聖、中山猛夫、伊藤浩久が芦原の演武のサポート役を務めた。この時の様子は映画「最強最後のカラテ」にも収められ、現在でもＤＶＤで見ることができる。

ここで芦原が中山猛夫や前田比良聖らを捌くシーンに映るサバキは、「地上最強のカラテ」で公開されたものとは、また異なる多人数サバキであり、芦原ファンには必見の映像である。

松山本部道場落成式で行われた多人数サバキの演武。

建てられた純白の松山道場は、当時個人で建てた道場としては他に類を見ないほど立派な道場と言われ芦原自身、感無量であった。

しかし、その白亜の城を見た大山の胸に去来していたのは、芦原への恐れと憎しみであった。

これには伏線があった。

実は大山は松山道場が完成するふた月ほど前、極真会館関西本部大阪道場を訪れた際に、難波の芦原道場を極秘に視察していたのだ。関西本部の稽古が10名程度であったのに比べて、芦原の難波道場は道場の外にまで稽古生が溢れる活況を呈していたのだ。

関西における芦原の人気の高さに驚いた大山は、東京に帰るなり芦原に直接電話し、大阪には本部直轄道場があるので、芦原の難波道場を至急閉鎖するように命令している。しかし芦原は、大山のこの命令を無理だとして拒否し、反対に直轄道場を閉鎖し難波道場にまとめることを提案したが、これには大山が断固拒否した。芦原は難波道場に来ている会員については、指示通りきっちり東京本部に報告し名簿登録をしていたので、その点においては問題はなかった。

大山にしても、それまでは関西から中国、四国、九州全域にかけて極真空手の支部道場を広げた芦原の功績はそれなりの評価をしていた。無論そこには『空手バカ一代』や映画の影響が大きかったのは確かだが、それでも大山は芦原のことをまだ許していたし、他の者から芦原の悪口を聞くことがあってもさほど気にせず贔屓目で見ていた。

しかし大山にとってこの大阪での衝撃的な光景は、大山の胸の内で燻っていた疑念を急速に膨らませるには充分だった。そして松山道場はこの大山の疑念を爆発させ、愛弟子から〝邪魔な存在〟へと変える、最後の一太刀となった。


一方の芦原は、それまで様々なことがあったが、松山道場を建てることで、大山に喜んでもらえると思っていた。「よくやった」と言ってもらいたかった。芦原にしてみれば、「師匠は親も同然」という言葉にある通り、時に煩わしく理不尽で怒りを感じることはあっても、やはり「師匠は親も同然」であった。恐らく本当の肉親との絆が希薄であった芦原にとって、それは壊れることのない絆のようなものであると信じたかったのかもしれない。

　しかし、道場を見た大山が芦原に掛けた第一声は、

「これでは、どちらが本部かわからないじゃないか」

というものだった。後に芦原は、

「自分の人生であの時ほど悲しかったことはなかった」

と弟子に語っている。


　東京に戻った大山は、「このままでは極真会館は大山のものではなく、芦原に乗っ取られてしまう」と周囲の人間に話すようになり、さらには「芦原は本部に払うべき金を誤魔化している」とまで言うようになる。芦原はこうした誹謗中傷とも言える大山の言葉に対して一切反論せず、ただ沈黙を守っていた。見かねた者から何か言われた時も、

「大山館長は、芦原の先生じゃけん」

としか答えなかったという。

　東京では、「館長が芦原に激怒している」という話が広がっていった。大山自身、「芦原は金を誤魔化している」、「芦原は梶原と組んで極真を乗っ取ろうとしている」という話を側近たちにもするようになった。そして、そのどれもこれもは、「梶原が『空手バカ一代』で芦原を主人公にして後半

の話を進めたことが原因なのだ」と大山は語った。

一方の芦原はこの年の8月、初渡米している。目的は二つ、一つは二宮のいるデンバーを視察することと、もう一つはニューヨークの中村忠に会うためであった。

既に書いたように、中村は1976年に独立し誠道塾を設立、翌年駐車場で何者かに狙撃されている。そうした情報は無論芦原も知ってはいたが、あくまで久しぶりに自分の尊敬する先輩を見舞うという気持ちでの訪問であり、会えば中村もそうした組織のわだかまりとは別に喜んでくれると思っていた。

しかし、中村の対応は違った。部屋には通してくれたが中村の表情には緊張しているのが見て取れた。中村は芦原に「ちょっと待ってくれ」と言うと、隣の部屋からテープレコーダーを運んできて、芦原の前にドンと置くなり録音ボタンを押し、

「何しにニューヨークまで来たんだ」

と芦原に尋ねた。それはまるで犯人の取り調べのような雰囲気だった。なんとか旧交を温めようと試みた芦原だったが、中村の態度にはとりつく島もなく、この他人行儀な中村の対応にがっかりして日本に帰って来ている。

多くの極真の先輩の中でも、信頼し尊敬できる先輩であった中村はすっかり変わっていた。恐らく芦原が大山の命令で何かしに来たのだろうと勘違いしているようだったが、それにしても、中村

の対応は冷たいものだった。芦原は「（中村）先輩も変わったよ……」と職員に話したという。これが中村と会った最後になった。

ただこの一件から芦原自身も自分の身辺について改めて警戒心を持つようになる。中村を撃った犯人は、様々な噂はあったが結局捕まっておらず、何を意図したものだったのかは分かっていない。しかし、あの中村があれほどの警戒心を自分に向けてきたことを考えれば、いずれにしても用心をせざるをえなかった。

松山道場落成の一件から急速に拗《こじ》れつつあった大山と芦原の関係は修復の兆しがないどころか、丁度この頃に公開された映画「激突！格闘技　四角いジャングル」（映画「四角いジャングル」シリーズの第2作目）についても、大山は怒っていた。表向きには、「アントニオ猪木の真の王者への道を映像化した作品」ということになっているが、梶原が製作したこの映画の劇中には真樹日佐夫、芦原英幸、添野義二、さらには極真の第10回大会で優勝する二宮城光の映像が大々的に使われていたのに対して、大山の登場シーンは申し訳程度だったのだ。

大山には自分を差し置いて梶原が可愛がる支部長たちをクローズアップして登場させていることが許せなかった。ここに至って、梶原兄弟、添野、芦原は、大山にとってはもはや目の上のタンコブでしかなかった。

芦原暗殺未遂事件の真偽

熱心なファンの中では、芦原が大山から命を狙われたという噂はご存じの方も多いだろう。そのきっかけになったのは、ここまで書いてきたように芦原の建てた松山の道場だと言われている。松山の道場を見た大山は、「これじゃどちらが本部かわからないじゃないか！」と側近に怒りをぶつけ、さらには「芦原に極真会館を乗っ取られるよ」と言うようになったという。

私は、この一件については芦原から直接話を聞いている。そこでここでは私が聞いている話と、その現場にいた関係者にも直接インタビューを行って得た情報に基づいて記していく。なおインタビューに応えてくれた方たちについては、ご本人たちの希望により名前等は公表しない。

「芦原暗殺未遂事件」は、そもそも当然表に出るべき話ではなかった。芦原道場内部でも極秘とされ一部の者しかそのことは知らされていなかった。それが、ある日突然表に出たのだった。

事件に関する話が表面化したのは、当時存在した月刊誌「噂の眞相」（株式会社噂の眞相）という雑誌に池田草兵というルポライターが書いた記事による。

池田の記事は、当時極真会館の竜虎の一人と呼ばれた添野義二の逮捕に関する話から始まる。

ここまでにも登場しているように、添野は芦原の後輩であり、梶原も目をかける極真空手の実力者であった。逮捕自体は事実で、１９８０（昭和55）年9月19日付けの朝日新聞朝刊に、「添野義二きょう逮捕、50万円恐かつ、余罪も」という大きな見出しとともに添野の写真入りで大きく報道された。

実はこの事件には不可解なことが幾つもある。添野逮捕の記事は逮捕の数日前に埼玉県警捜査四課から情報が流れていたとされる噂すらあった。添野が逮捕されたその日に毎日、読売、朝日、東京と、各スポーツ紙に記事が載った。さらにその一週間後には一部のスポーツ紙に、囲みの告知で「添野義二除名、芦原英幸永久除名」という告知が赤文字で掲載された。

まずおかしいのは、最初の新聞記事掲載があまりに早すぎるということだった。通常は、逮捕されてからマスコミ報道が行われるのが普通なのだが、なぜかこの時はマスコミでの発表が通常よりかなり早かったのだ。さらに逮捕の理由が、自叙伝の強制的な販売（これが恐喝容疑に該当するとされた）ということだったが、それに関する被害届けは一件も出ていなかったのだ。結局警察も別件での恐喝容疑での起訴を考えたが、それも立件するまでには至らず、起訴もされなかったのだ。

つまるところ逮捕自体がガセ情報に基づくものと言えた。池田はこの事件を切り口に、極真関係者に取材し記事を書いた。その中に、問題の芦原暗殺未遂事件の話が出てくるのである。以下、記事より引用する。

最近除名になったA師範は、「僕は人間で結構、神様なんかにはならない。大義名分はどうでもいい。賊軍結構。もし武将の時代だったら僕は殺されていますよ。織田信長の本能寺のときのように。もし大山館長を殺していいと言われれば殺してやりたいですよ。現代社会ではそんなことは許されませんから、こちらからはやりませんがもし、僕に万が一があったら、それは大山館長の仕業であるといいきれます。そのときのために決死隊をつくったんです。道場生のなかには大山館長を殺すといっている連中もいるが、こちらからは絶対に手を出してはいけないって言い聞かせてあるんです。僕が殺られたときに殺れってね」

と、語るA師範の言葉にはいまの率直な心境が表れているようだ。そして「大山館長に殺られる可能性はありますよ」と語った裏には、一年半前に大山館長の指令で、北海道の高木支部長が四国の芦原支部長を殺しにヤクザ者（拳銃所持）を一人つれて、北海道から船に乗って四国に渡ったことがあるからだという。四国についた高木支部長は芦原師範に電話して「大山館長の命令で殺しに来た」といって通報したが、逆に芦原師範に返り討ちにあって片目が失明してしまったのだという。このとき高木支部長と一緒にいたヤクザ者は拳銃を持っているにも拘わらず逃げてしまったのである。

（「噂の眞相」１９８１年１月号「四天王・添野師範逮捕で明るみに出た極真会館スキャンダル（前編）」）

以上が、池田によって書かれた芦原暗殺未遂事件の部分で、この文章が後に一人歩きし、様々な噂話が流布されることになる。

まずこの事件が起こった時期は、1979（昭和54）年の8月下旬である。当時北海道の支部長を務めていた高木薫が松山へ来たのも事実である。さらに高木がこの際にヤクザ者一名を連れて向かったという噂があったことも事実で、いずれも事前に極真内部の人間から芦原に情報が流れていた。そのため芦原は、高木を迎え撃つために腕の立つ門下生数名を松山の道場に呼び準備を整えていた。また実は、高木自身は芦原の後輩であり八幡浜時代に所属する大学の空手部の合宿で来たことがあり、芦原は高木のこともよく知っていた。

高木は事前に芦原へ電話をかけてきて、

「今から大山館長の命令で芦原先輩の命取《タマ》りに行きますから」

と言ったという。

高木が飛行機でなく電車で松山に来ることを極真会館内部の人間から聞いていた芦原は、弟子のA、B、Cの三名に松山駅で張り込みを命じた。芦原は彼らに高木と一緒に来るというヤクザを捕まえて道場に連れてくるように言った。その際に念のためヤクザ者が、拳銃を携帯している可能性があることも彼らには伝えていたが、そんなことに怯む三人ではなかった。

三人は松山駅前のロータリーに車を駐《と》め、高木が現れるのを何時間も前から待ち伏せしていた。いずれも高木の顔をよく知っていたが、芦原から「間違いがないように」と高木の最近の顔写真も渡されていた。

当時の松山駅の出口は一つしかなく、目を凝らして見張っていれば見過ごすはずはなかった。最初に列車からホームに降りた高木を見つけたのはBだった。事前の打ち合わせの通り、素早くAとBが改札に向かい高木が駅の改札を抜けた瞬間に二人が両サイドから捕まえた。高木は抵抗する間もなく待機させてあった車に無理矢理押し込まれると、そのまま松山の道場に連れていかれた。これは明らかに誘拐で下手をすれば芦原の方が犯罪者になっていたかもしれない荒っぽい方法であった。

事前の情報ではヤクザが一緒に来るということだったが結局現れることはなかった。このことについて芦原は、「高木が弟子に捕まったのを見て恐れをなして逃げたか、最初から連れて来ていなかったのではないか」と語っている。


松山の道場に連れて来られた高木は丸腰だった。その時点で既に弟子によって何発か殴られ、道場に着いてからも抵抗したため、芦原と面会した時にはすでにボロボロの状態だった。

多少気の毒に思った芦原は、高木を道場の3階自宅の応接室に通した。この時に、A、B、Cの弟子たちは高木の背後に立ち、芦原と対面する形で高木は座らされた。

もう勝負は付いたも同然だったが、そんな状況でも高木は、

「先輩、こんなことをしてタダで済むと思っているんですか？ ほんとうに命落としますよ」とまだ

嘯《うそぶ》いていたという。これに怒った芦原は右の裏拳を高木の顔に叩き込んだ。高木は、大きな呻き声をあげて右目を押さえその場に蹲った。

「この人、大げさなんだよ」

と芦原は言うと、改めて「誰が芦原を殺せと言ったのか」、「誰の命令なのか」など、高木を問い詰めた。会話はすべて録音され、ここで話した内容はすべて書類として高木に書かせた上で、最後に拇印を押させている。この時に高木は「大山館長の命令で芦原を空手のできない身体にするか命を取って来い」と言われたと語ったという。「噂の眞相」ではこの芦原の裏拳により高木は「失明した」と書かれていたが、眼底骨折こそしていたが失明はしていない。また、あばらを二本折られていたが、これは芦原ではなく、弟子にやられたものだった。

その後、高木は近くの梅津寺の海岸に連れて行かれ首だけ出して砂浜に埋められた。

「芦原はヤクザじゃないけん。こんなことはしたくないんよ。しかしな高木、いくら親から頼まれたちゅうても、人間としてやっていいことと悪いことの違いくらいわからんでどうするんよ。ちょっとはお前頭冷やせよ」

と芦原は高木に話したという。

一方海岸に埋められ身動き一つ取れない高木は、海の水が押し寄せる恐怖に一晩さらされた。結局高木は、次の朝近くを犬の散歩で通りかかった男性に助けられている。

助けられた高木は、驚くことに芦原に電話をかけ、

「先輩、助けてください。病院に連れて行ってください」

と泣いて懇願したという。

これにはさすがの芦原も驚いたが、かつては合宿で一緒に稽古をした後輩であり、恐らく大山から言われて仕方なく北海道から四国くんだりにまでやって来た高木が不憫に思えた。芦原は職員の一人に言いつけ病院に送り届けさせている。

その後、芦原はすぐに東京の大山に電話をかけたが、その時は渡米中で不在だった。芦原は再度大山に電話をし大山を捉えると、高木が話したことと、高木が書いた証文があることなどを告げた。しかし、大山は「自分は知らない。すべては高木が勝手にやったことである」と言い、電話を一方的に切ったという。

以上が私が直接芦原と当時現場にいた人間から聞いたいわゆる「芦原暗殺未遂事件」の全貌である。噂に言われているような拳銃を高木は所持していなかった。もし本当に高木が拳銃を持っていてこれを使おうとしていたのであれば、さすがに刑事事件であり新聞記事になっているはずだろう。

無論これがすべての真相であるかはわからない。実際に大山の指示があったのかどうかを含めて、残されているのは高木の証言だけであり、その真偽の程も定かではなく、高木を含む、芦原、大山らが既に鬼籍に入った今となってはなおさらだ。

また、この話の通りだとしても、それほどドラマチックな話ではない。そもそも事前に電話をかけた上で、一人丸腰でやってきた高木の行動を見ても疑問点が多く、暗殺未遂と呼ぶほどのことでもないように思える。

この件では拳銃で狙われてはいない芦原だったが、実際にはこれ以外で拳銃を突きつけられて命を狙われた事件は幾つか存在する。芦原自身の言葉を借りれば、

「芦原は、人生で五回ほど拳銃で狙われたけんな」

ということになる。そのうちの一回は、芦原会館の道場生数名が目撃した事件として一部で知られている。

芦原が何度か命を狙われた話は事実だ。しかし、どんな場合でも芦原は、冷静に対処し、決して暴力や権力に屈することがなかった。そんな芦原だったからこそ、多くの弟子が芦原の背中を見て一緒についていったのである。

「目の前の恐怖から逃げるのは簡単なんよ。じゃけん、そこで踏み止まり、〝なにくそ負けるもんか〟と己を鼓舞するんよ。言えばそりゃやせ我慢よ。男はやせ我慢して踏みとどまった時にこそ、男として一歩前進できるんよ、そう思わん？」

芦原は、いつもそんな風に言っていた。

猪木VSウィリー

1980（昭和55）年2月27日、芦原は東京・蔵前国技館にいた。同行者には弟子の石井和義もいた。この日行われるアントニオ猪木の異種格闘技戦における最大のイベントと言われた、〝アントニオ猪木VSウィリー・ウイリアムス〟の試合を見るために前日から東京入りしていた。

それに先立つこと数週間前、芦原は梶原一騎から一本の電話をもらっていた。

その内容は、猪木とウィリーの戦いが、ストーリーの出来上がった「やらせ試合」であるということであった。それでも、梶原は〝もしものこと〟を恐れていた。かつての木村政彦と力道山のケースもあり、やらせで組んだ試合をアントニオ猪木サイドが試合当日になって破ることを心配していたのだ。もし、そうなれば現場は騒然とした状況となり何が起こるかわからない。その「もしもの時に備えてリングサイドに来て待機してほしい」というのが梶原からの依頼であった。

芦原は、「それは、梶原先生の思い過ごしですけん。何も起こりはしませんよ」と答えていた。元々芦原は、プロレスの興行とはショー的な要素が多く、何か事件が起こってもそれはショーの一部に過ぎないと考えていたので、梶原の異常な反応が滑稽でもあった。それでも何度も頼んでくる梶原の顔を立てないわけにはいかず東京にやって来たのだった。そういう理由もあり正直芦原はあまり乗り気ではなかった。それでも万が一の事態を想定し、いつ乱闘が起きても対処できるように、動きやすい服装で会場入りし、同行する石井にもその旨は伝えていた。

会場に入ると、確かにいつ猪木サイドと極真サイドのケンカが勃発してもおかしくないほどの緊張感に包まれていた。「やらせ試合」であることを知っているのは関係者の数人であり、猪木サイドも極真サイドも互いの存続をかけた〝真剣勝負〟であった。石井は乱闘になった場合を用心し、靴をガムテープで巻いて脱げないようにしていた。芦原はそんな石井の用意を褒めた。

二人は梶原から用意されたリングサイドの席ではなく、何かあった時にはすぐ飛び出せるように通路近くの一般席に陣取って試合の様子を見守ることにした。芦原たち以外にも会場には、梶原から何も事情を知らされていない極真の腕自慢たち、特に添野義二とその門下生が会場入りしリングサイドに潜んでいた。またこの試合会場には梶原の招待により、柳川次郎も数名のお伴を連れてリングサイドで観戦していた。これも梶原の招待によるものであった。もっともこの時には、既に極真会館の相談役であった柳川は、目立たぬように一般の観客席にまぎれて席を取っていた。

この試合興行には極真会館の大山は一切関係していない。おおよその絵図を描いたのは黒崎健時、梶原一騎、アントニオ猪木、新間寿の4名であったと言われている。しかし大山は、この試合には芦原と添野が深く関係していると邪推していた。「梶原兄弟と添野、芦原を極真会館から追放すべし」の意見は、丁度この時期に具体的な形となってきたと見て間違いないだろう。

この試合前後のことを私は黒崎にインタビューしている。

黒崎によれば、ウィリーを一目見た黒崎は、「これでは試合にならない」と梶原に言ったという。身長はあるしそれなりに鍛えていたが、それほど迫力のある肉体ではなかった。何より闘う戦士としてのオーラがなく、アントニオ猪木とではあまりに役者が違い過ぎるというのが、百戦錬磨の経験を持つ黒崎の判断であった。

黒崎としても空手家としてのウィリーの実力は、それなりに評価していたが、プロレスはショービジネスであり、猪木と対峙した時の格に差がありすぎた。ウィリーに試合を成立させるためには、まず良い生活をさせて良い物を食わせて、それなりの貫禄をつける必要があった。「そのためには、月に百万やそこらの金では足りないですよ」と黒崎は梶原に言った。

それを聞いた梶原は金を都合し、ウィリーの教育を黒崎に任せることを約束したという。

芦原はこうしたことを事前に梶原からだけではなく黒崎からも聞かされていた。最終的に猪木とウィリーの試合は、事前のシミュレーションが秘密裏に黒崎の道場で行われたという話もあるほどで、すべては梶原が書いたシナリオ通りに進んでいたのであった。

芦原も最初から「ウィリーでは猪木に勝てない」と梶原に言っていた。その芦原の物言いに腹を立てた梶原は、「じゃぁ芦原、お前なら猪木に勝てるのか?」と言うと、芦原は、「芦原なら百パーセント猪木に勝てますけん」と答えた。

「勝てるってどうして勝てるんだ？」梶原は少し語気を荒げた。

「猪木の背中に手裏剣を2、3本打ち込んでやりますけん」と芦原は笑いながら言った。

もちろん芦原流のジョークであった。

「芦原なぁ、これはお前のやるようなケンカじゃないんだよ、大きな金が動くんだよ」

と梶原は憮然として答えたという。

では芦原は一方のウィリーのことをどう思っていたのだろう。

実は、芦原の弟子である二宮城光が、ニューヨークで何度もウィリーとスパーリングを行っており、二宮は一度も負けたことがなかった。二宮自身、日本に帰国した時に行われたインタビューで「ウィリー選手との組手は怖くないですか？」という質問に「向こうの方が怖いんじゃないですか」と平然と言い放っている。弟子の二宮ですらウィリーに対してそれくらいの評価しかしていなかったのである。

芦原自身も「ウィリーと勝負しても数分で倒す自信がある」と弟子には語っていた。

さらに驚いたことに、もしも猪木との試合がなんらかの事情で潰れた場合、猪木の代わりに芦原がウィリーと戦うという話が実際にあったという。この噂は私自身、何度か聞いたことはあるがいずれも裏取りができずにいた。その裏付けとなる話を、この本の取材を進めるなか偶然にも四国の松山で意外な人物から聞くことができた。

その人物とは、四国の松山城のそばで「かつれつ亭」を営む田原春統《たわらしゅんと》である。かつれつ亭は、芦原がよく通ったとんかつの店で、海外からの客や家族とともに訪れた店である。田原は、芦原から「ウィリー・ウイリアムスと戦うことになるかもしれないので、体重を絞り体力をパワーアップさせているのだ」という話を聞いたという。恐らく梶原の計画の中に、もしなんらかの不測の出来事で、猪木とウィリーの試合が不可能になった場合、芦原と戦わせるという選択があったと思われる。

【田原春統インタビュー】

―芦原先生がこちらのお店にはしょっちゅう来て田原社長とお話をされていたと伺ったのですが。

田原　あります。よくいらっしゃってくれましたね。

―芦原先生の印象はどうでしょう。

田原　最初お会いした時には、〝こんな方が日本にいらっしゃるのかなぁ〟と思いましたね。現代社会にこんな方がおられるのかという驚きでしたね。昔の武将が、そのまま現代に蘇ったという印象でしたね。

―芦原先生は、こちらのお店に外人の弟子なんかを連れてよく来ていたと聞いているんですが。

田原　一杯来られましたよ。みんな格闘家の方で、よく覚えてるのは芦原先生が「今度、あのクマ殺しのウィリー・ウイリアムスと試合するから是非見に来てください」という話です。最終的には実現しなかったらしいんですが。

—そんなお話をされていたのですか。梶原先生がそういうのを考えておられたことがあるらしいですね。猪木とやる前でしょうか。ウィリーを四国に呼んでトレーニングするという話があって、我々道場生にもよくそういう話をされていました。

田原　芦原先生は大抵外国人の方四、五人と一緒にタタタタッと来られたと思ったら、タタタタッと食事をして帰っていかれるという感じでしたね。外国人の方は、「芦原先生に技を極められてバーンと飛ばされた」と言っておられましたね。もうそれは恐怖だったと。「東京本部でも強いと言われる人と組手をしたけれど、そんな技を使う人には会ったことがなかった」と言ってましたね。

—そうだったんですね。芦原先生がお店に来られた時は、大抵一階で食事を取られていたのですか？

田原　そうです。大抵一階の奥の席に座られました。「店に変なのが入ってきてもすぐにわかるから」と仰っていましたね。家族でもよく来られてましたね。息子さんを連れて来られることが多かったですね。あと奥様がいらっしゃる時には、お嬢様を連れて来られることが多かったですね。店の正面に車をドンと停めてね（笑）。

—お店の前は駐禁ではないんですか？

田原　そう駐禁です。警察も見回りに来るんですが、芦原先生のことは警官の方もよく知ってましたんで、別格扱いでした（笑）。まぁ、古き良き時代と言えるのではないでしょうかね。

—車は白のクラウンですね。他に何か社長の覚えておられるエピソードはありませんか？

田原　そうですね……。芦原先生は素人から見ても、時代劇なんかで言う「このサムライには、スキがない」という感じがありましたね。

―この人が有名なケンカ十段の芦原英幸だというのは最初からご存じでしたか。

田原　いいえ、最初は知りませんでした。最初見た時は、〝えらく迫力のある人だなぁ〟という印象で、〝いったいこの人は何者なんだろう?〟と、ごっつい怖そうな人だなぁと思ったんですけどね。それでも何度かお話をしているうちに、芦原さんだってわかったんですよ。

―芦原英幸という存在は聞いたことがあったのですね?

田原　実は私は以前は銀行員だったんです。芦原先生は伊予銀行本店と取引があって、銀行ではお客様の名前を呼びますよね「芦原様!」と。すると有名ですから、知ってる人は「おっ!?」という感じで注目するじゃないですか。「あれはケンカ十段の芦原英幸じゃないの?」と周りがざわめくんです。そういうことがあって、私も芦原さんの名前だけは存じ上げてました。

―そうだったんですか。

田原　芦原先生とお知り合いになってから、空手をやってる人に、私が「芦原先生とは友達なんや」って言うと、「なんで知っとるの?」って聞いてきますよ。それで、私が色々話をすると、「あっそうや、あれは松山じゃ」と気づいて「お前、芦原さん知っとるんか、凄いのぉ」と言って急に私に対する態度も変わったりしますよね(笑)。

―空手のお話もされたりしたのでしょうか?

田原　よく聞かされました。技の説明なんかも丁寧にしてくださるんです。まぁ、説明をうけたからわかるということでもないのですが、「これを〝サバキ〟って言うんだよ」って言っておられましたね。「弟子でSPやっているのがいるので、この間は東京まで行って〝特別なサバキ〟を指導してきたんだよ」って言ってましたね。警察関係の方からも頼まれてよく指導されとったようですね。わからない部分もありますけど、芦原先生のお話はユーモアもありたいへん楽しかったです。

—ほぼ一方的に話をされますよね？

田原　そうです。ダーッとまるで機関銃のように話をされますね。で、話が終わったら「さぁ帰ろうっ」て（笑）。「あんたもちょっと身体を鍛えんといけんぞ！」なんて最後にボディを軽く叩かれたりしましたね。

—芦原先生はこちらではどんなものを食べたのでしょう。

田原　芦原先生のお好きだったのは、牛のヒレカツスペシャルの超レアやったですね。「超レアで」と注文されるのは芦原先生だけでしたね。

—松山で芦原先生が、特別贔屓にしていた店って、そんなに数多くないのですが、そんな中でもかつれつ亭さんだけは、「本当にこの店は、美味い店だ」って芦原先生お気に入りの店でした。

田原　芦原先生には御贔屓にして頂き、本当にありがたいことです。

今でこそ当時の舞台裏について様々なメディアで語られているが、当時の多くの人は、一部の関係者を除いて猪木VSウィリー戦は真剣勝負であることを疑うことはなかった。梶原のメディアを巻き込んだ周到な用意もあり、新日本、極真ともにどちらかが負ければ、大きな暴動が起きかねない状況であったのだ。

極真会館サイドでは、「もしウィリーが負けるようなことがあれば、その場で猪木を殺してしまえ」という物騒な命令も飛んでいたという。


ウィリー戦の前に行われた猪木VSアリ戦は、今でこそ再評価されているが、当時は期待外れの凡戦だったと酷評されており、それだけに失敗は許されない大一番だった。

この試合の仕掛人である梶原が、この時の試合をどう作り上げたかについては、この試合から四年後、自身の著作『反逆世代への遺言』（ワニブックス）の中でその経緯を公開している。ここでは、その一部を抜粋して示しておく。


そこで私はあたかもプロレスドラマを書く時のように、空手の長所とプロレスの長所を生かした試合を作り上げた。

ユセフの助言で二ラウンドで試合を中断し、私がリングに上がり、

「この試合は大試合だから、こんな中途半端な終わりにはできない。両者決着がつくまで続行する」

とコメントし、さらに二ラウンド延長して終わりとする。

これだと客が二ラウンドぶんだけトクをした気になって満足するという心理作戦だ。大筋はできた。試合の結果は引き分けと決まっていた。あの頃猪木が得意としていた腕ひしぎ逆十字でウィリーの腕が折れる。そのかわりウィリーの膝蹴りと中段蹴りで猪木のあばら骨にひびが入る。それをドクターの診断で発表する。色々と資料を調べたけれど、ドクター・ストップが最良だと思われたのだ。二回で終了すると観客が満足しない。しかし四回以上になると嘘っぽくなる。そこでドクターの権威でストップにする、猪木側もこれで文句はなかった。

当日の蔵前国技館は、予想通り大観衆でふくれあがった。

（中略）

この試合の真相を知っているものは、五人くらいの者だけだった。

『反逆世代への遺言』より

結局、梶原の懸念は杞憂に終わり、芦原はすべて梶原の書いた筋書通りに進んでいく様子を会場で確認しただけだった。リング上で4ラウンド、ドクターストップ引き分けが発表されるやいなや「くだらない試合だよ」

と言い捨てた芦原は、早々に会場を後にしている。

その後の会場では、新日本プロレスと極真会館との間で小競り合いが起こっていた。添野が極真側の控え室にやって来た新日の新間寿にヒザ蹴りをくらわせ気絶させ、一触即発の険悪な雰囲気になったが、まわりの人間のとりなしで事なきを得た。ただし、このあたりの情報は今日も錯綜していることもありディテールについては断言することはできない。いずれにしろ梶原の書いたシナリオにプロレスはともかく、空手が利用されていることに対して、不快の念を覚えた芦原は、この一件から梶原や黒崎との距離を置くようになっていく。

この試合から一週間後、芦原は、再び東京に出てくることになる。

1980（昭和55）年3月9日、大山により緊急全国支部長会議が招集されたのだ。

会議の議題は、既に芦原以外の支部長には内々で伝えられていた。

それは、四国支部長芦原英幸の永久除名であった。

永久除名

西新宿にある京王プラザホテルの本館42階にあるスカイバンケット「武蔵」で国際空手道連盟極真会館の緊急支部長会議が開催された。

「武蔵」の部屋は、「高尾」「多摩」の部屋とウォークスルーになり、人数により会場の大きさを調整することができることから、極真会館ではよく利用している会場であった。

その日は、大山倍達、相談役の柳川次郎、理事長として塩次秀雄がひな壇に座っていた。座席は、コの字型にしつらえており、芦原の席は、柳川に一番近い場所にあった。司会進行は、郷田勇三によって行われた。各支部長から近況報告が次々に行われ、芦原も最近の道場の近況を報告した。支部長全員の報告が終了した。しかし、会議はそのまま終了しなかった。

「本日は、緊急事案があります」

と郷田から報告された。内容は、

「四国支部長芦原英幸氏が、会則を破り、その行動は目に余るものだ」

という報告だった。芦原を除名にするとその席で発表されたのではなかった。

ただ「会則を破り著しく組織の団結を乱す者は、除名するしか選択の余地はないのではないか」というような言い方だったという。つまり相手を追い込み、自分から辞めるようにもっていくやり方だった。それは、ある意味「お前は除名だ」と言われたも同じだった。芦原に意見は求められなかった。

芦原は除名されて当然であり、その場にいる全員がそれを承知しているかのような雰囲気だった。それは、その場にいる全員が予め知っており仕組まれたものだった。

芦原の顔色が憤怒で真っ赤になっていた。それでも芦原は、懸命に何かに耐えていた。

支部長の誰もが下を向いていた。

芦原が、何かに耐えかねたように、両手で机をバーンと叩いた。
「館長！」
と芦原が怒鳴った。
叩いた手で机が割れそうな勢いだった。
大山は、一瞬ビクリと身体を震わせた。そして、
「あ、あしはら、君は何を言ってるんだ！」
と大きな声で怒鳴った。
芦原は、拳をきつく握りしめていた。
一瞬、部屋が静寂に支配された。
次に芦原が何をしでかすか、全支部長の視線が芦原に注がれていた。
芦原が動くその前に動いた男がいた。
極真会館の相談役の柳川次郎だった。
柳川は、芦原の目をじっと見つめて静かに言った。
「芦原、師弟関係は、親子も同然なんだぞ」
芦原は、柳川にそう言われては、何も言いかえすことはできなかった。
そのまま黙って席に着いた。

その後芦原は、一言も発言することはなかった。

会議の残りの報告を聞き、そのまま会場を後にした。

芦原は、既に極真会館に自分の居場所がないことを実感した。

自分の青春のほとんどを過ごした場所から追い出されようとしていることに一抹の寂しさを感じた。

ホテルから出た芦原は、足早に道を歩いた。

自然に溢れ出てくる涙を誰にも見られたくなかった。

その後、芦原は大山の館長室に出向き、

「一年後に退会させてほしい」

と大山に言った。

以上が、私が調査した支部長会議にまつわる話である。特にこの時の会議に出席していた長谷川一幸には、自宅まで伺った際にもこの時の話を尋ねたが、それまでに私がまとめた話と大きなズレはなかった。

芦原はこの時のことについて自伝に次のように書いている。

一人で東京で暮らし、ケンカに明けくれていた私にとって、この大山道場は、まさに憩いの場であった。私は、ようやく、私のいるべき場所が見つかったと嬉しかった。しかし、時が経つと人は変わる。悲しいことだが、これは事実である。また、空手に限らず組織、団体というものは、その器が大きくなればなるほど運営がむずかしくなる。組織の頂点に立つ者と底辺にいる者との意思の疎通がうまくいかなくなる。

（中略）

昭和五十五年の三月、東京での支部長会議に出席した私は、その場の空気に、

「ここはもう自分がいてもいなくても同じだ」

と感じるに至った。

私のいるべき場所は四国だ。今の道場で細々でもいいから、私が考える空手を追求し、一人でも多くの若者たちにそれを伝えていこうと思った。

もちろん私は、長年世話になった極真会に迷惑はかけたくないと思った。きれいな形で去りたかった。

「突然辞めるのは迷惑がかかるだろうから、あと一年で、辞めさせてもらいたい」と言い残し、四国に帰った。

それから半年後、昭和五十五年九月に、私あてに一通の手紙が届いた。極真会からである。芦原英幸を永久除名処分にする、という通達状だった。私が言った「一年後」を半年残しての

除名だった。

芦原は、大山に翌年3月での退会を申し出ていた。しかしその後芦原の手元に極真会館から届いた「芦原英幸永久除名」の通達状は、その年の9月8日の日付になっていた。さらにその通達が届いた約一週間後には、前出の添野の逮捕が報道され、何も知らない人が見ると芦原の方が、より酷い悪事をしでかしたように思える書き方であった。

芦原は、そういった大山のやり方に、

「大山館長も大人げないことをするけんな。芦原は、きれいに辞めたかっただけなんよ。芦原は、自分から極真を辞めたいいうたことは一度もないんよ。じゃけん、除名じゃいわれたら、しかたがないけん」

と、当時の職員は芦原がそんな風に語っていたのを聞いている。

除名通知が届いた芦原は、すぐにデンバーにいる二宮城光に国際電話をかけた。

「二宮、除名されたよ」

芦原がそう言うと、

「押忍、先生。よかったですね。こっちから退会したわけではありませんから。先生、頑張りましょう」

　二宮は、明るい声でそう答えた。芦原には、何よりの励ましだった。

「自分もすぐに退会届けを出します。押忍」

　二宮は、電話を切るとすぐに極真会館の大山館長宛に退会届けを書いた。さらに弟子全員に事の顛末を連絡し、極真会館に残りたい者は残ってもよいと伝えたが、二宮の弟子は全員誰一人欠けることなく、少し後にできる新生芦原会館に移った。

　残留する者がいる一方で、去る者も現れた。

　1980年6月、関西方面の要であった石井和義が極真会館芦原道場を退会した。


　当時の芦原は定期的に関西の各支部を回り指導をしていたが、通常の指導は石井と石井に学んだ指導員が行っているケースが多く、石井が芦原道場を離れたことにより、指導者が不在になるような所も少なからずあった。石井が芦原道場を退会した理由は、芦原に給料の値上げを申し出たところ、芦原の怒りに触れたという話があるが詳しい理由はわからない。

　現極真会館館長、松井章圭の自伝『一撃の拳　松井章圭』（北之口太著　講談社）には、

　七八年、芦原英幸の石井を使った「浸出」が支部長会議において問題視された。八〇年九月、大山は芦原を永久除名処分にする。これを受けた芦原は芦原会館を設立。

石井は、関西一円の枝道場や大学の同好会すべてを芦原に返納したうえで、大山に「自分だけでも極真会館に残して欲しい」と嘆願する。だが、幹部らの「一度、師匠を裏切った人間は二度目もある」という意向を汲んだ大山は、石井の残留を拒絶する。進退窮まった石井には「自分の流派を興す」道しか残っていなかった。

『一撃の拳 松井章圭』（講談社）

と記されている。多くの人が石井は芦原会館を退会したと思っている人がいるようだが、石井の退会は、芦原が極真会館を公式に永久除名される9月より以前の話である。つまり石井は極真会館芦原道場を退会しているのである。

石井が興した新たな流派「正道館」は大阪市西成岸里の西成産業会館を稽古場所に活動を開始する。そしてこれが、後の「正道会館」となる。

石井が芦原道場を退会した後に、真樹日佐夫のところで作っていた「現代カラテマガジン」（1980年7月号）では、芦原道場の特集が組まれている。真樹によれば、この時の号は創刊以来の売れ行きで瞬く間に完売したという。既にこの時期、芦原の永久除名は決まっていたが、この表紙には松山道場の書斎で、極真カラテのジャンパー（これもミリタリージャケットに芦原がワッペンを縫いつけたオリジナルジャケット）を着てソファに腰かけている芦原の写真が使われていた。

このあたりに一連の芦原の処遇について、真樹なりに極真に対する反骨精神であったと思える。因みに芦原が極真会館を永久除名になって一ヶ月ほどして、真樹もまた極真会館を離れ〝真樹道場〟を設立している。

この特集号には、松山の芦原道場の内部、稽古内容、二宮城光、中山猛夫らの記事が掲げられている。稽古内容については、

「松山道場の週間稽古日程は、4部に分かれている。1部は一般、2部は壮年・女性および初心者、3部は初心者だけ、そして少年部と、年齢や水準によって4つのコースに区分され、各コースにふさわしい時間と稽古プログラムが割りふられている。そして月水金の一般部稽古には、芦原師範みずからが欠かさず陣頭指揮に立つ」

と詳細に書かれている。また稽古内容については、

「準備運動を含めて基本稽古に約40分をかけ、短い休憩をはさんでそのまま移動稽古に突入する」

「準備運動に始まり基本、移動稽古、型、約束組手、自由組手、強化・整備運動とつづいて2時間におよんだ一般部の稽古は、気魄に充ちた道場訓高唱によって締括りを迎えた」

と書かれ、写真も多く掲載されている。改めて読み直すと「移動稽古でのヒジ打ち」や、特に引手による顔面カバーが徹底して指導されていることに気がつく。型は芦原が平安Ⅱをやっている写真が掲載されている。

芦原は極真時代、この平安やナイハンチ、バッサイ、チントウ、クーサンクなどの型を繰り返

し稽古していた。あまり型を他人に見せることはなかったが、型は非常に巧かったと見た人々の証言が残っている。芦原は型が嫌いでまともに覚えようとしなかったという噂があるが、それは真実ではない。実際芦原会館には、芦原の型を収録したフィルム映像が残されている。

サバキの指導風景「現代カラテマガジン（1980年7月号）」。

特に注目すべきは、そこに掲載された写真には、後に「サバキ」と命名されることになる芦原のスペシャルテクニックが掲載されていることである。

一つは、ロー・キックをヒザブロックから廻し崩しにより捌いて、止めまで持っていくサバキと相手の攻撃（パンチあるいは蹴り）に対して相手の背後を取り、引き崩し相手の鎖骨あるいは顔面にヒジを打ち下ろすサバキの写真が掲載されている。

まだこの時期には、技にも名前がついておらず、「サバキ」という名前も一般的には使われていない時代であった。しかし、編集者の写真解説には、

「芦原道場では帯の近接した者同士の組手はあまり行わず、黒帯および上級者が下の者に胸をかし、相手に攻撃させて〝後の先〟を取るいわゆる〝交差法〟の習得に主

眼を置き、これを〝捌き〟と呼んでいる」と書いている。恐らく〝捌き〟という言葉が、正式に公の出版物に登場したのは、この時が初めてだろう。

この時は、まだ〝サバキ〟ではなく〝捌き〟と書かれているように、芦原自身がまだ自分の技術体系を〝サバキ〟と命名したわけではない。一般的に相手を捌いて止めまで持っていくことを〝捌く〟と言っていた傾向はあった。それが証拠に、この後に出版される自伝『流浪空手』の中には〝捌く〟〝サバキ〟ともに登場しない。

石井が離れるという事件はあり、既に芦原の除名は既定路線であったものの、最初で最後に登場した「現代カラテマガジン」を見ると、芦原の理想とする空手の形が、確実にまとまりつつある過程が窺える。

時計台

極真会館を永久除名になった芦原は、その翌朝、松山駅の近くにある時計台という喫茶店にいた。

この喫茶店は、芦原が一人で考え事をする時によく立ち寄った場所で、その頃既に完成しつつあった芦原流のテクニックを自分の流派のマークにしたいと考えていた。極真会館のマークは、観空の型で両手を合わせる動きから生まれたものと聞いていた芦原は、自分のテクニックの中でも最も重要なステップワークをマークに表現しようと考えた。

これが後に技術ビデオなどでも解説される芦原空手の基本の4つのステップワークとなる。自分を中心として相手の攻撃を左右にステップでかわし、相手の死角を取り、自分の攻撃につなげる。それが、芦原会館のシンボルマークであった。さらに芦原は中心の円を囲む部分を赤鉛筆で塗りつぶしてみた。

それは太陽であり、芦原が第二の故郷と定めた四国の姿を図案化したものにも見えた。それを囲むように外円を描き、上の部分に「NEW INTERNATIONAL KARATE」の文字を入れ、下段には「ASHIHARA KARATE KAIKAN」の文字を入れた。自分を示す中心の円には、地球の経度と緯線が縦と横に引かれ、その真ん中に拳を描き込んだ。こうして完成したのが芦原会館のシンボルマークであった。そして、この図案を考えている時に、芦原は自分の組織を「新国際空手道連盟・芦原会館」という名前にすることを決定するのだった。

芦原会館誕生

1980（昭和55）年9月17日、四国松山に芦原会館総本部が設立された。そして、昨日まで「極真会館愛媛支部芦原道場」と書かれていた看板や入り口の看板は外され、新しく「新国際空手道連盟・芦原会館総本部」という看板が掛けられた。芦原には組織の再構成や、新しい技術体系をまとめたりとやらなければならないことが山のようにあった。

この時期の芦原を側で見ていた証人の一人が、当時の弟子で後に芦原会館のロサンゼルス支部を開設する廣原誠であった。私と廣原とは極真会館芦原道場時代からの友人であり、本署を著すことが決まった時に必ずインタビューしておきたいと思った一人だ。廣原は芦原会館創生期を里健志や田中孝司といった職員とともに見てきた男であり、アメリカでカラテチャレンジ（芦原会館主催）、全米サバキチャレンジ（円心会館主催）に出場し優勝している。また語学も堪能で数ヶ国語を操る。現在は会社社長として多忙な毎日を送りながら、心体育道という独自の流派を立ち上げ、自己鍛錬に余念がない。サバキからアイデアを得たという独自の杖術も研究している。

【廣原誠インタビュー】

―極真会館を芦原先生が破門になった時、同時に芦原道場にいた人間も破門になったわけですが、当時極真に未練を感じて極真会館に残りたいと希望したという弟子が少なからずいたという話がありますが、どうでしたか？

廣原　まったくなかったと思うんですよね、僕らは。自然に芦原会館になるというのにまったく抵抗はなかったですよ。極真の名前に未練を感じとるいう人間も、誰一人として広島にはおらんかったですね。なんの不平不満もなかったですよ

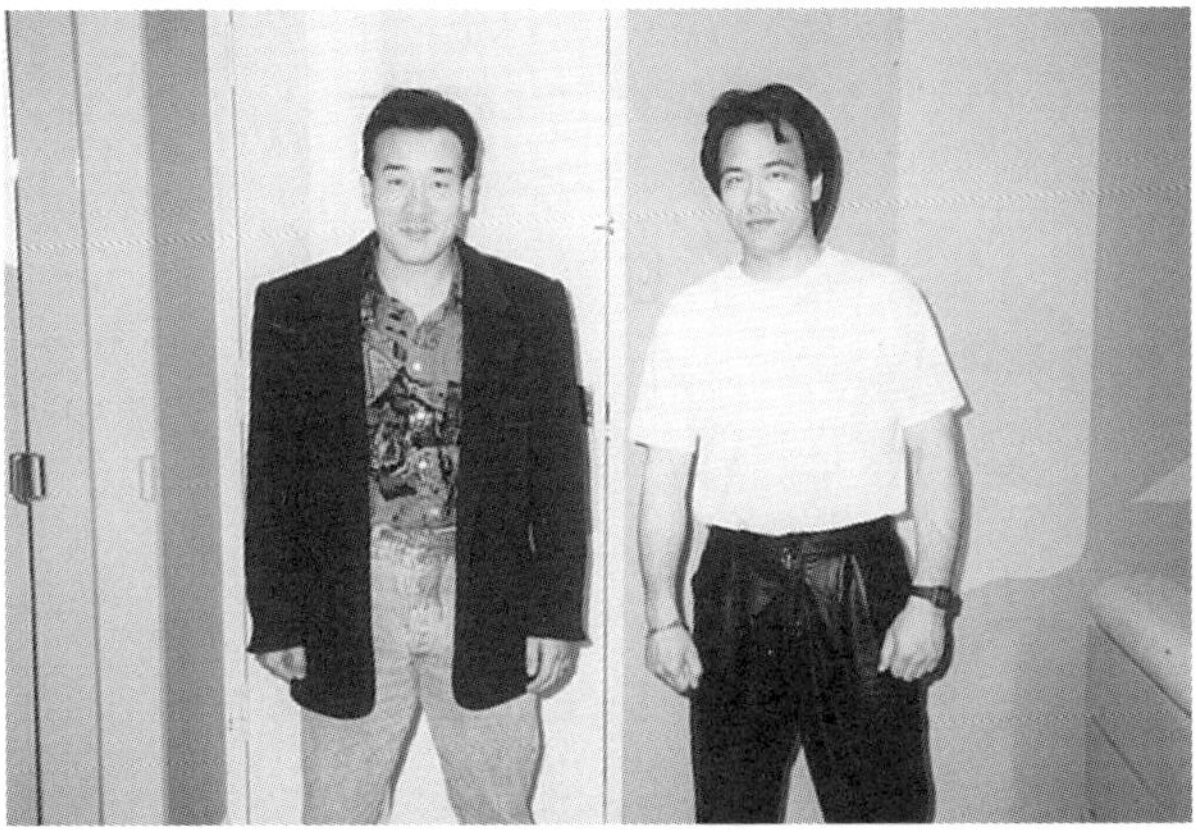
廣原誠氏（左）と著者、ロサンゼルスにて（1986年）。

―極真会館芦原道場時代には、黒帯を取るのが最大の目標だったのでしょうか？

廣原　黒帯を取るのが目標というわけではなかったですね。強いて言えば強くなることが目標でした。特に芦原道場では黒帯を取ってからの稽古がもっと厳しくなるわけですから。黒帯を取ったことで安心してしまうと、そこからは進歩がないんです。「常に自分自身にチャレンジしないといけん」と芦原館長は言っておられましたからね。

―北海道の高木薫氏が、大山総裁の命令で来た時の話を聞いたことはありますか？

廣原　僕は、館長に直接聞いたことがありますよ。「ここに（芦原会館本部）におったんだ」と。それは直接芦原館長から聞いたですよ。

―高木さんは、海岸に埋められたというのは？

廣原　梅林寺の海岸だと聞いてますね。潮が満ちてくるぎりぎりの所に頭だけ出して埋められてたという話で、懲らしめてやろうということでしょうね。

―芦原館長のお兄さんは、もう亡くなっているらしいんですが、お会いになったことはありますか。芦原忠さんというお名前でしたが。

廣原　二度か三度はお会いしてますね。芦原館長と似た感じなんですけど、お兄さんも格好よくてね。東映の俳優されていた安藤昇さんによく似てましたね。髪型も芦原館長と似た感じでね。芦原館長から「芦原の兄貴だよ」って紹介されましたよ。里さんなんかも会ってますよ。

―私も一度だけお会いしたことがありました。話は飛ぶのですが、「芦原館長が警察に指導に行った時に逮捕術を学び、そのお陰でサバキは実戦的になった」という話があるんですがどうでしょうか？

廣原　それはないと思います。道場に来ていた警察関係者が、芦原館長に「警察の逮捕術は、全く実戦で役に立たない」と嘆いていたことがあります。だから芦原会館が警察にサバキ技術を提供する側でした。それで警察官たちもサバキを学び逮捕術に役立てていましたよ。彼らは「制圧」って言うんですが、それはサバキを応用したもので、逮捕術として有効なんです。

私も警察官や自衛隊の方々をよく教えましたよ。そうしたら、「噂には聞いていたけれど、芦原先生の技は本当に凄い」と感心されましたね。今も道場には海上保安庁の方なんかも稽古にみえるんですが、そこでの技術なんかも警察の逮捕術とはまた違う体系があるみたいですね。

―廣原さんは芦原先生の撮影にもよくお付き合いされていましたが、その時のことで印象的なことはありますか。

廣原　芦原館長は凄く用心深い方でしたからね、取材でも見せる技はいくつか決めていて、大切な技術はマスコミ関係者には絶対に見せんかったんですよ。

―実際に取材の人間に技を掛けたりすることはなかったですか。

廣原　ないですよ。以前ある人から「芦原会館では本の取材に来た人に道着を着せて技を掛けたりするんですか？」って聞かれたことがあるんじゃけど。そんなこと私が知る限り一度もないですよ。唯一あったのは、角川で技術書を作るかどうかという時期に、単発で「バラエティ」という雑誌の撮影で、取材の人にどうしてもそういう写真を載せたいということがあったくらいで、その一度きりですね。

―なるほど、そうなんですね。

廣原　あと講談社のビデオ撮影の時に「5、6人の道場生が骨折している」と言う人がおったのですが、あれも誰一人骨折なんかしとらんけんね。玉置（秀年）さんが、芦原館長に「跳べ、跳べ」言われよって、跳んどったら足が痙《つ》ったいうのはあったけどね。

―芦原館長はそういうことには凄く神経質ですよね。「神経質過ぎるくらいでないといけない」って仰って、怪我人が出ないようにあらゆることに気配りされてました。技術ビデオで使う試し割りの板も、買ってきた板を2週間くらいサウナに入れてさらに乾燥して使っておられましたね。その方が割れやすいし、割れた時の音も違うということでした。「怪我人が一人も出てないのが芦原会館の自慢だ」って仰っていました。

廣原さんは昭和59年から東京本部で指導されてましたが、その当時のことで何か記憶に残っていることがありますでしょうか？

廣原　最初の新宿道場の時代なんだけどね、すぐ裏に真樹日佐夫さんとこの道場があってね。非常階段を上って見ると真樹道場の練習が見えるんですよ。練習生はいつも少なくて、当時は、二、三人しかいなかったんですよ。芦原館長はいつも「真樹とこは何人いるか見て来いよ」って言うんですよ。それで「三人です」って報告すると「そうだろう」って笑ってましたね（笑）。あれどっちの道場が先でしたっけ？

—芦原館長は最初は真樹さんの道場の場所を借りようとされてたんですよね、だけど先に借りられちゃったんで、その近くの（値段の）高い場所を借りることになったと聞いています。北新宿の松本ビルの1階だったですよね。ロス疑惑の三浦和義の会社「フルハムロード」が二階にあった場所ですね。

廣原　そうです。「フルハムロード」っていう黄色い看板が出てたの覚えてますよ。逮捕された時は、マスコミの記者とかが凄く来てね。道場も大変だった（笑）。

—東京道場ができて暫くしてから、「スーパーテクニック芦原カラテ　捌き」のビデオの撮影があったと思うのですが、あの時のことで印象に残ってることはありますか？

廣原　芦原館長と監督とがよくケンカしよったね。あれ、途中から監督が変えられたんじゃなかったですかね？　撮影は一応終わったんだけど編集が碌なもんでなくて、出来たのをアメリカの二宮師範のとこにも送ってたら、「こんなの絶対に売れませんよ」っていうコメントだった（笑）。それで、あの時は一から編集を全部やり直したんですよ。その後の講談社で出た2本のビデオ「実戦！芦原カラテ 基本編」「実戦！芦原カラテ 応用編」の時は、そういうトラブルはなかったんですよ。

—なるほど。改めて芦原館長のサバキ・テクニックについて聞きたいのですが、どういう技というかサバキが印象に残っていますか？

廣原　やっぱりストッピングなんかの合わせ技の上手さじゃないかな。

—館長のストッピングは確かに凄かったですね。

廣原　以前雑誌の取材で「芦原館長から学んだ技でどの技が一番役に立ちますか？」と聞かれたことがあるんよ。その時にも「ストッピングです」って答えているからね。芦原館長のストッピングは本当に凄かったですよ、一発で立てなくなるから。それに芦原館長の足の裏ってでかかったんですよ。

—芦原館長は、偏平足でしたね？

廣原　そうなんですよ、だからストッピングがまたよく効く（笑）。そう言えば、その「スーパーテクニック芦原カラテ　捌き」が出た時に、大山泰彦さんがそれを貶《けな》していてね。「こんな技は使えない」って言ってるビデオがあってね、それを見た芦原館長が「泰彦は、練習が足りないんですよ」って道場生の前で言っていましたね（笑）。泰彦さんとは、あまり仲がよくなかったみたいでね。大山道場時代も犬猿の仲だったそうで。

—そう聞いています。確かその話は芦原館長も相当頭にきたらしくて、自伝書の中でも反論してました。ところで廣原さんは、東京時代には顔面の稽古もやっていましたよね。「月刊空手道」の特集で西山さんとグローブ嵌めてやってる写真とかありますよね。ああいう稽古は、よくされていたのですか？

廣原　そうですね。顔面は普通の稽古の後でやってました。館長も掌底では普通によく叩いてました。まぁ面をつけることもあったし、そうでない時もあったけど、顔面は常に意識してやってたよね。あと相手の顔面のパンチや蹴りに対して使う廻し受けなんかは、「本当はパンチだから」ってね、それで叩かれてたのもいたよね。廻し受けから（相手の腕を）カンヌキするのも芦原館長が早くにやってましたね。ここで掴んでしまうと相手と縺れてしまうので、芦原館長はこうちょっと引っ掛ける感じでやってました。あと腕を巻きつけたりとかもね。結構危険な技を芦原（会館）時代にもやってましたよ。

—なるほど、芦原館長の技は瞬殺でしたね。髪の毛もよく掴んでヒザをガーンと当てておられました。「人間の頭はサッカーボールと同じだから、そのつもりで蹴れ」って仰っていました。

　最後にお聞きしたいのですが、廣原さんにとって芦原館長との出会いとはどういうものでしたか？

廣原　う〜ん。やっぱり色んな空手の先生がおるけど、僕らはラッキーでしたね。本物の空手の先生に巡り会えて。本当にもうそこで違うんですよね。もしあれがインチキ空手家だったら、今の自分はないわけですから。全く、すべてなかったでしょうね。

―芦原館長の空手の凄さを感じたのはいつですか？

廣原　それはもう初日ですよ。芦原館長と初めて会った時にパンチを見せられて。道場生が立ってる背中に向けてパンチを連打で打つんですが、それが機関銃のようで。「今から打つから何発か数えろよ！」って館長が言うので数えるのですがあまりに速くて、必ず1発か2発は抜けてるんですよ。それで打った後にゆっくり見せてもらうと確かにそうなんですけどまず見えないんですよ。あれはもう凄かった。それは凄い説得力があったですね。あとはやっぱり芦原館長は、当時皆の憧れじゃないですか。じゃけぇ、側におれるだけでも感謝してましたけどね。

ただ、職員となると一道場生とはまた、全然違うけぇね、扱いが（笑）。まぁ、ちょっと辛い時もあったけども、里さんほど辛い思いはしてないけどね（笑）。

―よく覚えている言葉はありますか？

廣原　昔、広島で審査の帰りに、芦原館長と二人で連絡船に乗っていたことがあるんですけど、その時にね、「日本の文化を芦原が守っていくんだよ」って言いよったですよね。「芦原が、日本の空手を世界に誇れるものにしちゃるけん」って言ってたのを今でも覚えています。

海外視察

極真会館を離れて自由の身になった芦原は、それまで考えていた計画を次々と実行に移し始める。世界に通用するより実戦的な空手を目指し芦原は走り始めた。

まず芦原が手をつけたのは、海外の空手事情の情報収集だった。その手始めに１９８１（昭和56）年2月7日、芦原はアメリカ、コロラド州デンバーに中山猛夫と伊藤裕久を派遣している。それは、二宮がデンバーで実施していた「カラテチャレンジ」という大会を視察させるためだった。

元々この大会は、将来日本で芦原会館主催の空手トーナメントを開催するために二宮に行わせているものだった。この「カラテチャレンジ」が、後に「サバキチャレンジ」になる。

初期の大会ルールには、芦原と二宮の二人で考えたアイデアが活かされている。たとえばサバキの技が決まったらポイントを与えるとか、「掴み」や「投げ」を使った技を有効とするなど独自のルールを試行錯誤しており、初期の英文パンフレットには、その痕跡が見て取れる。この試合には当初、中山と伊藤は出る予定ではなかったが、二宮の勧めもあり二人は飛び入りで出場する。その結果、デンバーの道場生を抑えて中山猛夫が優勝、伊藤浩久が準優勝を果たしてしまう。これには勧めた二宮も苦い顔をしたようだ。しかし、問題が起きたのはその後だった。

この時、中山と対戦した選手が、「試合用のマットの床であったから自分は負けたのだ」とクレームをつけてきた。男はローカルな大会で優勝経験もあるそこそこ格闘技で名の売れた選手で、「普通の床の上でなら負けていない」と言い張った。男の言動に腹を立てた中山はその申し出を受け、今度は普通の床の上で真剣勝負をすることになった。芦原道場に来る前からケンカでは鳴らした中山が、ケンカを売られて引き下がるはずがなかった。

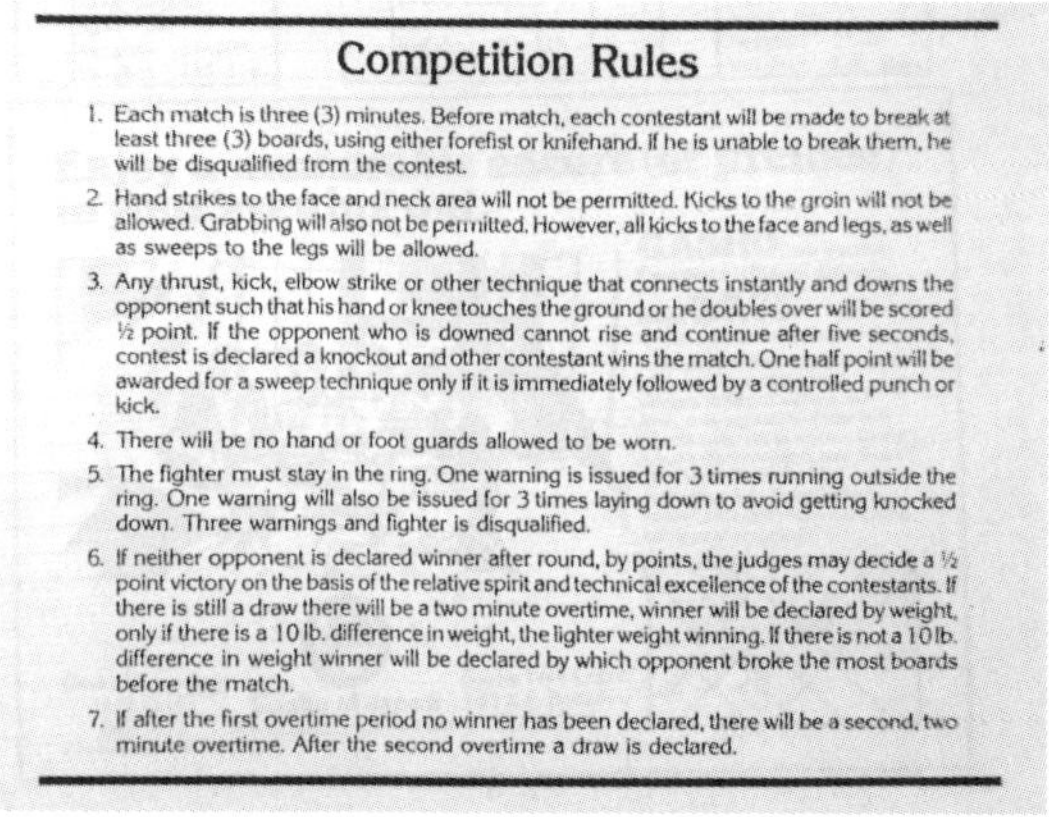

Competition Rules

1. Each match is three (3) minutes. Before match, each contestant will be made to break at least three (3) boards, using either forefist or knifehand. If he is unable to break them, he will be disqualified from the contest.
2. Hand strikes to the face and neck area will not be permitted. Kicks to the groin will not be allowed. Grabbing will also not be permitted. However, all kicks to the face and legs, as well as sweeps to the legs will be allowed.
3. Any thrust, kick, elbow strike or other technique that connects instantly and downs the opponent such that his hand or knee touches the ground or he doubles over will be scored ½ point. If the opponent who is downed cannot rise and continue after five seconds, contest is declared a knockout and other contestant wins the match. One half point will be awarded for a sweep technique only if it is immediately followed by a controlled punch or kick.
4. There will be no hand or foot guards allowed to be worn.
5. The fighter must stay in the ring. One warning is issued for 3 times running outside the ring. One warning will also be issued for 3 times laying down to avoid getting knocked down. Three warnings and fighter is disqualified.
6. If neither opponent is declared winner after round, by points, the judges may decide a ½ point victory on the basis of the relative spirit and technical excellence of the contestants. If there is still a draw there will be a two minute overtime, winner will be declared by weight, only if there is a 10 lb. difference in weight, the lighter weight winning. If there is not a 10 lb. difference in weight winner will be declared by which opponent broke the most boards before the match.
7. If after the first overtime period no winner has been declared, there will be a second, two minute overtime. After the second overtime a draw is declared.

カラテチャレンジにおける初期のルール。「カッティングキックで倒した場合0.5ポイント」など、試合におけるサバキの可能性を模索しているのが分かる。
（カラテチャレンジ1984のパンフより）

中山は先ほどの試合の時とは違い構えようともしなかった。両手を腰に当てて相手を睨み付けた。二宮が審判を務め、「始め！」の合図とともに男は左のカカト落としを放ってきた。中山は、僅か数センチで見切ると相手を乱暴に放り投げた。攻防が続く中で相手は、いきなり飛び後ろ廻し蹴りを放つが、冷静な中山は相手の懐に深く入り蹴りをかわすと、次の瞬間、右手で相手の左肩口を軽く引っ掛けるようにするとそのまま内側に崩し、左ハイキックを相手の顔面に入れると男が思わず蹲った。なんとか立ち上がったその顔には、どこから蹴りが飛んできたのか信じられないという驚きが浮かんでいた。それでもまだ負けを認めず再び中山に向き直る。中山が、二宮の方を見た。すると二宮が軽く頷いた。男が渾身の力を込めて蹴りを出した。中山はその蹴りを軽く捌くと相手を頭から床の上に真っ逆さまに落とした。男は倒れたままピクリとも動かなかった。事態を見守っていた会場がシーンと水を打ったように静かになった。すぐに大会ドクターが呼ばれた。気を失っていたが幸い首の骨は折れていなかった。

この立ち合いを見たアメリカ人たちが、中山と伊藤のところに大勢寄ってきて、

「お前たちの先生はなんという先生か?」

と尋ねてきた。伊藤はかたことの英語で、

「マイティーチャー、アシハラ……、シハン、アシハラ」と答えた。

同じ年の8月上旬、芦原は梶原一騎の誘いで、ハワイにあった梶原の別荘を訪れることになる。芦原としては、珍しく2週間の休みを取ってのアメリカ視察旅行となった。この時芦原は36歳になっていた。

ハワイでは梶原の手作りのラーメンに舌鼓を打ち、ハワイの射撃場で実弾射撃を初めて経験している。芦原の射撃は、ほぼ的の中心に当たっており射撃場のインストラクターから「あなたは、射撃の選手なのか?」と尋ねられたという。芦原はまんざらでもない様子で、これが切っ掛けで日本に戻ってからも一時期クレー射撃に精を出すことになる。後に芦原は、自分専用の拳銃やライフル

をデンバーで購入し、二宮の道場に保管させている。

デンバーから合流した二宮と一緒に、翌日は梶原の持つクルーザーに乗り、ビッグフィッシングに海に出る。海洋に出て数時間後、芦原は全長2・5メートルのカジキマグロを釣り上げていた。その後芦原は、二宮を伴いニューヨーク、デンバーへと視察に向かっている。

デンバーでは二宮の道場を見学し、道場生にサバキを直接指導している。さらに、二宮が指導している刑務所にも一緒に出向いている。デンバーの刑務所では、それほど重罪を犯していない受刑者は、自分の好きなスポーツなどを学ぶことができる制度があり、空手もそういった更生プログラムの一つとして行われていた。当時二宮はそこで空手を指導していたのであった。

芦原は海外視察を通じ、〝これから日本の空手がどうあるべきか〟を模索しつつ、8月27日に帰国している。この時芦原は、アメリカでは空手以外にもテコンドーの道場が数多く存在していることを確認している。また、今後、芦原空手を海外展開する上で、書籍やビデオでの紹介の必要性を強く感じたようだ。

翌日の28日には、東京の後楽園ホールで、黒崎の主催する「新格闘術サマーファイト」の会場に向かっていた。会場では芦原以外に真樹日佐夫、小倉正一郎、添野義二、黒崎健時の4名が顔を合わせた。

その翌月の9月6日には、極真を退会して大道塾を設立した東孝が主催する第4回みやぎテレビ杯オープントーナメント全東北空手選手権大会が開催され、芦原会館からは、床次也ら数名が大会に出場している。この時期、芦原会館と大道塾は友好関係にあり、芦原会館の道場生が大道塾の大会に多数出場していた。

組織固めや海外視察などとともに、芦原会館を設立した芦原が、すぐに着手していたのが、自伝書の発売計画であった。出版は芦原の後輩である松永秀夫の興したスポーツライフ社で出すことが決まっていた。芦原の初の自伝である『流浪空手』は、芦原が書いたものを編集長の基佐江里が編集した。芦原の原稿制作には、当時芦原会館滋賀支部の責任者であった湯浅哲也らが協力している。実は自伝そのものの企画は、極真会館芦原道場時代から出ていたが、芦原が極真会館を離れ新しく芦原会館を起こすタイミングで出すことができた。

この年の12月に発売された『流浪空手』はベストセラーとなり、紀伊國屋書店のノンフィクション部門では数週間ナンバー1だった。芦原と出版社スタッフらは、東京・赤坂見附のみすじ通りにあった女優・五月みどりの店「New五月」で打ち上げパーティを行っている。この時にパーティに参加していた編集長の基は、芦原から「いい腹をしてるなぁ、ちょっと叩いてみたいな」といわれ、「皮一枚を叩く正拳突き」で叩かれている。

この「皮一枚を叩く正拳突き」は、芦原の弟子の多くが経験している芦原得意のパフォーマンスだ。相手の腹を正拳で叩くのだが、パチーンという大きな音がするにも関わらず、叩かれている相手は痛みは感じない。しかし、数秒すると打たれた場所が赤く腫れ上がってくる。これは、中国武術で言われる「寸勁」を芦原流にアレンジしたものであった。「これができるかどうかは、その人の身体能力の高さによる」という話を芦原は弟子にしており、「稽古を積めば誰でもできる」と話していたが、芦原以外でこのパフォーマンスができた人物を私は知らない。

『流浪空手』は、12月4日に大阪・旭屋なんば店で、さらに12月5日に東京・新宿紀伊國屋書店でサイン会が開催された。どちらも芦原のサインを求めるファンで、会場の外まで長蛇の列ができた。

すべてが順調に進んでいるように見えたこの裏側で、実は芦原会館は大きな危機を迎えていた。

崩壊の危機

芦原は、自伝『流浪空手』が出版される直前に、一部内容の差し替えができないか編集部に電話している。既に配本が済み店頭に本が並ぶのを待つだけの状態になっていたこの時、芦原会館内部では大きな事件が勃発していた。

それは芦原の右腕となって芦原会館を支えるはずだった有力選手や支部が大挙して芦原会館を退会するという異常事態が起こっていたのだ。

私自身、当時、京都の四条通りから少し入ったところにあった芦原会館京都支部に通っていたのだが、この時何が起きていたのかは、一般の道場生では預かり知らぬことであり、ある日突然別の道場になっていてひっくり返るほど驚いた一人だ。

その時道場を仕切っていた責任者は、「芦原会館はもうなくなりました。今日からは、新しい道場になります」と言った。

まったく事態が飲み込めなかった私は、すぐに四国の芦原会館総本部に電話を入れた。

電話に出たのは芦原本人だった。まさか芦原本人が出るとは思っていなかった私が、しどろもどろで状況を伝えると、

「芦原会館は、今度別の場所になっただけじゃけん。今から言う番号に電話したらいいけん。わかったな、よろしく」

と返事があり、それだけ言うと芦原の電話は切れた。芦原の声は、いつもの明るく元気なものではなく、重く沈んだ感じだった。それは、芦原会館で起こっていることの重大さを感じさせるものだった。

あくまでも芦原空手を続けたかった私は、新しい責任者・西井丈雄の元で稽古をすることになる。もちろんこれまでの場所は使えず、やっと見つけた新しい稽古場所は、京都市北区の大将軍にある京都府立体育館の会議室だった。

そのため稽古はまず会議室の机と椅子を後ろに下げることから始められた。床が固いピータイルだったため激しい投げなどはできず、それまでの常設道場と比べると天と地ほどの違いがあったが、

それでも毎回30人前後の道場生が集まった。

後になってこの時のことを当時芦原会館に在籍した人や、大阪府警に勤務していた道場生から話を聞くことができ、今では私なりにおおよそ何が起きたかは把握しているが、未確認な情報もあり、すべてをそのまま書くことはできない。しかしこの時期の芦原を巡る状況はかなり切迫したもので、これに比べれば、高木のことなど霞んでしまうほどの事態であった。

松本英樹

事の深刻さを悟った芦原は、何とか持ち堪えていた大阪の関西本部道場に残留していた黒帯を招集した。

芦原は、居並ぶ弟子たちに向かって開口一番、思い詰めた末の提案を口にした。

「芦原は、この関西本部を閉鎖しようと思う」

全員の顔色が変わった。しかし、口を開こうとする者は一人としていなかった。

そこにいる誰もが今の芦原会館の状況が分かっていたからである。

芦原は、誰からも反対の意見が出ないのを確認すると机に両手をついてゆっくりと立ち上がった。

その時、黒帯の一人、宿谷勝信が口を開いた。宿谷は、極真会館芦原道場から芦原についてきた道場生であった。

「館長、関西の道場を閉鎖しないでください」

芦原は、宿谷の顔を睨み付けた。

「閉鎖せんでくれいうて、何かあった時に誰が責任持てるんよ」

しばらくの沈黙の後で宿谷が口を開いた。

「押忍、自分と松本で守ります」

「何、松本と?」

芦原は、松本英樹のことは高く評価していた。まだ、職員ではなかったが、元自衛官の松本は、力量もあり腹も据わっていた。そんな松本が、職員になり関西本部を宿谷と守ってくれるなら、誰が来ても心配ないように思えた。しかし、それには松本を至急に本部に呼んでさらに鍛える必要を感じた。芦原は宿谷に松本に連絡を取り、すぐに松山に来るように伝えた。

当時の松本はまだ職員でもなく一道場生にしか過ぎず、こうした事情はまったく知らされていなかった。

四国で直接芦原が指導してくれる。それに、行き帰りの飛行機代や宿泊費もすべて本部負担という夢のような話を聞き、強さだけがすべてと考えていた松本は、一も二もなく承諾した。

しかしそれは、地獄の一丁目だった。

松本にとって芦原は雲の上の人物だった。当初、書籍や映画で紹介された芦原を松本は知らなかった。漫画も映画も見ていなかったからだ。ただ、芦原が他の空手家と違いケタ外れに強いという噂は聞いていた。松本にとっては、それが誰であろうと関係なかった。自分自身が強くなるということが一番の課題だったからだ。芦原と会ったのは、審査で会った数回だけで、対等に話ができる存在などとは考えていなかった。一会員にすぎなかった松本は、単に自分が芦原に目をかけてもらい、本部で指導が受けられるということしか知らされていなかった。強い人間の指導を受けられるのなら、それに越したことはなかった。降って湧いたような話だと思いながらも、松本は一人松山行きの飛行機に乗った。

松山に着いた松本は、空港から芦原会館までタクシーに乗った。30分ほどでＪＲ松山駅の近くに建つ芦原会館総本部に着いた。玄関まで芦原自身が迎えに出てきていた。

「よく来たな、今すぐ二階に上がって着替えるように」

松本は、押忍と答えると階段を上り、二階の道場に向かった。道場は、１００名以上の道場生が一度に稽古できるというだけあり広く立派だった。道場の隅で着替えた松本は、軽い準備体操を済ますと、神殿に背をむけて正座して黙想した。どれくらい時間がたったか、道場の扉が開く音がした。

「松本、稽古するけん」

「押忍」松本が返事をした。

松本は、神殿のほうへ向き直り、神殿に頭を下げた。

眼の前には、純白の道着に身を包んだ芦原が立っていた。

松本は、その時初めて芦原英幸という空手家を間近で見た。全身から出るオーラに圧倒された。今まで出会った誰からも感じたことのない輝きを感じていた。この男が、噂の男なのかと納得している自分がいた。

「松本、どこからでもいいからかかって来い」

芦原は、すっと両手を上げて構えた。両手は、胸の高さで構えられていた。両足も肩幅で前後に軽く開いた感じだった。気負ったところがどこにもなかった。全身に力が入っているように見えなかった。

自然体でリラックスしているように見えた。

その構えるようで構えていない姿に隙が見えなかった。

どう動くのか。迂闊には動けない気がした。

左のジャブを出した。すると次の瞬間芦原の顔が、自分の顔の前まで伸びてきたような錯覚を感じた。顔面を叩かれた。レバーを殴られた。それは分かった。その後どうされたか。それがわからなかった。気がつけば天井を眺めていた。

松本は、全身に震えが走った。

自分の目の前に立つ人間に恐怖を感じた。

顔に、ボディに、何発パンチが入ったのか、それがわからなかった。レバーに叩き込まれたパンチで、朝食べたものをすべて吐いてしまいそうなのをぎりぎりでこらえた。顔からは血の気が引いていた。

「松本、何をされたかわかるか」

芦原が、楽しそうに白い歯を見せてニヤリと笑った。

松本は、これはとんでもない所に来たと少し後悔していた。

一方の芦原は、松本に他の者にない素質を見出していた。

二宮とも違い、あの中山とも違う、底知れぬ武道家としての才能を感じていた。もう自分が、本気を出して教えるほどの弟子がいるかどうかと思っていた時期であっただけに、松本の出現は芦原を熱くさせた。

芦原が睨んだとおり、松本の才能は、想像を遙かに超えるものだった。元自衛官だった松本は、自衛隊の隊の訓練でも常にトップの成績を誇っていた。それは闘うために生まれてきたような男だった。来る日も来る日も、芦原は松本を鍛え続けた。どれほど芦原に叩かれ、蹴られても、決して諦めずに立ち向かってくる姿は、芦原が尊敬してやまない藤平昭雄を彷彿させたという。

そんな芦原と松本の組手を見たことがあるというのが、会館の職員をした経験のある石本誠であった。

石本自身、職員として芦原の組手の洗礼を受けている。

その石本が「芦原館長と松本師範の組手は、もうどちらも引かないから凄い迫力でした。松本師範が、全力で殴り掛かるのを芦原館長が瞬殺で仕留めるんですけれど、それが見えないんです。掌底で顔をパーンと叩かれるんです。顔なんかパンパンに腫れあがって、遠くからでも顔が倍くらいに腫れ上がってるんです。普通ならその地点で止めますし、戦意を喪失ですよ。松本師範は、それでも向かっていくし、向かってくるからには芦原館長は、全力で叩き潰す。そういう組手をやっていましたね」と証言している。

四国から戻り正式に関西本部の職員になっていた松本は、以前の松本ではなかった。強さのレベルが何倍にも増幅されているように見えた。

当時、ボクサー崩れの男が関西本部に来たことがあった。その男は、道場に入ってくるなり見学者用に置かれていた椅子を持ち上げると、稽古中の床に投げつけ、

「責任者出てこんかい」

と怒鳴ると道場にぺっと唾を吐いた。松本は表情を変えることなく、後輩の一人に道場生を連れてちょっとランニングに出てくるように指示した。道場生がランニングから戻ってくると、松本は何事もなかったように事務をこなしていた。しかし、階段には、血が点々と落ちていた。それを道場生から指摘された松本は初めて、〝しまった〟というような顔をすると雑巾を絞って血の跡を急いで拭っていたという。

関西本部はこの松本を中心に中島清貴、宿谷勝信、岸保明、大井はじめ、玉置秀年らの黒帯の面々が道場を死守した。神戸では、西山聡、四国では、中元憲義、石本英二らが頑張っていた。

そこには、すべて芦原の指導が生きていた。

西日本大会で活躍する内田真弘氏（1983 年）。

なかでも滋賀道場には芦原の右腕とも言われた湯浅哲也と、サバキの上手さではあの中山猛夫をも凌駕するといわれた内田真弘がいた。芦原の若い時を彷彿させる野性的な空手をする男として芦原が絶賛したのが、この内田だった。内田は、他流派の試合に芦原道場であることを隠して出場し、幾つもの大会で優勝している。芦原会館では当時、「大阪の松本、滋賀の内田」と言われるほど際立った存在であった。

かつて、梶原が芦原主演の映画の話を企画として持ってきたことがあった。その時に「もし芦原の若い時の役をやらせるなら内田しかいないな。内田は、芦原の若い時によく似とるけんな」と芦原に言わせたほど、その野性味ある風貌は、芦原の若い時の写真に似ていた。さらに柔軟な身体から繰り出される右のハイキックは、滋賀道場では受けをとれる者がいないほど強烈な蹴りだった。さらに京都南には、湯浅とともに京滋サバキ軍団の名をほしいままにした鈴木義受がいた。そうした芦原の弟子のなかでも、かなり腕の立つ弟子が大勢いる支部は、芦原会館の支部を死守することができた。しかし、残念ながら消えていった道場も少なからずあった。

それでも芦原自身、もう一度初めて愛媛に来た当時の初心に返り、各支部を駆けずり回る地道な努力を続けたことにより、道場生も少しずつ回復し始めた。芦原は、この時期ほとんど寝る時間もないほど全国を駆けずり回り新しい組織作りに着手した。それまで紙のポスターだったのを、ブリキのポスターに作り替え電柱に針金でくくり始めたのもちょうどこの時期であった。誰もが新生芦原会館のために一丸となり、新しいポスター貼りにも努力を惜しまなかった。

〝サバキ〟命名

弟子の団結と自身の奔走によって危機を凌いだ芦原は、ついに全国展開のための拠点として１９８２（昭和57）年の12月に東京本部を立ち上げる。これは仮の道場であったが、早速入門志願者が押し寄せた。翌１９８３（昭和58）年、東京都新宿区北新宿に芦原会館の東京常設道場がオープン、さらに念願だった技術書『実戦！ 芦原カラテ』が、講談社から出版された。

この技術書で、それまで「芦原のスペシャルテクニック」「裏技」などと呼ばれていた技術が、〝サバキ〟という言葉となり公に登場することになる。

サバキという言葉になる経緯については、『空手バカ一代』の芦原編とも言えるパートの作画を務めた影丸穣也が詳しい。影丸は、芦原が私に「話を聞くように」と言った四人のうちの一人であり、公私に渡り晩年まで芦原と友誼を保った数少ない人物である。

ここでは改めて初対面の印象から『空手バカ一代』時代を含めて影丸の話を紹介したい。

影丸穣也インタビュー

―最初『空手バカ一代』の原画を描かれた時には、芦原先生の写真もなく、梶原先生から聞かれたデータと雰囲気だけで作画をされたそうですが、その後実際に芦原先生と会われて、いかがだったでしょう。
影丸 初めてお会いした時には、私が想像したのとピタッとくるちゅうか、想像通りの人でしたね。とても早口で声がかん高いんですね。喋り出すと止まらない方でした。初めてお会いしたのは、真樹さんとこの道場だったですね。流水の組手というか、後に芦原さんが、〝サバキ〟と呼ばれる技術を色々見せて頂いて、解説を受けましたね。私はそれをカメラに収めてね、芦原さんの活躍するシーンを描く時の参考にさせてもらいました。その絵を芦原さんに見せたら、「凄くよく描けている!」って喜んで頂けましたね(笑)。それからですね、芦原さんが東京に出て来られたら、必ず電話を頂いて新宿や六本木なんかに行きました。もっとも私はほとんどアルコールが飲めないんで、もっぱら聞き役なんですが楽しいお酒でしたね。

—それでは芦原先生が空手を使う場面では、実際の芦原先生が動いている写真を参考に描かれたということですか。

影丸 そうなんです。その頃は、まだ〝サバキ〟という名前はなくて、〝サバキ〟という名前に決まるのは技術書を書かれる前くらいです。芦原さんからは、何度か電話がかかってきましてね。その技術の名前を「どれがいいですか?」って聞かれたんですよ。

—そうだったのですか! どんな名前が候補に挙がっていたのでしょうか。

影丸 〝サバキ〟〝クズシ〟〝カワシ〟など色々な名称を早口で言われましてね(笑)。

—それで、どう答えられたんですか?

影丸 どうにもこうにも、私が答えるまでもなく芦原さんの中では既に決まってたんだと思います。「芦原は、〝サバキ〟という名称が良いと思いますけん、先生はどう思われますか?」て聞かれるもんですから。「そうですねぇ」と言いましたら、「そうですか! 影丸先生もそう思われますか。芦原もそう思っておったんです!」と言われたと思ったら、もう電話は切れてました(笑)。

左から二宮氏、影丸穰也氏と芦原氏（1979年）。

私も経験があるのだが、芦原からの電話は、自分の言いたいことを言うと一方的に切られるのが常だったが、それは影丸に対しても同じだったわけだ。

いずれにしろ、〝サバキ〟はこの時期に誕生し、武術的な思想であると同時に、技術的な核心として芦原会館の代名詞となった。

芦原が東京に芦原会館を出した情報は、すぐに極真会館の大山のもとに届き、大山は怒りを露わにしたと伝えられた。またこの時期、それまで友好関係にあった梶原とも関係が拗れていく。

事の発端は、梶原が芦原の『実戦！　芦原カラテ』に、「前書きを書いてやる」と言ってきたことだった。それまで出してきた自伝であれば嬉しい申し出だったが、空手の技術書に梶原の前書きは違うと感じた芦原は、この申し出を辞退する。これがきっかけとなり、梶原は芦原を目の仇にするようになっていく。

その梶原が同じ年の5月25日、「月刊少年マガジン」副編集長・飯島利和への暴行傷害事件で逮捕されている。この逮捕とともに、過去に暴力団とともに起こした「アントニオ猪木監禁事件」や「赤坂のクラブホステスに対する暴行未遂事件」、『プロレスを10倍楽しく見る方法』のゴーストライターであったゴジン・カーンから10万円を脅し取ったこと、さらには有名女優、歌手などとのスキャンダルも表沙汰になる。これにより連載作品はすべて打ち切り、単行本は絶版処分となり梶原の名声は完全に地に落ちた。

逮捕後もなぜか技術書にまえがきを書かせなかった芦原への恨みは収まらず、刑務所にいる間も、面会に来ない芦原のことをなじり罵倒していた。結局梶原は65日間に及ぶ拘留後、保釈金三千万円を支払い保釈されている。この時、梶原を陰で支えたのが士道館の添野義二だった。芦原は、この梶原の事件でさらに梶原から距離を置くことになる。

同じ頃、新たに正道会館と組織の名称を改めた石井が、自分のまとめた技術を『実戦正道カラテ』（スポーツライフ社）より発売、さらにそのすぐ後には、技術書の内容をビデオで解説した「ビデオ教育シリーズ　実戦正道カラテ　全4巻」を株式会社大阪アビックから販売している。この石井の技術書とビデオで指導されている内容は、極真会館芦原道場で芦原から学んだ内容を石井流にアレンジしたものだった。

鎖国へ

1983（昭和58）年8月28日、極真会館主催の第1回オープントーナメント西日本空手道大会が大阪難波にある大阪府立体育館にて実施された。

この大会は、今も多くのファンの間では語り継がれている好試合が多かったのだが、何故か極真の公式の試合記録からは消されているか記載されていないことが多い。同大会には当時の芦原会館から、中島清貴、宿谷勝信、石井肇、大井肇（中田はじめ）らが出場していた。

実は芦原は、当初この試合に弟子が参加することを知らなかった。試合に出ることに飢えていた血気盛んな連中が勝手に応募していたのだ。既にエントリーシートも出された後で芦原の耳に入ったため、彼らの身勝手な行動を窘《たしな》めたが、それ以上芦原は何も言わなかった。しかし試合の後、芦原は弟子を集め、芦原道場から出る人間に不公平な裁定をされる極真主催の大会には、今後いかなる理由があっても出場することを禁止するのである。

事実この試合では、大山は芦原会館の人間を勝たせないように、〝掴み〟による反則を必要以上に厳しく取るように審判団に指示していた。そのため試合が有利に運んでいた芦原門下の多くは、1回戦、2回戦で反則負けとされた。そんな中でも〝芦原強し〟を印象づけたのが、宿谷勝信の試合だった。

宿谷は1回戦で優勝候補と目されていた前田政利と当たっている。本戦で明らかに宿谷が優勢で、勝ったと観客の多くも思っていたにも関わらず、引き分け再延長、再々延長となる。それでもほとんど疲れを見せない宿谷は、審判に掴みの反則を取られないように注意して試合を進め、最後は誰が見ても宿谷の勝利が明白であったため、審判たちも宿谷に旗を上げざるをえなくなった。

しかし、迎えた2回戦で宿谷は、サバキを使い試合を優勢に運ぶも、瞬間の掴み技を取られ反則負けとなる。この大会はテレビでも放映されたが、放送ではその強引な判定はわからないように編集されていた。

後日、芦原がこの試合のビデオを見て激怒したのは言うまでもなく、前述の通り以後、「芦原会館の道場生が他流派の試合に出ることを禁じる」という命令を各支部に出している。

ちなみにこの試合で優勝したのが、熊殺しのウィリー・ウイリアムスに勝ったと言われている田原敬三、準優勝が川端幸一、第3位が後に世界チャンピオンになり、現在新極真会館代表理事を務める緑健児であった。ちなみに緑は初戦で芦原会館の大井肇と熱戦を繰り広げている。大井は惜しくも敗れたが、この敗戦をバネに現在は芸人・中田はじめとして活躍している。

この西日本空手道大会以降、芦原会館は大会に出ることは無論、大会を開くことからも遠のいたという話が一般的であるが、当初は自流の大会を開くことを考えていた。実際、芦原は道場生から「大会を開かないんですか？」という質問がある度に、「二、三年後には開きますけん」と言っているのを筆者も聞いたことがある。しかし、結局大会は開かれることはなかった。

米国で初めてサバキを紹介された「OFFICIAL KARATE」の記事。

その理由は芦原自身が、後に〝Aバトン〟と呼ばれる特殊警棒の構想を抱いていたためだ。

詳しいAバトンについての話は後述するが、この時既に芦原は、今後少子化で子供が減っていくことを見通し、道場経営も会員の会費だけをあてにしては難しいと考えていた。そこで芦原はAバトンというハードウェアを作るとともに、その使い方、つまりソフトウェアを警察や自衛隊、民間警備会社に広め、それをベースとした逮捕術やバトンの指導を全国規模で行うという構想を持っていたのだ。この時、サバキの全国大会を行い、そのなかにAバトンも組み込んだものができないかという考えもあったようだ。

芦原はアメリカの二宮にカラテチャレンジと呼ばれる大会を開催させているが、そこで行われているポイント制の大会を、サバキの試合として日本で行うことは考えていなかった。

アイデアマンの芦原にとって、自分の最も大事にしているサバキの全日本大会を開催するのであれば、誰も今までに考えつかず、かつサバキの素晴らしさをアピールできるものでなければならないと考えていた。その意味ではポイントで争う試合は芦原の構想に合わなかったのだ。

筆者も芦原から直接大会のアイデアを聞いているが、印象に残っているのは一人がチャンピオンを決める方法ではなく、相撲の東西戦のように総当たり戦の大会をやりたいというもので、芦原らしい派手な絵が浮かぶものだった。

そういう意味では、芦原の頭の中にはサバキの試合を開くことは常にあり続け、試行錯誤を繰り返していたと言える。ただ実際に試合というシステムにサバキを適合させることは難しかった。そもそもサバキという技術は、ルールのない〝何でもあり〟の状態でこそ効果的な技術であり、警察や軍といった試合とは真逆の状態でこそ真価を発揮できる技術である。そのため試合では使えない技術も多く、安全性を担保したルールを基に成り立つ試合とはまったく相容れないものと言える。つまり実戦性を高めれば、試合が求める安全性は度外視しなければならず、逆に試合として成立させるためには、芦原空手本来の技術は封印せざるを得ないわけだ。

こうしたジレンマが解決されないことと、元々職人気質であることも手伝い、芦原はＡバトンへと力を注いでいくことになる。ただ、芦原の構想の中では、Ａバトンの計画が完成した後には、サバキの全日本大会を開催したいという思いは強くあった。仮に芦原が生きていれば、あるいはサバキをうまく活かした試合システムと、Ａバトンが融合した大会が見られたのかもしれない。

東京本部

１９８４（昭和59）年、芦原が総本部で「芦原の懐刀」と言われた廣原誠を東京本部へ送り込んだ丁度その頃、後に芦原会館を護る西山亨や伊藤泰三らが入門している。西山は北海道で極真空手を学んでいたが、強さを求めて単身東京に出てきた男だった。

西山亨氏（1986年）。

西山は芦原会館の職員になる前は、北海道の極真会館・岩見沢支部に所属していた。中学時代は、柔道を経験しており優勝経験もあった。高校はほぼ男子しかいなかった美唄工業高校に通い、番長グループの〝裏番〟を張っていたほどのケンカ屋だった。東京に出て来てからは、当時歌舞伎町で最も危険なファッション・ディスコと言われたカンタベリーハウス・ギリシャ館で働いていた。カンタベリーハウスには、暴走族やヤクザ予備軍といった連中が多数出入りしており、ほぼ毎日店で殴り合いのケンカが起こることで有名なディスコであった。そのため西山は危険な客に対応する、バウンサー（用心棒）のような仕事もしていた。相手が危険なモノを持っている場合もあり、毎日が実戦と言っていい場であった。

東京に出てきた当初は空手から離れていた西山だったが、毎日起こる店でのトラブルに備えトレーニングは欠かさず、当時の西山は中野のアパートに暮らしており、毎日歌舞伎町まではランニングをして通っていた。そのランニングの途中で芦原会館の会員募集のポスターを見つけたのが入門のきっかけだった。もちろん西山も〝ケンカ十段芦原英幸〟の噂は知っており、それも入門を後押ししたという。ケンカには、相当自信があった西山であったが、芦原の技の凄さには到底敵わなかった。

私は当時大阪に来た芦原から、「今度、毎日ケンカしよる、昔の芦原みたいなのが東京本部に入門して来たんだよ」と嬉しげに語っているのを聞いたことがある。

それが後に芦原から紹介された西山だった。芦原は西山が歌舞伎町で毎日ケンカしているという話を聞き、わざわざ二宮城光と小倉正一郎の二人を連れて、西山の職場を見学に行ったことがあるという。因みにその時も店には危険な連中がいたらしいが、芦原の風貌を見てケンカを売る度胸のある人間は一人もいなかったという。

じきに頭角を現した西山は、芦原が東京に指導に来た際にはそのスパーリングパートナーを務め、芦原から直伝でサバキテクニックを叩き込まれることになる。

廣原がまだ東京で指導員をしていた頃、芦原は日商岩井とビデオ制作を具体的に進めていた。先に独立していた石井が先行して技術ビデオを発売したことで、当初の計画より遅れていたビデオ制作が、新たな芦原のプロジェクトとして動き始めていた。

ビデオはサバキの技術を、ショート、ミドル、ロングという間合いに分けて解説していくというそれまでの空手の技術ビデオには無かったコンセプトであった。この企画は日商岩井が、〝日本の文化としての空手を世界に向けて発信する〟というプロジェクトの一環で、全10巻のシリーズとして企画されたもので、日本語版と英語版が制作されることになっていた。

しかし、結局このプロジェクトは、最初の一巻が出ただけで頓挫してしまう。その一番の理由は、空手そのものが日本ではある程度認められていても海外では日本文化としては馴染みが薄く、日本で評判になるほど売れなかったのである。

芦原はこの一件でむしろ海外での芦原空手の認知度を高める必要を強く感じた。そのためには、まず芦原空手の英語版の技術書制作に力を注ぐことになる。最終的にはビデオも企画内容を練り直し、その後、既に技術書を出していた講談社と組み2本のビデオを作成、これには英語版はなくフランス語版が作成される。技術書は全部で3巻講談社より発売され、第1巻と第3巻目は英語版が制作された。また第1巻目に関してはなぜかオランダ語版も作られている。これは、一般にはあまり出回っておらず、知っている人も少ない。なぜオランダ語版が出たのか、詳しい経緯は不明だが、オランダで格闘技が大変盛んであり、現地からの要望が強かったためではないかと言われている。

芦原の二冊目の技術書『実戦！ 芦原カラテ2 発展編』（講談社）は、芦原が出版した本の中では一番技術的に難しい本であるとされている。ただ読むだけではなく、掲載されている図解に自分で定規で補助線などを引くことにより理解が深まる仕組みとなっており、芦原独自の本となっている。そのため芦原は、審査で各支部を回った際に、どのページのどの図にはどういう補助線を引けばいいかをアドバイスしている。そういう意味では、芦原カラテのサバキをより深く研究できる作りとなっている。因みに初版では一部の写真の構成が間違っており、2刷以降に修正が加えられている。

この年の4月、総本部には「月刊空手道」を出版している福昌堂から取材依頼の電話が頻繁に入るようになるが、芦原は「まだマスコミに出る時期じゃないけん」とそれ以外の取材もすべて断っていた。この芦原の態度が変わるのは、同じ年の7月に起こったある出来事が原因であった。実はこの頃から海外から「芦原会館の支部になりたい」という国際電話が急に増えるのだ。当時本部の職員だった石本や里は、あまりの国際電話の多さに一時期電話恐怖症になったという。というのも掛かってくる電話は、英語ばかりでなく、英語ですら難しいのにまったく聞いたこともないような言葉で一方的に喋られることが多く、流石の本部の猛者たちもこれには参っていた。

海外からの問い合わせが増えた理由は、アメリカで出版されていた「OFFICIAL KARATE」という英文の空手雑誌で組まれた芦原空手の特集が原因だった。この時取材を受けたのは、デンバーにいた二宮と、当時本部からデンバーに修業に来ていた清水という職員だった。

雑誌では芦原英幸の紹介、さらにそのアメリカ支部を任されている二宮城光の紹介に続き、「芦原空手が今までの古い空手とは違い科学的な空手であり、無用な怪我や痛みをともなうことなく合理的に学べ、強くなれる」ということが書かれていた。これが新しいもの好きの欧米の空手愛好家からは大いに注目されることになった。

そのことを知った芦原は、

「芦原もこれからは少しはマスコミには出たほうがいいか？　里、どう思う」

と、側にいた里に尋ね、里は、

「押忍、いいと思います」

と反射的に返答したという。

これがきっかけとなったのか、それ以降芦原のマスコミへの露出が徐々に増えていく。

また「OFFICIAL KARATE」で紹介された翌年、芦原の最初の英文書『Fighting KARATE』（Kodansha Ltd.）が発売される。英語版の出版は、講談社インターナショナル（当時）であった。この本の登場が、海外からの問い合わせにさらに拍車を掛けることになった。

芦原はこの本のタイトルを当初は『Street Fight Karate』、つまり日本語でいうところの〝ケンカ空手〟にしたかったのだが、英語でいう〝Street Fight〟という言葉のイメージは、〝街で誰彼構わず暴力を振るう〟というイメージがあると外国人スタッフからの指摘があり、「イメージが良くない」という理由から『Fighting KARATE』というタイトルに落ち着いたという。続編の『More Fighting KARATE』(『実戦！芦原カラテ3　基礎編』の英語版)は、1989年6月に全世界で発売され、こちらもベストセラーになった。

これに気を良くした芦原は、「ザ・ベスト(1985年11月号)」(KKベストセラー)という雑誌の特集ページで取材を受けている。特集のタイトルは「俺のケンカ殺法・ケンカ十段芦原英幸」、サブタイトルは「『やっちゃるけん、こい』ヤクザ相手のストリートファイティング道場破りで名を売って、四国の暴れん坊とおそれられた恐怖の男」と書かれていた。

1986年6月には、講談社よりビデオ「実戦！　芦原カラテ　基本編」、「実戦！　芦原カラテ応用編」が発売される。一般書店等では販売されず通販だけの扱いとなったが、空手の技術ビデオとしては空前の大ヒットとなった。撮影はその大半が四国松山の芦原会館総本部の道場で行われたが、一部は講談社のスタジオで撮影されている。また、このビデオが発売される少し前には、芦原の二冊目となる自伝『空手に燃え空手に生きる』(講談社)も発売されている。

ビデオや本を発表し、自らの技術を〝サバキ〟とネーミングをして売り出してきたことに大山は強い憤りを感じていた。

大山は側近に「芦原の技術、それはすべて私が教えたものだよ。〝サバキ〟などと名前をつけているがね。あれは大山が芦原に教えたものです。他人の技術を自分のもののようにして売る。これは、泥棒と同じだよキミぃ」と言ったという。

さらに大山は、当時極真会館だった長谷川一幸に極真会館の発行する月刊誌「パワー空手」で〝サバキ〟を「元々極真の技術として紹介するように」と指示している。この結果1986年の月刊パワー空手には、3ヶ月続けて長谷川一幸の「サバキ技術講座」が掲載された。芦原はこれを読んで明らかな大山の悪意を感じた。しかし、長谷川については、「長谷川はやりたくないのに大山館長に無理やりやらされているんだよ」と職員たちの前で擁護していた。

掲載された長谷川による技術解説は、意識してか意識せずにか、技術的には統一性がなく、技術解説は足の位置などに大きな間違いがあった。

それを指摘した芦原は「真似はすぐできるが、所詮真似は真似に過ぎないんだよ」と弟子に語った。特に変だったのは、最初の部分では、芦原会館のストッピングをわざわざ「ローキックのベタ足でストップする」と回りくどい説明をしていたのが、最後の方の説明では「ストッピングで相手の動きを……」となっているところだ。当時、空手の技術書でストッピングという言葉を使って技術解説している本は、どこをどう探しても芦原の技術書にしかなかったからだ。

大山による妨害工作は、それ以外にも様々なことがあった。芦原は、そういった大山に対するカウンターパンチのように、この時期次々にマスコミに露出し「月刊空手道」の他にも、「週刊プレイボーイ」（集英社）、アニメ雑誌の「グロービアン」（ヒロメディア）、「ＤＥＬＵＸＥマガジン

ＯＲＥ」（講談社）などにも登場している。なかでも「月刊空手道」は創刊１００号記念として芦原特集が組まれ、それまでのどの特集号よりも売れたという。芦原と芦原空手の名前は、芦原自身の露出により、その認知度が一挙に世間に広がっていく。

もはや芦原伝説は、梶原の手を離れ一人歩きしていた。

しかしこれらの記事を読んだ梶原一騎は、芦原の露出を面白く思うはずがなかった。芦原伝説の生みの親を自認する梶原は、雑誌のインタビューなどで芦原批判を繰り返した。それは当時「週刊漫画ゴラク」に連載中であった「男の星座」の中で、「ケンカ十段は、安田英治であった」という記事に行き着く。

梶原は寂しかったのかもしれない。

幼少期の自分と境遇が似ていた芦原に、いつまでも理解者として側にいてほしかったのかもしれない。そんな感情の裏返しが、過剰とも言える芦原非難に走らせたのかもしれなかった。

１９８７（昭和62）年1月21日に梶原一騎は永眠する。最後まで非難され続けた芦原だったが、後日一人で東京文京区の護国寺にある梶原の墓に参っている。梶原の墓碑には、「吾が命 珠の如くに慈しみ 天命尽くば 珠と砕けん」という梶原が亡くなった時に病室に残されていた辞世の句が刻まれていた。

芦原が、墓石を後にした時ちょうど小雨が降り出していた。

Aバトン

1985（昭和60）年、筆者は、芦原から一本の電話をもらう。それは、アメリカの警察官が使うTバトンとそのマニュアルが入手できるかという相談であった。恐らくこの時期に芦原には、将来のAバトンの構想があったものと思われる。

芦原の命を受けた私は、当時サンフランシスコ市警のアジアン・タクティクス・チームのリーダーであり刑事であったディビッド丹原に連絡を取った。彼とはその数年前、アメリカである事件があった時に協力を得たことが縁となり友人付き合いをしていた。私は彼の案内で、サンフランシスコの麻薬売買をしている場所へのパトロールに同行したり、幾つかの取材にも協力してもらっていた。日系二世で日本語はあまり喋れないが、日本の警察機構に関してもよく知っており、研修のため何度か来日していた。私は警察官が使用するTバトンとその使用法を説明するビデオを彼の手配で入手すると、すぐに芦原のもとへ送った。芦原からはすぐに感謝の電話がかかってきた。

改めてAバトンとは、〝Ashihara Baton〟の略である。芦原によって考案された特殊警棒で海外のTバトンにヒントを得て、独自の改良を加えたものだ。元々海外の警察などで使用されているTバトンは、沖縄空手の古武術（武器術）で使用されているトンファーを改良して作られた警棒であった。ある程度体格があり訓練された海外の警察官が扱うためにデザインされたため、大きさと重量が日本人向きではなかった。

先に記したように芦原は、将来的な空手人口の縮小を見越して、芦原空手のソフト（技術）を動かすハードとしてのAバトンを考案した。芦原自身、極真会館時代から武器術にも精通しており、特にサイ、トンファー、ヌンチャクそして手裏剣などにおいても人並み外れた技術を持っていた。そうした経験から考案されたAバトンは、将来的に警察や軍隊での使用を考え作られた画期的な武器を目指していた。

Aバトンの構想自体はかなり早い時期からあり、1982年頃には新しい武器術の模索が始まっていたと思われる。実際総本部では、トンファーの使い方について研究している芦原の姿が見られ、この時期、当時デンバー支部の二宮にも、トンファーの練習を伝えている。

芦原はこのAバトンが新しい特殊警棒として、警察や自衛隊、民間の防犯専門会社などで採用されれば、大きな貢献ができるとともに、芦原会館全体の運営が安定すると考えていたのだ。芦原は、

「この仕事は、昔いろいろと世話になった警察への恩返しのつもりでしとるんよ」

などと話し、

「芦原の仕事は、日本の警察の仕事をしとるけん、これからは警察にやっかいになるようなケンカはできんけんな」

「これが完成したら日本全国に芦原会館の常設道場が建つ」

とも話しており、そうした使命感と、将来への展望、そして物作りへの拘りが重なり、芦原はこの独自のAバトンの開発にのめり込む。だが実際にAバトンが、警察や自衛隊などの公的機関に正式採用されるのは極めて高いハードルがあり、それに必要な人脈やコネは思うほどにはなかった。

里健志氏（江田島にて）。

　このAバトンの制作には、里健志が大きく貢献している。里は建築系の学校を卒業しており、製図などを描くのが得意であった。そのため握りのボタンを押すとロックが外れ、バトンが回転する機能など、芦原のアイデアを里が図面に起こし、Aバトンの設計図を作った。このために芦原はプロが使用する製図用の机や道具を本部に備え付け、里はそれを駆使してAバトンの設計図を何枚も描いた。

　またAバトンのマニュアル作りでは、もう一人の本部職員であった田中孝司がイラストを起こした。芦原が芦原会館の実戦型を考えていた時も、最初は里が芦原の号令で動くのをカメラで撮影し、それを台紙に貼り付けて型のマニュアルを作ろうとしたのだが、あまりに写真の枚数が多すぎてとてもまとめることが難しい状態に陥った。そこで、芦原は型の重要な動きを田中にイラストで描かせ、それを最終的に清書させて実戦型のマニュアルを制作していた。そうしたこともあり、Ａバトンでも田中に白羽の矢が立ったわけだ。

芦原のＡバトンに関する試行錯誤は凄まじく、バトンのグリップ部分からガスを噴出させることができるものや、グリップの上部と下部がどちらもベアリングで回転する機能などを次々と思いついた。なかには技術的に難しいものや、不可能と思える注文もあったが、里も芦原に様々なアイデアを出し、何十種類もの試作品が館長室の壁のディスプレイを埋めた。そうしたこともあり、Ａバトンの機能とその使用法について一番多くを知っているのは、芦原以外では里だった。

この他に芦原は、Ａバトンの使用法を紹介するビデオも４本制作している。それぞれ１、２巻目は基礎編、３巻目は応用編、４巻目は実戦編となっており、ここでは芦原空手を応用した制圧術や護身術が収められている。特に第３巻にはスーツ姿で現れた芦原が、内側に隠した革のホルスターからＡバトンを瞬時に抜き、振り回して見せる映像なども含まれていた。

Ａバトンに関する特許は、日本のみならず海外でも特許申請されており、芦原は日本のみならず海外でもこのＡバトンが使われることを夢見ていたことがわかる。

時代的には１９８６年時点でＡバトンにつながるヒントのようなものは掴んでいたように思う。理由は２本目に作られたビデオ「実戦！　芦原カラテ　応用編」の最後の部分で、二宮がトンファーを振っている映像が少しであるが映っており、芦原が武器術の研究をしていたことが確認できるのである。

最終的に芦原の開発したＡバトンは、形としてはＴバトンと同じくトンファー状となり、握りと棒の部分にはベアリングが入っており、ボタン操作でロックが外れ遠心力により棒の部分が回転して相手を打てるとともに、ロックを掛けて棒として使うこともできるほか、その形状から腕を守ることもできる画期的なバトンとなった。

しかし残念ながら公的機関への採用には至らず、警察や自衛隊で使われることはなかった。

芦原の死後、芦原会館の別会社で護身用品を専門に販売しているディフェンス（エーテック株式会社）から「Ｌ型バトン」が販売されているが、これが芦原の開発したＡバトンの改良版であり、大きさや重量もオリジナルに比べやや小型化されている。元々芦原はＡバトンを警察や自衛隊などの、特殊部隊用として考えていたこともあり全体に太く頑丈で重量もあったのだ。現在ディフェンスで販売されているＬ型バトンは、芦原の残したＡバトンを基に軽量化と実用性を極限まで追求した形状となっている。

芦原会館の一部の支部では、このＡバトンを使っての護身技術や使用法を指導している所もあるが、すべての支部で行われているわけではなく、各支部長の裁量に一任されているようだ。結局作られたマニュアルやビデオも公にはされていないこともあり、現在Ａバトンの使い方を学べる所は芦原会館で武器術を指導している支部に入門する以外には手段はないようだ。

芦原会館以外でＡバトンの指導をしている道場としては、元芦原会館の平田浩巳が立ち上げた正心会だろう。こちらの道場では独自にＡバトンを使った競技会なども開催しており、武器術においては高い評価を得ている。それ以外では松本英樹の率いる英武館だ。英武館からは武器の扱い方に特化して作られたＤＶＤ「秘伝英武館カラテ　武器術編」（壮神社）も発売されている。このＤＶＤではＡバトンではなくトンファーを用いた武器術の基本的な使用法が解説されているのだが、その内容は、芦原がＡバトンを開発するにあたり、当初は従来からある武器のトンファーを使い様々な使用方法を研究していた当時の技術をベースにしている。そのためＡバトンを使おうと思う初心者が、普通のトンファーを使ってＡバトンの基本と、芦原流のトンファーの使い方が学べる大変貴重なＤＶＤになっている。

余談であるが、芦原は警察の装備課から依頼を受け、拳銃用の特殊ホルスターも開発している。警察官が日常で使用している拳銃ホルスターは、重量があり拳銃の取り出しもそれほどスムーズに行えないため、より軽量で拳銃を取り扱いやすいホルスターの開発を相談され、その試作品を作っているのだ。

芦原は軽量で拳銃が引っかからない特殊ホルスターを完成させるために、職員のホルスターに本物と同じ重量のモデルガンを入れ、何キロも走らせるなどあらゆる耐久テストなどを繰り返し、ほぼ完璧と言えるレベルの新しいホルスターを完成させている。これは警察も驚くほど素晴らしいホルスターであったが、制作コストが掛かり過ぎるということで大量支給には向かず本採用には至らなかった。しかし、この時のアイデアが後にＡバトンを収める皮製のホルスター制作に活かされている。現在、ディフェンスで販売されているLバトン用の皮製ホルダーがそれである。

雄飛

芦原はAバトンの武器術を開発する一方で、１９８５年の５月上旬、海外視察に職員の玉置秀年を伴い、東南アジア視察にも赴いている。インドやシンガポールなどを周り、世界の空手の水準がどんどん上がってきていることに大きな感動と驚きを覚える。その時の感想は、夏の合宿で芦原の口から会員に報告されている。英語版の技術書が発売されたこともあり、芦原会館は全世界に加速度的に拡大していた。総本部には、毎日のように海外から国際電話がかかり、職員はその対応に追われた。一方東京本部では、赴任から三年目を迎えた廣原が、芦原の命令で芦原会館ロサンゼルス支部を設立するために渡米、代わって西山が東京本部を一手に引き受けて指導することになった。

１９８６年の夏期合宿は、会員の増加により今まで使っていた会場が手狭になったこともあり、松山市北条にある「北条青少年スポーツセンター」で実施された。

合宿は８月１日から４日まで４日間行われ、合宿の間は各班に分かれ芦原直伝のサバキ講習が行われた。この時の合宿には、東京本部の西山が初参加している他、海外からは二宮城光とその道場生数名が参加していた。さらに技術書やビデオでお世話になった講談社の編集者らも特別にオブザーバーとして参加を許されていた。

初日と二日目の講習では、各支部長にも芦原からの細かなチェックが入った。

三日目の夜は、全員が体育館に集まり演芸大会が行われた。例年だとお酒も入った宴会になるのだが、北条青少年センターではアルコール類は一切禁止なのでソフトドリンクでの宴会となった。それでも内容は例年以上に盛り上がった。宴会は、寸劇や物まね、ゲームなど各班が考えた催し物が次々と披露され芦原を大いに笑わせた。本やビデオの制作に加え海外視察などで疲れを口にしていた芦原もこの日だけは、腹の底から大笑いしていた。

各班の出し物が済むと、芦原会館の職員が一人ずつ挨拶をした。司会はその年から正式に東京本部職員となった西山亭が担当した。

まず一番手は、その合宿の後アメリカに渡ることになる廣原誠だった。廣原は、

「東京本部で指導員してます廣原です、歌を唄います」と言うと、いきなりアニメの「デビルマン」の歌を熱唱し、歌の最後にはＴシャツを脱いで鍛え上げた肉体でデビルマンのポーズをとってみせた。さらに関西本部の玉置秀年は、例年芦原会館の合宿ではお馴染みになっていた少しエッチな替え歌「雪やコンコン」を披露し、女子職員を赤面させた。

玉置の後に西山に紹介されたのは松本英樹だった。松本は、マイクを持ち、

「大阪の職員やらせてもらってます松本といいます」

と言い終わった時に、芦原から大声で、

「松本、お前は今年で職員何年になる?」

という質問が飛んだ。

「押忍、五年になります」

「松本、五年か。お前は師範代だな。合宿終わったら正式に証書出すけん」

それは、それまで関西本部を死守してきた松本に対する芦原からのせめてもの気持ちだった。

その場にいた全員から大きな拍手が起こった。

松本は、少しだけ照れたように頭を掻くと、訥々と喋り始めた。

「自分は、職員になって五年になりますけど、褒められたことより怒られたことの方が多いですし、そのことのほうが記憶に残っています。勉強になりますし、空手しかやらないということはないです。普通の会社に入った以上に厳しいです。人への思いやり、あるいは人との接しかたという点でも、色々勉強させてもらっています。今まで人に気を使うということがなかったもので、大変勉強させてもらっています。これからも頑張らせて頂きます。押忍!」

そう締めくくった松本は、「空手バカ一代」の主題歌を熱唱した。

松本の次に紹介されたのが、総本部の職員・里健志だった。芦原会館になって職員を一番長く務めたのが里である。元々広島道場にいた時に芦原に職員になることを勧められ本部に来た、言うなれば芦原にスカウトされて職員になった人物だった。

もっとも芦原にスカウトされて本部に来たものの、待遇が良かったのは最初の一日だけで、次の日からは「地獄の一丁目だった」とは里の弁である。本部に来た頃の里は、ボディビルで身体をパンパンに鍛え上げていた。それを見た芦原は「里、お前やめてくれよー！」と大声で叫んだという。あまりに鍛え過ぎで正拳突きもできないくらいだったのだ。芦原会館の歴史上、肉体を鍛え過ぎて芦原から注意されたのは後にも先にも里くらいのものであった。

この時期は芦原の命令で東京本部の指導を手伝っていた里は、合宿にも本部からではなく東京から参加していた。

「今、東京で勉強させてもらっている里です。自分もよく怒られまして、よくどころか芦原会館で一番館長から怒られたのが自分ではないかと思います。何もできなかったんですけど、自分から進んで行動するということを学びました。今も色々勉強させてもらっています。すべてのことが、自分の人生にとって大変有意義であると感じております。押忍」

里も挨拶の後、歌を唄ったのだが、廣原、松本に続き漫画の歌で「キカイダー」だったため、さすがに司会をしていた西山は苦笑いし、

「アニメの歌ばかりですみません」と謝った。

里の次は西山本人の番だった。

「自分は、今年の四月から職員やらせてもらってます西山です。まだ職員になったばかりで、今日の合宿も要領を得ない状態です。あっちに行ったり、こっちに行ったりしている感じで。まだ全然経験がないもんですから、みなさん協力してください。じゃあ芸をやります！」

西山は、そう言うといきなり前に出てくると、マイクを床に置き、頭を床につけ三点倒立を披露した。これは常々芦原が、首を鍛えるために有効だと言っているものだったが、通常の稽古でもやってることだけに宴会芸とは言えず、これには芦原は苦笑い。会場が一瞬シーンとしたので、西山は慌てて、

「やっぱり自分も歌を唄います！」

と言うなり、こちらも漫画「ゲゲゲの鬼太郎」の歌を唄い会場が大爆笑になった。

芦原は隣に座っていた中元に〝困ったもんだわい〟という表情をして見せた。

その次に指名されたのは、二宮城光だった。

二宮はTシャツに短パンというリラックスした服装でマイクを握った。

「(合宿は) あと明日一日ですが、館長がいつも言っておられるように誰でも90パーセントの努力はできる。あとの10パーセントが一番大切だと思うんです。あともう一日頑張ってください。

今、アメリカの芦原空手は、新しくモンタナに支部ができました。また、2年前に合宿に来たバーネンが、ルイジアナの軍隊で50名に指導しています。さらに今年の9月27日にマサチューセッツの

ボストンで大会を予定しています。その大会は500名から600名が出場する大きな大会なんですが、そこへ芦原館長を招待する予定です。そしてオハイオ州ではビール会社のバドワイザーから、芦原空手のデモンストレーションをやってほしいという話が来ています。世界中に今、芦原空手が伸びてます。皆さんも頑張ってください。押忍」
二宮は、そう言い終えると、10年前から合宿で唄う十八番「桜花」を披露した。

咲いた桜が男なら、慕う胡蝶は妻だろう
パッと咲け桜花、俺も咲きたや華やかに
大和桜の枝延びて、花は吉野に乱れ咲き
パッと咲け桜花、俺も咲きたや華やかに
明日は初陣正拳を、月にかざせば散る桜
パッと散れ桜花、俺も散りたや華やかに

二宮の歌はなかなかのもので、歌手デビューの話もあったほどの唄いっぷりだった。
会場からは、惜しみない拍手が送られた。

それに続いた中元憲義は、「自分は話が得意ではないので、歌を唄います」と言ってマイクを握った。中元の十八番は、昔高倉健が歌って有名になった「男なら」という曲だった。

芦原は、中元の歌を目を閉じて聞き入り、

「無口な中元には、似合いの歌だよ」

と絶賛した。

そして、最後は芦原が立ちあがった。

マイクを握った芦原に、皆芦原の十八番である「流浪歌」を期待していた。

しかし、芦原は「歌を唄う前に」と前置きをして、芦原会館の現状について語り出した。

「例年こうして合宿やるんですけど、特に今年はビデオを作った関係で、講談社の人もこうして来られてます。今回のビデオが世間でどう受け入れられるかで、次の作品ができるかどうかが決まるんです。そういう意味で、芦原は、当事者として非常に神経質になってます。こうやって、本やビデオを出すんですけど､既に次に出す本のことも決まってるんです。次には､基本の本を出す予定です。

今回、職員の玉置を連れて海外に行ってきたんです。インドにも行ってきました。最初、インドは大したことはないだろうと思っていたんです。身長もそれほど高くないだろうと思っていたんですけど、日本人以上に大きなのがゴロゴロいるんですよ。身長も2メートル近いのがいる。指導者のバルサラというのが、45か46歳なんだけど、思ったより力があります。それと会場も物凄く大きくて、1万4千人もの人が入れるんです。試合もガッツがあるというかね、途中で投げるような者は一人もいない。もう試合で下がるということがないんですよ。ガンガンとやるしね。もうそれは見ていても感動するんですよ。それで芦原が、〝もうこれ以上やらしちゃ危険じゃ〟いうことで、ポイント的に勝ってる方に旗を挙げさしたという試合もあったくらいなんです。そこにはインドの周りの国、パキスタン、スリランカ、ネパール、アブダビなんかからも出てるんです。

シンガポールにも立ち寄りました。最初30人くらいだったのが、今回寄ったら100人を超してるんですよ。今後、芦原会館が海外でどれだけ伸びていくか楽しみです。シンガポールなんて、日本の淡路島くらいの大きさしかない。でもああいう所が、将来的にアジアの中心になってくると思います。芦原会館もそろそろ大会をやりたいと思ってます。みんなそのつもりで頑張ってもらわないとね。芦原が、大山館長の側にいたのは、もう今から25年以上前なんだけど、大山先生が芦原の歳の頃には、生徒は25人くらいしかいなかったんですね。

芦原会館は、今4000人以上の会員がいて、またこうして海外でもどんどん広まっているということで、慌てる必要はまったくありませんから」

そう言った後、芦原はいつものように「流浪歌」を披露した。

心猛くも鬼神ならぬ

人と生まれて情けはあれど
母を見捨てて波こえてゆく
友よ兄等と何時亦会はん

　ここで一度唄うのを止めた芦原は、

「歌詞に〝友よ兄等《けいら》〟というのがあるんだけど、空手を通じて知り合った友人というのは、生涯の友になりますから大切にしてください」

　そう説明を加えるとさらに歌を続けた。

波の彼方の四国のはてに
男多恨の身の捨てどころ
胸に秘めたる大願あれど
生きて帰らむ希望はもたぬ

何を求めてひろった旅か
長い砂丘の広野の中に
今日もとぼとぼ流浪ぐらし

どこに夢追うはかない夢を

我身負わすは空手の糧薄に
星の示せる向だに行けば
砂の逆巻く嵐も何ぞ
やがては超えなん四国の砂漠

芦原が唄い終えると割れんばかりの拍手が起こった。
拍手が鳴りやむと、芦原はもう一度マイクを握りしめた。

「男だったら、夢というかね、自分の目標をね、諦めないでチャレンジするのが夢だと思います。芦原もまだまだ空手の世界で、頑張っていきたいと思っていますけど、もしも夢なかばで倒れたらね、またみんなが、芦原カラテの意志を受け継いでいってほしいと思います。押忍」

現在、芦原空手とサバキは世界中で学ばれている。そして芦原英幸の名前は、サバキの創始者として空手史にしっかりと刻まれている。

合宿に向かう船の中で（1986年）。

ポストスクリプト

実は本来この章は書かない予定であった。私は長年芦原の弟子であったから、芦原の苦しみや苦悩の部分も見て知っている。だからこそ芦原がまだ病に倒れる前で物語を終えるつもりだった。芦原が元気で〝今から世界へ雄飛するぞ！〟と叫ぶ部分で終わりになるはずだった。

ところが、ある親しいお寺の僧侶と話をしていた時に、

「芦原さんは病に倒れる前も、倒れてからも空手一筋の人生を全うされた方なのだから、病に倒れた後のことも書いて差し上げては如何ですか？」という提案を頂いた。私は散々考えた挙げ句筆を再び執ることにした。芦原が病を知った時、何を考えていたのか、さらに何を残そうとしていたのか。

ここで書かれる芦原の物語は、これまでのように颯爽とした芦原の姿ではない。これまで書かれたような格好良さは、ここにはない。芦原の前に立ちはだかるのは、目に見えない強敵である。さらにその敵は、芦原の肉体を毎日毎秒少しずつ、だが確実に蝕んでいった。芦原がその敵とどう闘ったのか。ここにあるのは、その闘いの記録である。

芦原が亡くなってから、昔芦原に誘われて、芦原の愛船で瀬戸内海に出た時のことを思い出した。その時は、私の他に数名の本部職員がいたが、芦原に呼ばれた私は並んで腰を下ろしていた。まだ、芦原会館になって間もない時のことだった。芦原は、新しい芦原会館のマークの由来や、大山館長の思い出などをタバコをふかしながら語ってくれた。その時に私が感じたのは、芦原が極真を離れても極真のことや大山館長のことを懐かしげに語ったことだった。

海は穏やかだった。そして、色々なことがあった芦原の心も今一時の静寂の中にあるように思われた。芦原の話が、一瞬途絶えた。肺に溜めたタバコの煙を勢いよく蒼い空に吹き出した。その時に、私はずっと以前から芦原に尋ねてみたいと思っていたことを口にした。芦原は日焼けした真っ黒な顔で、海を眺めていた。

私は芦原に、

「芦原先生は、死について考えたことがありますか？　例えば死んだら死後の世界というのがあると思われますか？」

そんな質問をした。

ヤクザに拳銃で脅されても平然として対処する芦原ならきっと普通ではない答えが返ってくるのではないか、私はそう思ったからだった。

すると芦原は咥えタバコのまま、

「死んだらか。そうだな、どうなんじゃろうね？　芦原はまだ死んだことがないけんわからんよ」

そう答えてくれた。

言われてみればその通りなのだが、芦原らしい答えだと思った。

これはまだ芦原が病気に侵される何十年も前の話である。私は今でも時々芦原のことを夢に見ることがある。夢の中では元気な芦原が、技について「ああでもない、こうでもない」と言いながら一緒に稽古をして汗を流す。私はいつ指導を受けても芦原の指導は素晴らしいと感動する。「もう一汗流そうか」と組手を始めようとしたところで夢から醒める。夢があまりにもリアルなため、自分の中で改めて芦原がもうこの世にいないことに気付き愕然とする。私は今でも芦原が残した技術書やビデオ、資料などを繰り返し見て研究を欠かしていない。気持ちを同じくして、芦原の技術を研究したいという方には、無償で資料や映像を提供し一緒に研究を続けている。同じ映像でも見る者が違えば新しい発見がある。私は、現在も芦原から託された資料や映像を元に技術研究を続けている。

時間は芦原が世界への飛躍を目指し、目まぐるしく動いていた時期に戻る。芦原の身体は徐々に変調を来していたものの表面的には、ほとんど現れてはいなかった。ただし、恐らく芦原自身は、自分の身体に起きているごく小さな変調に気がついていたのかもしれない。

それでも、それを気にしていられるような余裕は芦原にはなかった。やることは山積みだったし、次から次に起こる問題を処理するだけでも大変な忙しさだった。そんな時期に届いたのが、北海道の元極真会館の道場生たちが、芦原会館に大挙して移籍したいという申し入れだった。

北海道からの挑戦

1986（昭和61）年9月、極真会館北海道支部の道場生が一斉に退会するという事態が起きた。

そしてその辞めた道場生が、大挙して芦原会館への移籍を願い出ているという話が芦原のもとに届いた。その道場とは、よりによって芦原が裏拳で叩いた高木薫の道場だった。その道場生がわざわざ芦原会館に移籍を申し出るというのは、どう考えてもおかしな話だった。

そこには経緯は別にして、〝世間で噂になるほど芦原は凄いのか？　一つ試してやろう〟という意図が感じられた。芦原はこれを極真会館の道場からの挑戦だと受け取った。芦原にしてみればこれは〝売られたケンカ〟であり、それを芦原が買わないわけがなかった。

話し合いの結果、「一度全員のレベルを審査する」ということになり、芦原とともに北海道へ同行する職員は、関西本部の松本英樹が選ばれた。芦原は松山から東京へ、松本は大阪伊丹から東京へ向かい、東京で合流した二人は、同じ飛行機に乗り北海道に飛んだ。

この時の松本のサバキが、有名な「43人サバキ」である。

私は以前にこの時のことを松本英樹に直接取材し、インタビューを月刊誌に連載したこともあり、それは後に松本の著作『男たちよ熱く生きよ！』（壮神社）に収載されている。そこで今回は、敢えて他の証人を探した。今回ここで紹介するのは、松本の「43人サバキ」を現場で目撃した山崎淳史という人物である。山崎は元極真会館高木道場の弟子で、松本のサバキの凄さを見て、すべてを捨てて松山に行き修業を積み、現在は日本空手道北武拳を主宰している。

当初は「43人サバキ」についてのみ話を伺うつもりだったが、松山本部の出来事や芦原の思い出など、あまり知られていないエピソードを伺えたので、やや長めだがここに紹介しておきたい。

【山崎淳史インタビュー】

―松本英樹師範の本で、北海道で43人を一人で捌いた話が出てきますが、あの時は山崎さんは現場にいたと聞いています。

山崎　はい、いました。審査の場ということになっていましたが、実際は極真対芦原みたいな感じで、もう完全に果たし合いの雰囲気でしたね。私自身その時は特攻隊の様に死んだ気になって思いっ切り松本先輩に掛かっていったのですが、あっけなく一瞬で終わりました。

―本（『男たちよ熱く生きろ！』）の中では「修羅のサバキ」と書かれていますが、実際どのようなものだったのでしょうか。

山崎　あの本に書かれている以上になまら（北海道弁で〝たいそう〟の意）凄かったですね。

―本の中では「極真のチャンピオンだったという人がいた」と書かれているんだけど、あれは誰だったのですか？

山崎　旭川の僕らの先輩で、信夫誠という方です。現在は、日本空手道拳聖連盟をされてます。月刊誌の紹介では、極真会館主催の第1回から第3回のオープントーナメント北海道空手道選手権大会で3年連続優勝となっていたんですけど、正確には第3回で優勝、第1、2回は、決勝戦反則負けになったのではなかったかと思います。当時の北海道では、他に並ぶ人がいないといわれたほど強い人で人望もありました。

―その信夫さんと松本師範の組手は、どんな感じでしたか？

山崎　凄かったですね。既に42人をサバキ終えても呼吸一つ乱さない松本師範と信夫先輩は、始める前にそれぞれ身体や頬を何度となくビシビシッと叩いて、これから戦うオーラが溢れていました。組手は筋肉と骨が軋む様な音で迫力がありました。信夫先輩は、胸板厚く凄くパワーのある猪タイプで、松本師範はその突きをスレスレに見切りながら下段廻し蹴りを放って、それを信夫先輩が膝ブロックした瞬間、松本先輩がスーッとサイドに消えたと思ったら技が出ていました。そんな技、今まで一度も見たことがなくて、まだサバキという言葉も知らなかったですから、そこにいた皆が圧倒されて驚いていました。

―芦原館長はどんな感じでしたか？

山崎　館長はじっと二人の闘いを見ておられましたね。松本師範は信夫先輩の横

芦原氏と山崎淳史氏（1987年）。

に入りながら隙を狙って、ミドルをバンバン出してました。それがもう〝これが同じ人間の技なのか〟と思うくらい衝撃的で、暫く攻防が続いたところで、突然、芦原館長が「ヤメッ！」て止めたんですよ。

—それは？

山崎　どうも松本師範は、信夫先輩の顔面を狙っていたらしいんです。それを見抜いた芦原館長が危険だと判断して止めたそうです。（止めた）瞬間は、松本師範は顔面に入れる蹴りの角度を変えて胸の部分を蹴ったんですよ。信夫さんも紙一重で胸の前でヒジブロックをしていました。

後で芦原館長が、「さすが極真のチャンピオンだな。松本のあの蹴りをブロックできたのは、大したもんだよ」と褒めておられました。とにかく松本師範のサバキの凄さに度肝を抜かれました。

—芦原館長は、「北海道の空手は十年遅れているよ」と言ってたそうですね？

山崎　はい、そう仰っていました。「テクニックもそうだけど、考え方なんかも全然なっちゃないんよ！」と仰って、どこが遅れているのかを具体的に詳しく説明されました。

—どんな話だったか覚えておられますか？

山崎　よく覚えています。まず技術的なことで言うと、「戦う時に正面から入っていって戦うのでは五分と五分の戦いになり良くない」と言っておられました。あと入門して入ったばかりの人たちに対し、「受け方も教えずにいきなり倒すなんていうことをやってちゃ駄目だよ」と仰っていました。

当時我々は、『空手バカ一代』の世界にどっぷり嵌まっていましたから、〝空手というのは入門した初日からケンカの要領でやればいいんだ〃と思い込んでいて（笑）。道場に人が来たら〃何がなんでもタダでは帰さない、他流派が来たらバットを使ってでも倒せ〃との教えでした（笑）。それを知った芦原館長は、「そんな考えでやってたら駄目なんだ」と。「社会にも通じる常識的な考え方からちゃんとわきまえて変えていかないと駄目だよ」と仰っていました。

考え方が時代錯誤しているし、「テクニックと呼ばれるようなものはなにもないじゃないか」ということでした。「だから、君たちの空手は、十年も二十年も遅れているんだよ」と丁寧に言葉を選んでお話ししてくれました。

―なるほど。その後、山崎さんは四国の総本部に行って学んでいますね。

山崎　前々から高校卒業したら、〃池袋の極真本部に行って強くなりたい〃という気持ちがあったんです。その時は、まさか芦原館長に会う機会が来るなんて思いもしなかったので。実際に会ってしまったら、人生70～80年あるとして、〃たった一年でも一分でもいい、芦原先生の下で好きな道を本気で学んでみたい〃と考えました。それは「十年遅れているよ」という言葉に奮起したこともあります。

―信夫さんも芦原に入門されたそうですね。

山崎　はい。その前に信夫先輩が東京に仕事で出張された時に、芦原の東京本部に見学に寄ったことがあるんです。その時に応対して頂いたのが吉田さんだったんですが、凄く丁寧な応対で、わざわざ吉田さんから芦原館長に「北海道からこれこれこういう人が来ています」と電話まで入れて頂いて。信夫さんはその時に極真会館や士道館、佐藤塾、真樹道場なんかも見学したそうですが、やっぱり芦原会館が一番人も多くて指導も丁寧で、雰囲気が凄く良かったと聞きました。

―その後は、すぐに四国に行くことになるのでしょうか？

山崎　一度芦原会館の旭川支部設立に協力し、二回目の札幌審査に出て黒帯を允許されてからですね。

―その時の旭川の指導者は誰だったんですか？

山崎　先に入門していた信夫さんです。その時に四国行きを相談しました。本来なら、前もって芦原館長に「行きます」ということを伝えておけば良かったんですけど、行く前にそういう話をして、芦原館長に気を使わせてはいけないと思って、信夫さんにも、「芦原館長にこのことは言わないでください」ってお願いしたんです。ですから審査が終わった9月末に四国に渡りました。

―いきなり行って、何か芦原館長から言われませんでしたか？

山崎　びっくりされていました（笑）。「もしかして、ヤマサキが芦原にケンカを売りにやってきたのかと思ったけん（笑）」って言われました。

―本当にケンカ売ってたらどうなってたでしょう？

山崎　とっくに殺されてますね（笑）。芦原館長は「ヤマサキ、お前どうして電話せんかったんよ」って仰ったので、自分の気持ちを伝えて、「自分の力で住む場所や仕事を探し、その上で空手を学ぼうと考えております」と言ったら「そうか」と言ってニコニコ笑っておられました。

―結局松山には何年いられたのですか。

山崎　三年です。一緒に行った太田淳志君という友人は一年で北海道へ帰ったのですが、自分は芦原館長からまだまだ学びたかったたし、先輩の里さんからも「山ちゃん、もう少し残った方が勉強になるけん、まだおったほうがええわい」と勧められて、結局三年間総本部で芦原館長から御指導を受けました。

―職員とよく間違えられたそうですね。

山崎　はい、そうなんです。よく職員と間違われてました。寮に住んでいたのと、職員の方と同じライトブルーのジャージを着ていたので、芦原館長からも職員と間違われていました（笑）。もちろん職員であろうとなかろうと芦原館長から指示されたことは、必死でやりました。芦原館長は、県外から着た人はその県の名前で呼ぶんです。例えば名古屋から来ている人だと「ナゴヤー」って呼ぶんです。ところが自分の場合は、「ヤマザキ」なんですけど「ヤマサキー」と呼ばれていましたね。当時の職員は、古い順で里さん、田中さん、原田さんの三人だけでした。

―なるほど。里さんは、芦原館長について一番長く職員をやってましたからね。当時総本部に来た道場破りは里

北海道審査会で指導する芦原氏（1986 年）。

さんが全員返り討ちにしたそうですから。山崎さんは、当時は千舟の寮に入ったのですか?

山崎 そうです。千舟町の小笠原ビルの二階の寮に住んでました。

―当時は、かなり多くの寮生がいたから大変だったのでは?

山崎 それはなまら汚くかび臭い部屋でした。私が寮に入った最初の仕事が寮の大掃除でした。約2週間掛けて掃除をしたのですが、ゴキブリはいるは、訳の分からないタケノコがそこここに生えているという惨状で、ゴミが黒い大きなビニール袋で90個、2トントラック2台分もありました。

―それは大変でしたね(笑)。

山崎 便所磨きから全部私一人でやりました。風呂場で掃除していた時にはあやうく感電死するところだったんですよ(笑)。

―感電死?

山崎 風呂場の蛍光灯が落ちかかっていて、その銅線が剥き出しで、もし気付かず触っていたら感電死していました。靴や草履も歴代の人が残したものが100足以上出てきて、漫画本や雑誌も凄くて、芦原館長が何度か来られたことがあったんですが、「お前ら、こんな汚い所によく住めるな!豚小屋と対じゃけ、もっと綺麗にしろよ!」と、それはそれは怒っておられました。なんとか掃除が完了した後は3日間ほど、雑菌やゴキブリの菌を吸ったため高熱がでて寝込んでしまいました(笑)。

―私が寮に行った頃は、清水さんという職員が几帳面で、まだ比較的綺麗だったんですが、お話を聞くと凄く大変な時期だったのですね（笑）。

山崎　でも今考えたら、あの時行って正解だったと思います。芦原館長がまだ元気でバリバリやっておられた時でしたから。東京に本部もできた頃で、館長も張り切っておられましたから。

—行ったのはいつですか？

山崎　1987年の9月末です。確か同じ年の12月には、「月刊空手道」に芦原空手の北海道編「北のサムライ」が載っていました。

—ということは二宮城光さんが辞める前の合宿後ですね？

山崎　そうですね。

—その翌年の7月に二宮さんは破門になっていますが、二宮さんは1988年の5月30日付けで手紙を芦原館長に出しているんですが、ご存じないでしょうか？

山崎　知りませんでした。ただ自分が本部に行った時に、館長が職員の方と二宮さんのことを事務所で話されていました。〝何があったんだろう〟と黙って聞いていたら、〝二宮さんが辞めた〟という話で驚きました。

芦原館長は、「二宮は、芦原の作った〝円心の型〟から名前を取って、〝円心会館〟という団体を作ったんだよ」って話されていましたね。本部に行ったら〝二宮師範にも会えるかな〟と思っていたんで、がっかりしたのを覚えていますね。

—元極真の東谷巧さんが本部に来た時のことは覚えてますか？

山崎　覚えています。自分が四国に行った翌々年のことですから1989年ですね。突然、東谷先輩と奥さんとお弟子さん三人で本部に来られたんです。高知の方に里帰りに来た時に、松山に寄ったという話で。奥さんのお腹には赤ちゃんがいて大変そうでした。

―東谷さんは、その年に来て三段を允許されていますね。

山崎　そうです。

―二ヶ月くらいで貰っているんですよね。元々芦原館長の後輩だから基本はできていたのでしょうが、それでも早いですね。

山崎　そうですね。最初は白帯を締めて稽古に毎日参加されてたんですけど、デンマークに帰る時には芦原館長から三段の帯を貰っていました。〝凄い早いなぁ〟と思ったので覚えていますね。当時は外国からの修業生には芦原館長も多少甘くて、日本人には厳しかったですね。職員にはさらに厳しかったです（笑）。これは海外の支部を広げたいという部分もあったのかもしれません。ただ、何であれ自分たちは、芦原館長の決定には「押忍」と返事するだけですから。

―東谷さんは今は、芦原会館を離れて心武道という団体を自分で立ち上げていますね。

山崎　ええ、そうです。独立後東谷先輩にはメールを出したことがあるんですが、「君のことは覚えているよ」と英文で丁寧な返事を頂きました。現在はヨーロッパで空手のグランド・マスターとしてかなり有名になられた様です。

―東谷さんが松山に来られた時に、芦原先生は「デンマーク、ヨーロッパ全域の芦原会館は全部東谷に任せる」と仰っていたんですよ。ですからかなり細かく技術指導をされていたと思います。

実際に指導をしている場面で何か覚えていることはありますか?

山崎 芦原館長は、「タクミ! タクミ!」と呼んで可愛がっていましたね。東谷先輩も、芦原館長からサバキの崩しのタイミングなどの指導を受け、すぐにマスターされていました。見ていても外人を相手にするだけあってスピードと力強さと勘の良さを感じました。そういう指導されている場面を拝見することで自分の勉強にもなりました。

—芦原館長は、よく黒帯を連れて飲みに行くことがあったと思うんですが、その辺はどうでした?

何か覚えていることがありますか?

山崎 当時は松山駅の近くに「馬伊予《うまいよ》」という居酒屋があって、稽古が終わってから道場生同士で行ったり、芦原館長もよく来られて一緒に飲みました。人数が多い時は、大抵居酒屋でしたが、自分は北海道から来ていることもあり、たまに「ヤマサキ、今日はちょっと行くけん」と誘われて高級クラブに連れて行って頂いたこともありました。名前は忘れてしまいましたが館長が「ここは松山の市長なんかも来る高級クラブじゃけん」て仰って、なまら緊張したのを覚えてます(笑)。

また、これとは別の時の話なんですが、芦原館長のお供でクラブに行って、夜中の1時半か2時くらいまで飲んで外に出たことがあって。その時館長は「芦原は、まだ飲んで帰るけん。ヤマサキはもう帰っていいけん」とタクシーに乗り込まれ行ってしまったのですが、その時自分はお金を一銭も持ってなくて(笑)。道にも迷いながら千舟町の寮まで3時間くらい掛けて歩いて帰った思い出があります（笑）。大抵は芦原館長にタクシー代を頂いて「これで帰れ」って言ってくださるんですが、その時は館長も急いでおられたのかタクシー代を頂けなくて、こちらも「タクシー代をください」なんて言えるわけないので（笑）。寮に帰って皆に話したらゲラゲラ笑われましたね。

―それは災難でしたね（笑）。

山崎　また別な話ですが、繁華街を館長と二人で歩いていた時に、すぐ側を白の長いリムジンがスレスレに通ったことがあったんです。館長はその車に「おい、○○は元気でやりよるん？」と大きな声を掛けた途端、停車して如何にも危ない方々がぞろぞろ降りて睨んできたんです。全員パンチパーマに五分刈り、白いスーツ姿の連中なんですが、館長は「おぉ、すまんのぉ～人違いじゃったか？」と平然とされていて。ただ状況はまさに一触即発で、私は職員の方から「館長と一緒に街へ出て、もしもの場合には盾になって館長の命を守らなければならない」と常々聞いていたので、この時ばかりは、〝自分の命もこれまでか〟と決心して館長の盾になったんです。するとリムジンの一番奥にいた男が出てきて、「これは芦原先生じゃの、ご苦労様です」と言われて。その途端まるで水戸黄門の印籠を見せられたかのようにお歴々が芦原館長に深々とお辞儀して、その後は、まるで何事もなかった様に再びリムジンに乗り込み消えてしまいました。

―他にもそういう経験はありましたか？

山崎　館長と二人だけでスナックに行った時のことなんですが、そのスナックでは、カラオケが大ボリュームでかかっていて、カウンターでは真っ黒く日焼けた三人組がマイク持ってハングルで歌っていました。館長はカウンター席に座るなりママさんを見て「ここは何処の国なん？　日本じゃないん？」と。さらに唄っている男に向かって「煩いんだよ！　静かに飲みよるけん、何の歌なんよ!?」と。唄っていた韓国人は野太い声で「オマエ、○×△□！」と言い返してきたんですが、ママさんが機転効かせて三人組を優しく外へ出しました。

するとと芦原館長が「ヤマサキ、あいつらは外で待ちくたびれているけん、そろそろ行ってみよかね」と仰って（笑）。自分は「押忍、先に行きます」と答えて、館長より先に外に出たんです。外へ出ると館長が予測した通りさっきの三人組が、館長にケンカを売ろうと待ち構えていたんです。

〝館長に何かあったらマズい！〟と、咄嗟に館長と相手の間に入って、そこへママさんも仲裁に加わった次の瞬間、私の背中と後頭部で〝パパパチ〜ン！〟と風斬る音が鳴ったと思ったら、「ヤマサキ、お前な邪魔なんだよ！」と高い声で叱られました。その時には三人組は蜘蛛の子を散らす様に消えてしまいました。相手よりも館長の方がよっぽど怖かったですよ（笑）。

でもその帰り道に繁華街で後を付けられた場合の逃れ方や、曲がり角で靴紐を直す振りをして横や後方をチェックし遠回りする方法を伝授して頂きました。

―それは貴重な体験ですね。

山崎　ええ、実はその後もあって、タクシーに乗ったところで、館長が「運転手さん、芦原会館まで」と言ったところ、運転手が「アシハラカイカン？なんぞね？　お客さん、住所わからんと行くことにならんです」と言ってしまったんです。館長は、「アシハラカイカンは芦原会館じゃけ、運転手よ外へ出ろ！　芦原会館わからん運転手聞いたことないけん！」と激怒されて。なんとか私が「運転手さん、三番町の駅横です」と小声で伝えて車は動き出したのですが、本部の敷地に入るまで切れた館長の声がタクシーのなかでコダマしていました（笑）。

――（笑）。山崎さんは館長の書斎に入れてもらったことはありますか？

山崎　自分はないですね。館長の書斎に入れた人はほとんどいないんじゃないでしょうか。

――そうですね。私は一時期館長の仕事の手伝いをしていたこともあって、その時に何度か書斎に入ったことがあるんですけど、本やビデオが凄い量あって、机の横にはロールペーパーがセットしてあって、それにガーッて思いついたことを書いていくんですよ。芦原館長の鉛筆を削らされた経験ないですか？

山崎　あります。館長の鉛筆は、鉛筆の先を異常に細く尖らせておかないと、「こんな削り方じゃダメだ！」って怒られるんです。館長が気持ち良く書けるように鉛筆を削っておかないといけなくて、鉛筆を上手く削るのも一つの修業のようなものでした。芦原館長はその先を異常に尖らした鉛筆でサラサラと文字を書かれるんですが、そのスピードがまた尋常じゃなく早かったんですね。やっぱり集中力が凄くて、一つの仕事に取り組みだすと1週間ほとんど寝ないでされてたですよね。普通の人間にはとても真似ができませんでした。

――さっき少しお話に出た「月刊空手道」の特集「北のサムライ（北海道編）」のことで何か覚えていることはありますか？

山崎　はい、稽古中三階の自宅の居間に呼ばれて、芦原館長に原稿を見せて頂いたことがあります。写真をカラーコピーして、鋏で切り抜いたり、台紙に斜めに貼ったりして、先の尖った鉛筆で記事をすべて自分で書かれていました。館長は、「芦原が「月刊空手道」に載るからには、すべて他人に任せられないんよ、プロが撮った写真もまだまだ甘いけん、じゃお楽しみに」と仰っていて、丁度その部分には、松本師範の「43人のサバキ」のことが詳細に書かれていました。原稿作るにも一切妥協しない姿をはっきり覚えています。

―最後にお聞きしたいんですけど、芦原館長の技で印象に残っていることを教えて頂きたいのですが。

山崎　なんといってもパンチですね。よく胸とかを館長に打たれて「今、何発打ったかわかるか?」って聞かれるんです。ある時なんかは、打たれた感覚は3発くらいだったのですが、「7発打ってるんだよ」って言われて、気が付いたら後頭部も打たれてるんです。芦原館長はちゃんと説明してくださるんですが、その辺が全然見えなかったですね。

―ローキックなんかは、どうでした?

山崎　ゆっくりと蹴るんですけど当たった瞬間に2~3メートル飛ばされるんです。館長は力を抜いてるんだけど､凄く効くローキックで､他にも色んな蹴り方があって技の奥深さを知らされました。

―皮一枚だけ叩くというパンチを叩かれたことはありましたか?

山崎　はい、しょっちゅうありました。それと館長のお供でAバトンを制作している工場へも何度か行きました。

―それは初めて聞きました。

山崎　そこの社長さんを紹介されて、館長は部品の太さをノギスで測っておられました。それで自分が納得できないと万力台にその部品を挟み、ヤスリで削ることもされていました。その時は、会館へ戻って館長と武器の話をしたり、革製のホルダー作りをやりました。芦原館長からは、「ヤマサキもバトンいろうて（触って）ええんよ」と言われ、Ａバトンの試作品を振ったり、叩いたりもしました。芦原館長からは、「Ａバトンはこう使うんよ」と様々な使い方の指導も受けました。その時は気が付くと真夜中の3時過ぎで、芦原館長から「今日はご苦労さん！」と言われてやっと解散になりました。それからも時間がある時は、芦原館長に呼ばれ武器術の指導や制圧術など、より実戦的なサバキを教えて頂いて、それらのことは今でも自分の宝になっています。

以上が山崎から聞いた当時の話である。

元に戻って「43人サバキ」についての話は、松本が自身の著作で書いている内容と符合しており、また芦原自身が、北海道から帰ってから職員らに話して聞かせた内容そのものである。

「月刊空手道」に掲載された特集の影響もあり、芦原会館の松本英樹の名前は、この北海道の件以降評判となり、その噂を聞きつけ芦原会館に入門した者も多かった。

後に「護道」を創始して介護武術と身体操作についての研究で有名となる廣木道心や社会人対象

の空手サークル「フェニックス」をつくる川添雅夫、東條一重らは、この後に芦原会館の関西本部に入会してくる道場生である。特に東條は、芦原の命を受け京都の龍谷大学に芦原空手の同好会（のちに部に昇格）を創設した人物でもある。

静かなる闘い

すべては順調に進んでいる。誰もがそう信じていた。各道場の道場生も以前に増して増加傾向にあった。松本が北海道で43人を捌いたという噂は、近隣の空手団体にも広がり見学希望者も増えた。その一方で、芦原は自分の体調の変化を徐々に感じ始めていた。

多くの人はALSと聞いてなんと思うだろう。恐らく病名であることは分かっても、実際にどんな病気なのかはご存じない方がほとんどだろう。簡単に言えば運動神経が徐々に死滅していく病で、正式な病名を筋萎縮性側索硬化症（Amyotrophic Lateral Sclerosis）という。脳や末梢神経からの命令を筋肉に伝える運動ニューロン（運動神経細胞）が侵される病気で、難病の一つに指定されている。

普段意識することはないが、人間の手、足などを自分の思いどおりに動かす時に必要な筋肉を随意筋と言う。これを支配する神経を運動ニューロンと呼ぶ。この運動ニューロンが、歩いたり、物を持ち上げたり、飲み込んだりする際に、脳の命令を筋肉に伝える役目をしている。

しかし、この運動ニューロンが侵されると、筋肉を動かそうとする信号が脳から伝わらなくなる。その結果として筋肉が動かしにくくなったり、筋肉そのものがやせ細っていき、最後には、信号が全く伝わらなくなる。またALSは運動ニューロンは侵されるが、知覚神経や自律神経は侵されない。そのため通常は誰かに皮膚をつねられた時、痛いと感じたら手を引っ込められるが、ALSになると痛いという感覚はあるものの、手を引っ込めるという動作ができなくなる。

まず現れる初期症状としては手足の力が入らなくなる。次に手足の筋肉が萎縮してくる。この症状が出てくると手を思い切り伸ばすことができなくなる。また足の力が低下することで、歩行が困難になる。その次の段階に進むと、舌や咽頭筋（つまり、飲み込むための筋肉）が萎縮する。そうなると呂律が回らなくなり何を喋っているかわかりづらくなり、食事なども飲み込めなくなる。最後は、まぶたしか動かなくなるという恐ろしい病なのである。現在のところその原因もまたその治療法も未だ解明されていない。

そしてこのALSこそが、芦原の肉体を蝕み死に至らしめた病の正体であった。

芦原が左手に異常を覚えたのは、1992（平成4）年の夏期合宿の時と言われているが、それは既にかなり病状が進行していた時期で、実際には1988（昭和63）年にその兆候は現れていた。1988年は、二宮城光が退会した年である。

二宮はその年の5月30日付けで退会の手紙を日本にいる芦原に英文で送っている。同年7月芦原は二宮を除名扱いにしている。二宮について書かれた書籍『平成の宮本武蔵　二宮城光』（eブックランド）の中では、「金銭的な考え方の違いから退会した」と書かれており、芦原が語った内容とは大きく違うが、ここではそれについて言及しない。ただ言えるのは、芦原は、二宮の退会にかなり意気消沈していたという事実だろう。二宮から退会届けが出された時、芦原は二宮に退会を思い留まらせるべく密使として丸亀支部の石本聖款を急拠デンバーに送り説得に当たらせたが、二宮の気持ちを変えることはできなかった。

芦原はこの時二宮に、退会を認める代わりに今後三年間は、芦原会館を離れたことを口外しないように言っている。

同じ年に先輩の中村忠が自伝『人間空手』の中で芦原への批判文を書いており、芦原はそのことにかなり怒りを露わにしている。代わりというわけではないが、二宮の退会した翌年、デンマークで活動していた極真時代の後輩・東谷巧が現れる。東谷は「デンマークで芦原会館の道場をやりたい」ということだったので、芦原は短期間集中トレーニングを行い、三段位を東谷に与えたのは、先の山崎のインタビューで触れた通りだ。この後、デンマークに戻った東谷は芦原会館の支部を立ち上げている。

二宮が離れた8月には例年通り夏期合宿が実施された。この時芦原は、右ヒジでスイカ割りをしようとして止めている。右手に違和感が生じたためだった。この時芦原はすぐに左ヒジに代えて割っているが、これが芦原が最初に異変を感じた時であった。後に公表されるよりも四年も早い時期に芦原は自身の異常を感じていたことになる。

同年12月、芦原は職員や本部に通う黒帯と芦原の誕生祝いの宴会を松山駅近くの居酒屋「馬伊予」で行っている。宴会が終わり機嫌の良かった芦原は、黒帯の一人に「皮一枚だけを打つパンチ」を実演した。この時のパンチは成功したが、パンチを打った瞬間に右ヒジに軽い痺れを感じていた。

芦原はこの頃より自分の体調の異常を克明にメモに残し始めている。ただメモには残したものの、芦原自身はまだそれほど気にはしていなかった。

1989年1月7日、昭和天皇崩御。昭和から平成に年号が変わった年、芦原が気付かぬ所で芦原の身体は次第に軋み、悲鳴をあげ始めていた。

同年2月、海外の姉妹都市留学生が、日本の伝統文化を紹介するという行事の一環でアメリカ・サクラメントから芦原会館を訪れていた。留学生たちは芦原会館の道場で、演武や試し割りなどを見学し、最後に芦原がデモンストレーションとして職員の一人に「皮一枚」だけを叩くパンチを実演することになっていた。

この時、芦原は初めてのミスを犯す。皮一枚を叩くためには、瞬間にパンチを引く必要があった。

しかしその動きが出来ず、芦原のパンチは職員のボディを打ち抜いてしまったのだ。事情を知らない留学生達は、芦原に惜しみない拍手を贈っていたが、事態の重要さに気付いていた芦原は、「すまん、ちょって手が滑ったよ」と苦笑いしながら誤魔化していた。ボディを打たれた職員はあばら骨が二本折れていた。

さらに芦原が、〝明らかにおかしい〟と感じたのは、胡坐をうまくかけなくなっていたことだった。胡坐をかこうとするとなぜかダルマが後ろに転ぶようにゴロンと転がり、そのまま上手く立つことができなかった。それに気づいた芦原は、必ず椅子に座るか、椅子がなければ壁を背にして座るようにして体調の不良を周りに気付かれないようにしていた。

このことは当時関西本部の松本英樹だけが知っていた。

審査では、

「芦原は、最近腰が悪いけん上手く座れんのよ」

と道場生の前では強がってみせた。

丁度この時期、芦原は本部道場でも三階の自宅にいることが多く、指導の多くは職員が行っていた。ある日芦原が、突然稽古中の道場に降りて来て、「芦原はぎっくり腰になったけん、いい整体見つけたんよ。あそこの整体はええんよ！」と話し出したことがある。しかしこの頃の芦原は、二階の長椅子に腰掛けたまま、暫くの間身体を動かすことができなくなっており、何人かの弟子もまたそのことに気付いていた。徐々に身体の不調は表に姿を現し始めていた。

芦原は自分の身体の異常についてのメモを関西本部にいた師範代の松本に渡し、「芦原は何か変な病にかかっているのかもわからんけぇ、松本のツテで色々聞いてみてくれんね」と言った。事の重大さを感じた松本は、芦原から託されたメモと直接芦原から聞いた症状を元に様々に調べ始める。数日後には松本の机には膨大な書類や書籍が積み上げられていた。それらを読み、知り合いの医師に意見を聞き、総合的に判断した結果、明らかに一つの病名が浮き彫りになった。松本はその結果を信じられず、くり返し資料を隅から隅まで読み返したが、そのすべてが、難病ALSであることを示していた。松本は集めた資料を芦原へは全部は送らなかった。送ってしまえば、芦原が酷くショックを受けるに違いないと判断した松本は、大まかな資料だけを芦原に送った。そこには素人の判断ではなく、病院でしっかり診断を受けることで「ALSではない」という結果が出ることへの祈りにも似た期待があったからだった。

しかし、診断の結果、芦原の病がALSであることが確定し、会館内部では、箝口令が敷かれた。

影丸穣也

芦原が自分の気持ちを素直に話すことができた数少ない人間の一人が、劇画家の影丸穣也であった。影丸については既に触れた通り、芦原が上京した折には必ず連絡する友人と言ってよかった。

また芦原にとっての影丸は、〝芦原英幸〟という人間を漫画で有名にしてくれた恩人でもあった。

『空手バカ一代』は、梶原一騎の原作、つのだじろう作画で始まったが、つのだが作画を降りる際に白羽の矢が立ったのが影丸であった。その時影丸は、つのだが降りる理由を知らされてはいなかったが、梶原からの申し出にはなんの不安もなかったという。

それは以前に梶原と組んだ漫画『白鯨』の原稿が、影丸には対処しやすかったことと、梶原の実弟である真樹日佐夫とは『ワル』という作品で仕事をしていたことによる。この『ワル』は、真樹のライフワークとなった作品であった。

「私は他の人の後を引き継いでやるというのに、それほどプレッシャーは感じないんです。『空手バカ一代』の場合も、〝徐々に作品のタッチを自分のものにしていけばいい〟と考えていました。それに梶原さんの原稿は私には描きやすい原稿だったですね」

影丸は梶原の劇画原稿は〝映画のシナリオ風〟、弟の真樹の原稿は〝小説風〟に書かれていると表現した。その違いは、梶原の原稿はより漫画の描き手の想像力を刺激する書き方であり、真樹の原稿は、細かい部分まで映像化できる原稿であったという。どちらが描きやすいというより、どちらの書き方も影丸にとっては描きやすい原稿、つまり相性が良かったと言えるようだ。

影丸は『空手バカ一代』以外にも、梶原原作、中城健作画の『新カラテ地獄変』のラスト百ページあまりを代打で描いている。中城は最後の最後で作画を降りた理由は、その内容に原因があったと言われている。

『新カラテ地獄変』は、週刊サンケイにおいて1978年から1982年まで連載された空手劇画で、〝ダーク梶原三部作〟と言われる『カラテ地獄変牙』『新カラテ地獄変』『人間兇器』の一編である。いずれの作品も梶原の暗黒の部分が出た作品と言われている一方で、いまだに根強い人気を持つ作品である。

その中でも『新カラテ地獄変』は梶原のサディズムが極端に出ている作品として有名で、毎回の流血シーンは無論、女性に対する輪姦、拷問のシーンが続くもので、今読み返しても〝よく連載が続けられたな〟と思うほどのサディスティックなシーンが連続する作品であった。元々中城は熱心な天理教の信徒であり、毎回続く殺伐としたシーンにうんざりしていたという。また中城は他の多くの作画担当者とは違い、梶原にも遠慮なく物を言う人物であったこともあり、物語終盤に差し掛かった時に、「こんなものを描くために漫画家になったのではない」と梶原に告げ降りたという。

いずれにしろ、つのだの後を引き受けた影丸の『空手バカ一代』だったが、いかんせん画風があまりにも違いすぎた。昔ながらの紙芝居調の絵を連想させるつのだに対し、アメリカンコミックのような動きを重視した影丸の画風では、画風を真似るにも限界があった。実際、つのだから影丸にバトンタッチされて数週間は、読者の人気も今一つであった。

「最初はぱっとしなかったんですよ。私がつのださんのタッチを真似て描いても人気が下がる一方でしてね。編集部が『もう打ち切りましょう』と言ってきてたんです。ところがその次の週だったかな？芦原さんが登場してから急に人気が出てきたんですよ。多分、大山先生の時はストイックな求道者でしたからね、梶原先生も書くのがしんどかったのかもしれませんね。梶原先生は、どちらかというと芦原さんの物語の方が感情移入しやすかったんじゃないでしょうかね。私も毎回〝どうなるんだろう？〟って、梶原先生から送られてくる原稿を楽しみにしていましたよ」

影丸は、そんな風に当時のことを語ってくれた。この時期はまだ芦原本人には会っていなかったのは既に書いたとおりだ。影丸によると、『空手バカ一代』で芦原英幸が登場してから、約1年ほど後になって初めて真樹日佐夫の道場で梶原先生の紹介で会ったということらしい。

芦原は自分がＡＬＳという不治の病に侵されていると知った時、その事実を家族やごく限られた関係者以外の人間にはほとんど語ることはなかった。その唯一の例外がこの影丸だった。芦原にとって影丸は兄貴のような存在だったようだ。芦原は東京に出てきた時には、必ず影丸に電話を入れ飲みに誘った。芦原の電話は突然に来るため影丸の原稿の締め切りの時期とぶつかることも多く、いつも付き合うことができたわけではなかったが、それでもよほどのことがない限り芦原の誘いに応じたという。話の調子が乗ってくるにつれて酒の量が増える芦原の横で、下戸の影丸はウーロン茶やコーヒーでその話を楽しんで聞き入っていた。そんな関係が長く続いていた。ところが時代が昭和から平成に変わった頃、芦原からの電話はぷっつりと来なくなった。

影丸は、〝新しい武器（Ａバトン）の研究と開発に忙しいのだろう〟くらいに軽く考えていたという。〝また、突然元気な声で電話がかかってくるだろう〟と思っていた。

１９９３（平成5）年1月の某日、時計は既に深夜2時を回っていた。影丸は書斎で週刊誌の原稿締切に追われていた。梶研吾原作の『平成鉄鬼兵』の作画を行っている最中だった。あと数時間で原稿を仕上げなければならなかった。その時机の端に置かれた黒電話が鳴った。電話の主が誰か、何故か影丸にはすぐにわかった。受話器を取り上げると果たして、

「芦原です」

電話の声は、そう言った。

影丸はその声がいつもと違うと感じた。

「影丸先生、芦原はもうすぐ死にますけん」

芦原は、唐突にそう言ったという。

芦原は、「自分がＡＬＳという不治の病に侵されているのだ」と語った。影丸は芦原の言うＡＬＳなる病気についての知識をある程度持っていた。かつて影丸の知り合いが、同じ病で亡くなっていたからだ。それ故、今芦原がどのような状態にあるか、それが瞬時に理解できた。

私が影丸からこの真実を知らされたのは、２００８（平成20）年2月であった。

私と影丸との関係は、既に書いたように芦原の紹介によるものだった。その後私は、東京に訪れるたびに影丸の自宅を訪問するようになった。影丸からは何時間も芦原の話や『空手バカ一代』にまつわる様々な話を聞くことができた。そして、芦原から「いつか機会があれば影丸先生と仕事ができたらいいけんな」と言われた通り、私が原作、影丸が作画による格闘技劇画『ＳＨＯＧＯ―ケンカ無頼伝ロック―』（ぶんか社）という作品を上梓することができた。私と影丸は、毎月のように手紙をやり取りした。影丸が、携帯電話のショートメールを使うようになっても、定期的に丁寧な長い手紙を頂き、私が、それに負けないほど長い手紙を書くと、次に影丸からはそれ以上に長い手紙が届いたものだった。

影丸とは、私の家族のことでも色々話をする仲となり、私の家族がガンで入院した時には、影丸からは家族を励ます色紙と長文の手紙を頂き、それにどれほど励まされたかわからない。

そんな影丸から私のもとに届いた一通の手紙には、芦原から病気のことを聞かされた時の驚きと苦悩が書かれていた。

その時の「影丸からの手紙」を遺族のご了解を頂いた上でここに初めて公開する。

影丸穣也からの手紙

前略

先日は、遠路わざわざご来訪いただきありがとうございました。本当に久しぶりに楽しい一時でした。わずか数時間しかお話できなかったのが、残念です。もっと近ければ、パソコン（メール）が出来れば、もっと時間短縮で身近にお話できるのですが……。電話、手紙では、もどかしい気持ちがあります。松宮さんともっといろんなお話をし、くだけたバカ話もしたかったですね。

芦原さんの写真が、見つかりました。何枚かあるのですが、あの時フラッシュが点灯せず暗い写真ばかりで、何とかわかる写真をお送りします。フイルムナンバーがわかりましたので、また折をみて探し出します。

同封のコピーは、平成4～5年ごろに描いた『平成鉄鬼兵』（週刊漫画ゴラク）の一場面ですが、女の子が歌うシーンを描いている時に病身の芦原さんから電話があり、初めてALSである事を聞きました。ショックでした。共に電話口で泣きました。

ALSの知識はありました。ただただ絶句、慰めの言葉もありませんでした。作品の前ペー

『平成鉄騎兵』（日本文芸社）より

ジまでは明るいラブソングでしたが、数時間後少し気持ちが落ち着いたところで　歌詞を変え精一杯の自分の祈りを込めて描いたページです。

当時、芦原さんはＡＬＳである事を伏せておられましたので、原作（梶研吾）に無いこの歌詞に編集もアシスタントも怪訝な顔をしておりました。

このことを打ち明けるのは松宮さんが初めてです。

こうして芦原さんの事を書いておりますといろいろな事を思い出します。思い出してあげる事がすべての故人の供養と自分は思っております。

早いもので1月が終わりました。自分流に言うと今年もあと十一ヶ月です。残りの色紙あと少しお待ちください。Ｔシャツ向けの絵も探してみますので……。

腰の具合にもくれぐれもお気をつけて下さい。

またお手紙します。

２００８年2月1日　影丸拝

影丸の手紙には、数枚の芦原と撮った写真と『平成鉄鬼兵』の影丸が書き直したページのコピーが同封されていた。その後、再び影丸の自宅を訪れた時には、さらに詳しい話を色々伺えた。電話で芦原は、「武器（Ａバトン）だけは芦原が生きている間に完成させたい」と語っていたという。その数ヶ月後、影丸は妻とともに松山の芦原のもとを訪ねている。既に芦原は、自分の脚で歩行することは困難になっており、喋るのもかなり苦しそうな状態だったそうだ。それでも芦原は、芦原会館とＡバトンのことについて何時間も熱心に話したという。

館長室の椅子に腰掛けた芦原は、少し痩せて見えた。それでも、〝果たしてこの人は病気なのだろうか？〟と思わせるほど、空手について熱く語る姿が、影丸には印象的だったという。

しかしその数ヶ月後には、芦原は喋ることすら叶わなくなり、文字盤を使っての会話になっていく。誰かが、「以前の芦原先生は動く禅を実行されていたが、今は静の禅を実行されているようだ」と語った。いつ如何なる時も空手に全身全霊を傾けて取り組むその姿は、芦原英幸という一人の空手職人の生き様であった。

安城寺

芦原は、自分がＡＬＳであると分かってからも仕事の手を休めることはなかった。自分が次第にどのような状況になっていくのかは知らされていた。やがて文字盤で会話をしなくてはならなくなり、遂には瞼しか動かせなくなることも早い時期に理解していた。徐々に身体の自由が奪われていく地獄と懸命に戦っていた。

ある日芦原は、職員に指示して安城寺を訪ねる。

芦原は墓地の一番高い所まで登るとそこから見える景色を確認した。芦原の見た右手遠方に芦原会館のビルがはっきりと見えた。芦原は安城寺の住職・片井祥雲に、

「片井さん、芦原はこの場所がいいんよ。ここなら芦原会館が見渡せるけん」

と言ったという。

片井には芦原の気持ちが痛いほど分かった。

「どこでもいいですよ。芦原さんがいいと思う場所を選んでください。何とでもしますから」

片井は芦原の頼みなら、どんなことでも聞くつもりだった。

片井の父は、ＰＬ教団御木徳一の孫である。ＰＬ教団は、ＰＬと名前がついているため、キリスト教のように思われているが、元々は禅宗であり、二代目教祖・御木徳近の遺言でＰＬ教団の原点ともいうべき安城寺を片井が継ぐことになったものだった。芦原と片井は、二十年来の友人でもあった。

そんな片井が守る安城寺の一番高い場所に芦原の墓はあり、今も芦原会館の動向を見つめている。

私は、この本を書くにあたりまず最初に松山に飛んだ。芦原の眠る安城寺に参り、卒塔婆供養をするためだった。私の松山行きには、芦原会館時代の後輩・里健志と石本誠の両名が同行してくれた。この時、改めて片井に芦原との思い出を語って頂けた。それをこの本の最後に紹介したい。

「私は芦原先生とは付き合いが長くて、「よく飲みに行こう」とか、「遊びに行こう」と色々誘って頂きました。最後は闘病生活になられるんですが。私がちょっと風邪をひいて、松山の市民病院に行ったんです。それで検査していたら横に芦原先生が来られましてね。「よう」と声を掛けてこられて、「先生どうしたんですか?」って聞いたら「なんかちょっと血圧高いみたいでな、ふらふらして力が出ないんだよ」と。今思えばそれが病気の始まりだったんでしょうか。「ちょっと調子悪いから初めて来たんだけどなぁ、今から精密検査せんといかんのやぁ」ってね。その後もしょっちゅう芦原さんとこに遊びに行ったりしてたんだけども、段々病状が重くなって。それでもその時編集中のサバキのビデオなんかを見せられてね、「あれはこうで、こうなってる」なんて色々説明をしてくれるんです。そんなことを思い出しますね。

芦原先生は、情熱の人だったですからね。一緒に飲みに行った時の話なんですが、クラブに三人くらいで行ったことがあって。帰る時に芦原先生に絡んできたお客さんがいたんですよ。「おい、芦原ほんま強いんか?」って。芦原先生は知らん振りしてたんですが、その男はしつこくてね。「おい、芦原お前ほんまに強いんか? ほんまは弱いんちゃうんか?」って。お店の女性が芦原先生にコートを着せようとしたら、先生が「大丈夫、自分で着るから」って、袖に腕を通す振りしてカーンと相手をノックアウトしたんです（笑）。店の人もお客さんが倒れたんで救急車を呼ばないといけないとなったんです。それで救急車が来て、「どうしました？」と聞いてきたので、先生が「手が当たったんです」と説明したら、「それは警察を呼ばないといけない」ということになって今度は警察が来たんです。だけど当時芦原先生は、警察で指導されていたので来た警官も芦原先生のこと知ってるわけですよ。

警官が「先生、どうしたんですか？」て尋ねるので、芦原先生は、「コートを着よったら手が当たってしまったんだよ」って。そしたらその警官も「分かりました」って（笑）、何のお咎めもなしでした。私なんか側で見ていましたからね、どう見ても偶然じゃないんですけど、そういうケンカの仕方が上手かったですね（笑）。一緒にいて、色々楽しかったですよ。

後は手裏剣投げね。道場の横で畳に人型を描いて手裏剣投げをやるんですよ。私も何回かやらせてもらいましたよ。だけど私なんかが投げてもなかなか当たらないんですね。芦原先生が投げるとスパーンと刺さるんですね。そしたら「片井さん、ちょっとそこに立ってみるか？」なんて言われてね、芦原先生はわりと真面目に言うんですよ。「先生、勘弁してくださいよ」って言うんですけどね。そんな話は山ほどあります。とにかく豪快な人でした。

芦原先生は50歳で亡くなられて、まだまだこれからという時ですよね。惜しい人を亡くしたと思いますね。病気が進んでから、芦原先生がそれまで自分で食事ができていたのが、できなくなって。奥様が一所懸命介護されていた姿が印象的でしたね。芦原先生は、「食わないと元気にならん」と言ってね。本人は、死に近づいていることをわかっていたかもしれないけれど、挑戦する姿を皆に見せたかったのではないかなっていう気がしましたね。

それで芦原先生がお亡くなりになる一ヶ月くらい前だったですかね。職員の方と一緒にお寺に来られて、

「やっぱりここにしようと思う」

って言われてね。

「先生、八幡浜に帰らなくていいの？」

と私が尋ねましたら、

「ここにする」

って。

「なぜ？」って聞いたら、

「道場が見えるから、道場が見える一番天辺に作らせてくれ」

って言われてね。

「ここがいい、あの場所がいい」

って決められたのが、今のお墓の場所なんですよ。

芦原先生の考え方というのは、お経の教典と一致してると思うんです。要するに人生の壁を乗り越えることに意味があると考えるのではなくて、人生に壁が起こったことが既にそこに意味があるのだと。そしてそれに向かって挑戦している姿こそが、人生にとって一番素晴らしい意味があるんだと。きっと芦原先生は、そういう生き方だったと思います。

エピローグ

我師、芦原英幸先生

最後に少し私自身のことを書かせて頂きたい。私は、約22年の長きに渡って芦原英幸先生に師事してきた。現在も武道の世界に身を置き日々研鑽している。私は人生の多くを芦原先生から学んできた。芦原先生については、既に多くの本が出版されており、今さらという気もした。色々な出版社からオファーを頂いては断り続けてきた。

今回この本を書く大きなきっかけとなったのは、影丸穣也先生からのアドバイスが大きい。私は芦原先生の紹介により影丸先生との交流が始まり、一緒に仕事までさせて頂くという幸運にも恵まれた。

先に書いたとおり、影丸先生は芦原先生の親しい友人であり、自分が不治の病であるということを家族や関係者以外で最初に打ち明けたのが影丸先生であった。またその技術体系を〝サバキ〟と命名するにあたり相談をしたのも影丸先生であった。

影丸先生曰く、「芦原さんの中では、電話する前からサバキという名前は決まっていたんだと思いますよ。ただ誰かに聞いてもらって、納得したかったたんだとおもいますよ」ということだった。そんな影丸先生から伺う芦原先生の話はいつも尽きることがなく、上京したら時間の許す限り影丸先生の事務所を訪ねたものだった。

そんな影丸先生が病に倒れた。

すい臓がんであった。

その見舞いの時に、私は何気なくいま出版社から芦原先生についての本のオファーが来ていること。さらには私が実はその話にはあまり乗り気ではないことを話した。すると、影丸先生は病床のベッドから上半身を起こして

「松宮さん、芦原先生の伝記を書かれるべきですよ。あなたが本を書いて多くの人が芦原先生のことを思い出してくれたら、それに優る供養はないのではないですか」

私は静かに頷いていた。

それから数日後に影丸先生も帰らぬ人となってしまわれた。私は影丸先生から宿題を出された生徒のような気分だった。ただ私には、それ以外にも色々な仕事があり、時間を捻出することはそう簡単なことではなかった。また取材に出れば国内外を問わずすべてが自己負担であった。生活も切り詰め、自由な時間も切り詰めて取り掛かる仕事は、きついを通り越して苦痛となる。それがわかっていたので〝もう書く仕事はいいよ〟というのが私の本音だった。ただ影丸先生から出された宿題を、そのまま手をつけずに済ますことはできなかった。やがて私は、影丸先生そして芦原先生との約束を果たすために筆を執ることを決心し、ようやく私は本を執筆するための下準備に取り掛かった。

そんなある日のことだった。深夜、私が書斎で本の整理をしていると、一番上の書棚から一片の紙が滑り落ちた。それは影丸先生の描かれた芦原先生の絵だった。影丸先生から「ありがとう」と言われたような気がした。

この本を書き始めるにあたり、まず最初に私が行ったことは芦原先生のお墓へのお参りだった。私は芦原先生の眠る安城寺に電話をかけ、卒塔婆供養をして頂くようにあらかじめ予約を入れた。私は何年かぶりで松山空港に降り立った。そこは現役時代何度も足を運んだ場所であった。時代は移り変わり風景は昔とは変わっていたが懐かしい気持ちになった。天候は晴天だった。

ここで同行してくれる里健志氏と石本誠氏と合流し、空港からタクシーに乗った。私は運転手に「芦原会館わかりますか？」と尋ねてみた。最近ではそう言っても通じないタクシーが多いと聞いていたからだ。その運転手は、「ＪＲ松山駅の隣じゃね。知っちょるよ」と言った。私は少し嬉しい気持ちになった。タクシーは丁度芦原会館に入る手前にあるガソリンスタンドの前に止まった。そこからは芦原会館と書かれた大きな看板が見えた。この本部道場で汗を流したことが昨日のことのように蘇った。正面玄関には昔はなかった屋根だけのガレージが建っていた。その場所は昔芦原先生が的を立てて手裏剣投げをしていた場所だった。変わっていたのはそれくらいだった。今にも正面玄関から芦原先生が出てきそうな錯覚に襲われた。会館は誰もおらず正面玄関の扉も閉まっていた。

私は里氏と石本氏とともに会館の正面で両手を合わせると、芦原先生の眠る安城寺に向かった。

途中で芦原先生の好きだったお酒を、花屋ではお墓に供える花を手に入れた。

私が芦原道場に入門したのはまだ極真会館芦原道場の頃である。当時私は、伝統派空手の三段を允許されており、道場では指導員的な立場にあった。そんな私が芦原先生の弟子になったのは偶然からだった。私の友人の一人で、芦原先生の熱烈なファンがいたのである。そんな彼が、ある日一枚のチラシを持って私の家に遊びに来たのだった。

そのチラシには、「ケンカ十段芦原英幸京都に来る」と書かれていた。場所は四条河原町の新京極を北に少し行ったビルの二階だった。当日、道場には芦原英幸を一目見ようというファンが何百人と集まっていた。私の友人は片手に色紙とマジックを持ち、芦原先生の到着を待っていた。私はというとそれほど熱心でなく、彼の横で手持ち無沙汰にしていた。どれくらい待っただろうか、急にざわめきが大きくなると長身で大きな男が、人波をかき分けるようにして現れた。紺のスーツにブルーのカッター、臙脂《えんじ》のネクタイを締めた男の顔は、黒く陽に焼け、髪の毛は綺麗に七三に分けられていた。それこそが、ケンカ十段と呼ばれた男・芦原英幸とのファースト・コンタクトであった。全身からまぶしいほどのオーラが、放たれていた。

道場で始まった稽古は、基本から移動へと進み、その後、芦原先生の技術指導となった。高弟を相手に芦原先生が繰り出す技の数々は、今まで見たことがないものだった。まだその時は、芦原先生の技には名前がついていなかった。当時、極真会館の名前は既に『空手バカ一代』で広く知られていたが、そのイメージは決して良いものではなかった。極真会館の空手は、禁じ手というものがなく、顔面でも金的でも攻撃するという〝ぶち壊しの空手〟という噂だった。「ルールもなく、品格のない野蛮な空手である」というのが、伝統派と言われる人々の見方だった。さらに極真会館の創始者である大山倍達館長の代名詞とでも言うべき〝牛殺し〟については、「あらかじめ牛に動けなくなる注射を打ってある」とか、「歳をとった死にかけの牛を使っている」という噂がまことしやかに流れていた。また芦原英幸先生についても〝ケンカ十段〟というのは、物語の中だけでの話であり、「実力は大したことはない」と言われていた。

当時学んでいた先生や先輩からそんな話を聞かされていた私は、その噂が本当だと信じていた。だから友人の誘いで芦原道場に見学に行った時も、芦原英幸という人物にさほど魅力を感じていたわけではなかった。

しかし、道場で見た芦原先生の指導の上手さと流れるように繰り出される技の美しさに私は魅了されていた。その技が本当に効いているかどうかは、芦原先生に掛かっていく黒帯の弟子の苦痛に歪む表情を見ればわかった。それなのに技を掛けている芦原先生は、汗一つかいていなかった。まるで踊りを舞うように華麗な動きで相手のサイドやバックを取り、同時に蹴りやパンチを決めていく。〝空手の技がこんなにも美しいものなのか〟。私はその技に見とれていた。後にそれこそが〝サバキ〟と呼ばれる技術体系の一端だったことを知ることになる。

私は食い入るように芦原先生の動きを凝視していた。その視線に気づいた芦原先生は、私の所までやって来て、

「君は何か武道をやっているの？」

と声を掛けられた。私はどう答えるか一瞬迷ったが、自分が伝統派の空手を学んでいて三段を貰っていることを話した。すると、芦原先生は、

「明日は、また奈良で指導があるけん。よかったら見に来ると勉強になるよ。道着も持って来たらいいけん」

私はそんな芦原先生の誘いに「押忍」と答えていた。一緒にサインを貰いに行った友人は、「極真会やで、そんな怖いとこ行ったら殺されるで」と言って、私が行くのを止めた。


翌日、私は友人の制止も聞かず一人で道着を持って、極真会館芦原道場奈良支部に行った。もちろん帯は白帯を持っていくことは忘れなかった。こと武道の世界では、自分の流派以外の道場に出稽古などに行く場合は、〝学ばせて頂く〟という謙虚さを示す意味からも、例え黒帯の高段者でも白帯を着けて稽古に参加するのが常識であった。

私は奈良支部の責任者に、昨日、芦原先生から稽古に参加してよいという許可をもらった者であることを告げると、道着に着替え稽古に参加することになった。

奈良支部は、前日の京都を上回る見学者で溢れかえっていた。私は極真会館の人気と、さらには芦原先生の人気に圧倒された。芦原先生は昨日と同じく紺のスーツとブルーのカッターシャツ、臙

脂のネクタイ姿で道場に現れた。昨日と同じように基本、移動と稽古が進み、その間にも芦原先生からは道場生に細かな指導が行われた。道場生の列の一番後ろにいた私は、自分の流派とは動きが違うので皆の動きを目で追い真似するだけで精一杯だった。

そんな私と芦原先生の視線があった。

芦原先生が〝にやり〟と笑うのがわかった。芦原先生にしてみれば、昨日来ていた若者が来ているな程度のものだったろうが、その視線に緊張した。基本稽古が終わり芦原先生による直伝指導となった。芦原先生は純白の道着に身を包んでいた。白い道着から出た日焼けした腕の長さが実に印象的であった。芦原先生は道場生の一人を自分の前に立たせると、次から次へと技の解説をしていった。私はその解説を聞きながらもその内容をほとんど理解できなかった。技が凄いことは、相手をさせられている道場生の苦悶する表情からわかるのだが、

「スパーンと入って、カーンと蹴るんだよ」

と言うような擬音の多い解説は、〝まるで巨人の長嶋茂雄の野球解説みたいだ〟と思った。それでもどの道場生も芦原先生の説明を聞きもらすまいと真剣な面持ちで聞き入っていた。

それはローキックの解説の時だった。

「今日は芦原のローキックと他流派のローキックがどう違うか説明しますけん。幸い今日は、他流派の黒帯の人も参加してますけん」

そう言われてドキッとした。〝他流派の人〟とは、間違いなく私のことだった。その時他流派の人

間で道着まで持参して稽古に参加している人間は、私しかいなかったからだ。

「君、ちょっと前に出てきて」

芦原先生は私を手招きした。私はこの時になって初めて稽古に参加したことを後悔した。正直〝これはまずいことになった〟と思っていた。しかし、もう後に引くことはできなかった。私は覚悟を決めて芦原先生の前に立った。芦原先生は、私を他の道場生に、

「この人、白帯を締めてますけど、他流派の黒帯ですけん。今から他流派のローキックと芦原のローがどう違うのかその違いを教えますけん。君、ちょっとローキックを蹴ってみて」

芦原先生は、私に対し左半身で両手を下げて立っていた。

そう言われた私は一瞬戸惑った。なぜなら当時私が学んでいた伝統派の空手にはそもそもローキックという技自体が存在していなかったからだった。テレビや漫画の影響でローキックという技があることは知っていたが道場でそうした蹴りを学ぶことはなかった。その当時の私の道場で稽古していた蹴りは、三日月蹴りという蹴りで、それはローキックとはまったく異なる蹴りであった。

さらに蹴る相手は〝ケンカ十段〟と呼ばれる空手の達人である。そんな人を前に「蹴れ」と言われても簡単に蹴れるものではなかった。

それでも私は、仕方なく覚悟を決めて軽く〝ローキックもどきの蹴り〟を芦原先生の右足に蹴った。〝バシッ〟と道着を叩く音が道場に響いた。誰もが息を飲んで私と芦原先生の動きを見ていた。

「本気で蹴っていいけん。思いっ切り蹴るんよ！」

芦原先生が畳みかけてきた。晒し者状態だった。

私はその時、多少芦原先生のもの言いにもカチンと来ていた。〝いくらケンカ十段とか言われていても、思いっ切り蹴られたら痛いはずだ〟と思い、思いっ切り蹴ることにした。私は少し距離を取り、飛び込みざまに芦原先生の右脚を蹴り込んだ。今度は〝ビシッ〟という鈍い音がした。しかし、芦原先生はビクともしなかった。痛さを我慢している様子もなかった。反対に蹴った私の方が痛かった。これは後々知ることになるのだが、当たる角度を変えることで相手から加えられる衝撃を最小限にする技術であった。

「これが、他流派のローキックです」

芦原先生は、そう言うと構え直した。

「次は芦原が蹴るけん。君、構えて」

そう言われた瞬間、もうこの場から帰りたい気持ちになった。

私が、思いっきり蹴ったのは芦原先生もわかっていたはずである。

どんな蹴りが来るのか。

私は恐怖を感じていた。

そんな私の気持ちがわかったのか、芦原先生はにやりと笑うと

「心配せんでも、本気で蹴りゃせんけん。軽く蹴るだけじゃけん」

そう言われた私は覚悟を決めて、芦原先生のローキックを受けることにした。

芦原先生は、ゆっくりと右足を上げた。実にゆっくりとした動きだった。それは、私自身が自分の目で、その動きをしっかり追うことができた。次の瞬間物凄い衝撃を太ももに感じた。私は2メートル近く飛ばされ、道場の壁にぶつかった。それは、人間に蹴られたような衝撃ではなかった。まるで鉄パイプで思いっきり殴られたような感じだった。

その後芦原先生は道場生に対し、何がどう違うのかという技術説明を色々されたのだが、私にその時の記憶はない。あまりにもショックが大きすぎてその時のことをそれ以上よく覚えていない。また記憶があっても芦原先生の説明したことは、その時の私にはまったく理解できなかっただろう。私は蹴られた痛さよりもその技の凄さにショックを受けた。〝それまで自分が学んできたものは何であったのか？〟あまりのレベルの違いに驚いた。私がそれまで通っていた道場の先生もそれなりに有名な人物で、雑誌などで紹介されたこともあったが、その力量の差は明らかだった。まるでアマチュアとプロというくらいに開きがあった。

私は次の日、今まで通っていた道場に退会届けを提出した。そして、その足で芦原道場に入会したのだった。

私が通った極真会館芦原道場京都支部は、京都の繁華街である河原町新京極の中にあった。京都で新京極と言えば、修学旅行生たちが必ず買い物などで行く場所としても有名だ。多くの土産物屋が立ち並び、旅行用ガイドブックに紹介された有名な店が軒を連ねていた。河原町新京極を北に進み三本目の通りを右に折れると京都で有名な「天下一品」京極店がある。この天下一品のラーメンは、当時芦原先生が京都支部に来た時は必ず立ち寄るラーメン店であった。その天下一品の北側に小さな公園があり、その右手に京極東宝ビルがあった。当時はその二階が極真会館芦原道場京都支部であった。全盛期には、道場に入りきれない道場生が隣の公園まであふれ出て、さらに公園を二周してもまだ人の列が続いていた。そのため白帯の道場生は稽古に来て道場に入ることができず、最初から最後まで隣の公園で稽古して終わるということも多かった。

それから芦原の身の上に何が起きるかについては既に書いた通りだ。

芦原会館になった当初は、誰もが「芦原先生」と呼んでいたが、その年の合宿においてデンバー支部の二宮城光師範から、「これからは芦原会館になったので、芦原先生ではなく〝芦原館長〟と呼ばなければならないのでは」という提案があがり、その年の夏より、芦原先生改め芦原館長と呼ぶことに決定した。その後、内部の様々な問題により芦原会館は一時満身創痍となったが、道場生皆の頑張りと、芦原先生の命を削るような努力により崩壊寸前だった芦原会館は、徐々に立ち直っていく。

それを大きく後押ししたのは、技術書や技術ビデオの発売だった。芦原先生は、

「どんな時でも今までにない独創的で新しいものを出さなくてはいけない。また決して他人の真似をしてはいけない」ということを常に語っておられた。そういう意味で、芦原先生の作り出したものは、すべてが独創的であり、今までどこにもなかったものであった。

芦原先生のこだわりは、道着やキックミット、Tシャツ、スポーツバッグ、ステッカーに至るまで、すべて芦原先生自身が考え、形にしたものばかりだった。例えばTシャツ1枚作るのでも、材質にこだわりなるべく着心地が良く丈夫な素材に注意を払って作った。またビデオの制作でも、〝どう見せるか?〟〝どう見せれば見た者が関心を持ってくれるか?〟と、ありとあらゆることを考えていた。今でいうマーケティングのセンスに長けていた。芦原先生の技術書にはそうしたアイデアが込められており、なかでも『実戦！　芦原カラテ3　基礎編』は、まったくの素人が読んでも、空手の基本を身につけられるほど、多くの工夫が活かされた作りとなっている。

私は長い間芦原先生の下で学んできたので、芦原先生の良い部分も悪い部分も見てきた。

それでも不思議なことに、時間が経つと芦原先生との楽しかった思い出が多く残っていることに気付くのだ。芦原先生と空手をやっている時は、とてつもなく楽しい時間だったと今でも思い返すことがある。

1974（昭和49）年に、矢沢永吉率いるキャロルのメンバーが極真会館に臨時入門したことがある。矢沢永吉も芦原先生と同じ広島出身で、矢沢も〝板金工になろう〟と考えていた時期があった。

矢沢は広島から東京行きの列車に乗り、横浜で下車してミュージシャンの道を歩き始める。芦原先生は、東京で就職しその後空手家として歩き始める。矢沢は音楽の世界で頂点を極め、芦原先生は空手の世界で頂点を極めた。

私は、時々そんな二人に共通する何かを感じることがあるのだ。

矢沢が極真空手に臨時入門するのは、山本寛斎のパリで行われるショーで空手の動きを取り入れるためだったという。この時、芦原先生は四国の八幡浜にいたので、矢沢永吉と会うことはなかったのだが、もし芦原先生と矢沢永吉が出会っていたらどうなっていただろうか。

私はそんなことを考えながら、ホテルでこの最後の部分を書き上げた。

矢沢永吉の「HURRICANE」を聴きながら。

２０１７年８月25日

松宮康生

芦原氏と著者（1986 年）。

芦原英幸年表

1944年	12月4日	広島県江田島で生まれる
1951年	4月	鹿川小学校に入学
1957年	4月	鹿川中学校に入学・剣道を学ぶ
1960年	4月	東京の幸伸興業㈱に入社
1962年	9月	大山道場入門（17歳）
1963年	5月6日	昇級審査を受け緑帯（4級）になる
	9月	昇級審査を受け茶帯（1級）になる
1964年	3月	大阪・今東光を大山館長らと訪問（演武披露）
	3月26日	昇段審査を受け初段を允許される（19歳）
1965年	2月	『What is Karate?』のモデルをつとめる
1966年	3月	喧嘩の仲裁で同僚を殴り会社を解雇
	4月	極真会館総本部の職員になる
		上野公園に夜桜を見に行き、ヤクザ七人を一人で倒す
	9月8日	俳優ショーン・コネリーが総本部訪問。演武を行う
	9月	身長180センチの外人弟子ジンクス（四段）を組手で倒す

1967年 1月 ケンカで無期禁足処分となり廃品回収業に就く（23歳）
3月27日 夜行列車に乗り四国に向かう
5月 極真会館八幡浜道場開設（貸道場）
6月15日 大山館長に呼ばれ東京に戻る
7月 第1回支部長会議開催
9月 組手をやり道場生が激減する
12月 愛媛県松山東警察署が入会
1968年 2月15日 小倉正一郎がブラジル・サンパウロに派遣される
4月10日 二段に昇段する
8月 四国で初めての夏期合宿を行う
1969年 1月 冬期合宿を白滝で行う（サバキの原型ができる）
8月 石井和義が芦原道場宇和島支部に入門
9月 夏期合宿を行う
9月 アメリカの大山茂より国際電話（真樹日佐夫を締めろと指示あり）
9月18日 真樹日佐夫と初めて会う
9月20日 第1回全日本空手道選手権大会開催（山崎照朝優勝）
10月 二宮城光入門
1970年 6月14日 来日したフセイン1世の妻ムナ王妃、フェリアール王弟妃一行のアテンドを行う
6月15日 八幡浜道場完成（26歳）

8月6日　夏期合宿（長谷川一幸が合宿前から芦原のもとに来る）
8月12日　妻マスミと結婚
9月　八幡浜でキックの第1回試合を行う（中元憲義、二宮城光らが参加）
第2回全日本空手道選手権大会開催（長谷川一幸優勝）

1971年　4月　棟田利幸愛媛県警に配属される
5月　大山館長の著作『闘魂』（サンケイ新聞社）で芦原が紹介される
6月　『空手バカ一代』の連載が少年マガジンで始まる
10月　支部長会議が開催される（国内は8支部のみ）
11月　芦原道場傘下の支部道場・同好会が大阪、広島、九州にできる

1972年　6月　梶原一騎「マス大山カラテスクール」を設立（芦原は相談役）

1973年　4月　二宮城光が、芦原の推薦で「五洋建設」に入社
柳川次郎が右翼団体「亜細亜民族同盟」創立
9月　二宮城光が「五洋建設」退社。空手一筋に歩むことを決意
7月20日　ブルース・リー死去（32歳）
7月26日　映画「燃えよドラゴン」公開（ブルース・リー主演）
11月4日　第5回全日本空手道選手権大会開催。二宮城光（16歳）が6位入賞

1974年　4月　影丸穣也と初めて会い意気投合する

1975年　1月　四国でTV「愛と誠」のロケがあり、高知まで陣中見舞いに行く
（真樹日佐夫にアクションの振り付けのアイデアを提供）

6月　石井和義が極真会館・芦原道場大阪支部を難波に設立
　　梶原の紹介により太閤園で柳川次郎と会う
11月1・2日　第1回全世界空手道選手権大会開催（二宮城光が3位入賞）

1976年
4月　中山猛夫が大阪支部に入門
　　柳川次郎が、極真会館の大会相談役に就任
　　フジTVで極真空手の特番が放送される
5月22日　映画「地上最強のカラテ」が公開される
　　（芦原の頭割り、氷柱割り、手裏剣投げがはじめて一般に公開された）
6月16日　長男・芦原英典生まれる
　　松山道場の土地を購入する（地主伊藤氏から）
10月3日　大山館長より五段を允許される
10月30・31日　第8回全日本空手道選手権大会開催（二宮城光、準優勝）
　　芦原の手裏剣投げが特別演武で初公開された
12月18日　映画「地上最強のカラテ2」が公開される

1977年
1月　梶原一騎が「少年サンデー」で『英雄失格』の連載開始
　　（第4話「邪道拳」には、芦原がモデルの芦川栄光が登場）
2月　アメリカで芦原の先輩・中村忠が何者かに狙撃される
9月　映画「地上最強のカラテ結集編」が公開される
11月5・6日　第9回空手道選手権大会開催（中山猛夫、準優勝）
12月　劇画『空手バカ一代』連載終了

1978年　3月　松山道場建設着工
11月18・19日　劇画『四角いジャングル』に芦原・二宮が登場する
11月20日　第10回全日本空手道選手権大会開催（二宮城光、優勝）
12月27日　支部長会議開催。真樹日佐夫が、総本部師範代となる
1979年　1月上旬　松山道場完成。芦原の家族が松山に引っ越す
1月18日　映画「激突！　格闘技 四角いジャングル」の撮影が松山で行われる
松山道場完成祝賀会（芦原34歳）
4月7日　大山倍達館長、郷田雄三、梶原一騎、影丸穣也らが参列
8月中旬　映画「激突！　格闘技 四角いジャングル」全国公開
11月23・25日　芦原初渡米、デンバー道場などを視察する
第2回全世界空手道選手権大会開催
1980年　1月　映画「最強最後のカラテ」公開
2月　ウィリー・ウイリアムス・猪木問題。（ウィリーは破門。大山茂師範は無期禁足処分）
劇画「スーパースター列伝」に黒崎、芦原、添野が登場
2月27日　格闘技世界一決定戦
アントニオ猪木VSウィリー・ウイリアムス戦が行われる
（第4ラウンド、ドクターストップによる引き分け）
3月9日　緊急全国支部長会議が、京王プラザホテルで開催
（芦原英幸の除名が発表される。芦原は、1年後の退会を申し出るが

5月4・6日　この会議の半年後にいきなり永久除名処分となる）
春季全日本支部長会議が、群馬県伊香保の「ホテル天坊」にて開催
（芦原を除いた24支部長が参加して行われた）
6月　石井和義が極真会館芦原道場を退会する
大阪・岸里の「西成産業会館」で正道館を立ち上げる
9月8日　芦原、極真会館を永久除名される（36歳）、添野は除名
芦原、添野の除名記事は、スポーツ新聞等に赤文字で掲載された
9月中旬　二宮城光は、極真会館を退会する
極真の機関紙「パワー空手10月号」で芦原批判記事、永久除名記事が載る
9月17日　芦原会館を設立し、館長に就任

1981年
2月7日　デンバーの二宮城光が主催する「カラテチャレンジ」において、日本から飛び入り参加した中山猛夫、伊藤裕久が活躍
3月中旬　TV「西部警察」の特番出演（スタジオで撮影が行われた）
8月上旬　梶原一騎と約2週間ハワイに行く（37歳）
（その後二宮と合流し、ニューヨークの中村忠（誠道塾）を訪ねる
8月27日　芦原帰国
8月28日　新格闘術サマーファイト（後楽園ホール）を見学する
9月6日　第4回みやぎテレビ杯オープントーナメント全東北空手選手権大会（大道塾主催）開催
（芦原会館からは、庄次也らが出場した）

10月中旬　「現代カラテマガジン」10月号で「芦原英幸特集」が組まれる
11月　石井和義が、大阪北区の「天満」に道場を移し「正道会館」と名前を変えた
11月10日　芦原の自伝『流浪空手』（スポーツライフ社）が発売
11月中旬　「現代カラテマガジン」11月号で「芦原英幸特集第2弾」が組まれる
11月下旬　芦原会館関西本部で、事務所にあった金庫が盗まれる
中山猛夫、伊藤裕久らが芦原会館を退会する
12月上旬　芦原が、大阪（旭屋書店なんば店）、東京（紀伊國屋書店新宿店）で
『流浪空手』の出版記念サイン会を行う

1982年
7月上旬　「西部警察」広島ロケがあり、門下生でもあった御木裕を陣中見舞いする
10月10日　正道会館、第1回ノックダウントーナメント開催が大阪府立体育館で開催（中山猛夫優勝）
12月上旬　東京道場オープン（光の家で暫定的にオープン）

1983年
3月上旬　東京新宿に東京道場が正式にオープン（常設道場）
4月3日　『実戦！　芦原カラテ』（講談社）を刊行
4月中旬　情報誌「バラエティ」（角川書店）に芦原のインタビュー記事掲載
5月上旬　石井和義が『実戦正道カラテ』（スポーツライフ社）を刊行
7月　石井和義が、「実戦正道カラテ教育ビデオ全4巻」を発売
8月28日　第1回オープントーナメント西日本空手道選手権大会（大阪府立体育館）開催
芦原会館からは、石井肇、大井はじめ、中島清貴、宿谷勝信らが非公式に出場。
この大会以後、芦原は道場生が試合に出ることを禁止する。
9月4日　正道会館、第2回ノックダウントーナメントを大阪府立体育館で開催（中山猛夫、優勝）

1984年　4月　廣原誠が東京本部での指導を開始する
10月25日　ビデオ「スーパーテクニック芦原空手 捌き」が東宝ビデオより発売
11月25日　『実戦！ 芦原カラテ2 発展編』（講談社）が刊行
1985年　1月　武器術「トンファ」の技術研究を開始する
7月　アメリカの「OFFICIAL KARATE」8月号に芦原空手の特集が掲載される
10月1日　英語版の技術書「Fighting KARATE」（講談社）が刊行される
10月20日　雑誌「ザ・ベスト」11月号に「俺のケンカ殺法」が掲載される
1986年　6月3日　自伝『空手に燃え空手に生きる』（講談社）を刊行
6月10日　「週刊プレイボーイ 6／10号」で芦原のインタビュー掲載（篠原勝之と）
6月20日　「週刊プレイボーイ　6／24号」で芦原空手特集（PART1）掲載
6月21日　「月刊空手道 創刊100号」で芦原特集「今、蘇る芦原伝説」が掲載
6月中旬　ビデオ「実戦！ 芦原カラテ基本編・応用編」の2本が講談社より発売
「現代カラテマガジン」6月号の「梶原一騎の世相一刀両断」第13回で芦原批判の記事を掲載。この頃より梶原の芦原批判が盛んになっていく
Aバトン（芦原特殊警棒）の試作品が完成する
8月上旬　芦原会館夏期合宿が行われる
8月1〜4日　梶原「週刊漫画ゴラク」に連載中だった「男の星座」で芦原批判を行う
雑誌「グロービアン」8月号に芦原カラテ特集1掲載
9月7日　北海道旭川で審査会を行う。松本英樹を連れて北海道に渡る
（松本の43人サバキが行われた）

10月中旬　雑誌「グロービアン」9月号に芦原カラテ特集2掲載
11月　雑誌「マガジンＯＲＥ」に芦原特集が組まれる
11月　雑誌「グロービアン10月号」に芦原カラテ特集3掲載

1987年　1月21日　梶原一騎が、入院先の東京女子医大にて急性心不全のため逝去（享年50）
3月23日　廣原誠が渡米する
4月上旬　廣原が、ロサンゼルスのスタジオシティにて芦原会館ロサンゼルス支部開設
4月14日　「週刊プレイボーイ4／21号」で芦原空手の特集（ＰＡＲＴ2）掲載
8月中旬　芦原会館夏期合宿
9月下旬　芦原会館北海道支部から山崎淳史が総本部に来る
（総本部職員は、里、田中、原田）
11月　デンマークから東谷巧が来て、芦原会館に入門する

1988年　5月下旬　東谷巧に参段認定、デンマークに帰国
6月　東谷が弟子ダン・ヘンドリックスと共に来日
7月　二宮城光除名
8月　北海道の審査でＡバトンについて語る
夏季合宿でスイカ割りを行った時、右ヒジに違和感を覚える
9月　廣原が、円心会館の「サバキチャレンジ」に出場。重量級で優勝
12月　芦原の誕生パーティが、居酒屋「馬伊予」で開かれる。
宴会の帰り道にパンチを打つも右ヒジに痺れがあった

1989年　2月　姉妹都市留学生に日本伝統文化カラテを紹介する行事で職員相手に

右パンチを打つ。やはり右ヒジに違和感を感じる

6月　英文書「More Fighting KARATE」(講談社)が刊行

8月中旬　合宿でスイカ割りに挑戦(この時右ヒジに違和感はなく回復したと安心した)

1990年

6月　第7回極真ウエイト制に正道会館が参戦

9月下旬　総本部の里が、本部職員を退職(家庭の事情)

同日北海道から来ていた山崎も旭川に帰郷

1991年

6月　正道会館が、USA大山空手と5対5マッチを開催する

12月　柳川次郎が、大阪の八尾市内の病院で胃ガンのため逝去(享年69)

1992年

4月　長男英典、ラグビー推薦で私立新田高校に入学

8月　夏期合宿で左手に異常を覚える

11月　広島の審査でろれつがまわらず、病院で2週間にわたる精密検査を行う

1993年

1月　病名がALS(筋萎縮性側索硬化症)であると判明する。影丸穣也に深夜電話する

安城寺に行き、自分の墓の場所を決める

2月　審査に回れなくなり静養中となる。

6月18日　影丸夫妻、芦原を見舞う

8月　芦原会館の夏期合宿中止

9月　言葉が喋れなくなり文字盤を使い始める

館長代行、長男英典が行う

10月　英典が全国の審査をまわる

1994年　4月26日　午前8時、大山倍達が肺ガンによる呼吸不全により逝去（享年70）
　　　　8月　英典館長代理により総本部で夏期合宿を実施
1995年　1月15・16日　芦原は、英典のサバキを総チェックする
　　　　3月　英典、高校卒業
　　　　4月24日　午前2時48分、芦原英幸永眠（享年50）
1996年　10月　『芦原英幸　いのちの言葉』（福昌堂）が刊行

付記・年表に記したものは、空手雑誌以外での関連記事を掲載している。芦原は、存命中は武道雑誌は「月刊空手道」にしか登場しておらず、全部で13回となっている。特に86年～87年にかけてマスコミへの露出が多くなっているのがわかる。

「月刊空手道」福昌堂

1983年8月号　VOL・66　芦原会館東京本部特集
1985年6月号　VOL・87　芦原会館千葉支部の紹介
1986年7月号　VOL・100　今、蘇る芦原伝説
1987年3月号　VOL・112　世界にチャレンジする芦原空手
1987年6月号　VOL・116　実戦芦原テクニック
1987年7月号　VOL・118　芦原空手英雄伝説 二宮城光
1987年8月号　VOL・119　技術書『実戦芦原カラテ3』の紹介
1987年9月号　VOL・121　芦原空手・関西編

1987年12月号　VOL・124　芦原空手・北海道編
1988年6月号　VOL・130　芦原空手・聖地八幡浜
1988年10月号　VOL・134　実戦サバキ・テクニック2
1988年11月号　VOL・135　芦原会館夏期合宿

【参考文献・資料一覧】

★芦原英幸による著作

『流浪空手』スポーツライフ社／1981年
『空手に燃え空手に生きる』講談社／1986年
『実戦！芦原カラテ』講談社／1983年
『実戦！芦原カラテ2発展編』講談社／1984年
『実戦！芦原カラテ3基礎編』講談社／1987年
『芦原英幸いのちの言葉』福昌堂／1996年
『Fighting KARATE』講談社／1985年
『More Fighting KARATE』Kodansha Ltd.／1989年

★芦原英幸のビデオ・DVD

スーパーテクニック芦原カラテ捌き／芦原英幸監修／日商岩井・東宝／1984年
実戦！芦原カラテ 基本編／芦原英幸監修／講談社／1986年
実戦！芦原カラテ 応用編／芦原英幸監修／講談社／1986年
芦原英幸空手一代サバキ伝説／芦原英典監修／クエスト／2015年

★その他の参考文献一覧　※著編者50音順

『武田惣角と大東流合気柔術』合気ニュース編集部編　合気ニュース／1992年

『新説！！ 芦原英幸』芦原英典監修 東邦出版／２００６年
『マンガでわかる！芦原カラテ 実戦サバキ入門』芦原英典監修 スキージャーナル／２００８年
『芦原英幸伝 我が父、その魂』芦原英典・小島一志著 新潮社／２００８年
『はみだし空手』東孝著 福昌堂／１９９９年
『格闘空手への道』東孝著 福昌堂／１９９９年
『格闘空手２』東孝著 福昌堂／２０００年
『太気拳の扉』天野敏著 ＢＡＢジャパン／２００３年
『実録柳川組の戦闘』飯干晃一著 徳間書店／１９７８年
『実録！！極真大乱』家高康彦著 東邦出版／２００６年
『実戦正道カラテ』石井和義著 スポーツライフ社／１９８３年
『勝つ！ための空手』石井和義著 ベースボール・マガジン社／１９９１年
『空手超バカ一代』石井和義著 文藝春秋／２００９年
『塩田剛三直伝 合気道 呼吸力の鍛錬』井上強一監修 ベースボール・マガジン社／２００４年
『合気道「抜き」と「呼吸力」の極意』井上強一著 東邦出版／２００９年
『合気道 絶対に崩せる「無力化」の手順』井上強一著 東邦出版／２０１１年
『山口組の研究』猪野健治著 双葉社／１９８２年
『生きること、闘うこと 太気拳の教え』岩間統正著 ゴマブックス／２００３年
『挑戦 武道一代』大田学著 プロデュース／１９９８年
『人生は全て格闘なり』大田学著 プロデュース／２００３年
『太陽の使者 鈴木浩平物語』大田学著 プロデュース／２００２年

『荒野の白虎 添野義二物語』大田学著　プロデュース／2003年
『USAカラテアドベンチャー』大山茂著　講談社／1984年
『ザ・ストロング空手』大山茂著　星雲社／1986年
『パーフェクト空手』大山茂監修　朝日出版社／1986年
『100万人の空手』大山倍達著　東都書房／1969年
『限界への挑戦』大山倍達著　宝友出版／1977年
『What is Karate?』大山倍達著　東京ニュース社／1958年
『This is Karate』大山倍達著　日貿出版社／1965年
『Advanced Karate』大山倍達著　日貿出版社／1970年
『ケンカ空手』大山倍達著　スポニチ出版／1972年
『続ケンカ空手』大山倍達著　スポニチ出版／1974年
『爆発！マス大山空手』大山倍達監修　勁文社／1974
『極真カラテ通信教育　全7巻』マス大山カラテスクール／1975年
『秘伝極真空手』大山倍達著　日貿出版社／1976年
『続・秘伝極真空手』大山倍達著　日貿出版社／1977年
『わがカラテ日々研鑽』大山倍達著　講談社／1980年
『わがカラテ覇者王道』大山倍達著　サンケイドラマ出版／1982年
『わがカラテ求道万日』大山倍達著　講談社／1982年
『空拳士魂』大山倍達著　テレハウス／1985年
『闘魂』大山倍達著　サンケイドラマブックス／1972年

『善を思わず悪を思わず　輝き溢れる悔いなき人生』御木徳久著　愛育社／２０１３年
『地獄からの生還』梶原一騎著　幻冬舎／１９９７年
『新空手バイブル』神村榮一著　東邦出版／２００７年
『一撃の拳　松井章圭』北之口太著　講談社／２００５年
『怯えたら終わり　加藤重夫伝』北之口太著　太陽社／２０１７年
『極真英雄列伝』木下英治著　しょういん／２００２年
『鬼の柔道』木村政彦著　講談社／１９６９年
『木村政彦　わが柔道』木村政彦著　ベースボール・マガジン社／１９８５年
『柔道　実戦に役立つ技の研究』木村政彦著　鶴書房／１９７７年
『柔道教室　基本動作と技の変化』木村政彦著　柏書房／１９８５年
『大阪ヤクザ戦争の全貌』木村勝美著　イースト・プレス／２０１４年
『殺しの軍団柳川組』木村勝美著　イースト・プレス／２０１１年
『巨人大山倍達の肖像』極真会館監修　コア出版／１９８４年
『必死の力・必死の心』黒崎健時著　スポーツライフ社／１９７９年
『続必死の力・必死の心』黒崎健時著　スポーツライフ社／１９８１年
『ホントに身につく護身術　自己防衛の秘術』黒崎健時著　スポーツライフ社／１９８３年
『サムライへの伝言』黒崎健時・徳橋誠著　文芸社／２００４年
『私は見た！昭和の超怪物 若木怪力法の秘密』黒崎健時著　スポーツライフ社／１９８９年
『極真空手入門』郷田勇三著　スキージャーナル／１９９６年
『すぐできる実戦護身術』郷田勇三著　高橋書店／１９９７年

『秘録極真空手』郷田勇三著　スキージャーナル／1999年
『芦原英幸正伝』小島一志・小島大志著　新潮社／2013年
『梶原一騎伝』斎藤貴男著　文藝春秋／2005年
『拳聖澤井健一先生』佐藤嘉道著　スポーツライフ社／1982年
『新装増補版 実戦中国拳法 太氣拳』澤井健一著　日貿出版社／2016年
『合気道人生』塩田剛三著　竹内書店新社／1996年
『合気道修行―対すれば相和す』塩田剛三著　竹内書店新社／1997年
『合気道の楽しみ方』塩田剛三著　西東社／1963年
『養神館合気道「極意」』塩田剛三著　講談社／1991年
『ケンカ道』篠原勝之著　祥伝社／1987年
『アウト・オブ・USSR 天国からの脱出』ジャック・サンダレスク著　小学館／1999年
『燃えよ士道魂』添野義二著　スポーツライフ社／1982年
『実戦 士道館空手』添野義二著　スポーツライフ社／1994年
『実戦空手道入門』添野義三著　日本文芸社／1985年
『わが師大山倍達』高木薫著　徳間書店／1990年
『沢井健一の遺産―太気拳で挑む』高木康嗣著 福昌堂／1999年
『血と骨』高森真士著　飯倉書房／1996年
『政治一筋　毛利松平の闘い』中村慶一郎著　投資ジャーナル／1983年
『人間空手』中村忠著　主婦の友社／1988年
『戦後ヤクザ抗争史』永田哲朗著　イースト・プレス／2011年

『史実と伝統を守る沖縄の空手道』長嶺将真著　新人物往来社／1975年
『沖縄空手古武道事典』新里勝彦／高宮城繁／仲本政博著　柏書房／2008年
『空手！　極意化への道』西田幸夫著　BABジャパン／2013年
『静かなる闘志』二宮城光著　福昌堂／1992年
『平成の宮本武蔵二宮城光』山本春樹著　eブックランド／2007年
『KARATE 円心メソッド』二宮城光著　東邦出版／2008年
『My Journey in Karate: The Sabaki Way』Kancho Joko Ninomiya／Frog books／1991年
『劇画バカ一代　梶原一騎読本』日本スポーツ出版社／1998年
『蘇る伝説「大山道場」読本』日本スポーツ出版社／1999年
『最強最後の大山倍達読本』日本スポーツ出版社／1997年
『痛快無比！芦原英幸読本』日本スポーツ出版社／1998年
『長谷川一幸師範の極真の理と技』長谷川一幸著　BABジャパン／2012年
『誰にでもできる極真カラテ　入門編』長谷川一幸著　㈱ロゼッタストーン／2007年
『カラテ革命家「浜井識安」極真新理論』浜井識安著　東邦出版／2008年
『シャープ兄弟・木村政彦との死闘（激録 力道山）』原康史著　東京スポーツ新聞／1994年
『ムエタイの世界』菱田慶文著　めこん／2014年
『大東流合気武術 佐川幸義 神業の合気』「月刊秘伝」編集部編　BABジャパン／2015年
『いつの日か男は狩人』深沢茂樹著　けん出版／1980年
『心の拳』渕上博昭著　オリジナルブックマイン／2003年
『喧嘩カラテ武勇伝』フルコム編　東邦出版／2007年

『公開！沖縄空手の真実』フル・コム編　東邦出版／２００９年
『大山倍達との日々』真樹日佐夫著　ペップ出版／１９９０年
『荒野に一騎咆ゆ』真樹日佐夫著　日本文芸社／１９８７年
『実録地上最強のカラテ（上巻）』真樹日佐夫著　いれぶん出版／１９９８年
『実録地上最強のカラテ（下巻）』真樹日佐夫著　いれぶん出版／１９９８年
『極真カラテ二七人の侍』真樹日佐夫著　サンケイ出版／１９８６年
『真樹日佐夫の百花繚乱交遊録』真樹日佐夫著　東邦出版／２００９年
『ああ五十年身に余る』真樹日佐夫著　東邦出版／２０１１年
『増田章　吾、武人として生きる』増田章著　東邦出版／２００９年
『フリースタイルカラテ』増田章著　ノベル出版／２００７年
『勝てる歩法』増田章著　東邦出版／２０１１年
『木村政彦はなぜ力道山を殺さなかったのか』増田俊也著　新潮社／２０１１年
『極真 新たなる歩み』松井章圭著　ぴいぷる社／１９９８年
『秘伝日本柔術』松田隆智著　新人物往来社／１９７８年
『勇気ある挑戦 小さな巨人 大沢昇』松永倫直著　スポーツライフ社／１９８６年
『最強格闘技図鑑』松宮康生著　ぶんか社／１９９７年
『最強格闘技図鑑真伝』松宮康生著　ぶんか社／２００４年
『最強格闘技伝 猛者たちの系譜』松宮康生著　ぶんか社／２００５年
『男たちよ熱く生きろ！』松本英樹著　壮神社／２００２年
『秘伝英武館カラテ』松本英樹著　壮神社／２００３年

『神秘の格闘技 ムエタイ』望月 昇著　愛隆堂／１９９７年
『大山倍達外伝』基佐江里著　イースト・プレス／２００８年
『戦後日本の闇を動かした「在日人脈」』森功・他著　宝島社／２０１３年
『無心の心』山崎照朝著　スポーツライフ社／１９８０年
『山崎照朝の実戦空手』山崎照朝著　池田書店／１９８４年
『極真空手50年の全技術』山田雅稔著　ベースボール・マガジン社／２０１６年
『生涯の空手道』盧山初雄著　スポーツライフ社／１９８０年
『我が武道空手』盧山初雄著　学習研究社／１９９６年
『武道のススメ』盧山初雄著　気天舎／１９９７年
『新大山道場 極真館の夜明け』盧山初雄・広重毅著　星雲社／２００３年
『王道 極真に生きる』盧山初雄・廣重毅著　チクマ秀版社／２００４年
『空手と意拳 若き求道者達へ』廣重毅著　星雲社／２００２年
『日々研鑽―極真空手・盧山初雄の空手極意書』盧山初雄著　気天舎／２０００年
『実戦極意―極真空手・盧山初雄の空手極意書』盧山初雄著　気天舎／２００１年
『極真空手実技入門』盧山初雄著　大泉書店／２００７年
『怪力法並に肉体改造体力増進法』若木竹丸著　第一書院／１９３８年
『幻の大山道場の組手』渡邊一久著　東邦出版／２０１３年
『大山倍達とは何か』山口昇編　ワニマガジン／１９９５年

★参考月刊誌等

『現代カラテマガジン』㈱真樹プロダクション／1976年4月号、1980年7月号、1981年10月号、1981年11月号

『バラエティ』角川書店／1983年4月号

『ザ・ベスト』KKベストセラーズ／1985年11月号

『週刊プレイボーイ』集英社／1986年6月10日号、1986年6月24日号、1987年4月21日号

『グロービアン』ヒロ・メディア／1986年8月号、1986年9月号、1986年11月号

『マガジンORE』講談社／1986年10月号

『月刊空手道』福昌堂／1983年8月号、1985年6月号、1986年7月号、1987年3月号、1987年6月号、1987年7月号、1987年8月号、1987年9月号、1987年12月号、1988年8月号、1988年10月号、1988年11月号、1995年7月号、1995年8月号、1995年9月号、1995年11月号、1996年2月号、1996年6月号、1996年7月号、1997年1月号

『格闘技通信』ベースボールマガジン社／1995年6月8日号、1995年6月23日号

『ゴング格闘技』日本スポーツ出版社／1994年12月8日号、1995年6月8日号、1995年6月12日号、1995年7月23日号、1995年8月8日号、1995年8月23日号、1995年9月8日号

『格闘Kマガジン』ぴいぷる社／2003年9月号、2003年11月号、2003年12月号、2004年4月号、2004年10月号

『月刊フルコンタクトKARATE』福昌堂／1997年2月号、1997年3月号、1998年9月号、1998年10月号、1999年4月号、1999年11月号、2000年4月号、2000年5月号、2000年8月号、2000年11月号、2002年4月号、2003年4月号、2005年7月号、2005年8月号、2005年11月号、2007年

1月号、2007年2月号、2008年6月号、2009年8月号、2009年9月号、2010年12月号、2012年2月号、2013年3月号、2013年4月号、2013年5月号、2014年2月号、2014年9月号
『噂の眞相』(株)噂の眞相/1961年5月号、1981年1月号、1981年2月号
『月刊空手道&フルコンタクト』福昌堂/2015年2月号
『月刊　秘伝』BABジャパン/2001年2月号
『伝説の空手　芦原英幸と芦原会館』福昌堂/1955年6月20日
『芦原伝説』福昌堂/1997年11月1日
『伝説の芦原空手』福昌堂/1998年8月1日
『芦原神話』福昌堂/2001年5月1日
『極真カラテ強豪100人』日本スポーツ出版/1994年
『近代カラテ』近代空手研究所
『月刊 パワー空手』パワー空手出版社
『極真カラテ年鑑』極真会館編　講談社・ぴいぷる社
『カラテバイブル正道』東邦出版

★芦原英幸が登場する漫画

『空手バカ一代』梶原一騎原作・つのだじろう/影丸譲也作画　講談社/1971年
『四角いジャングル』梶原一騎原作・中城健作画　講談社/1978年
『プロレス　スーパースター列伝』梶原一騎原作・原田久仁信作画　小学館/1980年
『英雄失格』梶原一騎原作・やまさき拓味作画　小学館/1977年

『蘇る伝説「大山道場」読本』真樹日佐夫原作・影丸穣也作画　日本スポーツ出版社／1999年
『獣道』影丸譲也 原作／作画　実業之日本社／2001年
『SHOGO ケンカ無頼伝ロック』松宮康生原作・影丸穣也作画　ぶんか社／2004年

★芦原英幸が出演した映画一覧

「地上最強のカラテ」（1976年作品）
「地上最強のカラテ PART2」』（1976年作品）
「最強最後のカラテ」（1980年作品）
「激突！格闘技 四角いジャングル」（1979年作品）

謝辞
本書の制作にあたっては次の方々のご助力、ご助言を賜りました。改めてお礼申し上げます。
空本秀行　影丸穣也　久保本ヨシ子　長谷川一幸
藤平昭雄　廣原　誠　里　健志　西山　亨
石本　誠　山崎淳史　田中孝司　伊藤泰三
平田浩巳　中元憲義　今田　哲　内野隆司
小西博基　沖元義彦　棟田康幸　片井祥雲
角田芳樹　黒崎健時　神村榮一　松永秀夫
田原春統　藍原信也　日貿出版社各位　宮田玲央
多田和博　西口司朗　Jan Kallenbach
牧野和男　久保田　彰　奥瀬康介
（順不同・敬称略）

松宮康生（Matsumiya Kousei）

武道家・作家・英語教育者。幼少のころより柔道、少林寺拳法、古武道、合気道、空手などを学ぶ。国際政治、経済にも詳しく、そのわかりやすい講演は人気がある。著書には、『最強格闘技図鑑』（ぶんか社）、『ブルース・リー・クロニクル』（フォレスト出版）など多数。その著書は、世界５ヶ国で紹介されイギリスの大英図書館にも所蔵されている。アートディレクション、映画、ファッション評論など、本書とは一見無縁なジャンルでも活躍する多芸・異彩の人物である。

講演の依頼等はオフィシャルＨＰから。
https://k-matsumiya.jimdo.com/

About the author　KOUSEI MATSUMIYA
He was born in Kyoto. He is a writer and a martial artist. When he was a high school student, he became a student of Hideyuki Ashihara, the founder of Ashihara Karate. He spent about 22 years with Ashihara Kancho, dedicating his life to following him and mastering Ashihara Karate (Sabaki). After he left Ashihara Karate in 1995, he continued searching for the secret of Ashihara' s karate technique. He has also studied Yoshin-kan Aikido, and Okinawa karate-do Kishaba juku. He has written many books about Bruce Lee, and Japanese Martial arts.

His official H.P. https://k-matsumiya.jimdo.com/

本書の内容に関するお問合せは、著者オフィシャルHPよりお願いします。

ケンカ十段《じゅうだん》と呼《よ》ばれた男《おとこ》
芦原英幸《あしはらひでゆき》

●定価はカバーに表示してあります

2017年9月30日　初版発行

著　者　松宮康生《まつみやこうせい》
発行者　川内長成
発行所　株式会社日貿出版社
東京都文京区本郷 5-2-2　〒113-0033
電　話　(03) 5805-3303（代表）
F A X　(03) 5805-3307
郵便振替　00180-3-18495

印　刷　株式会社ワコープラネット
カバー絵　西口司朗
装　幀　多田和博（フィールドワーク）

ISBN 978-4-8170-6020-4　http://www.nichibou.co.jp/